二十一世纪高等院校系列精品规划教材

ERSHIYI SHIJI GAODENG YUANXIAO XILIE JINGPIN GUIHUA JIAOCAI

新编金融企业会计

XINBIAN JINRONG QIYE KUAIJI

（第二版）

主编 ◎ 王敏芳　罗绍德

西南财经大学出版社
Southwestern University of Finance & Economics Press

图书在版编目（CIP）数据

新编金融企业会计/王敏芳,罗绍德主编. —2 版.—成都:西南财经大学出版社,2019.8

ISBN 978-7-5504-3704-3

Ⅰ.①新…　Ⅱ.①王…②罗…　Ⅲ.①金融企业—会计

Ⅳ.①F830.42

中国版本图书馆 CIP 数据核字(2018)第 204605 号

新编金融企业会计（第二版）

主编　王敏芳　罗绍德

责任编辑:李晓嵩

助理编辑:王琳

封面设计:何东琳设计工作室　张姗姗

责任印制:朱曼丽

出版发行	西南财经大学出版社(四川省成都市光华村街 55 号)
网　　址	http://www.bookcj.com
电子邮件	bookcj@foxmail.com
邮政编码	610074
电　　话	028-87353785
照　　排	四川胜翔数码印务设计有限公司
印　　刷	郫县犀浦印刷厂
成品尺寸	185mm×260mm
印　　张	21.25
字　　数	503 千字
版　　次	2019 年 8 月第 2 版
印　　次	2019 年 8 月第 1 次印刷
印　　数	1— 3000 册
书　　号	ISBN 978-7-5504-3704-3
定　　价	39.80 元

前　言

　　改革开放以来，我国金融企业不断发展，在经济全球化和信息化进程中发挥着越来越重要的作用。金融企业会计是以会计的基本原理为基础，结合金融企业的业务特点，核算和监督金融企业各项业务活动和财务活动的一门专业会计学。本书着重介绍如何运用会计方法来反映金融企业的会计实务。

　　本书充分体现了《企业会计准则》和《金融企业财务规则》的新要求，内容全面系统，文字简洁，层次分明，重点突出，具有很强的实用性和针对性，有利于读者了解金融企业会计的基本核算方法和各项业务处理方法。本书结合金融企业的业务特点，描述主要业务的会计实务的主要脉络，同时配备了与商业银行、保险、证券、期货、基金等实际业务相关的例题，在各章后还附有练习题，方便读者及时巩固与复习，深入思考。本书特别注重理论与实践的结合，因此既可作为各高等院校会计专业以及金融专业的教学之用，也可以作为金融行业会计人员继续教育与自学之用。

　　本书由湖南涉外经济学院王敏芳副教授、暨南大学管理学院会计系罗绍德教授主编。罗绍德编写第一章、第四章，甘芳萍编写第二章、第三章，李旭艳编写第五章、第六章，罗绍德、王敏芳编写第七章，何敏燕编写第八章、第九章，杨晓珍编写第十章，陈雅琴编写第十一章，周芳编写第十二章、第十三章，刘翠兰负责统改完善，最后由王敏芳副教授和罗绍德教授总纂定稿。在编写本书的过程中，我们参考了大量的金融企业管理和金融企业会计教材，从中吸取了许多有价值的东西，在此一并致谢。

　　由于我们的水平有限，加上时间也较为仓促，书中难免有疏漏与不当之处，恳请读者批评指正！

编者

2018 年 7 月

目　录

第一章　总　论 ……………………………………………………………………（1）

第一节　金融企业会计的概念 ……………………………………………………（1）

第二节　金融企业会计核算的基本假设、会计信息质量要求和核算基础 ……（4）

第三节　金融企业会计核算对象 …………………………………………………（7）

第四节　金融企业会计科目、记账方法、会计凭证、会计账簿和账务组织 …（8）

第二章　存款业务核算 …………………………………………………………（21）

第一节　存款业务概述 …………………………………………………………（21）

第二节　单位存款业务核算 ……………………………………………………（24）

第三节　个人存款业务核算 ……………………………………………………（28）

第四节　存款利息费用核算 ……………………………………………………（34）

第三章　贷款业务核算 …………………………………………………………（40）

第一节　贷款业务概述 …………………………………………………………（40）

第二节　单位贷款业务核算 ……………………………………………………（43）

第三节　票据贴现业务核算 ……………………………………………………（50）

第四节　个人贷款业务核算 ……………………………………………………（54）

第五节　贷款减值业务核算 ……………………………………………………（57）

第四章　往来业务核算 …………………………………………………………（62）

第一节　往来业务核算概述 ……………………………………………………（62）

第二节　商业银行与中央银行往来业务核算 …………………………………（65）

第三节　金融企业同业往来业务核算 …………………………………………（72）

第四节　商业银行系统内往来业务核算 ………………………………………（79）

第五章　支付结算业务核算 ……………………………………………………（86）

第一节　支付结算概述 …………………………………………………………（86）

第二节　非票据结算业务核算 …………………………………………………（88）

第三节　票据结算业务核算 …………………………………………………（101）

第四节　银行卡业务核算 …………………………………………………（112）

第六章　中间业务核算 ………………………………………………………（120）
　第一节　中间业务概述 ……………………………………………………（120）
　第二节　代理发行债券业务核算 …………………………………………（123）
　第三节　委托贷款业务核算 ………………………………………………（126）
　第四节　理财业务核算 ……………………………………………………（129）
　第五节　代理保管业务核算 ………………………………………………（133）

第七章　外汇业务核算 ………………………………………………………（137）
　第一节　外汇业务概述 ……………………………………………………（137）
　第二节　外汇买卖业务核算 ………………………………………………（140）
　第三节　外汇存款业务核算 ………………………………………………（145）
　第四节　外汇贷款业务核算 ………………………………………………（150）
　第五节　国际贸易结算业务核算 …………………………………………（157）

第八章　银行损益核算 ………………………………………………………（168）
　第一节　营业收入的核算 …………………………………………………（168）
　第二节　成本费用的核算 …………………………………………………（171）
　第三节　利得与损失的核算 ………………………………………………（173）
　第四节　利润及利润分配的核算 …………………………………………（176）
　第五节　所有者权益的核算 ………………………………………………（183）

第九章　金融企业财务报告 …………………………………………………（191）
　第一节　金融企业财务报告概述 …………………………………………（191）
　第二节　资产负债表 ………………………………………………………（193）
　第三节　利润表 ……………………………………………………………（198）
　第四节　现金流量表 ………………………………………………………（201）
　第五节　所有者权益变动表 ………………………………………………（212）
　第六节　会计报表附注 ……………………………………………………（215）

第十章　保险会计与保险业务核算 …………………………………………（220）
　第一节　保险会计概述 ……………………………………………………（220）
　第二节　原保险合同的会计核算 …………………………………………（225）
　第三节　再保险合同的会计核算 …………………………………………（245）
　第四节　保险公司财务报表 ………………………………………………（252）

第十一章　证券公司业务核算 ·· (261)

　　第一节　证券公司业务概述 ·· (261)

　　第二节　证券经纪业务核算 ·· (265)

　　第三节　证券自营业务核算 ·· (270)

　　第四节　证券承销业务核算 ·· (283)

第十二章　期货公司业务核算 ·· (288)

　　第一节　期货公司业务概述 ·· (288)

　　第二节　商品期货业务核算 ·· (290)

　　第三节　期货经纪业务核算 ·· (299)

　　第四节　金融期货业务核算 ·· (309)

第十三章　基金公司业务核算 ·· (312)

　　第一节　基金公司业务概述 ·· (312)

　　第二节　基金发行与赎回业务核算 ·································· (318)

　　第三节　基金投资业务核算 ·· (321)

　　第四节　基金业务损益核算 ·· (325)

参考书目 ·· (331)

第一章

总 论

本章主要介绍金融企业会计的基本理论，具体包括：金融企业会计的概念；金融企业会计核算的基本假设、会计信息质量要求和核算基础；金融企业会计核算对象；金融企业会计科目、记账方法、会计凭证、会计账簿和账务组织。

第一节 金融企业会计的概念

一、金融企业

金融企业是依法设立和运营，以营利为目的，专门从事资金商业性买卖，自负盈亏、独立核算的社会经济组织。金融企业是金融机构的重要组成部分。金融机构通常由银行和非银行金融机构组成。

（一）银行

银行是以存款、贷款、汇兑等业务承担信用中介的金融机构。我国现行的银行体系主要包括中央银行、商业银行和政策性银行。其中，商业银行是典型的金融企业。

1. 中央银行

我国的中央银行是中国人民银行。中央银行是一国最高的货币金融管理机构，在各国金融体系中居主导地位。中央银行的主要职能是宏观调控、保障金融安全和稳定、金融服务等。中央银行享有货币发行的垄断权，是"发行的银行"。中央银行代表政府管理全国的金融机构和金融活动，是"政府的银行"。中央银行集中保管银行的准备金，并向银行发放贷款，充当最后的贷款人，是"银行的银行"。中央银行从事的业务和其他金融机构从事的业务的根本区别在于中央银行从事的业务不是为了营利，而是为了实现国家宏观经济目标服务。中央银行的主要业务有货币发行、集中存款准备金、贷款、再贴现、证券买卖、黄金占款，以及为商业银行和其他金融机构办理资金的划拨清算和资金转移的业务等。

2. 商业银行

我国商业银行是自主经营、独立核算、自担风险、自负盈亏、自我约束、自我发展的具有法人权利和地位的金融企业，以利润经营为目标，以流动性、安全性、效益性为经营原则。商业银行的主要业务包括吸收公众存款、发放贷款、办理国内外结算、办理票据贴现、发行金融债券、买卖政府债券、从事同业拆借、买卖外汇、提供信用保证与担保、代理保险业务、提供保险箱服务等。

商业银行是我国金融体系的主体，也是银行体系中的重要组成部分。在我国，商业银行主要分为国有独资商业银行（中国工商银行、中国农业银行、中国银行和中国建设银行）、股份制商业银行（招商银行、交通银行、华夏银行、中信银行、民生银行等）、合作性商业银行（城市合作商业银行和农村合作商业银行等）。

3. 政策性银行

政策性银行是指由政府创立、参股或保证，以国家信用为基础，不以营利为目的，专门为贯彻和配合国家特定政策，在特定的业务领域内从事政策性融资活动，充当政府进行宏观经济管理工具的金融机构。我国的政策性银行主要包括中国国家开发银行、中国进出口银行、中国农业发展银行等。

（二）非银行金融机构

随着我国金融体制改革的深化，非银行金融机构也得到了迅速的发展，对我国的经济发展发挥着重要作用，逐渐成为我国金融体系的重要组成部分。非银行金融机构又称金融性公司，以营利为目的，实行自主经营、自担风险、自负盈亏、自我约束的经营机制。非银行金融机构主要包括保险公司、证券公司、信托投资公司、基金管理公司、租赁公司和财务公司等。

1. 保险公司

保险公司是经营保险业务和投资业务的经济组织。保险公司的主营业务是保险业务，具体包括财产保险、人身保险和再保险。保险公司的作用是对投保人未来可能发生的损失予以赔偿给付，实现分担风险的保障作用。

2. 证券公司

我国的证券公司可以分为综合类证券公司和经济类证券公司。综合类证券公司的业务范围要比经济类证券公司广，主要包括证券经纪业务、证券自营业务、证券承销业务和其他证券业务。经济类证券公司业务比较单一，只允许专门从事证券经济业务，即只能专门从事代理客户买卖股票、债券、基金、可转换债券、认股权证等业务。

3. 信托投资公司

信托投资公司是专门从事信托投资业务的公司。信托投资公司从事的主要业务有信托业务、委托业务、代理业务和咨询业务等。

4. 基金管理公司

基金管理公司是依据法律、法规和基金契约，负责基金的经营和管理操作的公司。基金管理公司从事证券基金管理业务包括证券投资基金的发行和赎回，以投资组合的方式管理和运用证券投资基金进行股票、债券等金融工具的投资等。

5. 租赁公司

租赁公司是指依法成立的、从事金融租赁业务的公司。租赁公司的主要业务包括动产和不动产的租赁、转租赁和回租业务；各种租赁业务所涉及的标的物的购买业务；出租物和抵偿押金产品的处理业务等。

6. 财务公司

财务公司是企业内部集团成立的，主要为了加强企业内部资金集中管理和提高资金使用效率的公司。财务公司的主要业务包括存贷款、结算、票据贴现、融资租赁、委托及代理发行有价证券等。

我国金融机构的组成如图1-1所示：

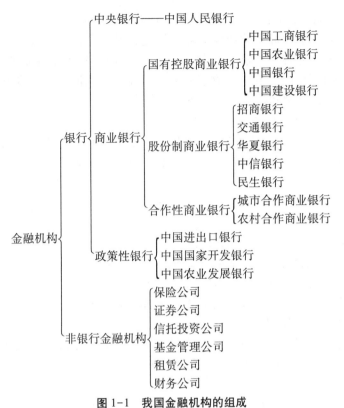

图 1-1 我国金融机构的组成

二、金融企业会计

(一) 金融企业会计的概念

金融企业会计是我国会计体系的重要组成部分，是一种特殊的专业会计，是把会计学的基本原理和基本方法运用到金融行业的特种会计。

金融企业会计是以货币为主要计量单位，采用专门的会计方法，对金融企业的经营活动进行完整、连续、系统、全面的核算和监督，并进行分析和预测，为金融企业的利益相关者及有关方面提供决策所需的信息。

(二) 金融企业会计的特点

金融企业是国民经济中经营货币信用业务的特殊企业，这一特殊性决定了金融企业会计相比于其他的行业会计而言，有着明显的不同的特点。具体如下：

1. 在核算内容方面表现出更广泛的社会性

金融企业的会计核算除了核算其本身的业务活动，更要反映国民经济中各部门、各企事业单位的资金活动情况。因此，金融企业会计综合反映了社会宏观经济活动的情况，具有更广泛的社会性。

2. 会计核算过程和业务处理过程具有一致性

金融企业的会计部门处于业务活动的第一线，在处理各项业务的同时，必须通过会计进行记录、核算和监督，既处理了业务，又进行了会计核算。当业务活动完成时，会计核算工作也基本完成。

3. 核算方法具有独特性

金融企业是经营货币资金的特殊企业，因此金融企业除了要按照一般企业的核算方法进行核算之外，还必须形成自己独特的核算方法。不同的金融企业、不同的业务，具体的处理方法都不相同。金融企业会计在科目设置、凭证编制、账务处理程序以及具体业务的处理方法上都明显区别于其他企业会计。

4. 具有严格的内部监督机制

金融企业会计对国民经济的特殊作用和金融企业的业务的特殊性使得金融企业会计在日常核算过程中，必须采取严格的内部监督机制，以保证会计核算工作的正确和货币资金的安全。

（三）金融企业会计的地位与作用

1. 金融企业会计的地位

（1）金融企业会计是会计体系的组成部分。

（2）金融企业会计是金融企业内部管理的重要方面。

（3）金融企业会计与其他会计既有共性，又有区别。

（4）金融企业会计是金融企业内部的一项基础性工作。

2. 金融企业会计的作用

金融企业会计具有会计核算、会计监督、参与管理、提供信息的职能，承担着正确组织会计核算、依法实施会计监督、真实提供会计信息的任务。

第二节　金融企业会计核算的基本假设、会计信息质量要求和核算基础

一、金融企业会计核算的基本假设

会计的基本假设是企业会计确认、计量和报告的前提，是会计人员为了实现会计目标而对会计核算所处环境进行的合理的假设。金融企业会计的基本假设包括会计主体、持续经营、会计分期和货币计量假设。

（一）会计主体

会计主体是指会计工作为其服务的特定单位或组织。会计主体是企业进行会计确认、计量和报告的空间范围。在会计主体假设下，企业应当对其本身发生的交易或者事项进行会计确认、计量和报告，反映企业本身从事的各项生产经营活动。明确界定会计主体是开展会计确认、计量和报告工作的重要前提。

（二）持续经营

持续经营是指在可预见的将来，企业或会计主体的生产经营活动将无限期地延续下去。也就是说，企业或会计主体在可预见的未来不会进行清算。在持续经营的前提下，企业在会计信息的收集和处理上使用正确的会计处理方法才能保持稳定。

（三）会计分期

会计分期是指将企业持续不断的生产经营活动划分为一个个连续的、间隔相同的会计期间。会计分期的目的是将持续经营的生产经营活动划分为连续、相等的期间，

据以结算账目、编制会计报表，从而及时向财务报告使用者提供相关的企业财务信息。会计期间的划分对于确定会计核算程序和方法具有极为重要的作用。会计期间分为年度和中期。中期是指短于一个完整的会计年度的报告期间。

（四）货币计量

货币计量是指会计主体在财务会计确认、计量和报告时以货币为计量单位，反映会计主体的财务状况、经营成果和现金流量。以货币计量为假设，可以全面反映企业的各项生产经营活动和有关交易事项。我国的金融企业的会计核算一般以人民币为记账本位币。业务收支以外币为主的企业，可以选定某种外币作为记账本位币，但编制会计报表时应折算为人民币。

二、金融企业会计信息质量要求

（一）客观性

客观性是指金融企业会计核算应该以实际发生的交易或事项为依据，如实地反映企业财务状况、经营成果和现金流量。客观性具体包括真实性、可靠性和可验证性三个方面。

（二）相关性

相关性是指金融企业提供的会计信息应当与财务会计报告使用者的经济决策需要相关，有助于财务会计报告使用者对企业过去、现在或者未来的情况进行评价或者预测。相关的会计信息还应当具有预测价值，有助于使用者根据财务报告所提供的会计信息预测企业未来的财务状况、经营成果和现金流量。

（三）可比性

可比性是指金融企业应当按照规定的会计处理方法进行会计核算，会计指标应当口径一致、相互可比，具体分为纵向可比和横向可比。横向可比是指不同企业发生的相同或者相似的交易或者事项，应当采用一致的会计政策，确保会计信息口径一致、相互可比。纵向可比是指同一企业对于不同时期发生的相同或者相似的交易或者事项，应当采用一致的会计政策，不得随意变更。企业会计政策确需变更的，其相关情况应当在财务报告附注中说明。

（四）及时性

及时性是指金融企业对已经发生的交易或者事项应当及时进行会计确认、计量和报告，不得提前或延后。在会计确认、计量和报告过程中贯彻及时性，就是要求及时收集会计信息，及时对经济交易或事项进行确认或计量，及时将编制的财务报告传递给财务报告使用者，便于其及时使用和决策。

（五）明晰性

明晰性是指金融企业的会计核算应当清晰明了，便于理解和运用。这就要求金融企业在会计核算中必须做到会计记录准确清晰，凭证填制和账簿登记应当合法有据，账户对应关系清楚，文字摘要完整。会计报表应做到项目完整、数字准确、勾稽关系清楚。

（六）谨慎性

谨慎性是指金融企业的会计核算应当认真、谨慎，不应高估资产或者收益，低估负债或者费用。谨慎性原则是针对经济活动中的不确定因素，要求在会计处理中要充分考虑到可能的风险和损失，在不影响合理反映的情况下，尽可能选择不虚增利润或夸大所有者权益的会计处理程序和方法。

（七）重要性

重要性是指金融企业在会计核算中对不同的交易或事项应当区别对待，根据其重要性，采用不同的处理方法。重要性对资产、负债、损益等有较大影响，进而影响财务会计报告使用者做出合理判断。重要的会计事项必须按规定的会计方法和程序进行处理，并在财务会计报告中予以充分的披露；对于次要的会计事项，在不影响会计信息真实性和不至于误导财务会计报告使用者做出正确判断的前提下，可适当简化处理。

（八）实质重于形式

实质重于形式是指金融企业应当按照交易或者事项的经济实质进行会计确认、计量和报告，不应当仅仅以交易或者事项的法律形式为依据。如果企业仅仅以交易或者事项的法律形式为依据进行会计确认、计量和报告，那么就容易导致会计信息失真，无法如实反映经济现实和实际情况。

金融企业会计信息质量要求如图 1-2 所示：

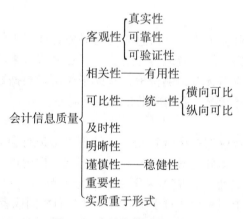

图 1-2　会计信息质量要求

三、金融企业会计的核算基础

金融企业应当以权责发生制为基础进行会计确认、计量和报告。权责发生制原则是指凡是当期已经实现的收入和当期已经发生或应当负担的费用，不论款项是否收付，都应作为当期的收入和费用处理；凡是不属于当期的收入和费用，即使款项已经在当期收付，都不应作为当期的收入和费用处理。权责发生制的核心是根据权责关系的实际发生和影响期间来确认企业的收支和损益，这样能够更加准确地反映企业在特定会计期间真实的财务状况和经营成果。

第三节 金融企业会计核算对象

一、金融企业的会计对象

会计对象是指会计所要核算和监督的内容。金融企业的会计对象从总体来看，依然是资金运动所体现的六大会计要素。根据我国《企业会计准则》的规定，这六大会计要素分别为资产、负债、所有者权益、收入、费用、利润。

（一）资产

金融企业的资产是指金融企业过去的交易或事项形成的，被企业拥有或控制，预期会给金融企业带来经济利益的资源。

金融企业的资产按其流动性可以分为流动资产和非流动资产。金融企业的流动资产是指可以在1年内（含1年）变现或耗用的资产，主要包括货币资金、拆出资金、交易性金融资产、衍生金融资产、买入返售金融资产、应收利息、具有本行业特点的各类应收款项。金融企业的非流动资产主要包括可供出售金融资产、持有至到期投资、长期股权投资、投资性房地产、固定资产、无形资产、递延所得税资产、其他资产等。

（二）负债

金融企业的负债是由金融企业过去的交易或事项形成的，预期会导致经济利益流出的现时义务。

金融企业的负债按其流动性可以分为流动负债和非流动负债。金融企业的流动负债是指可以在1年内（含1年）偿还的负债，包括短期借款、拆入资金、交易性金融负债、衍生金融负债、卖出回购金融资产款、具有本行业特点的各类应付及预收款项、应付职工薪酬、应交税费、应付利息等。金融企业的非流动负债包括预计负债、长期借款、应付债券、长期准备金、递延所得税负债、其他负债等。

（三）所有者权益

金融企业的所有者权益是指金融企业的资产扣除负债后由所有者享有的剩余权益。

金融企业的所有者权益包括实收资本、资本公积、盈余公积、一般风险准备和未分配利润等。

（四）收入

金融企业的收入是指金融企业在日常活动中产生的，会导致所有者权益增加，与所有者资本投入无关的经济利益的总流入。

金融企业的收入包括主营业务收入、利息收入、手续费及佣金收入、租赁收入、投资收益和其他业务收入等。

（五）费用

金融企业的费用是指金融企业在日常活动中产生的，会导致所有者权益减少，与向所有者分配利润无关的经济利益的总流出。

金融企业的费用包括利息支出、手续费及佣金支出、管理费用、其他业务成本、所得税费用等。

（六）利润

金融企业的利润是指金融企业在一定会计期间的经营成果。

金融企业的利润包括收入减去费用的净额、直接计入当期损益的利得和损失、营业外收支净额等。

二、金融企业的会计目标

金融企业的会计目标是通过对金融企业经营的业务进行确认、计量和报告，并对经营的结果加以披露，从而向财务会计报告使用者提供与企业财务状况、经营成果和现金流量等有关的会计信息，反映企业管理层受托责任履行情况，有助于财务会计报告使用者做出经济决策。其中，财务报告使用者包括投资人、债权人、政府及有关部门和社会公众等。

第四节　金融企业会计科目、记账方法、会计凭证、会计账簿和账务组织

一、会计科目设置及分类

（一）会计科目设置

会计科目是按照经济业务的内容和经济管理的要求，对会计要素的具体内容进行分类核算的项目，即根据会计核算的需要，对资产、负债、所有者权益、收入、费用、利润六个会计要素的具体内容进行科学的分类。正确使用会计科目，是合理组织会计核算，真实反映业务活动和财务活动的重要保证。

金融企业应依照《企业会计准则——应用指南》（财会〔2006〕18号）中的会计科目和主要账务处理规定的会计科目名称和核算内容设置与使用会计科目，处理经济业务（会计科目表见表1-1）。

表1-1　　　　　　　　　会计科目表

顺序号	编号	会计科目名称
		一、资产类
1	1001	库存现金
2	1002	银行存款
3	1003	存放中央银行款项（银行专用）
4	1011	存放同业（银行专用）
5	1012	其他货币资金
6	1021	结算备付金（证券专用）
7	1031	存出保证金（金融共用）
8	1051	拆出资金

顺序号	编号	会计科目名称
9	1101	交易性金融资产
10	1111	买入返售金融资产（金融共用）
11	1121	应收票据
12	1122	应收账款
13	1123	预付账款
14	1131	应收股利
15	1132	应收利息
16	1211	应收保护储金（保险专用）
17	1221	应收代位追偿款（保险专用）
18	1222	应收分保账款（保险专用）
19	1223	应收分保未到期责任准备金（保险专用）
20	1224	应收分保保险责任准备金（保险专用）
21	1231	其他应收款
22	1241	坏账准备
23	1251	贴现资产（银行专用）
24	1301	贷款（银行和保险共用）
25	1302	贷款损失准备（银行和保险共用）
26	1311	代理兑付证券（银行和保险共用）
27	1321	代理业务资产
28	1401	材料采购
29	1402	在途物资
30	1403	原材料
31	1404	材料成本差异
32	1406	库存商品
33	1407	发出商品
34	1410	商品进销差价
35	1411	委托加工物资
36	1412	包装物及低值易耗品
37	1421	消耗性生物资产（农业专用）
38	1431	周转材料
39	1441	贵金属（银行专用）

表 1-1(续)

顺序号	编号	会计科目名称
40	1442	抵债资产（金融专用）
41	1451	损余物资（保险专用）
42	1461	存货跌价准备
43	1501	待摊费用
44	1511	独立账户资产（保险专用）
45	1521	持有至到期投资
46	1522	持有至到期投资减值准备
47	1523	可供出售金融资产
48	1524	长期股权投资
49	1525	长期股权投资减值准备
50	1526	投资性房地产
51	1531	长期应收款
52	1541	未实现融资收益（保险专用）
53	1551	存出资本保证金
54	1601	固定资产
55	1602	累计折旧
56	1603	固定资产减值准备
57	1604	在建工程
58	1605	工程物资
59	1606	固定资产清理
60	1611	融资租赁资产（租赁专用）
61	1612	未担保余值（租赁专用）
62	1621	生产性生物资产（农业专用）
63	1622	生产性生物资产累计折旧（农业专用）
64	1623	公益性生物资产（农业专用）
65	1631	油气资产（石油天然气专用）
66	1632	累计折耗（石油天然气专用）
67	1701	无形资产
68	1702	累计摊销
69	1703	无形资产减值准备
70	1711	商誉

表1-1(续)

顺序号	编号	会计科目名称
71	1801	长期待摊费用
72	1811	递延所得税资产
73	1901	待处理财产损溢
		二、负债类
74	2001	短期借款
75	2002	存入保证金（金融共用）
76	2003	拆入资金（金融共用）
77	2004	向中央银行借款（银行专用）
78	2011	吸收存款（银行专用）
79	2012	同业存放（银行专用）
80	2021	贴现负债（银行专用）
81	2101	交易性金融负债
82	2111	卖出回购金融资产款（金融共用）
83	2201	应付票据
84	2202	应付账款
85	2205	预收账款
86	2211	应付职工薪酬
87	2221	应交税费
88	2231	应付利息
89	2232	应付股利
90	2241	其他应付款
91	2251	应付保户红利（保险专用）
92	2261	应付分保账款（保险专用）
93	2311	代理买卖证券款（证券专用）
94	2312	代理承销证券款（证券和银行共用）
95	2313	代理兑付证券款（证券和银行共用）
96	2314	代理业务负债
97	2401	预提费用
98	2411	预计负债
99	2401	递延收益
100	2601	长期借款

表1-1(续)

顺序号	编号	会计科目名称
101	2602	长期债券
102	2701	未到期责任准备金（保险专用）
103	2702	保险责任准备金（保险专用）
104	2711	保户储金（保险专用）
105	2721	独立账户负债（保险专用）
106	2801	长期应付款
107	2802	未确认融资费用
108	2811	专项应付款
109	2901	递延所得税负债
		三、共同类
110	3001	清算资金往来（银行专用）
111	3002	外汇买卖（金融专用）
112	3101	衍生工具
113	3201	套期工具
114	3202	被套期项目
		四、所有者权益类
115	4001	实收资本
116	4002	资本公积
117	4101	盈余公积
118	4102	一般风险准备（金融共用）
119	4103	本年利润
120	4104	利润分配
121	4201	库存股
		五、成本类
122	5001	生产成本
123	5101	制造费用
124	5201	劳务成本
125	5301	研发支出
126	5401	工程施工（建造承包商专用）
127	5402	工程结算（建造承包商专用）
128	5403	机械作业（建造承包商专用）

表1-1（续）

顺序号	编号	会计科目名称
		六、损益类
129	6001	主营业务收入
130	6011	利息收入（金融专用）
131	6021	手续费及收入（金融专用）
132	6031	保费收入
133	6032	分保费收入
134	6041	租赁收入
135	6051	其他业务收入
136	6061	汇兑损益（金融专用）
137	6101	公允价值变动损益
138	6111	投资收益
139	6201	摊回保险责任准备金
140	6202	摊回赔付支出
141	6203	摊回分保费用
142	6301	营业外收入
143	6401	主营业务成本
144	6402	其他业务成本
145	6403	税金及附加
146	6411	利息支出（金融共用）
147	6421	手续费支出（金融共用）
148	6501	提取未到期责任准备金（保险专用）
149	6502	提取保险责任准备金（保险专用）
150	6511	赔付支出（保险专用）
151	6521	保单红利支出（保险专用）
152	6531	退保金（保险专用）
153	6541	分出保费（保险专用）
154	6542	分保费用（保险专用）
155	6601	销售费用
156	6602	管理费用
157	6603	财务费用
158	6604	勘探费用

表1-1(续)

顺序号	编号	会计科目名称
159	6701	资产减值损失
160	6711	营业外支出
161	6801	所得税费用
162	6901	以前年度损益调整

（二）会计科目分类

1. 按与会计报表的关系分类

金融企业会计科目按与会计报表的关系分类，可分为表内科目和表外科目。

（1）表内科目是指列入资产负债表和损益表内的，用来控制和反映资产、负债、资产负债共同类、所有者权益和损益类资料的会计科目。表内科目核算采用借贷复式记账法。

（2）表外科目是指不列入资产负债表和损益表内的，只用来核算和反映或有事项和负责财产登记、重要凭证和有价单证的控制等辅助事项的会计科目。表外科目核算采用收付单式记账法。

2. 按资金性质分类

金融企业会计科目按资金性质分类，可分为资产类、负债类、资产负债共同类、所有者权益类和损益类会计科目。

（1）资产类会计科目用来反映企业资产的增减变动及其结存情况。

（2）负债类会计科目用来反映企业负债的增减变动及其结存情况。

（3）资产负债共同类会计科目既可以反映资产业务，又可以反映负债业务，编制报表时应根据余额方向，分别纳入资产类或负债类科目反映。

（4）所有者权益类会计科目反映企业所有者权益的增减变动及其结存情况。

（5）损益类会计科目反映企业收入和费用的发生或归集。

金融企业会计科目分类如图1-3所示：

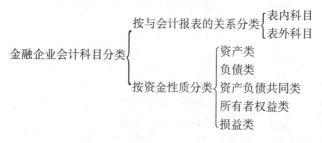

图1-3　金融企业会计科目分类

二、记账方法

记账方法就是对发生的经济业务，运用一定的记账原理和规则，按会计科目进行整理、分类和登记账簿，并通过试算平衡来检查账簿记录是否正确的方法。记账方法一般包括记账方法的原理、记录方式、记账符号、记账规则和试算平衡等要素。金融企业会计的记账方法按记账方式的不同，可分为复式记账法和单式记账法。

（一）复式记账法

复式记账法是指对每一项经济业务以相等的金额，通过两个或两个以上的账户进行对照登记的一种记账方法。借贷记账法是复式记账法的一种，通常又称为借贷复式记账法。借贷记账法是以"借"和"贷"为记账符号，对每一笔经济业务在两个或两个以上相互联系的账户中，做出方向相反、金额相等的记录的一种复式记账法。借贷记账法以"有借必有贷，借贷必相等"作为记账规则。在我国，金融企业表内科目统一采用借贷记账法。

（二）单式记账法

单式记账法是指对每项经济业务只通过一个账户进行登记，是一种比较简单的不完整的记账方法。采用单式记账法，手续比较简单，但不能全面、系统地反映经济业务的全貌，不便于检查账户记录的准确性，单式记账法仅适用于表外科目所涉及的会计事项。金融企业的表外科目一般采用单式记账法。

三、会计凭证

会计凭证是记录经济业务事项的发生和完成情况，明确经济责任，具有法律效力的，作为记账依据的书面证明。填制、取得和审核会计凭证，既是会计核算工作的开始，也是对经济业务事项进行监督的重要环节。

（一）会计凭证的种类

1. 按凭证填制的程序和用途不同，会计凭证分为原始凭证和记账凭证

（1）原始凭证是在经济业务事项发生时取得或填制的，用以记录和证明经济业务的发生或完成情况，明确经济责任，并作为记账原始依据的一种会计凭证。

（2）记账凭证是对经济业务事项的性质加以归类，确定会计分录，并据以登记会计账簿的凭证。记账凭证根据原始凭证另行编制，也可以用具备记账凭证要素的原始凭证代替。

2. 按凭证表面形式不同，会计凭证分为单式记账凭证和复式记账凭证

（1）单式记账凭证是指把一项经经济业务涉及的每个会计科目，分别填制记账凭证，每张记账凭证只填列一个会计科目的记账凭证。其中，填列借方科目的称为借项凭证，填列贷方科目的称为贷项凭证。单式记账凭证便于分工记账，但是不能反映某项经济业务的全貌和涉及的会计科目之间的对应关系。

（2）复式记账凭证是指一项经济业务涉及的会计科目都集中填列在一张记账凭证上的记账凭证。复式记账凭证能全面反映某项经济业务的全貌和涉及的会计科目之间的对应关系，便于检查会计分录的正确性，但是不便于分工记账。

3. 按凭证的格式和用途不同，会计凭证分为基本凭证和特定凭证

（1）基本凭证是会计部门根据合法的原始凭证及业务事项自行编制的具有统一格式的凭证。基本凭证按其性质规定分为现金收入凭证、现金付出凭证、转账借方凭证、转账贷方凭证、特种转账借方凭证、特种转账贷方凭证、外汇买卖借方凭证、外汇买卖贷方凭证、表外科目收入凭证、表外科目付出凭证十种。

（2）特定凭证是根据各项业务的特殊需要而设置的各种专用凭证，一般由银行印制，用以代替记账凭证据以记账，如银行汇票、商业汇票、支票、进账单、电信汇凭证、委托收款凭证、托收承付凭证、计息凭证等。

金融企业会计凭证的分类如图1-4所示：

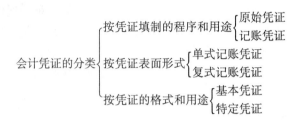

图 1-4　会计凭证的分类

（二）会计凭证的基本要求

金融企业会计凭证应符合以下基本要求：

（1）原始凭证的要素根据业务需要规定，中国人民银行另有规定的除外。

（2）记账凭证基本要素主要包括：填制凭证的日期；收、付款人的户名、账号和开户行；货币、金额及借贷方向；经济业务摘要及附件张数；银行办理业务的印章及经办、复核人员的签名或盖章；会计分录和凭证编号等。

（3）银行电子网络传输的记账信息，应具备规定的要素，并采取相应的安全防范措施，必要时需经会计主管或其授权人员确认，事后应根据监督和管理的需要，按规定的格式打印纸质凭证。记账过程中，纸质凭证转为电子信息，或电子信息转为纸质凭证，均不得改变凭证的基本要素和内容。凭证上由银行填写和由客户填写的内容应有明显区分。规定由客户填写的，未经客户授权，银行工作人员不得代填。

（三）会计凭证的填制

会计凭证填制的基本要求是要素齐全、内容真实、数字准确、字迹清楚、书写规范、手续完备、不得任意涂改。对外签发的凭证以及受理客户提交的凭证，其金额除填写阿拉伯数字的小写金额外，还要填写中文大写数字且数字金额必须相符，以防涂改。

（四）会计凭证的审核

会计凭证审核的内容除了审核是否符合会计凭证的基本要素外，还包括审核会计凭证的真实性、合法性以及完整性。具体审核要点如下：

（1）是否为本金融企业受理的凭证；

（2）使用的凭证种类是否正确，凭证的基本要素、联数以及附件是否齐全，凭证是否超过有效期限；

（3）账号、户名是否正确、相符；

（4）大、小写金额是否一致，字迹有无涂改；

（5）款项来源、用途是否符合信贷、结算管理等原则的规定；

（6）印鉴、密押和支付密码是否真实齐全；

（7）计息、收费、罚金等的计算是否正确；

（8）支取金额是否透支或超过拨款限额等；

（9）内部科目的账户名称使用是否正确等。

（五）会计凭证的传递

会计凭证的传递是指从受理外来凭证或编制凭证起，经过审核、记账，直到进行整理装订保管为止的全过程。会计凭证的传递不仅应当做到手续严密、准确、及时，还应当做到"先外后内，先急后缓"，以方便客户。另外，会计凭证的传递，除有关业务另有规定外（如银行汇票等），一律在金融企业内部传递，不得交客户代为传递。

（六）凭证的整理、装订和保管

会计凭证应是按日装订，对已办完会计核算手续的凭证，应先按科目整理，每一科目的凭证应按现收、现付、转借、转贷顺序排列，按会计科目编号顺序，先表内科目，后表外科目；原始凭证附于记账凭证后面，并加盖"附件"戳记，装订成册，加上封面和封底，由会计装订人员和会计主管盖章，以明确责任。已装订的凭证要编列凭证顺序号，并应与科目日结单的凭证总张数相符。已装订成册的凭证，应在凭证封面上按日期顺序编写号码。分册装订的编一总号，再编若干个分号，并及时登记"会计凭证、账簿、报表保管登记簿"，入库妥善保管。

四、商业银行的会计账簿和账务组织

（一）会计账簿

商业银行的会计账簿，大体上可以分为分户账、总账、登记簿、序时账四种。

1. 分户账

分户账是商业银行会计账簿中详细、具体地反映经济业务的明细分类账簿。分户账按货币种类、单位或资金性质开立账户，应根据传票逐笔连续记载，并结计余额。分户账的通用格式一般有以下四种：

（1）甲种账：设有借、贷发生额和余额三栏，适用于不计息或用余额表计息的账户。

（2）乙种账：设有借、贷发生额和余额、积数四栏，适用于在账页上计息的账户。

（3）丙种账：设有借、贷发生额和借、贷余额四栏，适用于借、贷双方反映余额的账户。

（4）丁种账：设有借、贷发生额和余额、销账四栏，适用于逐笔记账、逐笔销账的一次性业务的账户。

2. 总账

总账是会计账簿中综合、总括核算和监督经济业务的总分类账簿，对分户账起到控制和统驭作用，是定期编制各种会计报表的依据。总账按会计科目设置，设有借、贷发生额和借、贷余额四栏。每日营业终了，根据各科目日结单的借方、贷方合计数分别记入总账各科目的发生额栏中，并计算出余额。

3. 登记簿

登记簿是明细核算中的辅助性账簿，凡是分户账上未能记载而又需要考查的业务事项，都可以设置登记簿进行登记。登记簿是一种辅助账簿，属备查簿性质，是分户账的补充。一些不需要分户账进行明细核算又需要登记考查的业务，可以用登记簿进行登记控制。登记簿账页格式无统一规定，视业务需要而定。

4. 序时账

序时账也称日记账，是商业银行现金业务的序时记录，是记载和控制现金收入、付出笔数和金额的账簿。每天营业终了，结计出现金收入、付出合计数，再计算出现金结存数，并与实际现金库存数核对相符。现金收入、付出日记簿是分别逐笔、序时地记录商业银行现金收入、付出情况的账簿。

商业银行会计账簿的分类如图 1-5 所示：

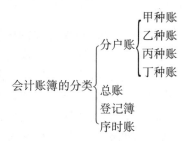

图 1-5　商业银行会计账簿的分类

（二）账务组织

商业银行的账务组织包括明细核算和综合核算两个系统。明细核算系统详细反映各会计科目的核算情况，综合核算系统综合反映各会计科目的增减变化情况，对明细核算起控制作用。两者根据同一凭证同时或分别进行，相互联系、相互制约，坚持总分核对，数字相符。

1. 明细核算系统

首先，根据会计凭证登记分户账；其次，对不能入账而又需要记载的重要业务事项，在登记簿中进行记载；最后，每日营业终了，根据分户账编制余额表。因此，明细核算系统由分户账、序时账、登记簿和余额表共同组成。

余额表是用来填制分户账余额的表格，其作用是据以核对总账和分户账余额，并计算利息。余额表有以下两种：

（1）计息余额表。计息余额表适用于计息的各科目，按有关存、贷款科目分别设立。每日营业终了，根据各账户当天的最后余额抄入表内。当天无发生额的账户或遇假日，将上一日的最后余额填入表内。一定时期内各账户每天余额合计数即为各账户在该时期内的计息积数，是计算利息的依据。

（2）一般余额表。一般余额表适用于不计息的各科目，根据各分户账最后余额抄列，使各账户余额集中反映，便于各科目总账与分户账余额进行核对。一般余额表可根据业务需要随时编制。

2. 综合核算系统

首先，根据会计凭证编制科目日结单；其次，根据科目日结单的发生额和余额登记总账；最后，根据总账各科目当日发生额和余额编制日计表，该表中的各科目借、贷方发生额和余额必须自动平衡。因此，综合核算系统由科目日结单、总账、日计表三项内容组成。

（1）科目日结单。科目日结单又称总账记账凭证，是每天会计科目的当日借贷方发生额和凭证、附件张数的汇总记录，是监督明细账发生额的重要工具，也是记载总账的依据。科目日结单的编制方法如下：

①一般科目日结单编制方法。每日营业终了，将同一科目的所有传票分现金传票、转账传票的合计数，分别加计现金收入传票、付出传票的合计数，并分别填入科目日结单转账部分的借方和贷方，注明传票张数。分别将该科目借方、贷方的现金和转账两部分合计计算出来填入日结单有关栏内。将传票按顺序排列附在科目日结单之后。

②现金科目日结单的编制方法。现金科目日结单是根据一般科目日结单中现金部分编制。将当天一般科目日结单现金部分按借方和贷方计算合计数，然后反方向填入现金科目日结单中。现金科目日结单后不附传票。

③全部科目日结单的借方发生额合计数与贷方发生额合计数必须加总平衡。

（2）总账。总账是综合核算和明细核算相互核对，是各科目的总括记录，也是编制各个报表的重要依据。总账的登记方法是：总账按科目设置，每日营业终了，根据各科目日结单的借方、贷方合计数登记到总账各科目同一行的借方、贷方发生额栏中，并计算出余额。对于单方向反映余额的科目，余额是将上日余额加减当日发生额求得；对于借、贷双方反映余额的科目，总账必须分别计算出借方余额合计和贷方余额合计，分别登记到总账余额的借方和贷方，不得轧差登记总账余额。

（3）日计表。日计表是反映当天业务活动和轧平当天全部账务的重要工具。日记表应每日编制，日计表的编制方法如下：

①每日营业终了，分货币编制；当日某种货币无发生额，可以不编制。

②根据总账各科目当日发生额和余额按科目代号顺序抄入日计表中；当日没有发生额的科目，按上日余额填入日计表中，不得遗漏。

③计算出所有科目借方、贷方发生额合计数，两者应平衡。

（三）账务核对

商业银行为了防止在会计核算中出现差错，需要进行账务核对。账务核对可以分为每日核对和定期核对。账务核对的最终目标是保证商业银行会计核算的正确性。

1. 每日核对

每日核对是指每日会计核算结束后，对账务的有关内容进行核对，主要核对以下内容：

（1）总账各科目的发生额和所属分户账发生额合计数核对；

（2）总账各科目余额与同科目的余额表的余额核对；

（3）现金总账科目的余额和序时账簿结存数以及实际库存现金核对；

（4）总账上双方反映余额的往来科目轧差后进行核对。

2. 定期核对

定期核对是对未能纳入每日核对的账务按规定日期进行核对。主要内容如下：

（1）有实物的各科目与实务定期核对；

（2）各单位的存款、贷款、未收贷款利息（含复息）账户，都应按月或季填发"余额对账单"与企业单位对账；

（3）贷款借据必须按月与该科目分户账核对相符；

（4）中央银行往来、同业及系统内往来的账户余额按月应核对相符；

（5）总账与财务报表进行核对；

（6）表外科目核算的凭证应每月与登记簿结余核对。

练习题

一、单项选择题

1. 金融企业的综合核算系统包括（　　　）。
   A. 总账　　　　　　　　　　　　B. 余额表
   C. 分户账　　　　　　　　　　　D. 现金收付日记簿

2. 下列不属于金融企业的明细核算系统的是（　　　）。
   A. 总账　　　　　　　　　　　　B. 分户账
   C. 余额表　　　　　　　　　　　D. 登记簿

3. 在分户账中具有销账栏的是（　　　）。
   A. 甲种账　　　　　　　　　　　B. 乙种账
   C. 丙种账　　　　　　　　　　　D. 丁种账

4. 商业银行表外科目采用的记账方法是（　　　）。
   A. 复式收付　　　　　　　　　　B. 复式借贷
   C. 复式增减　　　　　　　　　　D. 单式收付

5. 金融企业会计凭证分为原始凭证和记账凭证，这是按（　　　）分类的。
   A. 格式和用途　　　　　　　　　B. 填制的程序和用途
   C. 核算方法　　　　　　　　　　D. 表面形式

二、多项选择题

1. 金融企业会计核算的基本假设包括（　　　）。
   A. 会计主体　　　　　　　　　　B. 持续经营
   C. 会计分期　　　　　　　　　　D. 货币计量

2. 金融企业会计科目按照资金性质分为（　　　）。
   A. 资产类　　　　　　　　　　　B. 负债类
   C. 所有者权益类　　　　　　　　D. 费用类

3. 商业银行账务的定期核对包括（　　　）。
   A. 账实核对　　　　　　　　　　B. 总账和余额表核对
   C. 总分核对　　　　　　　　　　D. 表外科目核对

4. 会计账簿的分类包括（　　　）。
   A. 分户账　　　　　　　　　　　B. 总账
   C. 序时账　　　　　　　　　　　D. 登记簿

5. 金融企业综合核算系统包括（　　　）。
   A. 总账　　　　　　　　　　　　B. 科目日结单
   C. 余额表　　　　　　　　　　　D. 日计表

第二章

存款业务核算

本章主要介绍商业银行存款业务的种类、单位存款业务的核算、个人存款业务的核算以及存款利息费用的计算方式和核算。

第一节 存款业务概述

一、存款的含义和分类

（一）存款的含义

存款是企业和个人存放在银行或其他金融机构的暂时闲置的货币资金。存款是商业银行以信用方式吸收社会闲置资金的一种筹资活动，是商业银行吸收信贷资金的主要渠道和开展信贷活动的重要前提。存款是商业银行重要的负债业务，也是商业银行信贷资金的主要来源。

（二）存款的分类

商业银行吸收的存款按照不同的分类标准可以划分为不同的种类。

1. 按存款的对象分类，存款可分为单位存款和个人储蓄存款

单位存款是商业银行吸收各类企事业单位、社会团体和个体工商户等的暂时闲置资金形成的存款。

个人储蓄存款是商业银行吸收城乡居民个人的闲置资金形成的存款。

2. 按存款的资金来源的性质分类，存款可分为一般性存款和财政性存款

一般性存款是指商业银行吸收的各企事业单位、机关团体、部队和居民个人存入的，并可由其自行支配的资金形成的存款。这部分存款按一定比例上缴人民银行，形成存款准备金。

财政性存款是指商业银行经办的各级财政拨入的预算资金、应上缴财政的各项资金以及财政安排的专项资金形成的存款。这部分存款应全部上缴人民银行。

3. 按存款的期限分类，存款可分为活期存款（包括定活两便存款和通知存款）和定期存款

活期存款是存入时不约定存期，可以随时存取，按结息期计算利息的存款，主要包括单位活期存款和活期储蓄存款。

定活两便存款是存入时不约定存期，存款人可以随时支取，支取时按相同档次定期存款利率打一定折扣计算存款利息的一种存款。通知存款是存款人在存入款项时不约定存期，支取时需提前通知金融机构，约定支取日期和金额方能支取的存款。

定期存款是在存入时约定存期，到期才能支取本息的存款，包括单位定期存款和

定期储蓄存款，如整存整取、零存整取、整存零取、存本取息等。

4. 按存款的币种分类，存款可分为人民币存款和外币存款

人民币存款是指单位或个人以人民币存入形成的存款。

外币存款是指单位或个人以外币存入形成的存款。目前，我国商业银行开设了港币、美元、欧元、日元、英镑、澳大利亚元等外币存款业务。

5. 按存款的产生来源不同，存款可分为原始存款和派生存款

原始存款是指商业银行接受存款单位和居民个人以现金和现金支票的方式存入形成的存款，或中央银行对商业银行的再贴现，或再贷款形成的存款。原始存款也称现金存款或直接存款。

派生存款是指商业银行通过发放贷款、办理贴现等业务活动形成的存款。派生存款也称转账存款或间接存款。

银行存款的分类如图 2-1 所示：

$$\text{银行存款的分类}\begin{cases}\text{按存款的对象分类}\begin{cases}\text{单位存款}\\\text{个人储蓄存款}\end{cases}\\\text{按存款的资金来源的性质分类}\begin{cases}\text{一般性存款}\\\text{财政性存款}\end{cases}\\\text{按存款的期限分类}\begin{cases}\text{活期存款}\\\text{定期存款}\end{cases}\\\text{按存款的币种分类}\begin{cases}\text{人民币存款}\\\text{外币存款}\end{cases}\\\text{按存款的产生来源分类}\begin{cases}\text{原始存款（现金存款或直接存款）}\\\text{派生存款（转账存款或间接存款）}\end{cases}\end{cases}$$

图 2-1　银行存款的分类

二、银行结算账户

人民币银行结算账户是指银行为存款人开立的用于办理现金存取、转账结算等资金收付活动的人民币活期存款账户。人民币银行结算，账户是存款人办理存、贷款和资金收付活动的基础。银行结算账户按存款人的不同可以分为单位银行结算账户和个人银行结算账户。

（一）单位银行结算账户

1. 单位银行结算账户的含义

单位银行结算账户是指存款人以单位名称开立的银行结算账户。个体工商户凭营业执照以字号或经营者姓名开立的银行结算账户纳入单位银行结算账户管理。

2. 单位银行结算账户的分类

按照用途不同分类，可以将单位银行结算账户分为基本存款账户、一般存款账户、专用存款账户和临时存款账户。

（1）基本存款账户是指存款人在银行开立的，用于办理日常经营活动的资金收付及其工资、奖金和现金支取的账户。基本存款账户是存款人在银行的主办账户。存款人只能在一家银行开设一个基本存款账户。

（2）一般存款账户是指存款人在基本存款账户开户银行以外的银行营业机构开立

的银行结算账户。一般存款账户主要用于办理存款人借款转存、借款归还和其他结算的资金收付。一般存款账户可以办理现金缴存，但不得办理现金支取。

（3）专用存款账户是指存款人按照法律、行政法规和规章制度的规定，对其特定用途资金进行专项管理和使用而开立的银行结算账户。例如，财政预算外资金、粮棉油收购资金、基本建设资金、更新改造资金、社会保障资金等，可申请开立专用存款账户，且只能专款专用。

（4）临时存款账户是指存款人因临时需要且在规定期限内使用而开立的银行结算账户。临时存款账户主要用于办理临时机构以及存款人临时经营活动发生的资金收付。临时存款账户的有效期最长不得超过两年。

3. 单位银行结算账户的开立

存款单位开立结算账户，应填制并提交开户申请书、相关的证明文件、盖有单位印章的印鉴卡片和企业法定代表人或者单位负责人的身份证件。开立基本存款账户、临时存款账户（不含注册验资临时存款账户）和预算单位开立的专用存款账户须经中国人民银行核准，除这三种结算账户外，存款单位开立其他银行结算账户不需经中国人民银行核准，但开户银行必须在规定期限内向中国人民银行备案。

4. 单位银行结算账户的使用和管理

银行账户一经开立，银行就必须对账户进行管理，监督开户单位正确使用账户。各单位通过银行账户办理资金收付，必须遵守银行的有关规定。

一个单位只能选择一家银行的一个营业机构开立一个基本存款账户，不允许在多家银行开立基本存款账户。其他银行结算账户的开立必须以基本存款账户的开立为前提。开户实行双向选择，存款人可以自主选择银行，银行也可以选择存款人开立账户。任何单位和个人不能干预存款人在银行开立或使用账户，银行也不得违反规定强拉客户开户。

存款人的账户只能办理存款人本身业务活动范围内的资金收付，不允许出借、出租或转让给其他单位和个人使用。存款人必须在存款账户的余额内签发各种支款凭证，不准开空头或远期支票，套取银行信用，严禁利用银行账户从事非法活动。

中国人民银行对银行结算账户的开立和使用实施监控和管理。中国人民银行负责基本存款账户、临时存款账户以及预算单位专用存款账户开户登记证的管理。任何单位和个人不得伪造、变造及私自印制开户登记证。

（二）个人银行结算账户

1. 个人银行结算账户的含义

个人银行结算账户是指存款人凭个人身份证件，以自然人名称开立的银行结算账户。个人因使用借记卡、贷记卡而在银行或邮政储蓄机构开立的银行结算账户，纳入个人银行结算账户管理。

2. 个人银行结算账户的开立

通常下列情况可以申请开立个人银行结算账户：

①使用支票、信用卡等信用支付工具的。

②办理汇兑、定期借记、定期贷记、借记卡等结算业务的。

自然人可以根据需要申请开立个人银行结算账户，也可以在已开立的储蓄账户中选择并向开户银行申请确认为个人银行结算账户。

个人在银行除了可以开立个人银行结算账户，还可以根据自身需要开立个人储蓄存款账户。个人储蓄存款账户仅限于办理现金（本金和利息）的存取业务，不得办理转账结算业务。

三、会计科目的设置

为了核算银行存款业务，需要设置的会计科目如表 2-1 所示：

表 2-1　　　　　　　　　　存款业务会计科目的设置

类别	名称	主要核算内容
负债类	"吸收存款"	核算银行吸收的除同业存放款项以外的其他各种存款。余额反映在贷方。 期末贷方余额反映企业吸收的除同业存放款项以外的其他各项存款。 应当按照存款类别及存款单位，分"本金""利息调整"等进行明细核算。
	"应付利息"	核算银行按照合同约定应支付的利息，包括吸收存款、分期付息到期还本的长期借款、企业债券等应支付的利息。 期末贷方余额反映企业应付未付的利息。 应当按存款的种类进行明细核算。
损益类	"利息支出"	核算银行发生的各项利息支出，包括吸收的各种存款（单位存款、个人存款、信用卡存款、特种存款、转贷款资金等）与其他金融机构（中央银行、同业等）之间发生资金往来业务、卖出回购金融资产等产生的利息支出。 期末应将余额转入"本年利润"科目，结转后"利息支出"科目无余额。 可按利息支出项目进行明细核算。

第二节　单位存款业务核算

单位存款，即对公存款，是指各企事业单位、机关团体、部队、社会团体和个体工商户等单位存入银行的款项，包括活期存款、定期存款、通知存款、协定存款及经中国人民银行批准的其他存款。

一、单位活期存款业务的核算

单位活期存款是一种随时可以存取、按结息期计算利息的存款。单位活期存款的特点是不固定期限，客户存取方便，随时可以支取。单位活期存款按存取款的方式分为现金存取和转账存取两种。有关转账存取的业务主要是通过运用各种结算方式和支付工具来实现的，本节只叙述现金存取的会计处理。

人民币现金存取方式可以分为支票户存款和存折户存款两种方式。

（一）支票户存取现金的核算

1. 存入现金的核算

存款单位向开户银行存入人民币现金时，存款单位应填写一式两联现金缴款单，连同现金交银行出纳部门。银行出纳部门审核现金缴款单，清点现金无误后，将第一联盖上现金收讫章作为回单退交存款单位，然后根据现金缴款单第二联登记现金收入日记簿，登记完后将第二联送银行会计部门，凭以代现金收入传票登记单位存款分户账。会计分录如下：

借：库存现金

　　贷：吸收存款——活期存款——××单位（本金）

【例2-1】客户 A 公司于 2018 年 1 月 1 日向甲银行存入一笔款项，金额为 10 000元。甲银行应编制如下会计分录：

借：库存现金　　　　　　　　　　　　　　　　　　　　　10 000

　　贷：吸收存款——活期存款——A 公司（本金）　　　　　10 000

2. 支取现金的核算

存款单位向开户银行支取人民币现金时，应签发现金支票，并在支票上加盖预留印鉴，由取款人背书后提交开户银行会计部门。银行会计部门接到现金支票后，应对现金支票的下列内容进行严格审查：是否超过有效期；各项内容的填写是否正确；账号与户名是否相符；大小写金额是否一致；印鉴是否相符；有无取款人背书；票面金额是否在其存款账户余额之内等。经审查无误后，将出纳对号单交给取款人，以现金支票代现金付出传票，登记取款单位分户账，凭以付款。会计分录如下：

借：吸收存款——活期存款——××单位（本金）

　　贷：库存现金

【例2-2】客户 A 公司于 2018 年 3 月 5 日向甲银行支取现金 2 000 元。甲银行应编制如下会计分录：

借：吸收存款——活期存款——A 公司（本金）　　　　　2 000

　　贷：库存现金　　　　　　　　　　　　　　　　　　　　2 000

银行会计部门登账后加盖会计人员的名章，交给复核人员复核无误并盖章，再经内部传递给出纳部门。出纳部门根据现金支票登记现金付出日记簿，然后凭出纳对号单向取款人支付现金。

（二）存折户存取现金的核算

存折户是指存款人在银行开立的凭存折、存款凭条等结算凭证办理款项存取的账户，适用于业务规模小、存款金额小、不经常发生存取款业务的单位使用。

1. 存入现金的核算

存款单位存入现金时，应填制存款凭条连同现金、存折一同交银行出纳员，出纳员收妥款项后，登记存折，其余手续与支票户相同。会计分录如下：

借：库存现金

　　贷：吸收存款——活期存款——××单位

2. 支取现金的核算

存款单位支取现金时，应填写取款凭条，并加盖预留印鉴，连同存折一并交银行会计部门。会计部门经审核无误后以取款凭条代现金付出传票登记分户账、存折，取款凭条及存折交出纳人员凭以付款，并将存折退还取款单位，其余手续与支票户相同。会计分录如下：

借：吸收存款——活期存款——××单位

　　贷：库存现金

二、单位定期存款业务的核算

单位定期存款是单位在存入款项时约定期限、利率，到期支付本息的一种存款业务。

单位定期存款的起存金额为 1 万元，多存不限，存期分 3 个月、6 个月、1 年、2 年、3 年、5 年 6 个档次，一般不能提前支取，存款人支取定期存款只能以转账方式将存款转入基本存款账户。

存款单位办理定期存款时需提交开户申请书、营业执照正本，并预留印鉴。财政拨款、预算内资金及银行贷款不得作为单位定期存款存入银行。

（一）单位存入定期存款的核算

单位定期存款需要一次存入，存入时可以转账存入，也可以现金存入。采取现金存入时，应填写定期存款缴款凭证，连同现金一起提交银行；采取转账存入的，应按存款金额签发活期存款账户转账支票交银行会计部门。银行按规定审核无误后，以支票作转账借方传票，并凭以填制一式三联单位定期存款开户证实书。经复核后，第一联银行存根联代定期存款转账贷方传票，第二联加盖业务公章和经办人员名章后交存款人作存款凭据，第三联作定期存款卡片账。会计分录如下：

（1）现金存入时：

借：库存现金

　　贷：吸收存款——定期存款——××单位（本金）

（2）转账存入时：

借：吸收存款——活期存款——××单位（本金）

　　贷：吸收存款——定期存款——××单位（本金）

【例 2-3】2018 年 2 月 1 日，甲银行收到客户 B 公司以现金方式存入的 2 年期定期存款 10 000 元，到期一次支付本息。甲银行应编制如下会计分录：

借：库存现金　　　　　　　　　　　　　　　　　　　10 000

　　贷：吸收存款——定期存款——B 公司（本金）　　　　　10 000

若改为以转账方式存入 2 年期定期存款 10 000 元，甲银行应编制如下会计分录：

借：吸收存款——活期存款——B 公司（本金）　　　　10 000

　　贷：吸收存款——定期存款——B 公司（本金）　　　　　10 000

（二）单位支取定期存款的核算

单位定期存款的支取包括提前支取、到期支取、逾期支取等情况。单位持存单支取定期存款时，银行会计人员抽出该户卡片进行核对。核对无误后，计算出利息，填制利息清单，并在存单上加盖"结清"戳记。以存单代定期存款转账借方传票，卡片账作为附件，另编制三联特种转账传票，一联代"利息支出"科目转账借方传票，一联代"活期存款"账户转账贷方传票，一联代收账通知交存款人。会计分录如下：

借：吸收存款——定期存款——××单位

　　应付利息——定期存款利息户

　　贷：吸收存款——活期存款——××单位

【例2-4】2018年5月1日，甲银行支付B公司本息合计10 880元，其中应付利息合计880元，本息计入B公司活期存款账户。甲银行应编制如下会计分录：

　　借：吸收存款——定期存款——B公司　　　　　　　　　　　　10 000

　　　　应付利息　　　　　　　　　　　　　　　　　　　　　　　　 880

　　　　贷：吸收存款——活期存款——B公司　　　　　　　　　　 10 880

三、单位通知存款业务的核算

　　单位通知存款是指存款人在存款时不约定存期，支取时需提前通知金融机构，约定支取日期和金额方能支取的存款。通知存款为记名式存款，起存金额50万元，需一次全额存入，可以选择现金存入或转账存入。通知存款不管实际存期的长短，统一按存款人取款提前通知的期限长短划分为一天通知存款和七天通知存款两个品种。一天通知存款必须至少提前1天通知约定支取存款，七天通知存款必须至少提前7天通知约定支取存款。单位选择通知存款品种后不得变更。单位通知存款可一次或分次支取，每次支取最低金额为10万元，账户留存金额不得低于50万元，支取时本息只能以转账方式转入单位基本存款账户、一般存款账户或专用存款账户，不得用于结算或从账户中提取现金。

　　（一）存入款项的核算

　　开户时单位需提交开户申请书、营业执照正本、副本影印件等，并预留印鉴。银行为客户开出记名式"单位通知存款开户证实书"，证实书仅对存款单位开户证实，不得作为质押权利凭证。会计分录如下：

　　借：吸收存款——活期存款——××单位

　　　　贷：吸收存款——通知存款——××单位

【例2-5】甲银行于2018年3月5日收到客户C公司活期存款转入的七天通知存款500 000元。甲银行应编制如下会计分录：

　　借：吸收存款——活期存款——C公司（本金）　　　　　　　　500 000

　　　　贷：吸收存款——通知存款——C公司（本金）　　　　　　 500 000

　　（二）支取款项的核算

　　（1）取款通知。存款单位办理通知时应向开户银行提交单位通知存款取款通知书。在通知书中注明存款种类、取款期限等，并提前1天或7天送交银行。银行审核无误后，在证实书卡片联批注支取日期和支取金额。

　　（2）取款核算。存款单位来银行支取存款时，应填写一式三联的单位通知存款支取凭证，连同存款证实书一起送交银行。银行收到后应按规定认真核查存款证实书是否为本行签发。会计分录如下：

　　借：吸收存款——通知存款——××单位（本金）

　　　　利息支出——单位通知存款利息户

　　　　贷：吸收存款——活期存款——××单位（本金）

【例2-6】C公司部分支取七天通知存款100 000元，甲银行计算要支付的利息为200元。甲银行应编制如下会计分录：

借：吸收存款——通知存款——C 公司（本金）　　　　　　　100 000
　　利息支出——单位通知存款利息户　　　　　　　　　　　　　　200
　贷：吸收存款——活期存款——C 公司（本金）　　　　　　　100 200

四、对账和销户

（一）对账

对账是指银行与单位核对存款账户余额。银行与开户单位的经济往来，由于双方记账时间有先后以及发生技术性差错等原因，会导致双方账务不相符或产生未达账项。为了及时清查未达账项，保证内外账务相符和保护存款安全，银行必须与开户单位经常进行账务核对。具体做法是由客户根据银行出具的对账单进行逐笔勾对，发现问题及时与开户银行沟通解决。

（二）销户

存款单位因迁移、合并、停产等原因不再使用原来存款账户时，应及时到银行办理销户手续。银行办理销户时，应首先与销户单位核对存款账户余额，核对相符后，对应计算利息的存款账户，要结清利息。对支票存款户，应收回所有空白支票；对存折存款户，应收回存折注销，然后将其原存款账户的余额转入其他存款账户或其他地区金融机构。撤销后的账户应停止使用。

第三节　个人存款业务核算

一、个人储蓄存款的含义、原则和分类

（一）个人储蓄存款的含义

个人储蓄存款是指城乡居民个人将自己节余或待用的货币资金存入银行，由银行开具存折或存单作为凭证，个人凭存折或存单可以支取本息的一种信用活动。

（二）个人储蓄存款原则

商业银行办理储蓄业务必须坚持"存款自愿，取款自由，存款有息，为存款人保密"的原则。储蓄存款实行实名制，即存款人开立账户时使用真实姓名。

存款自愿，即储户存款的多少、存何种储种、选择哪家银行的哪个分支机构存储，是储户自愿的行为，任何单位和个人都不得干涉。

取款自由，即储户取款多少、何时取款，由储户自己决定，任何单位和个人不得干涉。

存款有息，即储户在银行的存款，银行必须按照国家规定的利率向储户支付利息。

为存款人保密，即储户存款的多少、种类、户名、地址、印章式样等情况，银行不得泄露，以保障储户存款的安全。

（三）个人储蓄存款的分类

根据存储期限的长短不同，个人储蓄存款可分为活期储蓄、定期储蓄、定活两便储蓄和通知储蓄存款。定期储蓄存款按存取方式不同，又分为整存整取、零存整取、整存零取和存本取息。

根据币种的不同，个人储蓄存款可分为人民币储蓄和外币储蓄存款。

二、个人活期储蓄存款的核算

（一）开户与续存的核算

1. 开户

储户申请开户时，应填写存款凭证，连同身份证件（如居民身份证、户口簿、军人证、外籍储户护照、居住证等）、现金交于银行柜员。银行柜员审核存款凭证上的户名、金额、地址等项目填写是否齐全、身份证明是否有效、证件号码与客户提供的证件是否一致，根据存款凭证的金额清点现金，根据系统提示录入相关信息，由客户输入账户密码。交易成功后，打印存款凭证、活期存折。以存款凭证代现金收入传票入账的会计分录为：

借：库存现金
　　贷：吸收存款——活期储蓄存款——××户（本金）

【例2-7】乙银行于2018年4月10日收到储户刘红存入的活期存款8 000元。乙银行应编制如下会计分录：

借：库存现金　　　　　　　　　　　　　　　　　　8 000
　　贷：吸收存款——活期储蓄存款——刘红户（本金）　　8 000

2. 续存

储户持存折来银行办理续存时，应填写存款凭证，连同现金一并交银行柜员。银行柜员审核无误后，清点现金，其余手续与开户时相同。会计分录如下：

借：库存现金
　　贷：吸收存款——活期储蓄存款——××户（本金）

【例2-8】乙银行于2018年4月25日收到储户刘红续存的活期存款2 000元。乙银行应编制如下会计分录：

借：库存现金　　　　　　　　　　　　　　　　　　2 000
　　贷：吸收存款——活期存款——刘红户（本金）　　　　2 000

（二）支取与销户的核算

1. 支取

储户来银行办理支取时，应填取款凭证，连同存折交银行柜员。若大额支取，还应出示身份证件。银行柜员核对证折无误后，根据系统提示录入相关信息，由客户输入账户密码。交易成功后，打印取款凭证和活期存折。以取款凭证代现金付出传票入账的会计分录如下：

借：吸收存款——活期储蓄存款——××户（本金）
　　贷：库存现金

【例2-9】储户刘红于2018年6月10在乙银行的柜台上取款4 000元。乙银行应编制如下会计分录：

借：吸收存款——活期储蓄存款——刘红户（本金）　　4 000
　　贷：库存现金　　　　　　　　　　　　　　　　　　4 000

2. 销户

储户支取全部存款，不再续存，称为销户。销户的处理手续与支取基本相同，但需打印利息清单。在取款凭证和利息清单上加盖"业务清讫章"，将现金、证件、利息清单（第二联）交客户。销户时，会计分录如下：

借：吸收存款——活期储蓄存款——××户
　　利息支出——活期储蓄利息支出户
　　　贷：库存现金

【例2-10】储户李云要求乙银行将其在该行的活期储蓄账户销户，乙银行结清本利，支付现金，其中本金6 000元，利息26元。乙银行应编制如下会计分录：

借：吸收存款——活期储蓄存款——李云户　　　　　　　　　　6 000
　　利息支出——活期储蓄利息支出户　　　　　　　　　　　　　 26
　　　贷：库存现金　　　　　　　　　　　　　　　　　　　　6 026

三、个人定期储蓄存款的核算

定期储蓄存款是指存入时约定存款期限，一次或分次存入本金，到期一次或分次支取本金和利息的一种储蓄方式。

（一）整存整取定期储蓄存款

整存整取定期储蓄存款是本金一次存入，约定存期，到期一并支取本息的储蓄存款。此种储蓄50元起存，多存不限，存期分为3个月、6个月、1年、2年、3年、5年6个档次。

1. 开户的核算

储户申请开户时，应填写存款凭证，连同身份证件、现金交于银行柜员。银行柜员审核存款凭证上的户名、金额、地址等项目填写是否齐全，身份证件是否有效，证件号码与客户提供的证件是否一致。根据存款凭证的金额清点现金，根据系统提示录入相关信息，由客户输入账户密码。交易成功后，打印存款凭证、整存整取定期存单等，登记"开销户登记簿"。以存款凭证代现金收入传票入账的会计分录如下：

借：库存现金
　　贷：吸收存款——定期储蓄存款——整存整取户

【例2-11】2018年3月1日，乙银行收到储户陈月存入的1年期整存整取定期储蓄两笔，单笔金额为10 000元。乙银行应编制如下会计分录：

借：库存现金　　　　　　　　　　　　　　　　　　　　　　 20 000
　　贷：吸收存款——定期储蓄存款——整存整取陈月户（本金） 20 000

2. 支取的核算

整存整取定期存款因支取而销户，包括到期支取、提前支取和逾期支取。

（1）到期支取。储户将到期整存整取定期存单交银行柜员（若大额支取还需出示身份证件原件）。银行柜员审核存单的各项要素是否完整、印章是否齐全、存单是否为本行签发的，以及身份证件的有效性。审核无误后，根据系统提示录入相关信息，由客户输入账户密码。交易成功后，打印整存整取定期存单和利息清单，以整存整取定期存单代现金付出凭证、利息清单（第一联）代转账借方凭证入账。会计分录如下：

借：吸收存款——定期储蓄存款——整存整取户

　　利息支出——定期存款利息支出户

　　贷：库存现金

【例2-12】2019年3月1日，储户陈月向乙银行到期支取2018年3月1日存入的1年期整存整取定期储蓄，金额为10 000元，定期存款年利率为20%。乙银行应编制如下会计分录：

借：吸收存款——定期储蓄存款——整存整取陈月户（本金）　　10 000

　　利息支出——定期存款利息支出户　　　　　　　　　　　　　200

　　贷：库存现金　　　　　　　　　　　　　　　　　　　　　　　　10 200

（2）逾期支取。储户持过期存单支取存款时，其处理手续与到期支取相同，但利息计算应包括到期利息和过期利息。

（3）提前支取。存款尚未到期，储户如急需用款，可以凭本人身份证件办理全部提前支取或部分提前支取。

①全部提前支取时，储户将整存整取定期存单和本人身份证件原件交银行柜员。银行柜员经查验无误后，在存单背面摘录证件名称、号码、发证机关，然后在存单上加盖"提前支取"戳记，并按提前支取规定计付利息。其余手续与到期支取相同。

②部分提前支取时，除对支取部分按提前支取办法支付本息并注销原存单外，对未支取部分应另开新存单，并在新存单上注明原存单存入日期、利率和到期日以及"由××号存单部分转存"字样（采用"定存一本通"的存户办理部分提前支取除外）。会计分录如下：支付提前支取部分的存入资金利息：

借：吸收存款——定期储蓄存款——整存整取户（全部本金）

　　利息支出——定期储蓄存款利息户（提前支取部分的利息）

　　贷：库存现金（提前支取部分应给储户的本息）

　　　　吸收存款——定期储蓄存款——整存整取户（续存本金）

【例2-13】2018年9月1日，储户陈月向乙银行提前支取2018年3月1日存入的1年期整存整取定期储蓄，存入金额为10 000元，支取金额为5 000元，支取日活期存款利率为0.35%。乙银行应编制如下会计分录：

借：吸收存款——定期储蓄存款——整存整取陈月户（全部本金）

　　　　　　　　　　　　　　　　　　　　　　　　　10 000

　　利息支出——定期储蓄存款利息户（提前支取部分的利息）　　8.75

　　贷：库存现金（提前支取部分应给储户的本息）　　　　　　5 008.75

　　　　吸收存款——定期储蓄存款——整存整取陈月户（续存本金）5 000

（二）零存整取定期储蓄存款

零存整取定期储蓄存款是定期定额存储，到期一次支取本息的一种定期储蓄存款。

零存整取定期储蓄存款5元起存，多存不限，存期分1年、3年、5年3个档次。这种储蓄存款每月存入一次，如中途漏存一次，应在次月补存，未补存或漏存次数在一次以上的，视同违约，存折上打印违约标志，对违约后存入的部分，支取时按活期利率计息。如有急需，可以提前支取，但不能办理部分提前支取。

1. 开户和续存的核算

零存整取定期储蓄存款的开户、续存手续与活期储蓄存款基本相同。开户时由储户填写零存整取定期储蓄存款凭条，连同现金一起交银行经办人员，经审核凭条、清点现金无误后登记开销户登记簿编列账号，开立分户账和存折。以存款凭条代现金收入传票的会计分录如下：

借：库存现金

　　贷：吸收存款——定期储蓄存款——零存整取户

储户按月续存时，储户将存折、存款凭条、现金一起交银行经办人员。其余手续和开户时基本相同。

【例2-14】2018年4月1日，储户周兰来乙银行办理零存整取定期储蓄存款业务，每月存入1 600元，存期1年，月利率为1.425‰。乙银行应编制如下会计分录：

借：库存现金　　　　　　　　　　　　　　　　　　　　　　1 600

　　贷：吸收存款——定期储蓄存款——零存整取周兰户（本金）　1 600

2. 支取的核算

储户取款时应填写取款凭条连同存折交银行经办人员。经办人员将账折核对无误后按规定利率计算应付利息数额，填写两联储蓄存款利息清单，将利息金额、本息合计金额分别填写在存折、账页上，并加盖支付日期和结清戳记及名章。以存折代现金付出传票的会计分录如下：

借：吸收存款——定期储蓄存款——零存整取户

　　利息支出——定期储蓄利息支出

　　贷：库存现金

【例2-15】接【例2-14】，2019年4月1日，储户周兰向乙银行到期支取2018年4月1日办理的存期为1年的零存整取定期储蓄存款。乙银行应编制如下会计分录：

每元存款利息基数=(1+12)÷2×1.425‰=0.009 262 5（元）

应付利息=19 200×0.009 262 5=177.84（元）

借：吸收存款——定期储蓄存款——零存整取周兰户　　19 200

　　利息支出——定期储蓄利息支出　　　　　　　　　177.84

　　贷：库存现金　　　　　　　　　　　　　　　　　19 377.84

其余手续跟整存整取定期储蓄存款业务基本相同。

（三）存本取息定期储蓄存款

人民币存本取息定期储蓄的特点是一次存入本金，到期一次支取本金，利息分期支取。存本取息定期储蓄以本金5 000元起存，存期分1年、3年和5年。银行与客户协商确定取息日期，可以一个月或几个月取息一次，不办理部分提前支取。客户可开立存本取息存折或借记卡办理存本取息存款业务。

1. 开户和取息的核算

开户时，储户填写开户书，注明姓名、存期及每次取息日期，连同现金交由银行经办人员。经办人员审核无误后，填写三联"存本取息定期储蓄存款"，以第一联代现金收入传票，第二联为储户存单，第三联为分户账。会计分录如下：

借：库存现金

贷：吸收存款——定期储蓄存款——存本取息户

【例 2-16】2018 年 2 月 10 日，储户孙敏向乙银行存入 1 年期的存本取息定期储蓄，金额为 20 000 元，月利率为 1.65‰，约定每 3 个月取息一次。乙银行应编制如下会计分录：

借：库存现金　　　　　　　　　　　　　　　　　　　20 000
　　贷：吸收存款——定期储蓄存款——存本取息孙敏户　　　20 000

开户的其余手续跟整存整取定期储蓄存款相同。

储户按规定时间前来取息时，应持存单并填写存本取息定期储蓄存款取息凭条。银行经审核无误后，按规定利率计算应付利息数额，填写两联储蓄存款利息清单，然后将一联储蓄存款利息清单连同实付利息数交给储户。以取息凭条代现金付出传票的会计分录如下：

借：利息支出——定期储蓄存款利息支出户
　　贷：库存现金

【例 2-17】接【例 2-16】2018 年 5 月 10 日，储户孙敏来乙银行取其利息。乙银行应编制如下会计分录：

借：利息支出——定期储蓄存款利息支出户　　　　　99
　　贷：库存现金　　　　　　　　　　　　　　　　　　99

其余手续跟整存整取定期储蓄存款计付利息时基本相同。

2. 到期支取现金的核算

存款到期时，储户支取最后一次利息的手续与前面所述相同。银行为储户支取本金，以存单代现金付出传票并凭以付款的会计分录如下：

借：吸收存款——定期储蓄存款——存本取息户
　　利息支出——定期储蓄存款利息支出户
　　贷：库存现金

【例 2-18】接【例 2-16】和【例 2-17】存单到期时，储户孙敏来乙银行取其本息。乙银行编制如下会计分录：

借：吸收存款——定期储蓄存款——存本取息户　　　20 000
　　利息支出——定期储蓄存款利息支出户　　　　　99
　　贷：库存现金　　　　　　　　　　　　　　　　　20 099

（四）整存零取定期储蓄存款的核算

整存零取定期储蓄存款是本金一次存入，约定期分次支取本金，到期支取利息的一种储蓄存款。整存零取定期储蓄存款一般 1 000 元起存，存期分为 1 年、3 年、5 年，本金支取期分为 1 个月一次、3 个月一次、6 个月一次，由储户和储蓄机构协商确定，利息于期满时支取。

1. 开户的核算

开户时银行经办人员根据储户姓名、存入金额、期限以及支取的次数和时间，填写三联定期整存零取存单，第一联代现金收入传票，第二联为存单，第三联为卡片账。经办人员在卡片账上著名每次支取的时间和金额。会计分录如下：

借：库存现金

贷：吸收存款——定期储蓄存款——整存零取户

【例2-19】2018年3月5日，储户黄明向乙银行存入1年期的整存零取定期储蓄，金额为10 000元，月利率为1.425‰，约定每3个月来支取本金一次。乙银行应编制如下会计分录：

　　借：库存现金　　　　　　　　　　　　　　　　　　　　　10 000
　　　　贷：吸收存款——定期储蓄存款——整存零取黄明户　　　　　　10 000

其余处理手续和整存整取基本相同。

2. 支取的核算

储户按规定时间前来银行取款时，应填写定期储蓄整存零取取款凭条，连同存单一并交银行经办人员。经办人员抽出卡片账核对无误后，在存单和卡片账填写支取记录，以取款凭条代现金付出传票，并将存单退给储户。会计分录如下：

　　借：吸收存款——定期储蓄存款——整存零取户
　　　　贷：库存现金

【例2-20】接【例2-19】黄明于2018年6月5日前来乙银行支取部分本金。乙银行应编制如下会计分录：

　　借：吸收存款——定期储蓄存款——整存零取黄明户　　　　2 500
　　　　贷：库存现金　　　　　　　　　　　　　　　　　　　　　　2 500

储户最后一次取款时，以存单作为取款凭条附件一并交付本金和利息。如过期支取，应在存单和卡片账上注明过期支付日期，并按规定利率计付过期利息。会计分录如下：

　　借：吸收存款——定期储蓄存款——整存零取户
　　　　利息支出——定期储蓄利息支出户
　　　　贷：库存现金

【例2-21】接【例2-19】和【例2-20】黄明于2019年3月5日来乙银行取走为期1年的整存零取定期储蓄。乙银行应编制如下会计分录：

应付利息=（10 000+2 500）÷2 ×12 ×1.425‰=106.875（元）

　　借：吸收存款——定期储蓄存款——整存零取黄明户　　　　10 000
　　　　利息支出——定期储蓄利息支出黄明户　　　　　　　　106.875
　　　　贷：库存现金　　　　　　　　　　　　　　　　　　　　10 106.875

第四节　存款利息费用核算

一、存款利息的有关规定

第一，计息起点。活期存款元位起息，元位以下不计息，利息记至分位，分位以下四舍五入。如需分段计息，各段利息计至厘位，合计利息计至分位。

第二，存期计算。存期按照"算头不算尾"计算，存入日计息，到期日不计息，即存期是指存入日到到期日前一天的这段时间。若存期满整年、整月，则利息按对年、对月计算。

第三，活期存款利率按计息日挂牌公告的活期利率计息，以季度末月的资产负债表日为计息日。

第四，定期存款在存期内按存款存入日挂牌公告的定期存款利率计付利息，利随本清，遇利率调整不分段计息。定期存款提前或逾期支取，按支取日挂牌公告的活期存款利率计息。

二、活期存款利息的计算

活期存款的利息的计算可以采用积数计息法。积数计息法是按实际天数每日累计账户余额，以累计积数乘以日利率计算利息的方法。由于活期存款存取频繁，存款余额经常发生变动，因此银行通常采用积数计息法。采用积数计息法，计算天数时，应"算头不算尾"，即从存入的当日算起，至取出日的上一日止。如在结息日计算时，应包括结息日。计算公式如下：

$$利息 = 累计计息积数 \times 日利率$$
$$累计计息积数 = 账户每日余额合计数$$

（一）余额表积数计息

每日营业终了，根据分户账余额抄写余额表（当日余额未变动的，照抄上日余额），每旬末、月末，加计累计未计息积数。如遇错账冲正，应在余额表内调整积数。结息日逐户将全季的累计积数乘以日利率，得出应付利息数。

【例2-22】2018年6月21日至9月20日，D公司存入甲银行的活期存款账户累计积数为2 600 000元，活期储蓄存款年利率为0.35%。甲银行计算D公司活期存款账户利息并做出账务处理如下：

利息 = 2 600 000×(0.35%÷360) = 25.28（元）

借：利息支出　　　　　　　　　　　　　　　　　　25.28
　贷：吸收存款——活期存款——本金　　　　　　　　　　25.28

（二）分户账积数计息

采用分户账（乙种账）计算积数，在登记分户账每次变动存款余额后，计算一次积数，按前一次最后余额乘以该余额的实存天数计算出积数。待结息日营业终了，加计本结息期内的累计天数和累计积数，以积数乘以日利率，即可得出应付利息数。会计核算办法同前。

三、定期存款利息的计算

（一）单位定期存款利息的计算

单位定期存款的利息的计算采取利随本清的办法，即在存款到期日支取本金的同时一并计付利息。定期存款的存期按对年、对月、对日计算，对年一律按360天计算，对月一律按30天计算。单位定期存款约定的存期内不管利率如何调整，都按存款存入日挂牌公告的定期存款利率计息，不分段计息。逾期支取存款时，逾期部分按支取日挂牌公告的活期存款利率计息。

提前支取存款时，提前支取的部分按支取日挂牌公告的活期存款利率计息；未提前支取的部分（不低于起存金额）到期时，按原存款开户日挂牌公告的同档次定期存款利率计息。

按照权责发生制原则的要求，银行对原存款单位开户日挂牌公告利率按月计算应付利息，编制转账借、贷方传票各一联，办理转账。会计分录如下：

借：利息支出

　　贷：应付利息

定期存款到期，单位支取本息时，应先计算出到期利息额，以定期存款存单代转账借方传票，另编制特种转账借方传票一联，贷方传票两联办理转账。会计分录如下：

借：吸收存款——单位定期存款——××单位

　　应付利息

　　贷：吸收存款——单位活期存款——××单位

【例 2-23】A 公司于 2018 年 3 月 20 日存入甲银行定期存款 500 000 元，存期为 1 年，年利率为 3.33%。2019 年 3 月 20 日该笔存款到期，A 公司于 2019 年 4 月 1 日来甲银行支取，支取日活期存款年利率为 0.36%（假定以前年度未计提应付利息）。甲银行账务处理如下：

到期利息 = 500 000×1×3.33% = 16 650（元）

逾期利息 = 500 000×12×（0.36%÷360） = 60（元）

借：利息支出　　　　　　　　　　　　　　　　　　　16 710

　　贷：应付利息　　　　　　　　　　　　　　　　　　16 710

借：吸收存款——单位定期存款——A 公司　　　　　　　500 000

　　应付利息　　　　　　　　　　　　　　　　　　　16 710

　　贷：吸收存款——单位活期存款——A 公司　　　　　　516 710

（二）个人定期存款利息的计算

1. 整存整取定期储蓄存款利息的计算

个人整存整取定期存款利息的计算与单位定期存款利息的计算相类似，存在下列三种情况。

（1）到期支取利息的计算。整存整取定期储蓄存款，在原定存期内如遇利率调整，不论调高或调低，均按存单开户日所定利率计付利息。

（2）提前支取利息的计算。整存整取定期储蓄存款，如全部提前支取，按支取日挂牌公告的活期储蓄存款利率计付利息；如部分提前支取，提前支取部分按支取日挂牌公告的活期储蓄存款利率计付利息，未提前支取部分，仍按原存单所定利率计付利息。

（3）逾期支取利息的计算。整存整取定期储蓄存款，逾期支取时，其原定存期部分按到期支取利息计算方法计息，其逾期部分除约定自动转存外，按支取日挂牌公告的活期储蓄存款利率计付利息。

【例 2-24】储户王平于 2017 年 4 月 16 日在甲银行存入整存整取定期储蓄存款 80 000 元，存期为 2 年，年利率为 3.06%。王平于 2019 年 4 月 16 日到期支取本息（假定以前年度未计提应付利息）。甲银行账务处理如下：

应付利息 = 80 000×3.06%×2 = 4 896（元）

借：利息支出　　　　　　　　　　　　　　　　　　　4 896

　　贷：应付利息　　　　　　　　　　　　　　　　　　　　　　　　4 896
借：吸收存款——定期储蓄存款——王平户　　　　　　　　　80 000
　　应付利息　　　　　　　　　　　　　　　　　　　　　　　4 896
　　贷：库存现金　　　　　　　　　　　　　　　　　　　　　　　84 896

　　2. 零存整取定期储蓄存款利息的计算

　　零存整取定期储蓄存款，一般是逐月存入，余额逐月增加而不是固定金额，因而利息可比照活期存款运用积数法计算利息。存款到期时其利息计算通常采用固定基数计息法和月积数计息法。

　　（1）固定基数计息法。该方法以每月存入 1 元，存满所定期限，到期按规定利率计算出应支付的利息作为基数，然后再乘以每月固定金额。固定基数计息法适用于每月存入固定金额，中途无漏存的零存整取定期储蓄存款利息的计算。计算公式如下：

$$每元存款到期利息 = （1+存款总月数）÷2×月利率$$

$$利息 = 每月固定存储金额×每元存款到期利息$$

　　【例2-25】储户韩斌于 2018 年 4 月 8 日来甲银行办理零存整取定期储蓄业务，每月存入 1 000 元，存期为 1 年，月利率为 1.425‰。韩斌于 2019 年 4 月 8 日到期支取本息。甲银行账务处理如下：

$$每元存款利息基数 = （1+12）÷2×1.425‰ = 0.009 262 5（元）$$

　　应付利息 = 0.009 262 5×1 000×12 = 111.15（元）

　　借：吸收存款——定期储蓄存款——零存整取韩斌户　　　　12 000
　　　　利息支出　　　　　　　　　　　　　　　　　　　　　111.15
　　　　贷：库存现金　　　　　　　　　　　　　　　　　　　　12 111.15

　　（2）月积数计息法。该方法是根据分户账上每月余额，求出支取时该分户的累计余额，然后再乘以月利率。月积数计息法适用于存期内有漏存的零存整取定期储蓄存款利息的计算，也可用于逐月全存无漏存的零存整取定期储蓄存款利息的计算。计算公式如下：

$$应付利息 = （第一个月存款余额+最后一个月存款余额）×存入次数÷2×月利率$$

　　【例2-26】接【例2-25】采用月积数计息法计算利息如下：

　　应付利息 = （1 000+12 000）×12÷2×1.425‰ = 111.15（元）

　　会计分录同【例2-25】。

　　3. 存本取息定期储蓄存款利息的计算

　　存本取息定期储蓄存款利息的计算，先根据整存整取储蓄利息计算方法，计算出应付利息总数，然后再根据支取利息的次数，算出每次应付利息数。计算公式如下：

$$每次支取利息数 = 本金×存款月数×月利率÷支取利息次数$$

　　【例2-27】储户张丽于 2018 年 3 月 10 日来甲银行办理存本取息定期储蓄存款，存入本金 100 000 元，存期为 1 年，月利率为 1.425‰，每 3 个月支取一次利息。甲银行对该笔存款的利息计算及会计分录编制如下：

　　每次支取利息数 = （100 000×12×1.425‰）÷4 = 427.5（元）

　　每次支取利息时。

　　借：利息支出——定期储蓄存款利息支出户　　　　　　　　427.5

　　　　贷：库存现金　　　　　　　　　　　　　　　　　　　　427.5

　　存款到期时。

　　借：吸收存款——定期储蓄存款——存本取息张丽户　　　100 000

　　　　利息支出——定期储蓄存款利息支出户　　　　　　　　427.5

　　　　贷：库存现金　　　　　　　　　　　　　　　　　　100 427.5

　　4. 整存零取定期储蓄存款利息的计算

　　整存零取定期储蓄存款因分期支取本金，利息在到期结清时支付，本金逐期递减。因此，整存零取定期储蓄存款利息的计算方法采用本金存期等差级数平均值的方法。计算公式如下：

$$本金平均值 = (全部本金 + 每期支取本金数) \div 2$$
$$到期应付利息 = 本金平均值 \times 存期 \times 利率$$

　　【例 2-28】储户赵梅于 2018 年 3 月 1 日来甲银行办理整存零取定期储蓄存款，存入本金为 60 000 元，存期为 1 年，每 3 个月支取一次，月利率为 1.425‰。甲银行对该笔存款的利息计算及会计分录编制如下：

　　每次支取本金时。

　　借：吸收存款——定期储蓄存款——整存零取赵梅户　　　15 000

　　　　贷：库存现金　　　　　　　　　　　　　　　　　　　15 000

　　存款到期时。

　　应付利息 =（60 000 + 15 000）÷ 2 × 12 × 1.425‰ = 641.25（元）

　　借：吸收存款——定期储蓄存款——整存零取赵梅户　　　60 000

　　　　利息支出——定期储蓄存款利息支出户　　　　　　　　641.25

　　　　贷：库存现金　　　　　　　　　　　　　　　　　　　60 641.25

练习题

　　1. 甲银行活期储蓄存款的结息日为每季度末月 20 日，活期储蓄存款年利率为 0.36%。甲银行的储户刘某在 2018 年分别在甲银行办理了如下几笔活期存取款业务：

　　（1）1 月 8 日，开户，存入 10 000 元。

　　（2）2 月 15 日，支取 2 000 元。

　　（3）3 月 20 日，结息。

　　（4）5 月 25 日，存入 4 000 元。

　　（5）6 月 10 日，刘某要求销户，甲银行支付利息。

　　根据上述经济业务编制甲银行有关会计分录。

　　2. 2018 年 9 月，甲银行的开户单位发生如下经济业务：

　　（1）9 月 2 日，万家百货公司存入现金，现金缴款单上的合计数为 60 000 元。

　　（2）9 月 6 日，光明乳品厂提取现金，开出现金支票，金额为 20 000 元。

　　（3）9 月 20 日，光明乳品厂第三季度活期存款账户累计积数为 806 000 元，由于错账更正应冲减积数 6 000 元。活期存款年利率为 0.72%。

根据上述经济业务编制甲银行有关会计分录。

3. 储户陈某于 2018 年 3 月 1 日在甲银行存入 3 年期整存整取定期储蓄存款10 000元。陈某于 2018 年 8 月 1 日要求提前支取 2 000 元，剩余部分续存。假设开户时 3 年期定期储蓄存款月利率为 2.7‰，2018 年 8 月 1 日活期储蓄存款月利率为 0.6‰。

计算 2018 年 8 月 1 日应付储户陈某的利息和到期日陈某支取剩余款项时应付储户利息。

第三章

贷款业务核算

本章主要介绍贷款业务概述、单位贷款业务核算、票据贴现业务核算、个人贷款业务核算和贷款减值业务核算。

第一节 贷款业务概述

一、贷款的含义和分类

（一）贷款的含义

贷款又称放款，是金融企业对借款人提供的按约定的利率和期限还本付息的货币资金。贷款业务是商业银行的一项主要业务。

在我国，贷款是商业银行的核心业务，是根据国家的信贷政策和产业政策，按照贷款的原则，对国民经济各部门进行的资金再分配。贷款业务的意义在于：第一，支持生产发展和商品流通；第二，调节产业结构和产品结构；第三，增加银行的收入，提高银行的经济效益。

（二）贷款的分类

1. 按贷款的质量和风险程度不同划分为正常贷款、关注贷款、次级贷款、可疑贷款、损失贷款

（1）正常贷款是指借款人能够履行合同，没有足够理由怀疑贷款本息不能按时足额偿还的贷款。

（2）关注贷款是指尽管借款人目前有能力偿还贷款本息，但存在一些可能对偿还产生不利影响的因素的贷款。

（3）次级贷款是指借款人的还款能力出现明显问题，完全依靠其正常经营收入无法足额偿还贷款本息，即使执行担保，也可能会造成一定损失的贷款。

（4）可疑贷款是指借款人无法足额偿还贷款本息，即使执行担保，也肯定要造成较大损失的贷款。

（5）损失贷款是指在采取所有可能的措施或一切必需的法律程序之后，本息仍然无法收回，或只能收回极少部分的贷款。上述（3）~（5）类贷款合称为不良贷款。

2. 按贷款的保障程度不同划分为信用贷款、担保贷款和票据贴现

（1）信用贷款指银行完全凭借客户的信誉而无须客户提供抵押物或第三者保证而发放的贷款。

（2）担保贷款是指银行依据借款人提供的经银行认可的某种担保方式，向借款人发放的贷款。担保贷款根据还款保证的不同又可以分为保证贷款、抵押贷款、质押贷款。

（3）票据贴现是指贷款人以购买借款人未到期商业票据的方式发放的贷款。

3. 按贷款的银行承担责任不同划分为自营贷款和委托贷款

（1）自营贷款是指贷款人以合法方式筹集的资金并自主发放的贷款。自营贷款的风险由贷款人承担，并由贷款人收回本金和利息。自营贷款通常自主发放，自主收回。

（2）委托贷款是指由政府部门、企事业单位及个人等委托人提供资金，由贷款人根据委托人确定的贷款对象、用途、金额、期限、利率等代为发放、监督使用并协助收回的贷款。贷款人只收取手续费，不承担贷款风险。委托贷款通常代理发放、监督使用、协助收回。

4. 按贷款的对象不同可划分为企业贷款和个人贷款

（1）企业贷款可以具体分为流动资金贷款、固定资产贷款、房地产开发贷款、国内贸易融资、项目贷款、综合授信等信贷品种。

（2）个人贷款业务包含的种类很多，常见的有个人住房贷款、个人汽车消费贷款、助学贷款、个人定期存单质押贷款、个人旅游贷款、个人授信业务等。

5. 按贷款的偿还期限不同划分为短期贷款、中期贷款和长期贷款

（1）短期贷款指贷款期限在 1 年以内（含 1 年）的贷款。

（2）中期贷款指贷款期限在 1 年以上（不含 1 年）5 年以下（含 5 年）的贷款。

（3）长期贷款指贷款期限在 5 年（不含 5 年）以上的贷款。

贷款的分类如图 3-1 所示：

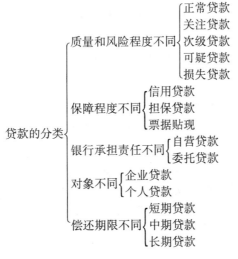

图 3-1　贷款的分类

二、贷款业务的核算原则

商业银行发放贷款主要应遵循安全性、流动性和营利性原则。在进行贷款核算时，尤其是中长期贷款核算时应遵循以下原则：

（一）本息分别核算

银行发放的中长期贷款应当按照实际贷出的金额入账，期末按照贷款本金和适用的利率计算应收取的利息，分别对贷款本金和利息进行核算。

（二）商业贷款和政策性贷款分别核算

由于政策性贷款的发放和国家相关政策有密切关系，且政策性贷款在利率上也有一定的优惠，因此银行应将商业贷款和政策性贷款分别核算。

（三）自营贷款和委托贷款分别核算

自营贷款的风险由银行承担，并由银行收取本金和利息；委托贷款的风险由委托人承担，银行发放委托贷款时，只收取手续费，不得代垫资金。

（四）应计贷款和非应计贷款分别核算

非应计贷款是指贷款本金或利息逾期 90 天没有收回的贷款。应计贷款是指非应计贷款以外的贷款。当贷款本金或利息逾期 90 天时，应单独核算。

三、主要会计科目和核算内容

为了核算银行贷款业务，需要设置的会计科目如表 3-1 所示：

表 3-1 贷款业务会计科目的设置

	名称	主要核算内容
资产类	"贷款"	核算银行按规定发放的各种客户贷款，包括质押贷款、抵押贷款、保证贷款、信用贷款等。 可按代理类别、客户，分别按"本金""利息调整""已减值"等进行明细核算。 期末借方余额，反映企业按规定发放尚未收回贷款的摊余成本。
	"贴现资产"	核算企业办理票据贴现、转贴现等业务所融出的资金。 可按贴现类别和贴现申请人进行明细核算。
	"应收利息"	核算银行对交易性金融资产、持有至到期投资、可供出售金融资产、发放贷款、存放中央银行款项、拆出资金、买入返售金融资产等应收取的利息。 可按借款人进行明细核算。 期末借方余额，反映企业尚未收回的利息。
	"贷款损失准备"	核算银行各项贷款、垫款及拆出资金计提的减值准备。 可按计提贷款损失准备的资产类别进行明细核算。 期末贷方余额，反映企业已计提但尚未转销的贷款损失准备。
	"抵债资产"	核算金融企业依法取得并准备按有关规定处置的实物抵债资产的成本。 可按抵债资产类别及借款人进行明细核算。
损益类	"利息收入"	核算银行确认的利息收入，包括发放的各类贷款（银团贷款、贸易融资、贴现和转贴现融出资金、协议透支、信用卡透支、转贷款、垫款等）、与其他金融机构（中央银行、同业等）之间发生资金往来业务、买入返售金融资产等实现的利息收入等。 可按业务类别进行明细核算。 期末，应将本科目余额转入"本年利润"科目，结转后本科目无余额。

第二节 单位贷款业务核算

一、信用贷款业务的核算

信用贷款是凭借借款人的信誉发放的贷款。信用贷款的特征就是债务人无需提供抵押品或第三方担保，仅凭自己的信誉就能取得贷款，并以借款人信用程度作为还款保证。这种信用贷款是我国银行长期以来的主要放款方式。由于这种贷款方式风险较大，通常要对借款方的经济效益、经营管理水平、发展前景等情况进行详细的考察，以降低风险。信用贷款通常逐笔申请立据，逐笔审核，确定期限，到期归还。

（一）发放贷款的核算

借款人申请信用贷款时，应向开户银行提交借款申请书，申请书上必须填写借款金额、借款用途、偿还能力和还款方式等内容，并向银行提供相关资料。银行信贷部门应按照审贷分离、分级审批的贷款管理制度进行贷款的审批。经审批同意贷款后，银行（贷款人）应与借款人签订借款合同。

借款合同签订后，借款人需要用款时，应填写一式五联借款借据，送银行信贷部门审批。其中，第一联为借方凭证，加盖借款人预留银行印鉴，送交信贷部门审核同意后，核定借款金额；第二联为贷方凭证，作为银行会计部门入账的依据；第三联为回单，加盖转讫章后退给借款人，作为其入账的依据；第四联为放款记录，加盖转讫章后送银行信贷部门留存；第五联为到期卡，由银行会计部门留存，按到期日排列保管，据以到期收回贷款。

银行会计部门收到借款凭证后，应认真审查银行信贷部门的审批意见，审核凭证各内容填写是否正确、完整，大小写金额是否一致，印鉴是否相符等。审核无误后，以第一联、第二联借款凭证分别代转账借方凭证和贷方凭证，办理转账。会计分录如下：

借：贷款——短期贷款（单位贷款户）——（合同本金）

贷：吸收存款——活期存款（单位存款户）——（实际支付的金额）

按其差额，借记或贷记"贷款——利息调整"

【例3-1】甲银行于2018年3月10日接到开户单位E公司的借款申请，经信贷部门核定，同意贷给该客户期限为9个月、年利率为6%的短期贷款1 000 000元，会计部门于3月20日向E公司发放贷款。甲银行编制会计分录如下：

借：贷款——短期贷款——E公司 　　　　　　　　　1 000 000

贷：吸收存款——活期存款——E公司 　　　　　　　　　　1 000 000

会计部门对保管的借据定期检查，并与各科目分户账核对，以保证账据相符。

（二）贷款收回的核算

贷款收回的核算是按照现行会计准则的规定，对商业银行发放的贷款采用实际利率法，按摊余成本计量。

商业银行发放的贷款的摊余成本是指该贷款的初始确认金额减去已偿还的本金，加上采用实际利率法将该初始确认金额与到期日之间的差额进行摊销而形成的累积摊销额，扣除已发生的减值损失后的余额。

贷款到期，借款单位主动归还贷款，应签发转账支票并填制一式四联的还款凭证办理还款手续。银行会计部门收到借款人提交的还款凭证和转账支票后，抽出留存的到期卡进行核对，审核无误后于贷款到期日办理收回贷款的转账手续。以转账支票代替转账借方传票，第一联还款凭证作为其附件；第二联还款凭证代替转账贷方传票入账；第三联还款凭证代转交信贷部门核销原放款记录；第四联还款凭证加盖转讫章后作为回单还给借款人作为归还贷款的依据。

1. 未减值贷款的收回

未减值贷款的计息日，银行应按贷款合同的本金和合同约定的名义利率计算并确定应收利息，按贷款的摊余成本和实际利率计算并确定利息收入，差额计入"贷款——利息调整"科目。会计分录如下：

借：应收利息

　　贷：利息收入

　　　　贷款——利息调整

分期收到利息时，会计分录如下：

借：吸收存款——活期存款（单位存款户）

　　贷：应收利息

收回未减值贷款时，按收到的金额编制会计分录如下：

借：吸收存款——活期存款（单位存款户）

　　贷：贷款——短期贷款（单位贷款户）

　　　　应收利息

【例3-2】接【例3-1】，E 公司于 2018 年 12 月 20 日按期归还贷款本息。假设甲银行采取定期收息的方式核算贷款利息，则应在当年的 6 月 20 日、9 月 20 日和 12 月 20 日分别编制如下会计分录：

6 月 20 日，利息 = 1 000 000×6%×3 ÷12 = 15 000（元）

借：应收利息　　　　　　　　　　　　　　　　　　15 000

　　贷：利息收入　　　　　　　　　　　　　　　　　　15 000

9 月 20 日，利息及转账分录与 6 月 20 日相同。

12 月 20 日，由于客户还款，到期收回本金和利息。会计分录如下：

借：吸收存款——活期存款——E 公司　　　　　　　1 045 000

　　贷：贷款——短期贷款——E 公司　　　　　　　　1 000 000

　　　　应收利息（已计提利息）　　　　　　　　　　　30 000

　　　　利息收入（最后一季度利息）　　　　　　　　　15 000

2. 减值贷款的处理

资产负债表日，对于减值贷款按应减计的金额，编制会计分录如下：

借：资产减值损失

　　贷：贷款损失准备

借：贷款——已减值

　　贷：贷款——本金

　　　　　——利息调整

　　同时，应按贷款的摊余成本和实际利率计算确定的利息收入金额，编制会计分录如下：

　　　　借：贷款损失准备

　　　　　贷：利息收入

　　此外，还应将合同本金和合同约定的名义利率计算确定的应收利息金额进行表外登记。

　　收回减值贷款时，编制会计分录如下：

　　　　借：吸收存款——活期存款（单位存款户）（实际收到金额）

　　　　　　贷款损失准备（贷款损失准备余额）

　　　　　贷：贷款——已减值

　　　　　　资产减值损失（差额）

　　【例3-3】甲银行于2016年1月1日向客户F公司发放3年期的贷款，客户F公司的贷款本金为2 000 000元，年利率为6.4%。2017年12月31日，经减值测试发现该笔贷款发生减值15 000元。甲银行2017年12月31日的会计分录如下：

　　　　借：资产减值损失　　　　　　　　　　　　　　　　15 000

　　　　　贷：贷款损失准备　　　　　　　　　　　　　　　　　　15 000

　　　　借：贷款——已减值——F公司　　　　　　　　　2 000 000

　　　　　贷：贷款——本金——F公司　　　　　　　　　　　　2 000 000

　　假定银行按定期收息的方式收取利息，且到2017年度第3季度为止的应收利息均已收回。

　　2017年第四季度的利息=（2 000 000-15 000）×6.4%×3÷12=31 760（元）

　　会计分录如下：

　　　　借：贷款损失准备　　　　　　　　　　　　　　　　31 760

　　　　　贷：利息收入　　　　　　　　　　　　　　　　　　　31 760

　　表外分录：

　　收入：应收利息　　　　　　　　32 000（2 000 000×6.4%×3÷12）

　　【例3-4】接【例3-3】：甲银行于2019年1月1日全额收回F公司的贷款本金2 000 000元及全部应收未收利息。甲银行的账户处理如下：

　　甲银行在2019年共计提的利息=31 760×4=127 040（元）

　　贷款损失准备余额=127 040+31 760-15 000=143 800（元）

　　全部应收未收利息=32 000+32 000×4=160 000（元）

　　　　借：吸收存款——活期存款——F公司　　　　　　2 160 000

　　　　　贷：贷款——已减值　　　　　　　　　　　　　　　2 000 000

　　　　　　资产减值损失（差额）　　　　　　　　　　　　　　15 000

　　　　　　贷款损失准备（贷款损失准备余额）　　　　　　　143 800

　　　　　　利息收入　　　　　　　　　　　　　　　　　　　　1 200

　　表外分录：

　　付出：应收利息　　　　　　　　　　　　　　　　　　32 000

（三）贷款展期

贷款展期是指借款人因特殊原因不能按期归还贷款，申请延期。借款人因故不能归还贷款时，可向银行信贷部门提交一式三联的贷款展期申请书，写明展期原因，银行信贷部门视具体情况决定是否展期。根据规定展期只限一次，一般不办理转账手续。短期贷款不得超过原贷款期限；中长期贷款不得超过原贷款期限的一半；长期贷款不得超过 3 年。

（四）贷款逾期的核算

逾期贷款是指借款合同到期未归还的贷款。

会计部门应在贷款到期日营业终了前，根据原借据编制特种转账借、贷方传票将原贷款转入逾期贷款账户。会计分录如下：

借：贷款——逾期贷款——××贷款户

贷：贷款——短期贷款——××贷款户

（贷款——中长期贷款——××贷款户）

如果贷款的本金逾期 90 天尚未收回，应停止计提利息收入，从应计贷款转为非应计贷款单独核算；停止计提的利息收入应在表外科目"应收利息"中单独核算。会计分录如下：

借：贷款——非应计客户贷款

贷：贷款——逾期贷款（单位贷款户）

同时记表外科目：

收入：应收利息。

从应计贷款转为非应计贷款后，在收到该笔贷款的还款时，首先应冲减本金；本金全部收回后，对于再收到的还款则确认为当期利息收入。

【例 3-5】甲银行于 2017 年 3 月 4 日向 G 公司发放一笔贷款，金额为 500 000 元，期限为 2 年，按季结息，到期还本。甲银行的账户处理如下：

发放贷款时。

借：贷款——中长期贷款——G 公司　　　　　　　　　　500 000

贷：吸收存款——活期存款——G 公司　　　　　　　　　　500 000

假定贷款期间 G 公司一直可以按时付息（会计分录略）。

2019 年 3 月 4 日贷款到期时，G 公司无力偿还本金，银行会计部门将原贷款转入逾期贷款户。

借：贷款——逾期贷款——G 公司　　　　　　　　　　500 000

贷：贷款——中长期贷款——G 公司　　　　　　　　　　500 000

上述贷款逾期已超过 90 天，但 G 公司仍无款归还，银行系统自动结转为非应计贷款。

借：贷款——非应计客户贷款　　　　　　　　　　500 000

贷：贷款——逾期贷款——G 公司　　　　　　　　　　500 000

二、担保贷款的核算

（一）保证贷款的核算

保证贷款是指按照《中华人民共和国担保法》（以下简称《担保法》）规定的保

证方式，以第三人承诺在借款人不能偿还贷款时，按约定承担一般保证责任或者连带责任而发放的贷款。根据《担保法》的规定，具有代为清偿债务能力的法人、其他组织或者公民，可以作为保证人。保证人和债权人约定，当债务人不能履行债务时，保证人按照约定履行或者承担债务。国家机关、以公益为目的事业单位和社会团体，以及企业法人的分支机构和职能部门，不得担当保证人，或只能在一定条件下担当保证人。

法律规定保证人与贷款银行要以书面形式订立保证合同。保证合同包括以下内容：被保证的主债权种类、数额；债务人履行债务的期限；保证的方式；保证担保的范围；保证的期间；双方认为需要约定的其他事项。在实际执行中若发现保证合同不完全具备规定内容的可以补正。

1. 贷款发放的处理

贷款发放业务通常编制如下会计分录：

借：贷款——保证贷款（单位贷款户）——本金
　　贷：吸收存款——活期存款（单位存款户）——本金
收入：代保管有价值品——××单位户

2. 贷款收回的处理

贷款收回业务通常编制如下会计分录：

借：吸收存款——活期存款（单位存款户）——本金
　　贷：贷款——保证贷款（单位贷款户）——本金
　　　　利息收入或应收利息
付出：代保管有价值品——××单位户

（二）抵押贷款的核算

抵押贷款是指按照《担保法》规定的抵押方式以借款人或第三人的财产作为抵押物发放的贷款。

《担保法》第三十四条规定："下列财产可以抵押：（一）抵押人所有的房屋和其他地上定着物；（二）抵押人所有的机器、交通运输工具和其他财产；（三）抵押人依法有权处分的国有的土地使用权、房屋和其他地上定着物；（四）抵押人依法有权处分的国有的机器、交通运输工具和其他财产；（五）抵押人依法承包并经发包方同意抵押的荒山、荒沟、荒丘、荒滩等荒地的土地使用权；（六）依法可以抵押的其他财产。"

商业银行办理抵押贷款，首先应确认抵押物的所有权或经营权，借款人只有拥有对财产的所有权，才可以作为抵押人向银行申请抵押贷款。抵押物一般为具有变卖价值和可以转让的物品。抵押贷款的额度，以抵押物的现值为基数，乘以双方确定的抵押率，抵押率通常掌握在 50%~70% 的幅度。抵押贷款中，流动资金贷款最长不超过 1 年，固定资产贷款一般为 1~3 年，最长不超过 5 年。抵押贷款到期归还，一般不能展期。

1. 贷款发放

借款人申请抵押贷款时，应向银行提交"抵押贷款申请书"，写明借款金额、借款用途、还款日期、抵押品名称、数量、价值、所有权权属或者使用权权属、存放地点等有关事项。经银行信贷部门审批同意后，签订抵押贷款合同，并将有关抵押品或抵押品产权证明移交银行。经审核无误后，银行签发"抵押品保管证"一式两联，一联交借款人，另一联留存银行。

借款人使用贷款时，由银行信贷部门根据确定的贷款额度，填写一式五联的借款凭证，签字后加盖借款人的预留印鉴，送银行信贷部门审批。银行会计部门接到信贷部门转来的有关单证，经审核无误后办理转账。会计分录为：

借：贷款——抵押贷款（单位贷款户）——本金
　　贷：吸收存款——活期存款（单位存款户）——本金
收入：贷款抵押物——××单位户

【例3-6】甲银行于2018年7月1日收到信贷部门转来H公司借款凭证一份及抵押贷款的有关单证，H公司用一套房产作为抵押品，评估价值为500 000元。银行准予贷款，贷款金额为300 000元，期限为1年，年利率为7.47%。经审查无误后，予以转账。甲银行账务处理如下：

借：贷款——抵押贷款（H公司）——本金　　　　　　　　300 000
　　贷：吸收存款——活期存款（H公司）——本金　　　　　　　300 000
收入：代保管有价值品——H公司　　　　　　　　　　　500 000

2. 贷款归还

抵押贷款到期，借款人应主动向银行提交还款凭证，连同签发的转账支票和银行出具的"抵押品保管证"办理还款手续。会计分录为：

借：吸收存款——活期存款（单位存款户）——本金
　　贷：贷款——抵押贷款（单位贷款户）——本金
　　　　利息收入——抵押贷款利息户
付出：贷款抵押物——××单位户

【例3-7】2018年7月1日，甲银行收到H公司提交的还款凭证和转账支票一张，金额为322 410元，其中300 000元为归还1年期限的贷款，22 410元为支付贷款利息（利随本清）。经审核无误后，H公司予以转账。假设利息每半年计提一次，甲银行账务处理如下：

借：吸收存款——活期存款（H公司）——本金　　　　　　　322 410
　　贷：贷款——抵押贷款（H公司）——本金　　　　　　　　　300 000
　　　　利息收入　　　　　　　　　　　　　　　　　　　　11 205
　　　　应收利息　　　　　　　　　　　　　　　　　　　　11 205
付出：代保管有价值品——H公司　　　　　　　　　　　500 000

3. 抵押贷款逾期的核算

抵押贷款到期，借款单位如不能按期偿还贷款本息，银行应将其转入"逾期贷款"明细核算科目，并按规定计收罚息。会计分录为：

借：贷款——逾期贷款（单位贷款户）
　　贷：贷款——抵押贷款（单位贷款户）

同时，向借款人填发"处理抵押品通知单"。如果逾期1个月以上，借款人仍无法归还贷款本息时，银行有权依法处理抵押物。

（三）质押贷款的核算

质押贷款是指按《担保法》规定的质押方式以借款人或第三人的动产或权利作为

质物发放的贷款。动产质押是指债务人或者第三人将其动产移交债权人占有，将该动产作为债权的担保。《担保法》第七十五条规定："下列权利可以质押：（一）汇票、支票、本票、债券、存款单、仓单、提单；　（二）依法可以转让的股份、股票；（三）依法可以转让的商标专用权、专利权、著作权中的财产权；（四）依法可以质押的其他权利。"

法律规定出质人和贷款银行要以书面形式订立质押合同。质押合同自质物移交于质权人占有时生效。质押合同应当包括以下内容：被担保的主债权种类、数额；债务人履行债务的期限；质物的名称、数量、质量、状况；质押担保的范围；质物移交的时间；当事人认为需要约定的其他事项。在实际执行中若发现质押合同不完备的可以补正。

质押与抵押相比，最大的特点是质物必须移交给银行占有。抵押的基本特征是转移抵押物的所有权而不转移其占有权，质押则要将质押品或权利凭证转移给质权人，在质押期内，出质人不能占有、使用质物。质押贷款的发放和收回与抵押贷款基本相同，质押贷款的核算与抵押贷款也基本相同。

三、贷款利息的核算

（一）贷款利息的计算方法

1. 定期利息

对于定期收息的贷款，银行于每季度末 20 日营业终了时，根据下列公式计算利息：

$$应收利息＝本金×年利率×3÷12$$

2. 利随本清

利随本清是逐笔结息的计息方式。贷款到期，借款人还款时，应计算自放款日起至还款日前一日的贷款天数，计算公式如下：

$$应收利息＝还款金额×日数×月利率÷30$$

（二）贷款利息的核算

企业应按照本金、表内应收利息、表外应收利息的顺序收回贷款本金及贷款产生的应收利息。

按期计提贷款应收利息时，会计分录为：

借：应收利息

　　贷：利息收入

收到利息时，会计分录为：

借：吸收存款——借款单位户

　　贷：应收利息

当贷款成为非应计贷款时，应将已入账但尚未收取的利息收入和应收利息予以冲销；其后发生的应计利息，应纳入表外核算。贷款成为非应计贷款后，在收到该笔贷款的还款时，首先应冲减本金；本金全部收回后，再收到的还款确认为当期利息收入。

已转入表外核算的应收利息以后收到时，应按以下原则处理：

第一，本金未逾期，且有客观证据表明借款单位将会履行未来还款义务的，应将收到的该部分的利息确认为利息收入。收到该部分利息时，按实收的金额，编制如下会计分录：

借：吸收存款——存款单位户

　贷：利息收入

第二，本金未逾期或逾期未超过 90 天，且无客观证据表明借款人将会履行未来还款义务的，以及本金已逾期的，应将收到的该部分利息确认为贷款本金的收回。收到该部分利息时，按收到的金额，编制如下会计分录：

借：吸收存款——存款单位户

　贷：贷款——短期或中长期贷款——借款单位户

（三）逾期贷款利息的计算

2003 年 12 月 10 日中国人民银行发布的《中国人民银行关于人民币贷款利率有关问题的通知》规定，逾期贷款（借款人未按合同约定日期还款的借款）罚息利率由现行按日 2.1‰计收利息，改为在借款合同载明的贷款利率水平上加收 30%～50%。借款人未按合同约定用途使用借款的罚息利率由现行按日万之五计收利息，改为在债款合同载明的贷款利率水平上加收 50%～100%。

对逾期或未按合同约定用途使用借款的贷款，采用分段计算方法。从贷款发放之月起到贷款到期日为一段计息期，这段利息期既算头也算尾，按借款时所定利息计算，从贷款到期的次日开始，到收回贷款日为止，这段日期不算尾，但要按一定百分比加计利息。

【例 3-8】某笔短期贷款金额为 500 000 元，6 月 1 日贷出，9 月 1 日归还，月利率为 3‰。假定实际利率和合同利率相等，银行有关会计处理如下：

（1）6 月 1 日发放贷款时。

借：贷款——短期贷款——××借款人户	500 000
贷：吸收存款——××借款人户	500 000

（2）6 月 30 日结息时。

应计利息＝500 000×30×（3‰÷30）＝1 500（元）

借：应收利息	1 500
贷：利息收入	1 500

（3）7 月 31 日、8 月 31 日利息核算同上。

7 月和 8 月应计利息均＝500 000×31×（3‰÷30）＝1 550（元）

（4）9 月 1 日收回贷款时。

借：吸收存款——××借款人户	504 600
贷：贷款——短期贷款——××借款人户	500 000
应收利息	4 600

第三节　票据贴现业务核算

一、票据贴现的概念

票据贴现是指借款人将未到期商业票据（银行承兑汇票或商业承兑汇票）转让给

银行，取得扣除贴现利息后的资金，即银行以购买借款人未到期商业票据的方式发放的贷款。对银行而言，票据贴现是一项放款业务；对贴现申请人而言，相当于是以贴付利息的方式，换取提前使用未到期票据的资金。

票据贴现后，票据的所有权就属于银行，实现了债券从借款人到银行的转移。贴现票据到期后，办理贴现业务的银行凭票向票据承兑人收取款项。

二、票据贴现业务的会计科目设置

设置"贴现资产"科目（属于资产类），核算银行办理商业票据的贴现、转贴现等业务所融出的资金。银行买入的即期外币票据，也通过"贴现资产"科目核算。"贴现资产"科目可按贴现类别和贴现申请人进行明细核算

银行办理贴现时，按贴现票面金额，借记"贴现资产"（面值）科目；按实际支付的金额，贷记"存放中央银行款项""吸收存款"等科目；按其差额，贷记"贴现资产"（利息调整）科目。资产负债表日，按计算确定的贴现利息收入，借记"贴现资产"（利息调整）科目，贷记"利息收入"科目。贴现票据到期，应按实际收到的金额，借记"存放中央银行款项""吸收存款"等科目；按贴现的票面金额，贷记"贴现资产"（面值）科目；按其差额，贷记"利息收入"科目。存在利息调整金额的，也应同时结转。"贴现资产"期末借方余额，反映银行办理的贴现、转贴现等业务融出的资金。

三、票据贴现业务的核算

（一）受理票据贴现业务的核算

持票人持未到期的商业汇票到开户行申请贴现时，应填制一式五联的贴现凭证，在第一联上按照规定签章后，连同汇票一并送交银行信贷部门。贴现凭证各联的用途分别是：第一联作贴现借方凭证，第二联作持票人账户贷方凭证，第三联作贴现利息贷方凭证，第四联给持票人作收账通知，第五联为到期卡。

银行信贷部门根据信贷管理办法及结算规定进行贴现审查后，填写"××汇票贴现审批书"，提出审查意见，按照贷款审批权限，报经相关部门审批。银行贷款决策部门审核同意后，应在"××汇票贴现审批书"上签署决策意见，并在贴现凭证的"银行审核"栏签注"同意"字样并加盖有关人员名章后，送交银行会计部门。

银行会计部门接到贴现凭证及商业汇票后，按照规定的贴现率，计算出贴现利息并予以扣收。贴现利息的计算方法如下：

$$贴现利息＝汇票金额×贴现天数×（月贴现率÷30）$$
$$实付贴现金额＝汇票金额－贴现利息$$

将按规定贴现率计算出来的贴现利息、实付贴现金额填在贴现凭证有关栏内，办理转账手续。

贴现的会计分录为：

借：贴现资产——商业承兑汇票或银行承兑汇票（面值）

　贷：吸收存款——贴现申请人户

　　　贴现资产——利息调整

同时，按汇票金额登记表外科目：

收入：贴现票据。

资产负债表日，将利息调整转入利息收入，会计分录为：

借：贴现资产——利息调整

　　贷：利息收入

【例3-9】甲银行于2018年3月22日收到开户单位J公司持3月10日签发的不带息商业承兑汇票来行申请贴现，票据到期值为500 000元，签发单位为本市I公司，I公司的开户行为乙银行，汇票到期日为6月10日。经甲银行审查同意，当天办理贴现手续，假定贴现率为4.5%。甲银行账务处理如下：

贴现利息=500 000×80×4.5%÷360=5 000（元）

实付贴现金额=500 000-5 000=495 000（元）

借：贴现资产——J公司　　　　　　　　　　　　　　　　　　　500 000

　　贷：吸收存款——活期存款——J公司　　　　　　　　　　　495 000

　　　　贴现资产——利息调整　　　　　　　　　　　　　　　　　5 000

3月份贴现利息收入=5 000×10÷80=625（元）

借：贴现资产——利息调整　　　　　　　　　　　　　　　　　　　625

　　贷：利息收入　　　　　　　　　　　　　　　　　　　　　　　　625

4月份利息收入=5 000×30÷80=1 875（元）

5月份利息收入=5 000×31÷80=1 937.5（元）

6月份利息收入=5 000×9÷80=562.5（元）

会计分录可参照3月份，此处略。

（二）贴现票据到期的核算

贴现银行应经常查看已贴现汇票的到期情况。对于已到期的贴现汇票，应及时收回票款。

1. 商业承兑汇票贴现款到期收回

商业承兑汇票贴现款的收回是通过委托收款方式进行的。贴现银行作为收款人，应于汇票到期前，以汇票作为收款依据，提前填制委托收款凭证向付款人收取票款。

当贴现银行收到付款人开户行划回的票款时，编制会计分录如下：

借：吸收存款——付款人户

　　贷：贴现资产——商业承兑汇票

借：贴现资产——利息调整

　　贷：利息收入

如果贴现银行收到付款人开户行退回委托收款凭证、汇票和拒付理由书或付款人未付票款通知书时，对于贴现申请人在本行开户的，可以从贴现申请人账户收取。会计分录为：

借：吸收存款——贴现申请人存款户

　　贷：贴现资产——商业承兑汇票

借：贴现资产——利息调整

　　贷：利息收入

若贴现申请人账户余额不足时，则不足部分转作逾期贷款，会计分录为：

借：吸收存款——贴现申请人存款户

逾期贷款——贴现申请人贷款户

贷：贴现资产——商业承兑汇票

【例 3-10】 承【例 3-9】，汇票到期前，甲银行填制委托收款凭证寄给乙银行通知 I 公司承付票款。

（1）I 公司有款支付，乙银行划出票款时，编制会计分录如下：

借：吸收存款——活期存款——I 公司　　　　　　　　　　　500 000

贷：清算资金往来　　　　　　　　　　　　　　　　　　　　　500 000

甲银行收到票款时，编制会计分录如下：

借：清算资金往来　　　　　　　　　　　　　　　　　　　500 000

贷：贴现资产——商业承兑汇票　　　　　　　　　　　　　　500 000

（2）I 公司无款支付，乙银行将委托凭证等退回给甲银行，甲银行向 J 公司收取票款时，甲银行编制会计分录如下：

① J 公司有款支付票款时，甲银行编制会计分录如下：

借：吸收存款——活期存款——J 公司　　　　　　　　　　　500 000

贷：贴现资产——贴现——J 公司　　　　　　　　　　　　　　500 000

② J 公司无款支付票款时，甲银行编制会计分录如下：

借：逾期贷款——商业承兑汇票垫款——J 公司　　　　　　　500 000

贷：贴现资产——贴现——J 公司　　　　　　　　　　　　　　500 000

③ J 公司存款余额为 250 000 元，差额为 250 000 元时，甲银行编制会计分录如下：

借：吸收存款——活期存款——J 公司　　　　　　　　　　　250 000

逾期贷款——商业承兑汇票垫款——J 公司　　　　　　　250 000

贷：贴现资产——贴现——J 公司　　　　　　　　　　　　　　500 000

2. 银行承兑汇票贴现款到期收回

银行承兑汇票的承兑人是付款人开户银行，信用可靠，不会发生退票情况。贴现银行在汇票到期前，以自己为收款人，填制委托收款凭证，向对方银行收取贴现款。等收到对方银行的联行报单及划回的款项时，编制如下会计分录：

借：吸收存款

贷：贴现资产——银行承兑汇票

借：贴现资产——利息调整

贷：利息收入

【例 3-11】 2018 年 1 月 31 日，甲银行为其客户 I 公司办理票据贴现。I 公司申请贴现的银行承兑汇票票面金额为 100 万元，6 个月后到期。甲银行办妥贴现业务，将实付贴现金额转入 I 公司账户。2018 年 7 月 31 日贴现到期，甲银行收到票款 100 万元。假设月贴现率为 1.4‰，甲银行编制会计分录如下：

（1）2018 年 1 月 31 日办理贴现时。

贴现利息 = 1 000 000×6×1.4‰ = 8 400（元）

实付贴现金额 = 1 000 000 - 8 400 = 991 600（元）

借：贴现资产——银行承兑汇票户（面值）　　　　　　　　1 000 000
　　贷：吸收存款——活期存款——I 公司户　　　　　　　　　　　991 600
　　　　贴现资产——银行承兑汇票户（利息调整）　　　　　　　　8 400
编制表外科目收入传票，登记表外科目明细账。
收入：贴现票据　　　　　　　　　　　　　　　　　　　　1 000 000
（2）资产负债表日，按照实际利率计算确认当期贴现利息收入并办理转账。
借：贴现资产——银行承兑汇票户（利息调整）　　　　　　　1 400
　　贷：利息收入　　　　　　　　　　　　　　　　　　　　　　1 400
（3）2018 年 7 月 31 日，贴现到期收回时。
借：吸收存款——I 公司户　　　　　　　　　　　　　　1 000 000
　　贷：贴现资产——银行承兑汇票户（面值）　　　　　　　　1 000 000
借：贴现资产——银行承兑汇票户（利息调整）　　　　　　　1 400
　　贷：利息收入　　　　　　　　　　　　　　　　　　　　　　1 400
编制表外科目付出传票，登记表外科目明细账。
付出：贴现票据　　　　　　　　　　　　　　　　　　　　1 000 000

第四节　个人贷款业务核算

一、个人贷款的含义和基本规定

个人消费贷款指商业银行向借款人个人发放的，用于其本人或家庭进行消费的人民币担保贷款。目前个人消费贷款的种类主要有个人定期储蓄存单小额质押贷款、凭证式国债质押贷款、个人住房贷款、个人汽车消费贷款、个人耐用品消费贷款、个人住房装修贷款、个人助学贷款等。

个人消费贷款的基本规定如下：

（1）个人消费贷款的对象是具有完全民事行为能力的中国公民。

（2）发放个人消费贷款应坚持下列原则：个人定期储蓄存单小额质押贷款坚持"先存后贷，存单质押，到期归还，逾期扣收"的原则；其他品种的个人消费贷款坚持"有效担保，专款专用，按期偿还"的原则。

（3）可用于办理个人消费贷款的抵押物是指借款人或第三人具有完全产权的房屋、汽车等，必要时需要办理保险手续。

（4）可用于办理个人消费贷款的质押物包括实物国库券及放款行代理发行的凭证式国库券（国家特别规定不能质押贷款的除外）、金融债券、AAA 级企业债券、放款行出具的定期储蓄存单。

（5）个人消费贷款的保证人可以是自然人，也可以是法人。

二、个人定期储蓄存单小额质押贷款的核算

（一）发放贷款的核算

个人定期储蓄存单小额质押贷款是银行向个人发放的，以定期储蓄存单作为质押

的人民币担保贷款。借款人申请贷款时，必须向银行信贷部门提供该行出具的借款人名下的定期储蓄存单、身份证原件及复印件，并填写"小额存单质押贷款申请书"。银行经办人员受理业务时应严格履行手续，审查有关资料无误后，先填写存单冻结证明，办理存单冻结手续，并在存单上加盖"已作贷款质押"戳记，将存单入库保管。然后填写一式两联"质押定期存单代保管收据"，一联给借款人，另一联据以登记表外科目：

收入：担保物——××担保物——××借款人户

另外，银行会计部门编制一式两联"贷款转存凭证"，会计分录为：

借：贷款——定期储蓄存单户——××借款人户

　　贷：吸收存款——××户

（二）归还贷款的核算

借款人于贷款到期日或提前归还全部贷款本金，应填写一式四联"贷款还款凭证"。银行经办人员计算贷款利息，借款人根据本息合计数将现金（或取款凭证）、贷款还款凭证、质押定期存单代保管收据一并交经办人员。经办人员审核无误后办理还款转账，会计分录为：

借：库存现金（吸收存款——××户）

　　贷：贷款——定期储蓄存单户——××借款人户

　　　　利息收入——贷款利息收入户

同时填写存单解冻书，销记表外科目账：

付出：担保物——××担保物——××借款人户

若借款人在贷款到期前只归还部分贷款，则代保管质押存单应在贷款全部归还后才能退还给借款人。

（三）贷款逾期的核算

借款人于贷款逾期1个月内归还贷款，逾期部分按罚息利率计收利息即可，其余处理手续与正常归还贷款相同。借款人贷款逾期1个月后，银行有权处理质押存单用于偿还贷款本息。如果存单尚未到期，则按提前支取处理。银行经办人员计算贷款利息（包括逾期罚息），根据贷款本息合计数确定支取金额，填写取款凭条；剩余部分款项按原存期、利率开新存单。会计分录为：

借：吸收存款——××借款人户

　　应付利息

　　贷：贷款——定期储蓄存单户——××借款人户

　　　　利息收入

　　　　吸收存款——××借款人户

同时，销记表外科目：

付出：担保物——××担保物——××借款人户

三、个人住房贷款的核算

个人住房贷款是指银行向在我国大陆购买、建造、大修各类型住房的自然人发放的贷款。银行发放个人住房贷款时，借款人必须提供担保。个人住房贷款，通常其贷款额度最高为所购住房全部价款或评估价值的 80%；住房公积金贷款数额不得超过借款人家庭成员退休年龄所交住房公积金数额的两倍。首套房贷款期限最长为 30 年；贷款购买二手房的，房龄与贷款年限之和必须小于等于 40 年。

（一）发放贷款的核算

借款人向银行申请个人住房贷款时，应向银行信贷部门提供相关资料。银行信贷部门受理贷款申请后，对借款人和保证人的资信情况、偿还能力以及资料的真实性、合法性进行调查。信贷部门审批同意后，借款人持有效身份证件，填写一式五联的"个人住房贷款支付凭证"、借款合同、担保合同交付银行信贷部门；审核无误后，银行信贷部门填制一式四联的"贷款通知书"，连同借款合同副本、担保合同、"个人住房贷款支付凭证"等一并交银行会计部门办理放款手续。会计分录为：

借：贷款——个人住房贷款——××借款人户
　　贷：吸收存款——××售房单位户

同时，根据贷款抵押物担保合同登记表外科目：

收入：担保物——××担保物——××借款人户

（二）归还贷款的核算

借款人归还贷款本息主要有柜台还款和委托扣款两种方式。放款行会计部门根据借款人填写的贷款还款凭证，办理转账手续。会计分录为：

借：库存现金
　　贷：贷款——个人住房贷款——××借款人户
　　　　利息收入

借款人还清全部贷款时，销记表外科目：

付出：担保物——××担保物——××借款人户

（三）贷款逾期的核算

贷款到期，借款人未能按期归还贷款本息时，如果借款人采取柜台还款方式或者银行对借款人实行批量扣款，应偿还的贷款本金只作逾期记录标志，在账簿上不作逾期记录，应计利息作挂账处理。会计分录为：

借：应收利息
　　贷：利息收入

借款人偿还拖欠的贷款本金和利息时，会计分录为：

借：库存现金
　　贷：贷款——个人住房贷款——××借款人户

当借款人累计未偿还贷款本息额到一定程度时，银行将尚未归还的全部贷款本金转为逾期贷款。会计分录为：

借：贷款——逾期贷款户——××借款人
　　贷：贷款——个人住房贷款——××借款人户

然后按照规定计算应收取的罚息。

【例 3-12】甲银行收到信贷部门转来张玲的借款凭证一份，准许对其发放个人住房贷款，金额为 100 000 元，期限为 3 年，采用等额本金还款方式，年利率为 7.56%。经审核无误后，予以转账。甲银行编制会计分录如下：

借：贷款——个人住房贷款（张玲）——本金　　　　　　　　100 000
　　贷：吸收存款　　　　　　　　　　　　　　　　　　　　　　100 000
收入：代保管有价值品——张玲

张玲按期偿还个人住房贷款，采用等额本金还款方式，第一个月偿还 3 428.78 元，其中应还本金 2 777.78 元，利息 651 元。甲银行编制会计分录如下：

借：吸收存款——活期储蓄存款（张玲）——本金　　　　　　3 428.78
　　贷：贷款——个人住房贷款（张玲）——本金　　　　　　　2 777.78
　　　　利息收入　　　　　　　　　　　　　　　　　　　　　　651

张玲按期偿还个人住房贷款，最后一个月偿还 2 795.78 元，其中应还本金 2 777.70 元，利息 18.08 元。甲银行编制会计分录如下：

借：吸收存款——活期储蓄存款（张玲）——本金　　　　　　2 795.78
　　贷：贷款——个人住房费贷款（张玲）——本金　　　　　　2 777.70
　　　　利息收入　　　　　　　　　　　　　　　　　　　　　　18.08
付出：代保管有价值品——张玲

凭证式国债质押贷款的会计核算手续与个人定期储蓄存单小额质押贷款的会计核算手续基本相同，个人汽车消费贷款、个人耐用消费品贷款、个人住房装修贷款、个人助学贷款的会计核算手续与个人住房贷款的会计核算手续基本相同，在此不再赘述。

第五节　贷款减值业务核算

商业银行发放的贷款，如果借款人到期无法及时足额偿还，就会使商业银行无法收回贷款，从而影响其信贷资金的正常运转。为了加强商业银行对信贷资金的管理，增强抵御风险的能力，促进商业银行稳健经营和提高资产质量，应对贷款计提减值准备，即贷款损失准备。

一、贷款损失准备的计提范围

金融企业承担风险和损失的资产应计提准备金，具体包括发放贷款和垫款、可供出售类金融资产、持有至到期投资、长期股权投资、存放同业、拆出资金、抵债资产、其他应收款项等。对由金融企业转贷并承担对外还款责任的国外贷款，包括国际金融组织贷款、外国买方信贷、外国政府贷款、日本国际协力银行不附条件贷款和外国政府混合贷款等资产，应当计提准备金。金融企业不承担风险的委托贷款、购买的国债等资产，不计提准备金。

商业银行计提的贷款损失准备包括一般准备、专项准备和特种准备。一般准备是根据全部贷款余额的一定比例计提的、用于弥补尚未识别的可能性损失的准备。专项准备是指对贷款进行风险分类后，按每笔贷款损失的程度计提的、用于弥补专项损失的准备。特种准备是指为了预防国家、地区或行业风险，针对某一国、地区、行业或某一类贷款风险计提的准备。

二、贷款减值的判断与确认

（一）贷款减值的判断

贷款发生减值的客观证据是指贷款初始确认后实际发生的，对该贷款的预计未来现金流量有影响的，商业银行能够对该影响进行可靠计量的事项。

贷款发生减值的客观证据包括下列各项：

（1）借款人发生严重财务困难。

（2）借款人违反了合同条款，如偿付利息或本金发生违约或逾期等。

（3）商业银行出于经济或法律等方面因素的考虑，对发生财务困难的债务人做出让步。

（4）借款人很可能倒闭或进行财务重组。

（5）无法辨认一组贷款中的某项资产的现金流是否已经减少，但根据公开的数据对其进行总体评价后发现，该组贷款自初始确认以来的预计未来现金流量确已减少且可计量，如该组贷款的债务人支付能力逐步恶化、债务人所在国家或地区失业率提高、担保物在其所在地区的价格明显下降、所处行业不景气等。

（6）其他表明贷款发生减值的客观证据。

（二）资产减值的确认

对于单项金额重大的贷款，有客观证据表明其发生了减值的，应当计算资产负债表日的未来现金流量现值（以初始确认时确定的实际利率作为折现率）。该现值低于其账面价值之间的差额确认为贷款减值损失。

对于单项金额不重大的贷款，可以单独进行减值测试，或者包括在具有类似信用风险特征的贷款组合中进行减值测试。单独测试未发生减值的贷款（包括单项金额重大和不重大的贷款），应当包括在具有类似信用风险特征的贷款组合中再进行减值测试。已单项确认减值损失的贷款，不应包括在具有类似信用风险特征的贷款组合中再进行减值测试。单项金额重大贷款的标准由商业银行根据自身管理水平和业务特点确认，标准一经确定，不得随意变更。

三、贷款损失准备的核算

根据《银行贷款损失准备计提指引》要求，贷款损失准备计提采用五级分类法。所谓五级分类法是指商业银行对贷款资产进行风险分类后，按照 0%、2%、25%、50%、100%的比例分别对正常、关注、次级、可疑、损失贷款计提专项准备。

以摊余成本计量的贷款资产发生减值时，应当将该金融资产的账面价值减记至预计未来现金流量（不包括尚未发生的未来信用损失）现值，减记的金额确认为资产减值损失，计入当期损益。根据金融工具会计准则的要求，按摊余成本核算的金融资产预计未来现金流的现值，应当按照金融资产的原始实际利率（而非名义利率）进行折现。

（一）资产负债表日的处理

资产负债表日，银行确定贷款发生减值的，按应减记的金额，借记"资产减值损失"账户，贷记"贷款损失准备"账户。同时，将"贷款"账户（本金、利息调整）

余额转入"贷款"账户（已减值），借记"贷款"账户（已减值），贷记"贷款"账户（本金、利息调整）。会计分录为：

借：资产减值损失

　　贷：贷款损失准备

同时：

借：贷款——××贷款××户（已减值）

　　贷：贷款——××贷款××户（本金、利息调整）

对已减值的贷款，在资产负债表日，应按贷款的摊余成本和实际利率计算确定利息收入，借记"贷款损失准备"账户，贷记"利息收入"账户。会计分录为：

借：贷款损失准备

　　贷：利息收入

同时，按合同本金和利率计算确定的应收利息，在表外进行登记：

收入：应收未收利息

（二）收回减值贷款

商业银行收回减值贷款时，应按实际收到的金额，借记"吸收存款""存放中央银行款项"等账户；按相关贷款损失准备余额，借记"贷款损失准备"账户；按相关贷款余额，贷记"贷款"账户（已减值）；按其差额，贷记"贷款减值损失"账户。会计分录为：

借：吸收存款等（实际收到金额）

　　贷款损失准备（相关贷款损失准备余额）

　　贷：贷款——××贷款××户（已减值）

　　　　贷款减值损失（按以上差额）

（三）减值恢复

贷款资产确认减值损失后，如有客观证据表明该资产价值已恢复，且客观上与确认该损失后发生的事项有关（如债务人的信用评级已提高等），原确认的减值损失应当予以转回，计入当期损益。但是，该转回后的账面价值不应当超过假定不计提减值准备情况下该贷款资产在转回日的摊余成本。按恢复增加的金额，借记"贷款损失准备"账户，贷记"贷款减值损失"账户。会计分录为：

借：贷款损失准备

　　贷：资产减值损失

（四）核销

1. 核销贷款损失的条件

凡符合下列条件之一，造成银行不能按期收回的贷款可以核销：

（1）借款人和担保人依法被宣告破产、关闭、解散，并终止法人资格，银行对借款人和担保人进行债务追偿后，仍然未能收回的贷款。

（2）借款人死亡后，或依照《中华人民共和国民法通则》的规定宣告失踪或者死亡，银行依法对借款人财产或遗产进行清偿，并对担保人进行追偿后，仍然未能收回的贷款。

（3）借款人遭受重大自然灾害或者意外事故，损失巨大且不能获得保险补偿，或者以保险赔偿后，确实无力偿还的部分或全部贷款，银行依法对借款人和担保人进行追偿后，仍然未能收回的贷款。

（4）借款人和担保人虽未依法被宣告破产、关闭或解散，但已停止经营活动，被县级及县级以上的工商行政管理部门依法注销、吊销营业执照，终止法人资格，银行对借款人和担保人进行追偿后，仍然未能收回的贷款。

（5）借款人收到刑事制裁，其财产不足归还所借债务，又无其他债务承担者，银行经追偿后确实无法收回的贷款。

（6）由于借款人和担保人不能偿还到期的债务，银行诉诸法律经法院强制执行借款人和担保人财产，法院裁定终结执行后仍然未能收回的贷款。

（7）开立信用证、办理承兑汇票、开具担保函、银行卡透支等业务发生银行垫款时，开证申请人和保证人无法偿还垫款，银行经追偿仍无法收回的垫款。

（8）经国务院专案批准核销的贷款。

核销贷款的会计分录为：

借：贷款损失准备

　　贷：贷款——××贷款××户（已减值）

按管理权限报经批准后转销表外应收未收利息：

付出：应收未收利息

（五）已核销的贷款又收回

对于已确认并核销，以后又收回的贷款，按原核销的已减值贷款账面余额恢复。借记"贷款"账户（已减值），贷记"贷款损失准备"账户。按实际收到的金额，借记"吸收存款""存放中央银行款项"等账户；按原核销的已减值贷款余额，贷记"贷款"账户（已减值）；按其差额，贷记"资产减值损失"账户。

已核销的贷款又收回的会计分录为：

借：贷款——××贷款××户（已减值）

　　贷：贷款损失准备

借：吸收存款等

　　贷：贷款——××贷款××户（已减值）

　　　　资产减值损失

【例3-13】2017年1月1日，甲银行向其开户客户K公司发放贷款5 000 000元，期限为2年，利息按年支付，到期一次还本，合同利率为10%。假设该项贷款发放无交易费用，实际利率与合同利率相同。2017年12月31日，甲银行对该项贷款进行减值测试，预计现金流现值为4 250 000元，银行收到利息500 000元。2018年12月31日，贷款到期，银行收回本息共计5 500 000元。

根据上述资料，甲银行编制会计分录如下：

（1）贷款发放日。

借：贷款——K公司（本金）　　　　　　　　　　　　　5 000 000

　　贷：吸收存款——活期存款——K公司　　　　　　　　　　　5 000 000

（2）2017年12月31日，收到贷款利息时。

借：应收利息　　　　　　　　　　　　　　　　　　　500 000

贷：利息收入	500 000
借：吸收存款——活期存款——K 公司户	500 000
贷：应收利息	500 000

（3）2017 年 12 月 31 日，贷款发生减值时。

借：资产减值损失	750 000
贷：贷款损失准备	750 000

同时，

借：贷款——中期贷款——K 公司户（已减值）	5 000 000
贷：贷款——中期贷款——K 公司户（本金）	5 000 000

（4）2018 年 12 月 31 日，按贷款的摊余成本和实际利率计算确定利息收入。

利息收入 = 4 250 000×10% = 425 000（元）

借：贷款损失准备	425 000
贷：利息收入	425 000

（5）2018 年 12 月 31 日，收回减值贷款时。

借：吸收存款——活期存款——K 公司户	5 500 000
贷款损失准备	325 000
贷：贷款——中期贷款——K 公司户（已减值）	5 000 000
贷款减值损失	825 000

练习题

甲银行 4 月份发生以下贷款业务：

1. 4 月 2 日，开户单位万家百货公司申请短期贷款 200 000 元，经甲银行信贷部门审核同意发放，转入该公司存款账户。

2. 4 月 3 日，开户单位乙制药厂的短期贷款 150 000 元到期，该单位账户资金无款支付，甲银行按规定转入该单位逾期贷款账户。

3. 4 月 8 日，开户单位丙塑料厂归还 2 月 8 日借的短期贷款 100 000 元，月利率为 6‰，贷款本息一并归还。

4. 4 月 10 日，开户单位第一机床厂持同城银行承兑汇票来甲银行申请办理贴现，汇票金额为 200 000 元，汇票到期日为 7 月 6 日，经甲银行信贷部门审核后予以受理（月贴现率为 5‰）。

5. 4 月 15 日，甲银行收到承兑行为同城建设银行划回的银行承兑汇票贴现票款 35 000 元。

6. 4 月 23 日，借款人刘某以现金支付贷款本金 50 000 元，利息 2 300 元。

7. 4 月 25 日，甲银行承兑持有的银行承兑汇票 100 000 元到期，但出票人开户单位丁纺织厂资金不足，只能支付 70 000 元，其余转入逾期贷款账户。

要求：根据以上经济业务编制相关会计分录。

第四章
往来业务核算

目前，我国实行以中央银行为主导，商业银行为主体，多种金融机构并存的多元化机构体制。金融机构往来是指商业银行与商业银行之间、商业银行和人民银行之间、商业银行与非银行金融机构之间，由于办理资金划拨、结算等业务而引起的资金账务往来。具体来说，金融机构往来包括两部分内容：一是金融机构与中央银行之间发生的各种资金划拨、清算业务；二是金融机构之间由于资金调拨、融通、汇划款项等业务引起的各类往来业务。本章以商业银行为主，介绍金融机构往来业务的基本概念和会计核算。

第一节　往来业务核算概述

一、往来业务核算的概念

我国金融机构体系以中央银行为核心，商业银行为主体。金融机构往来业务就是由于资金调拨、缴存存款、汇划款项和办理结算等业务引起的各金融机构之间相互代收、代付款项所发生的资金业务往来。广义上讲，金融机构往来包括商业银行与中央银行的往来、商业银行之间的往来、商业银行与非银行金融机构的往来、中央银行与非银行金融机构的往来、非银行金融机构之间的往来以及商业银行系统内部的往来等。狭义的金融机构往来仅指商业银行与中央银行的业务往来、商业银行跨系统机构的业务往来和商业银行系统内部的业务往来。本章主要介绍狭义的金融机构往来。

二、支付系统

（一）支付系统概述

实现资金清算并完成资金转移离不开支付系统，支付系统是银行业金融机构行内、行外的往来业务实现的通道。目前，我国已初步建成以中国人民银行现代化支付系统为核心，银行业金融机构行内支付系统为基础，票据支付系统、银行卡支付系统为重要组成部分的支付清算网络体系。这一支付清算网络体系对加快资金周转，提高支付清算效率，促进国民经济健康平稳的发展发挥着越来越重要的作用。

（二）支付系统的构成

1. 现代化支付系统

现代化支付系统是中国人民银行根据我国支付清算的需要，利用现代计算机技术和通信网络开发建设的，能够高效、安全地处理各银行办理的异地、同城各种支付业务及其资金清算的应用系统。现代化支付系统主要由大额实时支付系统（HVPS）和小额批量支付系统（BEPS）两个业务应用系统组成。

（1）大额实时支付系统业务的核算。

①发起大额支付业务的核算。发起行与清算行之间及清算行与接收行之间传输支付信息的核算，按照各行系统内往来清算的规定处理。

第一，发起行清算行的处理。

借：清算资金往来

　　贷：存放中央银行款项

第二，发报中心的处理。发报中心收到发起行清算行发来的支付信息，确认无误后，逐笔加编密押，实时发送至国家处理中心。

第三，国家处理中心的处理。国家处理中心收到发报中心发来的支付报文，逐笔确认无误后，进行账务处理。

借：××银行准备金存款

　　贷：大额支付往来——人民银行××行户

借：大额支付往来——人民银行××行户

　　贷：××银行准备金存款

国家处理中心账务处理完成后，将支付信息发往收报中心。

②接收支付信息的处理。

第一，收报中心的处理。收报中心收到国家处理中心发来的支付信息，确认无误后，逐笔加编密押，实时发送至接收清算行。

第二，接收清算行的处理。

借：存放中央银行款项

　　贷：清算资金往来

【例4-1】工商银行广州市分行营业部（直接参与行）为代理付款行的银行汇票一笔，开户单位烟草公司提交进账单与银行汇票二、三联，出票金额为1 200 000元，实际结算金额为1 000 000元。工商银行广州市分行营业部审查无误后，为烟草公司进账，并通过人民银行大额支付系统的城市处理中心汇划款项。该银行汇票的出票行为建设银行福州市分行营业部，汇票的申请人为该营业部开户单位A旅游公司。

工商银行广州市分行营业部账务处理如下：

借：存放中央银行款　　　　　　　　　　　　　　1 000 000

　　贷：吸收存款——活期存款烟草公司户　　　　　　　1 000 000

国家处理中心账务处理如下：

借：大额支付往来——人民银行广州市分行户　　　1 000 000

　　贷：工商银行准备金存款——工商银行广州市分行户　　1 000 000

借：建设银行准备金存款——建设银行福州市分行户　1 000 000

　　贷：大额支付往来——人民银行福州市分行户　　　　　1 000 000

建设银行福州市分行营业部账务处理如下：

借：吸收存款——其他存款（汇出汇款）　　　　　1 200 000

　　贷：吸收存款——活期存款A旅游公司户　　　　　　　200 000

　　　　存放中央银行款项　　　　　　　　　　　　　　1 000 000

（2）小额批量支付系统的核算。小额批量支付系统具有处理业务种类多、业务量大、业务处理流程复杂等特点。小额支付批量系统业务 24 小时运行，逐笔（批量）发起，组包发送，实时传输，双边轧差，定时清算。同城、异地业务分别在当地城市处理中心及国家处理中心逐包双边轧差，城市处理中心负责对同城小额支付业务进行轧差处理，国家处理中心负责对异地小额支付业务进行轧差处理。日间清算场次（时点）分别由国家处理中心、城市处理中心根据需要灵活调整，即时生效。城市处理中心和国家处理中心每场轧差净额在规定的提交清算时间实时送交清算账户管理系统（SAPS）清算，系统支持每日 N 次清算。

①小额批量支付系统的基本业务处理模式如下：

第一，贷记业务。普通贷记业务主要包括规定金额以下的汇兑、委托收款(划回)、托收承付（划回）、行间转账以及国库汇划款项等主动汇款业务。定期贷记业务为当事各方按照事先签订的协议，定期发生的批量付款业务，如代付工资、保险金等，其业务特点是单个付款人同时付款给多个收款人。实时贷记业务是付款人发起的实时贷记收款人账户的业务。

小额支付系统接收付款（清算）行提交的贷记业务，纳入双边轧差处理并实时转发至收款（清算）行。贷记业务包括实时处理和批量处理两种模式。

第二，借记业务。普通借记业务为收款人发起的借记付款人账户的业务。定期借记业务为当事各方按照事先签订的协议，定期发生的批量扣款业务，如收款单位委托其开户银行收取水电煤气等公用事业费用，其业务特点是单个收款人向多个付款人同时收款。实时借记业务是收款人发起的实时借记付款人账户的业务。

小额支付系统接收收款（清算）行提交的借记业务，转发至付款（清算）行；付款（清算）行在规定时间内向支付系统返回借记业务处理情况的回执信息；小额支付系统将回执信息纳入双边轧差处理后，将回执信息转发收款（清算）行。借记业务包括实时处理和批量处理两种模式。

第三，信息业务。信息业务是指支付系统参与者间相互发起和接收的，不需要支付系统提供清算服务的信息数据。参与者之间通过支付系统传输各类专用或通用信息。

②轧差的业务处理。

第一，对于本行发出的支付业务包的轧差处理。本行发出的支付业务包（含贷记业务包、借记业务回执包、贷记退回包），经过城市处理中心（同城业务）或国家处理中心（异地业务）的检查后，行内系统将根据城市处理中心或国家处理中心返回的"已轧差"的通知修改该业务包的处理状态为"成功（已轧差）"，登记轧差日期、轧差节点、轧差场次，并对明细业务进行相应的处理。

第二，对于本行接收的支付业务包的轧差处理同上。

第三，已轧差的净额原则上纳入当日清算。如果该清算场次本行为借方轧差净额，会计分录为：

借：存放中央银行款项——小额批量

　贷：清算资金往来——小额批量资金清算

如果该清算场次本行为贷方轧差净额，会计分录为：

借：清算资金往来——小额批量资金清算

贷：存放中央银行款项——小额批量

③小额支付业务日终核对。为确保业务系统处理的小额支付业务与小额支付系统的一致性，业务处理系统需要与小额支付系统进行当日业务核对。如果核对不符，以小额支付系统的数据为准进行调整，确保存放中国人民银行备付金账户与业务处理结果相匹配，并保证在日切时点上本行处于清算状态的业务与国家处理中心或城市处理中心处理结果一致。

2. 银行业金融机构行内支付系统

银行业金融机构行内支付系统是银行业金融机构办理内部资金往来与资金清算的渠道，是集汇划业务、清算业务、结算业务等功能为一体的综合性应用系统。目前，我国大约三分之二的异地支付是通过这些系统进行清算的。因此，银行业金融机构行内支付系统在支付系统中居于基础地位。

银行业金融机构行内支付系统内资金清算实行总行集中管理，总行、分行、支行三级清算方式。各支行在所属分行开立备付金账户，各分行在总行开立备付金账户，通过系统总行可对不同分行头寸进行监控和管理，分行可对本分行头寸进行调节。各级行逐级在上级行对开系统内备付金账户，用于系统内资金往来和资金清算。

3. 票据支付系统

票据支付系统由中国人民银行建设运营，在指定区域内遵循"先付后收、收妥抵用、差额清算、银行不垫款"的原则，包括同城票据清算系统（含同城票据交换所）、全国支票影像交换系统。票据支付系统的主要运行机构是各地的票据交换所。

4. 银行卡支付系统

银行卡支付系统由银行卡跨行支付系统及发卡银行行内银行卡支付系统组成。经过近几年的发展，我国已形成以中国银联银行卡跨行支付系统为主干，连接各发卡银行行内银行卡支付系统的银行卡支付网络架构，是银行卡支付体系的重要基础设施，实现了银行卡的联网通用，促进了银行卡的广泛应用。

银行卡跨行支付系统专门处理银行卡跨行交易信息转接和交易清算业务，由中国银联建设和运营，具有借记卡和信用卡、密码方式和签名方式共享系统资源等特点。2004年10月，中国银联建成新一代银行卡跨行支付系统，为境内外人民币银行卡跨行业务的集中、高效处理提供了技术保障。2004年11月4日，银行卡跨行支付系统成功接入中国人民银行大额实时支付系统，实现了银行卡跨行支付的即时清算，提高了银行卡跨行支付效率和控制资金清算风险的能力。

第二节　商业银行与中央银行往来业务核算

一、商业银行与中央银行往来业务的主要内容

中国人民银行是我国的中央银行。作为管理全国金融工作的国家机关，中央银行具有三大职能：一是发行的银行，二是银行的银行，三是国家的银行。前两项职能的发挥就必然要求商业银行与其发生业务往来。人民币的发行就是中央银行发行库向各商业银行业务库转移的过程。中央银行作为银行的银行，主要体现在集中存款准备、

向商业银行融通资金以及组织各商业银行的清算。

具体来讲，商业银行与中央银行往来业务的内容主要有以下几点：

第一，向中央银行提取、送存现金；

第二，按规定向中央银行缴存存款准备金；

第三，向中央银行借款、再贴现；

第四，同城票据变换；

第五，与其他商业银行的资金清算；

第六，系统内上、下级行之间资金头寸的调拨、借入及借出；

第七，跨系统汇划款项和系统内 50 万元以上的大额汇划款项。

二、商业银行与中央银行往来业务核算的会计科目

在商业银行与中央银行往来业务核算的过程中，主要涉及以下几个会计科目：

（一）"存放中央银行款项"科目

"存放中央银行款项"科目是资产类科目，用于核算商业银行存放中央银行的各种款项，包括提取或缴存现金、资金的调拨、办理同城票据交换和异地跨系统资金汇划等。当在中央银行的存款增加时，记在"存放中央银行款项"科目的借方，存款减少时，记在"存放中央银行款项"科目的贷方；余额在借方，表明商业银行在中央银行存款的结余数。"存放中央银行款项"科目按照存放款项的性质可以设置"备付金存款户"和"财政性存款户"两个明细科目。

1. "备付金存款户"

该科目用来核算商业银行存于中央银行的用于清算业务资金头寸的备付金存款的情况，是核算商业银行与中央银行往来业务的基本科目。凡商业银行与中央银行的资金账务往来均通过该科目进行核算。

2. "财政性存款户"

该科目用于核算商业银行缴存中央银行财政性存款的情况。凡商业银行按规定向中央银行缴存或调增财政性存款时记在该科目借方，调减财政性存款时记在该科目的贷方；余额在借方表明商业银行在中央银行财政性存款的结余数。

（二）"向中央银行借款"科目

"向中央银行借款"科目是负债类科目，用于反映商业银行向中央银行借入款项的增减变化情况。当向中央银行借入款项时，记在"向中央银行借款"科目及相关明细科目的贷方，当向中央银行归还借款时，记在"向中央银行借款"科目及相关明细科目的借方；余额在贷方，表明商业银行向中央银行借入而尚未归还的借款。"向中央银行借款"科目按借款的性质，设置"年度性借款户""季节性借款户""日拆性借款户"等明细科目。

（三）"贴现负债"科目

"贴现负债"科目是负债类科目，用于核算银行办理商业票据的转（再）贴现融入资金等业务的款项。"贴现负债"科目应当按照贴现类别和贴现金融机构，分"面值""利息调整"进行明细核算。"贴现负债"科目期末贷方余额，反映企业办理的转贴现融入资金等业务的款项余额。

三、向中央银行存取款项的核算

根据货币发行制度的规定，商业银行应核定各行处业务库必须保留的现金限额，并报开户中央银行发行库备案，超过该限额的现金应缴存开户行发行库。商业银行办理系统内资金调拨、异地结算、票据交换清算、再贷款与再贴现、同业拆借、缴存财政性存款等业务，要通过准备金存款账户转账存取。

（一）存入现金的核算

每日营业终了，商业银行应将超过限额的现金库存部分填写"现金缴款单"，连同现金一并交存中国人民银行。中国人民银行点收无误后，退回一联现金缴款单，商业银行据此进行如下账务处理：

借：存放中央银行款项

　贷：库存现金

（二）支取现金的核算

商业银行根据中国人民银行核定的月度现金计划及库存限额，填写现金支票，从中国人民银行存款户中支取现金。取回现金后，商业银行填制现金收入传票，以原支票存根作为附件，进行如下账务处理：

借：库存现金

　贷：存放中央银行款项

四、向中央银行缴存存款的核算

存款准备金制度是我国中央银行进行宏观调控的重要方法之一。商业银行和其他金融机构应按规定的比例向中央银行缴存存款准备金，包括法定存款准备金和超额存款准备金。根据缴存存款性质不同，可分为缴存财政性存款和缴存一般性存款。财政性存款主要包括中央预算收入、地方预算存款、地方金库存款和代理发行债券款项等。财政性存款是中央银行的资金来源，应全额划缴中央银行。财政性存款由各分、支行按财政性存款余额全额直接向其开户中央银行缴存。不在中央银行开户的分支机构，应委托其管辖行或代理行代为缴存。缴存时限为每旬调整一次，总、分行在旬后8日内办理，其余行处在旬后5日内办理（最后一天遇节假日顺延），不在中央银行开户的行处，由其管辖行或代理行每月调整一次。

缴存一般性存款即法定准备金，由各商业银行的总行统一缴存，央行实行每日考核，限额管理。

（一）缴存财政性存款的核算

目前，我国财政性存款缴存比例为100%。财政性存款属于中央银行的信贷资金，商业银行不得占用。商业银行应根据本调整期各科目余额总数与上个调整期各科目余额总数相对比，分情况办理缴存或调减存款。

1. 首次缴存的核算

商业银行在规定时间缴存财政性存款时，需要填制"缴存财政性存款科目余额表"一式两份，并按规定比例计算应缴存金额，填制"缴存财政性存款划拨凭证"。以第一、二联凭证进行账务处理，会计处理如下：

借：存放中央银行款项——存放中央银行财政性存款

　　贷：存放中央银行款项——备付金存款户

转账后，商业银行应将缴存款划拨凭证的第三、四联和一份缴存财政性存款科目余额表送交中央银行，另一份缴存财政性存款余额表自留。

2. 调整缴存存款的核算

商业银行根据本调整期各科目余额总数，与上个调整期各科目余额总数相对比，进行调整。同时，填制"缴存财政性存款科目余额表"一式两份，规定比例计算应缴存金额。调整数额计算公式如下，据此填列相应划拨凭证：

$$本次应调整数＝本次应缴存数－已缴存数$$

其中：正数为调增数，负数为调减数。

3. 欠缴存款的核算

在规定的缴存存款的时间内，商业银行在中央银行的存款余额低于应缴额，即欠缴存款。如果商业银行在中央银行的存款科目余额不足时，应先缴存财政性存款，如有余额再缴存一般性存款。对欠缴存款应按如下规定处理：商业银行对本次能实缴的金额和欠缴的款项要分开填列凭证；中央银行对商业银行欠缴的存款待商业银行调入资金后，应一次性全额收回，不予分次扣收；中央银行对商业银行欠缴的金额每日按规定比例扣收罚款，随同扣收欠缴存款时一并收取。

欠缴存款的相关会计处理与调整缴存存款类似，但应该根据本次能实缴的金额填制划拨凭证，将划拨凭证中的"本次应补缴金额"改为"本次能实缴金额"，且在凭证备注栏内注明本次应补缴金额和本次欠缴金额。对欠缴金额，另填制欠缴凭证一式四联，各联用途与划拨凭证相同。同时，填制待清算凭证表外科目收入传票，凭以记载表外科目登记簿。编制会计分录如下：

收入：待清算凭证——中央银行户

然后，商业银行将欠缴凭证第三、四联与划拨凭证第三、四联及存款科目余额表一起送交开户的中央银行。欠缴凭证第一、二联由商业银行留存。

对欠缴的存款，中央银行按规定每天计收罚款，罚款随同欠缴存款一并扣收。罚款计算是从旬后第 5 天或月后第 8 天起至欠缴款项收回日止的实际数，算头不算尾。补缴时，中央银行按日计收罚息，商业银行收到中央银行的扣款通知后，抽出原保管的欠缴凭第一、二联，办理转账手续。编制会计分录如下：

借：存放中央银行款项——财政性存款户

　　　营业外支出——罚款支出户

　　贷：存放中央银行款项——备付金存款户

同时，销记待清算凭证表外科目登记簿：

付出：待清算凭证——中央银行户

（二）缴存法定性存款准备金的核算

商业银行的法定存款准备金由总行统一向中央银行缴存。由于商业银行总行的法定存款准备金和超额存款准备金同存放于中央银行的准备金存款账户，因此商业银行总行旬末只要确保准备金存款账户余额高于旬末应缴存的法定存款准备金金额即可，不必进行其他账务处理。

五、向中央银行借款的核算

商业银行在执行信贷计划的过程中，如遇资金不足，除了采取向上级行申请调入资金、同业间拆借和通过资金市场融通资金等手段外，还可以向中央银行申请贷款，即再贷款。向中央银行借款按时间的不同分为年度性贷款、季节性贷款和日拆性贷款。中央银行向商业银行发放的再贷款，中央银行通过"××银行贷款"科目核算；商业银行通过"向中央银行借款"科目核算。

（一）年度性贷款

年度性贷款是中央银行用于解决商业银行因经济合理增长引起的年度性资金不足，而发给商业银行在年度周转使用的贷款。商业银行向中央银行申请年度性贷款，一般限于省分行或二级分行，借入款后省分行或二级分行可在系统内拨给所属各行使用。此种贷款期限一般为 1 年，最长不超过 2 年。

1. 贷款的发放

商业银行向中央银行申请贷款时，应填制一式五联借款凭证。经中央银行审核无误后，根据退回的第三联借款凭证办理转账。会计分录为：

借：存放中央银行款项
　　贷：向中央银行借款——××贷款户

2. 贷款的收回

贷款到期，商业银行归还贷款时，应填制一式四联还款凭证，交中央银行办理还款手续。经中央银行审核无误后，根据退回的第四联还款凭证及借据办理转账。会计分录为：

借：向中央银行借款——××贷款户
　　利息支出——中央银行往来支出户
　　贷：存放中央银行款项

（二）季节性、日拆性贷款

中央银行季节性贷款是中央银行解决商业银行因信贷资金"先支后收"和存贷款季节性上升、下降等情况以及汇划款未达和清算资金不足等因素，造成临时性资金短缺，而发放给商业银行的贷款。季节性贷款一般为 2 个月，最长不超过 4 个月。日拆性贷款一般为 10 天，最长不超过 20 天。季节性、日拆性贷款的会计核算与年度性贷款的会计核算基本相同。

六、再贴现的核算

再贴现是贴现银行将已办理贴现的尚未到期的商业汇票，向人民银行申请再贴现，人民银行按照再贴现利率扣除贴现利息后将剩余票据支付给再贴现申请人的票据行为。再贴现是中央银行的三大货币政策工具（公开市场业务、再贴现、存款准备金）之一；贴现期一般不超过 6 个月。

（一）再贴现金额的计算

商业银行将未到期已贴现的商业汇票提交给人民银行，人民银行按汇票金额扣除从再贴现之日起到汇票到期日止的利息后，向商业银行发放实付再贴现金额。计算公式如下：

再贴现利息＝汇票金额×再贴现天数×日再贴现率

实付再贴现金额＝汇票金额－再贴现利息

（二）会计科目的设置

"贴现负债"为负债类科目，核算商业银行办理商业票据的再贴现、转贴现等业务所融入的资金。"贴现负债"科目可按贴现类别和贴现金融机构，分别按"面值""利息调整"进行明细核算。银行持贴现票据向其他金融机构转贴现，应按实际收到的金额，借记"存放中央银行款项"等科目，按贴现票据的票面金额，贷记"贴现负债"科目（面值），按其差额，借记"贴现负债"科目（利息调整）。资产负债表日，按计算确定的利息费用，借记"利息支出"科目，贷记"贴现负债"科目（利息调整）。贴现票据到期，应按贴现票据的票面金额，借记"贴现负债"科目（面值），按实际支付的金额，贷记"存放中央银行款项"等科目，按其差额，借记"利息支出"科目。存在利息调整的，也应同时结转。"贴现负债"科目期末贷方余额，反映商业银行办理的再贴现业务融入的资金。

（三）再贴现的会计处理

1. 中央银行的处理

中央银行接到审批通过的再贴现凭证和商业汇票后，应再次审查贴现凭证与所附汇票的面额、到期日等有关内容是否一致，确认无误后再按规定的贴现率计算再贴现利息和实付再贴现金额，并填入再贴现凭证之中，以第一、二、三联再贴现凭证代传票，办理转账。会计处理如下：

借：再贴现——××银行再贴现户

　　贷：××银行准备金存款——××户

　　　　利息收入——再贴现利息收入户

2. 商业银行的处理

再贴现有买断式和回购式两种，其区别在于是否转移票据权利，转移票据权利的为买断式再贴现，不转移票据权利的为回购式再贴现。

（1）买断式再贴现的处理。商业银行收到中央银行的再贴现款项及退汇的贴现凭证后，使用相关交易记账，打印记账凭证，根据再贴现的商业汇票是否带有追索权分别采用不同的方法进行账务处理。

①不带追索权的商业汇票再贴现，商业银行的会计处理如下：

借：存放中央银行款项——准备金存款　　　　　（实际收到的金额）

　　贴现资产——银行承兑汇票贴现——××户（利息调整）（账面余额）

　　利息支出　　　　　　　　　（借贷方差额，贷方大于借方时）

　　贷：贴现资产——银行承兑汇票贴现——××户（面值）　　（票面金额）

　　　　利息收入　　　　　　　　（借贷方差额，借方大于贷方时）

②带追索权的商业汇票再贴现，商业银行的会计处理如下：

借：存放中央银行款项——准备金存款　　　　　（实际收到的金额）

　　贴现负债——行再贴现负债（利息调整）　　　（借贷方差额）

　　贷：贴现负债——行再贴现负债（面值）　　　　（票面金额）

资产负债表日计算确定的利息费用。再贴现利息调整采用直线法于每月月末摊销，其计算公式如下：

当月摊销金额＝再贴现利息/再贴现天数×本月应摊销天数

编制会计分录如下：

借：利息支出

　　贷：贴现负债——利息调整

买断式再贴现汇票到期，再贴现中央银行作为持票人直接向付款人收取票款。对于不带追索权的商业汇票再贴现业务，由于商业银行于再贴现发放时已终止确认贴现资产，因此无需进行账务处理。对于带追索权的商业汇票再贴现业务，票据到期时，商业银行根据不同情况，进行如下处理：

①票据付款人于到期日足额付款给再贴现中央银行。会计分录如下：

借：贴现负债——××行再贴现负债（面值）　　　　　　　（票面金额）

　　贷：贴现资产——商业承兑汇票贴现——××户（面值）　　（票面金额）

借：利息支出——再贴现利息支出

　　贷：贴现负债——××行再贴现负债（利息调整）

②到期时付款人未能向再贴现中央银行足额支付票款。会计分录如下：

借：贴现负债——××行再贴现负债（面值）　　　　　　　（票面金额）

　　贷：存放中央银行款项——准备金存款　　　　　　　（可支付部分）

　　　　向中央银行借款——预期贷款　　　　　　　　（不足支付部分）

借：利息支出——再贴现利息支出

　　贷：贴现负债——××行再贴现负债（利息调整）

商业银行应继续向贴现申请人追索票款，先从其存款账户中收取，存款账户不足支付时，不足支付部分作为逾期贷款处理。会计分录如下：

借：吸收存款——单位活期存款——××单位　　　　　　（可支付部分）

　　　贷款——逾期贷款——××户　　　　　　　　　（不足支付部分）

　　贷：贴现资产——商业承兑汇票贴现——××户（面值）　　（票面金额）

借：贴现资产——商业承兑汇票贴现——××户（利息调整）

　　贷：利息收入——贴现利息收入

（2）回购式再贴现。票据到期时，商业银行将票据购回，并向付款人收款。付款人拒付或无款退回凭证时，商业银行向贴现申请人账户扣收。

①商业银行办理再贴现和资产负债表日的会计处理同买断式再贴现。

②再贴现到期时商业银行向中国人民银行回购票据。会计分录如下：

借：贴现负债——面值

　　利息支出

　　贷：存放中央银行款项

　　　　贴现负债——利息调整

③商业银行向付款人收回贴现票款。商业银行向付款人收回贴现票款的内容参见第三章相关内容。如果票据到期时付款人拒付，则从贴现申请人账户扣收。

【例4-2】2017年4月1日，建设银行持已贴现尚未到期的金冠公司商业承兑汇票向中国人民银行申请办理买断式再贴现，中国人民银行到期收回票款。票面金额为 1 000 000，票据贴现率为 3.6%，7 月 5 日到期，承兑行在异地。

建设银行办理买断式再贴现的会计处理如下：

再贴现天数从 2017 年 4 月 1 日算至 7 月 4 日，再另加 3 天划款期，供 98 天。

再贴现利息 = 1 000 000×98×3.6%÷360 = 9 800（元）

实付再贴现额 = 1 000 000 - 9 800 = 990 200（元）

（1）2017 年 4 月 1 日，办理买断式再贴现时。

借：存放中央银行款项——准备金存款	990 200	
贴现负债——建设银行再贴现负债（利息调整）	9 800	
贷：贴现负债——建设银行再贴现负债（面值）		1 000 000

（2）2017 年 4 月 30 日，建设银行摊销再贴现利息调整时。

当月摊销金额 = 9 800÷98×30 = 3 000（元）

借：利息支出——再贴现利息支出	3 000	
贷：贴现负债——建设银行再贴现负债（利息调整）		3 000

（3）2017 年 5 月 31 日，建设银行摊销再贴现利息调整时。

当月摊销金额 = 9 800÷98×31 = 3 100（元）

借：利息支出——再贴现利息支出	3 100	
贷：贴现负债——建设银行再贴现负债（利息调整）		3 100

（4）2017 年 6 月 30 日，建设银行摊销再贴现利息调整时。

当月摊销金额 = 9 800÷98×30 = 3 000（元）

借：利息支出——再贴现利息支出	3 000	
贷：贴现负债——建设银行再贴现负债（利息调整）		3 000

（5）2017 年 7 月 8 日，中央银行到期收回票款，建设银行因票据再贴现产生的负债责任解除，将贴现负债和与之对应的贴现资产对冲。

借：贴现负债——建设银行再贴现负债（面值）	1 000 000	
贷：贴现资产——商业承兑汇票贴现——金冠公司（面值）		1 000 000

同时，摊销再贴现利息调整。

当月摊销金额 = 9 800÷98×7 = 700（元）

借：利息支出——再贴现利息支出	700	
贷：贴现负债——建设银行再贴现负债（利息调整）		700

第三节　金融企业同业往来业务核算

商业银行之间的往来又称同业往来，是指商业银行之间由于办理跨系统结算、相互拆借等业务引起的资金业务往来。在相同系统或者不同系统银行开户的单位、个人办理结算会引起商业银行系统内或者跨系统业务的发生。另外，同业往来还包括各商业银行之间为了解决临时性资金短缺进行的同业拆借等重要内容。

一、异地跨系统转汇的核算

（一）会计科目设置

1. "存放同业"科目

"存放同业"科目为资产类科目，核算企业（银行）存放在境内、境外金融机构的存款。企业增加存款，借记"存放同业"科目，贷记有关科目；减少存款，借记有关科目，贷记"存放同业"科目。"存放同业"科目可分别按"银行汇票""银行本票""信用卡""信用证保证金""存出投资款""外埠存款"等进行明细核算。"存放同业"科目期末借方余额，反映企业（银行）持有的存放同业款项。

2. "同业存放"科目

"同业存放"科目为负债类科目，核算企业（银行）吸收的境内、境外金融机构的存款。"同业存放"科目可按存放金融机构进行明细核算。企业增加存款，应按实际收到的金额，借记"存放中央银行款项"等科目，贷记"同业存放"科目；减少存款则编制相反的会计分录。"同业存放"科目期末贷方余额，反映企业（银行）吸收的同业存放款项。

3. "清算资金往来"科目

"清算资金往来"科目为共同类科目，核算企业（银行）间业务往来的资金清算款项。"清算资金往来"科目可按资金往来单位，分别按"同城票据清算""信用卡清算"等进行明细核算。"清算资金往来"科目期末借方余额，反映企业应收的清算资金；"清算资金往来"科目期末贷方余额，反映企业（银行）应付的清算资金。

同城票据清算业务的主要跨级处理如下：

（1）提出借方凭证，借记"清算资金往来"科目，贷记"其他应付款"科目。发生退票的，借记"其他应付款"科目，贷记"清算资金往来"科目。已过退票时间未发生退票的，借记"其他应付款"科目，贷记"吸收存款"等科目。

提出贷方凭证，借记"吸收存款"等科目，贷记"清算资金往来"科目；发生退票则编制相反的会计处理。

（2）提入借方凭证，提入凭证正确无误的，借记"吸收存款"等科目，贷记"清算资金往来"科目。因误提他行凭证等原因不能入账的，借记"其他应收款"科目，贷记"清算资金往来"科目。再提出时，借记"清算资金往来"科目，贷记"其他应收款"科目。

提入贷方凭证，提入凭证正确无误的，借记"清算资金往来"科目，贷记"吸收存款"等科目。因误提他行票据等原因不能入账的，借记"清算资金往来"科目，贷记"其他应付款"科目。退票或再提出时，借记"其他应付款"科目，贷记"清算资金往来"科目。

（3）将提出凭证和提入凭证计算轧差后，如为应收差额的，借记"存放中央银行款项"等科目，贷记"清算资金往来"科目；如为应付差额的，编制相反的会计分录。

发生的其他清算业务，收到清算资金，借记"存放中央银行款项"等科目，贷记"清算资金往来"科目；划付清算资金，编制相反的会计分录。

"清算资金往来"科目的期末借方余额，反映企业应收的清算资金；"清算资金往来"科目期末贷方余额，反映企业应付的清算资金。

（二）异地跨系统汇划款项的核算

异地跨系统转汇是指由于客户办理异地结算业务而引起的各商业银行之间相互汇划款项的业务。目前，异地跨系统汇划款项金额在 10 万元以上的，以及商业银行系统内 50 万元以上（含 50 万元）的汇划款项，应按照本章第一节有关内容通过中央银行的现代化支付系统清算和转汇。其余的，可采用商业银行间相互转汇的方法，即采用"跨系统汇划款项，相互转汇"的办法进行处理。根据商业银行的机构设置不同，可分别采用以下三种划款方式，这些方式与通过中央银行办理大额汇划业务的方法有相似之处。

1．"先横后直"方式

"先横后直"方式适用于汇出行所在地为双设机构地区，即在汇出行所在地，除本行外，还设有汇入行系统的银行机构。其划款程序是：由汇出行将跨系统的汇划凭证，按不同系统逐笔填写"转汇清单"，并汇总"划收"或"划付"凭证，通过同城票据交换或通过"同业存放"，将款项划至汇入行的转汇行。转汇行再通过本系统联行将款项转划给汇入行。

（1）A 地汇出行的会计分录为：

借：吸收存款——单位或个人活期存款（汇款人户）

　　贷：同业存放（或存放中央银行款项）

（2）A 地转汇行的会计分录为：

借：同业存放（或存放中央银行款项）

　　贷：清算资金往来

（3）B 地汇入行的会计分录为：

借：清算资金往来

　　贷：吸收存款——单位或个人活期存款（收款人户）

如为划付款业务，则各行的会计分录相反。

【例 4-3】中国银行上海××支行开户的××大厦要求电汇 56 000 元给广州的××商厦，该公司开户银行为工商银行广州分行营业部。中国银行上海××支行通过同城交换将款项有关单据划转工商银行上海分行营业部，编制会计分录如下：

借：吸收存款——活期存款——××大厦　　　　　　　　　　56 000

　　贷：同业存放——工商银行上海分行营业部　　　　　　　　　　56 000

工商银行上海分行营业部为转汇行，收到转汇款项后，即通过系统内联行往来划转工商银行广州分行营业部，编制会计分录如下：

借：同业存放　　　　　　　　　　　　　　　　　　　　　56 000

　　贷：清算资金往来　　　　　　　　　　　　　　　　　　　　56 000

工商银行广州分行营业部收到全国联行往来报单后，编制会计分录如下：

借：清算资金往来　　　　　　　　　　　　　　　　　　　56 000

　　贷：吸收存款——活期存款——××商厦　　　　　　　　　　56 000

2．"先直后横"方式

"先直后横"方式适用于汇出行所在地为单设机构的地区，即汇出行所在地没有汇入行系统的分支机构。其划款程序是：由汇出行将款项通过本系统联行划至汇入行所在地本系统转汇行，再由其通过"同业存放"或同城票据交换转划给跨系统汇入行。

（1）A地汇出行的会计分录为：

借：吸收存款——单位或个人活期存款（汇款人户）

　　贷：清算资金往来

（2）B地汇出行的转汇行的会计分录为：

借：清算资余往来

　　贷：同业存放（或存放中央银行款项）

（3）B地汇入行的会计分录为：

借：同业存放（或存放中央银行款项）

　　贷：吸收存款———单位或个人活期存款（收款人户）

如为划付款业务，则各行的会计分录相反。

3. "先直后横再直"方式

"先直后横再直"方式适用于汇出行和汇入行所在地均为单设机构地区。其划款程序是：由汇出行先通过本系统联行将款项划至就近的、双设机构的本系统转汇行，再由其通过"同业存放"或通过同城票据交换将款项划至跨系统汇入行的转汇行，最后由汇入行的转汇行通过本系统联行转划给汇入行。

（1）A地汇出行的会计分录为：

借：吸收存款——单位或个人活期存款（汇款人户）

　　贷：清算资金往来

（2）C地汇出行的转汇行的会计分录为：

借：清算资金往来

　　贷：同业存放（或存放中央银行款项）

（3）C地汇入行的转汇行的会计分录为：

借：同业存放（或存放中央银行款项）

　　贷：清算资金往来

（4）B地汇入行的会计分录为：

借：清算资金往来

　　贷：吸收存款——单位或个人活期存款（收款人户）

如为划付款业务，则各行的会计分录相反。

二、同业拆借的核算

（一）同业拆借的概念

同业拆借是指经中国人民银行批准进入全国银行间同业拆借市场（以下简称同业拆借市场）的金融机构之间，通过全国统一的同业拆借网络进行的无担保资金融通行为。同业拆借的特点是拆借时间短，定期归还。同业拆借是商业银行之间临时融通资金的一种借贷行为，是解决商业银行短期资金不足的一种有效方法。同业拆借的一般规定包括：

第一，同业拆借的主体，即同业拆借的参加对象是经中国人民银行批准，并在工商行政管理机构登记注册的具有法人资格的银行和非银行金融机构。中央银行、从事保险业务的金融企业、非金融机构和个人不得参加同业拆借活动。同业拆借的主管机关是中央银行，参加同业拆借的金融机构要按中央银行的要求，及时上报有关业务报表。同业拆借的利率和期限由中央银行根据资金供求情况加以调整，拆借双方在中央银行规定的限度范围内协商确定。

第二，同业拆借分同业头寸拆借和同业短期拆借。参加同城票据交换的金融机构可通过同业头寸拆借调剂头寸余缺，头寸拆借以无形市场为主，拆借期限不得超过7天。同业短期拆借应通过融资中介机构办理，只限于没有向中央银行借款的金融企业之间的资金融通。向中央银行借款的金融企业，在同业短期拆借市场上只能拆入资金而不得拆出资金。同业短期拆借的期限为7天以上1个月以内。

第三，拆借资金时，不能用现金方式直接拆借。同业拆借可以在同城金融企业之间进行，也可以在异地金融企业之间进行，但异地金融企业之间的拆借必须通过中央银行的融资中心机构办理，双方行处在商定了拆借条件并签订拆借合同后，通过中央银行划拨资金。

第四，同业之间的拆出资金范围限于交足存款准备金和备足备付金以及归还中央银行到期贷款之后的闲置资金，不能使用联行资金和中央银行贷款。拆入资金的用途只限于弥补清算不足，弥补联行汇差不足，满足临时性周转资金需要，不得将拆借资金用于弥补信贷收支缺口，扩大贷款规模和直接投资。

（二）同业拆借网络

中国人民银行依法对同业拆借市场进行监督管理。金融机构进入同业拆借市场必须经中国人民银行批准，从事同业拆借交易必须接受中国人民银行的监督和检查。全国银行间同业拆借中心是同业拆借市场的中介服务机构，为金融机构在同业拆借市场的交易和信息披露提供服务。全国统一的同业拆借网络包括全国银行间同业拆借中心的电子交易系统、中国人民银行分支机构的拆借备案系统和中国人民银行认可的其他交易系统。

（三）会计科目设置

1. "拆出资金"科目

"拆出资金"科目为资产类科目，由资金拆出方使用，核算金融企业拆借给境内、境外其他金融机构的款项，可按拆放的金融机构进行明细核算。金融企业拆出资金，借记"拆出资金"科目，贷记"存放中央银行款项"等科目；收回资金时编制相反的会计分录。"拆出资金"科目期末借方余额，反映金融企业按规定拆放给其他金融机构的款项。

2. "拆入资金"科目

"拆入资金"科目属负债类科目，由资金拆入方使用，核算金融企业从境内、境外金融机构拆入的款项，可按拆入资金的金融机构进行明细核算。金融企业应按实际收到的金额，借记"存放中央银行款项"等科目，贷记"拆入资金"科目；归还拆入资金时编制相反的会计分录。资产负债表日，应按计算确定的拆入资金的利息费用，借记"利息支出"科目，贷记"应付利息"科目。"拆入资金"科目期末贷方余额，反映金融企业尚未归还的拆入资金余额。

（四）会计处理

1. 拆借的会计处理

拆出行的会计部门根据业务部门提交的资金拆借合同或协议，办理划拨手续，另填制特种转账借方凭证一式两联，一联交业务部门登记台账，另一联作为借方记账凭证，划拨款凭证作为贷方记账凭证（附件）。会计分录如下：

借：拆出资金——拆入行户

贷：存放中央银行款项

中央银行收到拆入行的支票记账单后，审核无误，办理款项划转。会计分录如下：

借：××银行准备金存款——拆出行户

贷：××银行准备金存款——拆入行户

拆入行收到入账通知，按实际收到的金额办理转账。会计分录如下：

借：存放中央银行款项

贷：拆入资金——拆出行户

2. 资产负债表的处理

资产负债表日，拆入行应按拆借协议规定的利率计算确定拆入资金的利息费用。会计分录如下：

借：利息支出——拆入资金户

贷：应付利息——拆出行户

3. 到期归还的处理

拆入行应恪守信用，履约还款，按事先规定利率计算的利息，将本息一并通过中央银行划转拆放行。拆入行主动填制转账支票，送交中央银行办理转账手续。会计分录如下：

借：拆入资金——拆出行户（拆入资金的本金）

应付利息——拆出行户（已计提的应付利息）

利息支出——拆入资金户（借贷方的差额）

贷：存放中央银行款项（实际归还的金额）

中央银行收到拆入行提交的审核无误的支票后，办理划转手续，将本息转入拆入行准备金存款账户。会计分录如下：

借：××银行准备金存款——拆入行户

贷：××银行准备金存款——拆出行户

拆出行收到入账通知后，办理转账。会计分录如下：

借：存放中央银行款项（实际收到的金额）

贷：拆出资金——拆入行户

应收利息——拆入行户

利息收入——拆出资金户

三、回购业务的核算

（一）回购业务的概念

回购业务是一种以买卖票据、证券、贷款等金融资产的形式融通资金的业务，包括买入返售金融资产业务和卖出回购金融资产业务。商业银行的回购业务只能通过国家规定场所——全国统一同业拆借市场进行。

（二）会计科目设置

1. "买入返售金融资产"科目

"买入返售金融资产"科目是资产类科目，核算商业银行按照返售协议约定先买入再按固定价格返售的票据、证券、贷款等金融资产，其实质是以金融资产为依据向交易对方融出资金。商业银行按照协议买入资产时，借记"买入返售金融资产"，按实际支付的金额贷记"存放中央银行款项"；返售时，贷记"买入返售金融资产""应收利息""利息收入"科目，借记"存放中央银行款项"。

2. "卖出回购金融资产款"科目

"卖出回购金融资产款"科目是负债类科目，核算商业银行按照回购协议先卖出再按固定价格买入的票据、证券、贷款等金融资产，其实质是以金融资产为依据向交易对方融入资金，是商业银行解决资金暂时不足的方法之一。一般来说，卖出价格要低于回购价格，其差额作为资金使用的代价，金融资产不进行真正的转移。商业银行按照协议卖出资产时，按实际收到的款项，贷记"卖出回购金融资产款"，借记"存放中央银行款项"；回购日，借记"卖出回购金融资产款""应付利息""利息支出"科目，贷记"存放中央银行款项"。

（三）会计处理

1. 买入返售金融资产业务的核算

（1）根据返售协议买入金融资产时，应按实际支付的金额入账。会计分录如下：

借：买入返售金融资产
　　贷：存放中央银行款项

（2）资产负债表日，应计算确定买入返售金融资产的利息收入。会计分录如下：

借：应收利息
　　贷：利息收入

（3）返售日，按实际收到的金额，借记"存放中央银行款项""结算备付金"等账户，按其账面余额，贷记"买入返售金融资产""应收利息"账户，按其差额，贷记"利息收入"账户。会计分录如下：

借：存放中央银行款项等
　　贷：买入返售金融资产
　　　　应收利息
　　　　利息收入

2. 卖出回购金融资产业务的核算

（1）根据回购协议卖出金融资产时，应按实际收到的金额入账。会计分录如下：

借：存放中央银行款项
　　贷：卖出回购金融资产款

（2）资产负债表日，应计算确定卖出回购金融资产的利息费用。会计分录如下：

借：利息支出
　　贷：应付利息

（3）回购日，按账面余额，借记"卖出回购金融资产款""应付利息"账户，按实际支付的金额，贷记"存放中央银行款项""结算备付金"等账户，按其差额，借记"利息支出"账户。会计分录如下：

借：卖出回购金融资产款

　　应付利息

　　利息支出

　贷：存放中央银行款项等

第四节　商业银行系统内往来业务核算

商业银行系统内部资金在总行、分行、支行之间的往来即联行，因此本节也可称为联行往来业务的核算。联行往来是指同一银行系统内所属各行处之间办理对外结算、对内资金调拨等业务，相互代收、代付款项而发生的资金账务往来。联行往来的实质是各行处间相互代收、代付款项所引起的资金存欠关系，是划拨各种资金的工具。与联行对比，不同系统的各银行之间互称代理行或同业，而国内不同系统的金融机构称为同业。

联行往来核算就是要通过会计凭证的审核、会计账务的正确登记，反映联行资金存欠关系，及时清算联行汇差资金。

一、联行往来业务概述

我国银行分支机构遍及全国各个城镇，现行的联行制度为"统一领导、分级管理、集中监督、分别核算"，即将联行往来划分为全国联行往来、分行辖内往来和支行辖内往来三个级别的往来核算体系，分别制定相应的核算办法，由总行、分行和支行分别负责管理。本节重点内容是掌握全国联行往来业务和电子联行往来业务的核算方法。

（一）联行往来的层次

全国联行往来适用于全国不同省、自治区、直辖市各行处之间的资金账务往来。经总行批准，颁发全国联行行号、联行专用章和全国联行密押的各行处才能办理全国联行往来，由总行负责监督清算。

分行辖内往来适用于同一省、自治区、直辖市内各行处之间资金账务往来。由管辖分行发给分行辖内行号和辖内联行专用章的各行处才能办理分行辖内往来，由分行负责监督清算。

支行辖内往来适用于县（市）内的各行处之间的资金账务往来。由管辖支行核发的支行辖内行号和支行辖内往来专用章的各行处才能办理支行辖内往来，由支行负责监督清算。

目前，对于支行辖内往来，各行根据其业务量及联行电子化程度或保留或取消。

（二）联行往来的组织体系

联行往来的组织体系是由办理联行业务的经办行、清算行、总行清算中心组成，并通过计算机网络连接。

1. 经办行

经办行是具体办理结算资金和内部资金汇划业务的行处。汇划业务的发生行是发报经办行，汇划业务的接收行是收报经办行。一个行处既可能能是发报经办行，也可能是收报经办行。

2. 清算行

清算行是在总行清算中心开立备付金存款账户的行处，办理其辖属行处汇划款项清算，包括各直辖市分行、总行直属分行及二级分行。省区分行在总行开立备付金账户，只办理系统内资金调拨和内部资金利息汇划。

3. 总行清算中心

总行清算中心主要是办理系统内各经办行之间的资金汇划、各清算行之间的资金清算及资金拆借、账户对账的核算和管理。

（三）联行往来核算的基本环节

联行往来的处理程序一般可分为日常往来、往来账核对、资金存欠清偿、年终结平四个步骤。

日常往来，即发、收报行之间的横向资金往来或纵向资金往来。横向资金往来，即发报行向收报行填写发报单；纵向资金往来，即业务发生后，发报行向联行外来的管理行填写发报单，由管理行将资金汇划信息转发给收报行，发、收报行仍按往来账核算。

日常往来采用横向往来方法的，往来账的核对一般分散由收报行办理；日常往来采用纵向往来方法的，往来账的核对一般由管理行集中办理。

资金存欠清偿方法包括逐笔清偿和轧差清偿。逐笔清偿资金存欠办法规定联行往来各清算行在管理行开立清算账户，核算应付他行资金和应收他行资金，资金逐笔清偿。轧差清偿方法规定将一定时间内联行往来发生额进行汇总后轧算差额，贷方合计大于借方合计为应付汇差，借方合计大于贷方合计为应收汇差，对汇差采用抵拨或实拨资金的方式进行清算。

二、全国联行往来的核算

（一）全国联行往来的核算概述

自 1999 年起，我国商业银行先后以资金汇划清算系统取代了原来的手工联行往来制度。该清算系统利用先进的计算机网络系统，将发报行、收报行间的横向资金往来转换成纵向的资金汇划，减少了在途资金，大大提高了资金划拨效率。

（二）会计科目设置

1. "清算资金往来"科目

"清算资金往来"科目核算银行清算中心办理的划收、划付款业务，并按照往来清算中心设置明细账。划付款时，借记"清算资金往来"科目；划收款时，贷记"清算资金往来"科目。当日汇差资金结清后，"清算资金往来"科目余额为零。

2. "存放联行款项"科目

"存放联行款项"科目核算各级行存放在上级行或系统内他行的备付金。存入备付金或结转应收汇差时，借记"存放联行款项"科目；调减备付金或结转应付汇差时，贷记"存放联行款项"科目。"存放联行款项"科目的期末余额一般在借方,反映本行在上级行或系统内他行的实有存款数。

3. "联行存放款项"科目

"联行存放款项"科目核算下级行或系统内他行在本行存放的备付金。收到存入的备付金时,贷记"联行存放款项"科目;退回备付金时,借记"联行存放款项"科目。"联行存放款项"科目的期末余额一般在贷方,反映下级行或系统内他行实际结存的备付金。

(三)会计处理

1. 发报行的处理

汇划业务的发出分为实时处理和批量处理,做实时处理的业务主要是紧急款项的划拨和查询查复事项,其他业务则做批量处理。以划收款业务为例,其会计处理如下:

借:吸收存款——××存款——付款人户

贷:清算资金往来

2. 发报清算行的处理

发报清算行的会计处理如下:

借:清算资金往来

贷:存放联行款项——上存总行备付金户

跨清算行的汇划业务由系统自动更新备付金后,自动将汇划数据传输给收报清算行。如为同一清算行的汇划业务,其会计处理如下:

借:清算资金往来

贷:其他应付款——待处理汇划款项户

3. 总行的处理

总行的会计处理如下:

借:联行存放款项——发报清算行备付金户

贷:联行存放款项——收报清算行备付金户

4. 收报清算行的处理

收报清算行对资金汇划款项采取分散式核算模式或集中式核算模式进行处理。分散式核算模式是各种业务的账务处理均在各经办行处理,汇划业务只需要经清算行转划。集中式核算模式是清算行作为业务处理中心,负责全辖区汇划收报的集中处理及汇出汇款等内部账务的集中管理。

(1)分散式核算模式的处理。

对于核查无误的实时汇划业务,清算行确认后即时传至收报经办行。如为贷报业务,其会计处理如下:

借:存放联行款项——上存总行备付金户

贷:清算资金往来

对于批量业务,应转入"其他应付款"或"其他应收款"科目。如为贷报业务,其会计处理如下:

借:存放联行款项——上存总行备付金户

贷:其他应付款——待处理汇划款项户

次日，经确认后将汇划数据传至收报经办行，其会计处理如下：

借：其他应付款——待处理汇划款项户

　　贷：清算资金往来

如为借报业务，其会计处理如下：

借：其他应收款——待处理汇划款项户

　　贷：存放联行款项——上存总行备付金户

次日，经确认后将汇划数据传至收报经办行，其会计处理如下：

借：清算资金往来

　　贷：其他应收款——待处理汇划款项户

如为同一清算行的汇划业务，经收报经办行确认后，系统将自动将其从清算行自身业务的"其他应收款"或"其他应付款"中转出。如为贷报业务，其会计处理如下：

借：其他应付款——待处理汇划款项户

　　贷：清算资金往来

（2）集中式核算模式的处理。

如为贷报业务，清算行会计处理如下：

借：存放联行款项——上存总行备付金户

　　贷：清算资金往来

代理经办行的会计处理如下：

借：清算资金往来

　　贷：吸收存款——活期存款——收款人户

如为借报业务，则编制相反的会计分录。

批量业务核押无误后，账务处理同分散式的批量业务。次日，由清算行代收报经办行逐笔确认并记账。如为贷报业务，其会计处理如下：

借：存放联行款项——上存总行备付金户

　　贷：其他应付款——待处理汇划款项户

次日，其会计处理如下：

借：其他应付款——待处理汇划款项户

　　贷：清算资金往来

借：清算资金往来

　　贷：吸收存款——活期存款——收款人户

5. 收报经办行的处理

收报经办行的会计处理如下：

借：清算资金往来

　　贷：吸收存款——活期存款——收款人户

划付款业务的会计处理参照上述划收款业务编制相反的会计分录即可。

三、电子联行往来的核算

（一）电子联行往来概述

电子联行往来是指经中国人民银行总行核准，发有电子联行行号的银行之间通过电子计算机网络和卫星通信技术进行异地结算和资金划拨的账务往来。其清算总中心设在中国人民银行总行，在一、二级分行设立分中心。电子联行分为来账和往账两个系统，采用"星形结构、纵向往来、随发随收、当日核对、每日结平、存欠反映"的做法。目前，各银行的大额异地划款（每笔50万元以上），均通过电子联行办理。

办理电子联行往账的银行称为电子发报行，办理电子联行来账的银行称为电子收报行，清算中心称为电子转发行。各商业银行受理异地资金汇划业务通过中国人民银行办理电子联行往来，发出汇划业务的银行称为汇出行，收到汇划业务的银行称为汇入行。具体做法为：汇出行将汇划资金划转其所在地发报行，由发报行通过转发行划往收报行，再由收报行划转汇入行。

（二）会计科目设置

1. "电子联行往账"科目

"电子联行往账"科目由发报行使用，余额双方反映，不得轧差，每日与转发行核对后，当日结平。

2. "电子联行来账"科目。

"电子联行来账"科目由收报行使用，余额双方反映，不得轧差，每日与转发行核对后，当日结平。

3. "电子清算资金往来"科目

"电子清算资金往来"科目由各清算中心使用，每日"电子联行往账"科目、"电子联行来账"科目余额分别对清后，全额转入"电子清算资金往来"科目。"电子清算资金往来"科目余额轧差反映，中央银行会计报表全国汇总后，"电子清算资金往来"科目借贷双方余额应该相等。

（三）会计处理

1. 汇出行的处理

汇出行需要填制电子联行转汇清单，办理转账手续。对于划收款业务，其会计处理如下：

借：吸收存款——活期存款——××单位户
　　贷：存放中央银行款项

2. 发报行的处理

发报行应确认汇出行有足够存款资金支付，并办理转账手续，清算资金。对于划收款业务，其会计处理如下：

借：××商业银行存款——汇出行
　　贷：电子联行往账

如为划付款业务，则编制相反的会计分录。

每日营业终了，发报行发出往账结束，与转发行对清当日往账，收到正确回执后，填制转账传票办理转账。

如为划收款业务，其会计处理如下：

借：电子联行往账（结平）
　　贷：电子清算资金往来

如为划付款业务，则编制相反的会计分录。

3. 转发行的处理

每日营业终了，转发行收到发报行的结束包后，应立即向收报行发送结束包，并同收报行和发报行对清账务。往来账轧平后，转发行打印"电子联行往来平衡表"，汇总各联行的借贷资金，汇总各行借贷资金余额合计应相符。每月转发行、收报行、发报行三方对账，若有不符情况，应立即查明原因并及时处理。

对于划收款业务，其会计处理如下：

借：电子清算资金往来——发报行

贷：联行存放款项——收报行

同时：

借：联行存放款项——发报行

贷：电子清算资金往来——收报行

4. 收报行的核算

收报行收到电子联行的来账信息，审查无误后，根据来账信息按汇入行打印"电子联行来账清单"，逐笔核押无误后，办理转账。

如为划收款业务，其会计处理如下：

借：电子联行来账

贷：××商业银行存款——汇入行

如为划付款业务，则编制相反的会计分录。

每日营业终了，收报行根据转发行发来的来账结束包对清当日来账笔数及累计金额，并编制转账传票办理转账。

如为划收款业务，其会计处理如下：

借：电子清算资金往来

贷：电子联行来账（结平）

如为划付款业务，则编制相反的会计分录。

5. 汇入行的核算

汇入行收到收报行的划款凭证及电子联行来账清单，审核无误后，办理转账。

如为划收款业务，其会计处理如下：

借：存放中央银行款项

贷：吸收存款——活期存款——××单位户

如为划付款业务，则编制相反的会计分录。

练习题

一、复习思考题

1. 什么是联行往来？如何进行核算？

2. 商业银行与中央银行往来及同业往来包括哪些业务？

3. 什么是清算？

4. 如何进行系统内资金清算？

5. 如何进行跨系统资金清算？

二、业务练习题

1. 建设银行××支行于 2019 年 3 月 2 日持已贴现尚未到期的银行承兑汇票向中国人民银行申请再贴现。票面金额为 400 000 元，6 月 10 日到期，再贴现率为 6%。

要求：（1）建设银行××支行分别按买断式和回购式进行会计核算，请进行相关会计处理。

（2）分别对票据到期时付款人全额付款和付款人拒付进行会计核算。

2. 2018 年 4 月 1 日，农业银行持已贴现尚未到期的商业承兑汇票向中国人民银行申请办理回购式再贴现。双方约定票据回购日为 2018 年 6 月 21 日，票面金额为 1 000 000 元，再贴现率为 3.6%。农业银行于票据回购日主动向中央银行回购再贴现的商业承兑汇票。

要求：进行农业银行办理回购式再贴现的会计处理。

第五章
支付结算业务核算

结算是为实现因货物买卖、服务贸易、金融投资、消费等引发的债权债务及资金转移而发生的货币收付。各单位经济活动中的往来款项，除少数按照国家现金管理制度的规定可以使用现金结算外，其余都必须通过银行办理转账结算。结算按支付的形式的区别，分为现金结算和转账结算。本章主要介绍商业银行支付结算的概念、基本原则、支付结算纪律和各项结算业务的会计核算。重点说明了商业银行支付结算的基本原则和各种结算业务的会计处理，对各种结算方式的不同规定和结算流程也进行了详细的解释。

第一节　支付结算概述

一、支付结算的概念

支付结算是指单位、个人在社会经济活动中使用票据、信用卡和汇兑、托收承付、委托收款等结算方式进行货币给付及其资金清算的行为。支付结算的主要功能是完成资金从一方当事人向另一方当事人的转移。支付结算源于银行结算，我国《支付结算办法》第六条规定："银行是支付结算和资金清算的中介机构。未经中国人民银行批准的非银行金融机构和其他单位不得作为中介机构经营支付结算业务。"银行运用信用功能和遍布城乡的机构网络及其业务技术设施，成为结算活动和资金清算的中介。

支付结算涉及整个社会的资金流动，为了保证资金流动的安全性，我国制定了多项与支付结算相关的法律、行政法规以及部门规章和政策性规定，如《中华人民共和国票据法》《票据管理实施办法》《支付结算办法》《人民币银行结算账户管理办法》《中国人民银行卡业务管理办法》《异地托收承付结算办法》《电子支付指引》等。一方面，规定了支付结算的结算过程，提高了支付效率；另一方面，规范了支付结算各环节的行为，明确支付结算参与各方的权利和义务，保证了支付结算活动的顺利和稳定。

二、支付体系的构成

支付结算是社会经济活动引起的资金转移行为。支付体系是经济金融体系的重要组成部分，是一国经济金融运行的基础。支付体系由支付系统、支付工具、支付服务组织及支付体系监督管理等要素组成。其中，支付系统是支撑各种支付工具应用、实现资金清算并完成资金转移的通道。支付工具是传达收付款人支付指令、实现债权债务清偿和资金转移的载体，分为现金和票据、银行卡等非现金支付工具。支付服务组织是通过账户服务、支付系统、支付工具等手段为社会提供资金清算和结算服务的机构。支付体系监督管理是中央银行为维护体系安全、稳定以及社会公众对支付体系的信心，综合运用经济、法律和行政的手段，对支付系统、支付工具及支付组织进行监督管理的行为。

三、支付结算的种类

我国目前采用的支付结算工具由支付结算方式、票据和信用卡构成。非现金支付工具广泛应用，形成以票据和银行卡为主体，互联网支付、移动支付等电子支付为补充的工具系列。

（一）按支付工具的形式分类

根据支付工具形式的不同，可以将支付种类分为以票据、银行卡、电子支付工具和其他支付工具进行支付。

（二）按支付工具适用的地域分类

根据支付工具适用的地域不同，可以将支付种类分为以同城支付工具（银行本票）、异地支付工具（银行汇票、托收承付、汇兑）和通用支付工具（支票、委托收款、商业汇票、信用卡）进行支付。

四、支付结算的基本要求

第一，单位、个人和银行办理支付结算，必须使用按中国人民银行统一规定印制的票据凭证和统一规定的结算凭证。票据凭证和结算凭证是办理支付结算的工具。未使用按中国人民银行统一规定印制的票据，票据无效；未使用中国人民银行统一规定的结算凭证，银行不予受理。

第二，单位、个人和银行应当按照《人民币银行结算账户管理办法》的规定开立、使用账户。没有开立存款账户的个人向银行交付款项后，也可以通过银行办理支付结算。

第三，票据和结算凭证上的签章或其他记载事项应当真实，不得伪造、变造。票据上有伪造、变造签章的，不影响票据上其他当事人真实签章的效力。出票或签发日期、收款人名称不得更改，更改的票据无效；更改的结算凭证，银行不予受理。对票据和结算凭证上的其他记载事项，原记载人可以更改，更改时应当由原记载人在更改处签章证明。

第四，票据和结算凭证上的金额以及金额的汉字书写和阿拉伯数字书写，必须一致，必须做到标准化、规范化，要素齐全、数字正确、字迹清晰、不错漏、不潦草，防止涂改。

第五，银行是办理支付结算的中介，未经中国人民银行批准的非银行金融机构和其他单位不得办理支付结算业务。

五、支付结算的纪律

支付结算的纪律是参与支付结算的单位、个人和银行都应当遵守的行为规范。

（一）单位和个人应当遵守的支付结算纪律

单位和个人办理支付结算，不准签发没有资金保证的票据或远期支票，套取银行信用；不准签发、取得和转让没有真实交易和债权债务的票据，套取银行和他人资金；不准无理拒绝付款，任意占用他人资金；不准违反规定开立和使用账户。

（二）银行办理支付结算应当遵守的纪律

银行办理支付结算，不准以任何理由压票、任意退票、截用客户和他行资金；不准无理拒绝支付应由银行支付的票据款项；不准受理无理拒付、不扣少扣滞纳金；不准签发空头银行汇票、银行本票和办理空头汇款；不准在支付结算制度之外规定附加条件，影响汇路畅通；不准违反规定为单位和个人开立账户；不准拒绝受理、代理他行正常结算业务；不准放弃对企事业单位和个人违反结算纪律的制裁；不准逃避向人民银行转汇大额汇划款项。

六、支付结算的原则

银行、单位和个人办理支付结算时都必须遵守以下原则。

（一）恪守信用，履约付款

结算当事人应严格遵守信用，付款人必须按照约定的付款金额和付款日期进行付款，收款人按照规定进行收款，银行作为资金清算的中介帮助收付双方划转款项。这是维护经济合同秩序，保障当事人经济利益的重要原则。

（二）谁的钱进谁的账，由谁支配

存款人对其存入银行的资金拥有所有权和自主支配权。支付结算的发生取决于委托人的意志，银行在支付结算中只是充当中介机构的角色，不能干涉当事人对其存款的自主支配权。银行不得截留和挪用客户资金，应依法为单位、个人的存款保密。除国家法律、法规规定的有关监督事项外，银行不代任何单位查询、扣款，不得停止单位、个人存款的正常支付。

（三）银行不垫款

银行在支付结算业务中，只充当资金清算的信用中介，不为任何一方垫付资金。要划清银行资金和存款人资金的界限，从而保证银行资金的安全，促使单位和个人以自己所有或经营管理的财产直接对自己的债务承担责任。在实际操作中，要贯彻"先付后收，收妥抵用"的原则，不得套取银行信用。

上述三个原则既可单独发挥作用，又是一个有机的整体，分别从不同角度强调了付款人、收款人和银行在支付结算中的权利和义务，从而切实保障了结算活动的正常进行。

第二节　非票据结算业务核算

非票据结算业务包括汇兑、托收承付和委托收款等不使用票据的结算方式。

一、汇兑业务的核算

（一）汇兑业务的核算概述

汇兑是汇款人委托银行将其款项支付给收款人的一种结算方式。这种结算方式适用面广、手续简便、划款灵活，因此在实际中被广泛使用。单位和个人的各种款项的结算，均可以使用汇兑结算方式。

汇兑结算的有关规定如下：

（1）汇款人签发的汇兑凭证上必须记载下列事项：表明"信汇"或"电汇"的字样；无条件支付的委托；确定的金额；收款人的名称；汇款人的名称；汇入地点、汇入行名称；汇出地点、汇出行名称；委托日期；汇款人签章。汇兑凭证上欠缺上述记载事项之一的，银行不予受理。

（2）汇兑分为信汇和电汇两种，由汇款人选择使用。

（3）汇款人派人到汇入行领取汇款的，应在汇兑凭证各联"收款人账号或住址"栏注明"留行待取"字样；留行待取的汇款，需要指定单位的收款人领取汇款的，应注明收款人的单位名称。

（4）汇款人和收款人均为个人，需要在汇入行支取现金的，应在汇兑凭证的"汇款金额"大写栏先写"现金"字样，后填写汇款金额。

（5）汇款人确定不得转汇的，应在汇兑凭证各栏注明"不得转汇"字样。

（二）汇兑业务的操作程序

汇兑业务的操作程序如下：

（1）汇款人向汇出行申请委托办理汇兑业务，填写汇兑凭证；

（2）汇出行受理和审查汇兑凭证；

（3）汇出行审查无误，加盖印章，退还汇兑凭证回单联给汇款人；

（4）汇出行将汇兑凭证信息随资金汇划凭证信息通知汇入行；

（5）汇入行收到汇兑凭证及资金汇划凭证信息，进行审核；

（6）汇入行通知收款人将款项入账。

（三）汇兑业务的核算

我国商业银行目前大多采用电子汇划方式办理汇兑结算业务。对本系统内各银行间的汇兑业务（信汇或电汇），通过电子汇划系统进行异地资金汇划；对跨系统银行汇款的，可通过中国现代化支付系统大额实时支付系统或转汇行划转。

汇兑结算的处理过程分为汇出行汇出款项和汇入行解付款项两个阶段。

汇兑结算凭证包括信汇凭证和电汇凭证。

信汇凭证一式四联：第一联为回单，第二联为借方凭证，第三联为贷方凭证，第四联为收账通知或取款收据。

电汇凭证一式三联：第一联为回单，第二联为借方凭证，第三联为发电依据。

1. 电汇的会计处理

（1）汇出行的处理。汇款人委托银行办理汇兑时，应向银行填制信汇凭证或电汇凭证。

汇出行受理汇兑凭证时，应认真审查以下事项：

①汇兑凭证填写的必须记载的各项内容是否齐全、正确；

②凭证的金额、委托日期、收款人名称是否更改，其他事项更改是否有原记载人签章证明；

③大小写金额是否一致；

④委托日期是否是当日；

⑤汇款人账户内是否有足够支付的余额；

⑥汇款人的签章与预留银行签章是否相符；

⑦对填明"现金"字样的信汇凭证，还应审查汇款人和收款人是否均为个人。

审查无误后汇出行办理汇款手续，并进行如下会计处理：

①对于转账汇款：

借：吸收存款——单位或个人活期存款——××户（汇款人户）

　　贷：清算资金往来

②对于现金汇款：

借：库存现金

　　贷：应解汇款——汇款人户

同时：

借：应解汇款——汇款人户

　　贷：清算资金往来

对跨系统银行汇款的，应按照"跨行汇划款项，相互转汇"的办法办理。通过中国人民银行转汇的，比照双设机构地区的手续办理。

（2）汇入行的处理。汇入行接到汇出行通过电子汇划传来的有关凭证，审查无误后，按直接收账和不直接收账，分别进行如下会计处理：

借：清算资金往来

　　贷：吸收存款——单位或个人活期存款——××户（收款人在本行开户）

　　　　应解汇款——收款人户（收款人不在本行开户）

不在本行开户的收款人来银行办理取款时，应检验核对收款人的身份证件，办理付款手续。需要支付现金的，电子汇划收款补充报单上有"现金"字样的，可办理现金支付手续。支付现金时，会计处理如下：

借：应解汇款——收款人户

　　贷：库存现金

需要转汇的，应重新办理汇款手续，其收款人与回款用途必须是原来的收款人和用途，并在凭证上注明"转汇"字样。电子汇划收款补充报备单备注栏注明"不得转汇"的，不予办理转汇。会计处理如下：

借：应解汇款——收款人户

　　贷：清算资金往来

【例5-1】广州市某服装公司向其开户银行招商银行某支行提交电汇凭证及转账支票一份，要求汇往在招商银行福州市分行开户的某丝绸厂一笔购货款，金额为300 000元。该行审核无误后，办理转账，编制如下会计分录：

借：吸收存款——活期存款——某丝绸公司户　　　　　　　　　　300 000

　　贷：清算资金往来　　　　　　　　　　　　　　　　　　　　　　300 000

【例5-2】承【例5-1】，招商银行福州市分行收到系统传输来的电子汇划信息，编制电划贷方补充报单，为收款人办理收账手续，编制如下会计分录：

借：清算资金往来　　　　　　　　　　　　　　　　　　　　　　300 000

　　贷：吸收存款——活期存款——某丝绸厂户　　　　　　　　　　　　300 000

　　【例5-3】建设银行昆明市分行收到省外系统内某行电汇汇款10 000元，当即通知收款人王明收款。收款人王明来行要求将款项转至其在本市其他银行的存款账户。建设银行昆明市分行按规定审核相关凭证无误后，为王明办理转账，编制如下会计分录：

　　借：清算资金往来　　　　　　　　　　　　　　　　　　　　　　　10 000
　　　　贷：应解汇款——王明户　　　　　　　　　　　　　　　　　　　　10 000
　　借：应解汇款——王明户　　　　　　　　　　　　　　　　　　　　　10 000
　　　　贷：清算资金往来　　　　　　　　　　　　　　　　　　　　　　　10 000

　　2. 信汇的会计处理

　　（1）汇出行的处理。

　　①如果汇款人在银行开有账户，汇出行编制如下会计分录：

　　借：吸收存款——活期存款——汇款人户
　　　　贷：清算资金往来

　　②如果汇款人交现金汇款，汇出行编制如下会计分录：

　　借：库存现金
　　　　贷：应解汇款——汇款人户
　　借：应解汇款——汇款人户
　　　　贷：清算资金往来

　　（2）汇入行的处理。

　　①如果收款人在银行开有账户，汇入行编制如下会计分录：

　　借：清算资金往来
　　　　贷：吸收存款——活期存款——收款人户

　　②如果收款人在银行没有账户，汇入行编制如下会计分录：

　　借：清算资金往来
　　　　贷：应解汇款——收款人户

　　③如果收款人需要一次性提取现金，汇入行编制如下会计分录：

　　借：应解汇款——收款人户
　　　　贷：库存现金

　　④如果收款人要求转汇，汇入行编制如下会计分录：

　　借：应解汇款——收款人户
　　　　贷：清算资金往来

　　收款人开户行收到该笔款项时，编制如下会计分录：

　　借：清算资金往来
　　　　贷：吸收存款——活期存款——收款人户

　　3. 退汇的处理

　　退汇指将已经汇出，尚未解付的汇款退回给汇款人。

　　（1）汇出行的处理。汇出行需要填制一式四联的"退汇通知书"，第一联交还原汇款人，第二联和第三联寄交汇入行，第四联留存保管，编制如下会计分录：

　　借：清算资金往来

贷：吸收存款——活期存款——原汇款人户

（2）汇入行的处理。汇入行收到汇出行寄来的第二联和第三联退汇通知书或通知退汇的电子信息后，如应退汇汇款已转入应解汇科目，并已解付的，应在第二联和第三联退汇通知书或通知退汇的电报上注明解付情况及日期后，将第二联退汇通知书或电报留存，将第三联退汇通知书寄给汇出行。确实未付款的，办理退汇手续，编制如下会计分录：

借：应解汇款——收款人户

贷：清算资金往来

二、托收承付业务的核算

（一）托收承付业务的核算概述

托收承付是根据购销合同由收款人发货后委托银行向异地付款人收取款项，由付款人向银行承认付款的结算方式，是一种适用于异地之间进行结算的结算方式。使用托收承付结算方式的单位，必须是国有企业、供销合作社以及经营管理较好，经开户银行审查同意的城乡集体所有制工业企业。根据结算款项的划回方式不同，托收承付可分为邮寄和电报两种。

托收承付业务的基本规定如下：

（1）签发托收承付凭证必须记载下列事项：表明"托收承付"的字样；确定的金额；付款人名称及账号；收款人名称及账号；付款人开户银行名称；收款人开户银行名称；托收附寄单证张数或册数；合同名称、号码；委托日期；收款人签章。托收承付凭证上欠缺记载上述事项之一的，银行不予受理。

（2）托收承付结算每笔的金额起点为 10 000 元。新华书店系统每笔金额起点为1 000元。

（3）办理托收承付结算的款项，必须是商品交易，以及因商品交易而产生的劳务供应的款项。代销、寄销、赊销商品的款项，不得办理托收承付结算。

（4）收款人办理托收，必须具有商品确已发运的证件（包括铁路、航运、公路等运输部门签发运单、运单副本和邮局包裹回执）。

（5）托收承付结算款项的划回方法分为邮寄和电划两种，由收款人选用。

（二）托收承付业务的操作程序

托收承付结算业务的操作程序如下：

（1）收款单位根据合同要求向付款单位发货；

（2）收款单位发货后，向其开户行提交单据，办理托收手续；

（3）收款单位开户行受理托收承付业务，并向付款单位开户行传递相关凭证；

（4）付款单位开户行通知付款单位付款；

（5）付款单位在付款前向银行承认付款；

（6）付款单位开户行向收款单位开户行划转款项；

（7）收款单位开户行受托款项入账，通知收款单位。

（三）托收承付业务的核算

异地托收承付结算分为托收和承付划款两个阶段。在托收阶段，收付款双方的开户银行只对有关凭证进行审查、处理、登记和传递，尚未发生资金的收付。在承付划款阶段，发生资金在收付款双方存款账户之间的划转。

1. 收款人开户行受理托收承付的处理手续

收款人办理托收时，应填制电划托收承付凭证。收款人在第二联托收凭证上签章后，将有关托收凭证和有关单证提交开户行。

收款人开户行收到收款单位办理的托收承付一式五联凭证后，审查如下内容：

（1）托收款项是否符合《支付结算办法》规定的范围、条件、金额起点以及其他有关规定。

（2）有无商品确已发运的证件。收款人在托收凭证上应注明"发运日期"和"发运号码"，收款人必须在托收凭证上加盖明显的"验货付款"戳记。

（3）托收凭证必须记载的各项内容是否齐全和符合填写凭证的要求。

（4）托收凭证与所附单证的张数是否相符。

（5）第二联托收凭证是否有收款人签章，其签章是否符合规定。必要时，还应查验收付款人签订的购销合同。

经审查无误后，将电划第一联托收凭证加盖业务公章退给收款人。对收款人提供的发运证件需带回保管或自寄的，应在各联凭证和发运证件上加盖"已验发运证件"戳记，然后将发运证件退给收款人。将电划第二联托收凭证使用专夹保管，并登记发出托收结算凭证登记簿。在第三联托收凭证上加盖带有联行行号的结算专用章。

将电划第三、四、五联托收凭证连同交易单证，一并邮寄给付款人开户行。

2. 付款人开户行收到托收承付的处理手续

付款人开户行接到收款人开户行寄来的电划第三、四、五联托收凭证及交易单证后，应审查付款人是否在本行开户，所附单证张数与凭证是否相符，第三联凭证上是否盖收款人开户行结算专用章。审查无误后，在每联凭证上注明收到日期和承付日期，根据电划凭证，逐笔登记"代收结算凭证登记簿"。

付款人开户行将电划第三、四联托收凭证采用专夹保管，将第五联托收凭证加盖业务公章，连同交易单证一并及时通知付款人。通知的方法可以根据具体情况与付款人签订协议。

承付货款分为验单付款和验货付款两种，由收付双方选用，并在合同中明确规定。

（1）验单付款。验单付款的承付期为 3 天，从付款人开户银行发出承付通知的次日算起（承付期内遇节假日顺延），必须邮寄的须加邮寄时间。付款人在承付期内，未向银行表示拒绝付款，银行即视作承付，并在承付期满的次日（遇节假日顺延）上午银行开始营业时，将款项主动从付款人的账户内付出，按照收款人指定的划款方式划给收款人。

（2）验货付款。验货付款的承付期为 10 天，从运输部门向付款人发出提货通知的次日算起。对收付双方在合同中明确规定，并在托收凭证上注明验货付款期限的，银行从其规定。付款人收到提货通知后，应立即向银行提交验提货通知。付款人在银行发出承付通知后（次日算起）的 10 天内，如未收到提货通知，应在第 10 天将货物尚未到达的情况通知银行。如不通知，银行即视作已经验货，于 10 天期满的次日上午银行开始营业时，将款项划给收款人。托收凭证未注明验货付款，经付款人提出合同证明是验货付款的，银行可按验货付款处理。

①全额付款的处理手续。付款人在承付期满日开户行营业终了前，账户有足够资金支付全部款项的，付款人开户行应在次日上午（遇节假日顺延）以第三联托收凭证作为借方凭证，办理汇款，在登记簿上填注汇出日期。开户行编制如下会计分录：

借：吸收存款——活期存款——付款人户

　　贷：清算资金往来

跨系统的托收承付，付款后将第四联托收凭证加盖业务用公章，填注支付日期，随转汇清单通过同城票据交换提交人民银行转汇。

【例5-4】工商银行重庆市某支行办理开户客户金荣饭店付款的托收承付款一笔，金额为200 000元，承付期满，将款项全额划出。收款人开户行为系统内成都市某支行。工商银行重庆市某支行编制如下会计分录：

借：吸收存款——活期存款——金荣饭店户　　　　　　200 000

　　贷：清算资金往来　　　　　　　　　　　　　　　　　　200 000

②提前承付的处理手续。付款人在承付期满前通知银行提前付款，银行划款可按全额付款的处理手续办理，但应在托收凭证和登记簿备注栏分别注明"提前承付"字样。

③多承付的处理手续。付款人如因商品的价格、数量或金额变动等原因，要求对本笔托收多承付款项一并划回时，付款人应填制四联"多承付理由书"（以"托收承付拒绝付款理由书"改用）提交开户行。开户行审查后，在托收凭证和登记簿备注栏注明多承付的金额，以第二联多承付理由书代借方凭证，第三联托收凭证作为附件。开户行编制如下会计分录：

借：吸收存款——活期存款——付款人户

　　贷：清算资金往来

转账后，将第一联多承付理由书加盖转讫章，作为支款通知交给付款人，第三、四联多承付理由书和第四联托收凭证随同联行邮划贷方报单一并寄给收款人开户行。

④逾期付款的处理手续。付款人在承付期满日开户行营业终了前，账户只能部分支付的（即部分付款），付款人开户行应在托收凭证上注明当天可以扣收的金额，注明原托收号码及金额，填制特种转账借方、贷方凭证各一联，以一联特种转账借方凭证作为借方记账凭证，汇出款项。开户行编制如下会计分录：

借：吸收存款——活期存款——付款人户

　　贷：清算资金往来

另一联特种转账借方凭证加盖转讫章，作为支款通知交付款人，并在登记簿备注栏分别注明已承付和未承付金额，并批注"部分付款"字样，或将未承付金额登记"到期未收登记簿"。第三、四联托收凭证按付款人及先后日期单独保管。

跨系统的托收承付扣收金额付款后，将特种转账贷方凭证加盖业务公章，注明支付日期、原托收金额，随转汇清单提交人民银行。

付款人部分付款之后，其不足部分，即为逾期未付款项，按逾期付款处理。付款人开户行应在托收凭证和登记簿备注栏分别注明"逾期付款"字样或注销登记簿，另登记"到期未收登记簿"，并填制三联"托收承付结算到期未收通知书"。将第一、二联通知书寄收款人开户行转收款人，第三联通知书留存。

托收经办员和会计记账员要随时掌握付款人账户余额，等到付款人账户有款可以一次扣款的，比照部分付款的有关手续办理，将逾期付款的款项和赔偿金一并划收款人，并注销"到期未收登记簿"。

付款人分次付款的，付款人开户银行要随时掌握付款人账户逾期未付的资金情况，账户有款时，必须将逾期未付款项和应付的赔偿金及时扣划给收款人，不得拖延扣划。同时，应逐次扣收逾期付款赔偿金。清偿完毕应在托收凭证上注明"扣清"字样，托收凭证作为借方记账凭证附件，并销记登记簿。

付款人开户银行对付款人逾期支付的款项，应当根据逾期付款金额和逾期天数，按每天万分之五计算逾期付款赔偿金。逾期付款天数从承付期满日算起。承付期满日银行营业终了时，付款人如无足够资金支付，其不足部分，应当算作逾期一天，计算一天的赔偿金。在承付期满的次日（如遇节假日，逾期付款赔偿金的天数计算也相应顺延，但在以后遇到节假日应当照算逾期天数）银行营业终了时，仍无足够资金支付，其不足部分，应当算作逾期两天，计算两天的赔偿金。其余以此类推。

银行审查拒绝付款期间，不能算作付款人逾期付款，但对无理的拒绝付款而增加银行审查时间的，应从承付期满日起计算逾期付款赔偿金。

实行定期扣付赔偿金，每月计算一次，于次月3日内单独划给收款人。在月内有部分付款的，其赔偿金随同部分支付的款项划给收款人，对尚未支付的款项，月终再计算赔偿金，于次月3日内划给收款人；次月又有部分付款时，从当月1日起计算赔偿金，随同部分支付的款项划给收款人，对尚未支付的款项，从当月1日起至月终再计算赔偿金，于第3个月3日内划给收款人；第3个月仍有部分付款的，按照上述方法计扣赔偿金。

赔偿金的扣付列为企业销货收入扣款顺序的首位，如付款人账户余额不足全额支付时，应排列在工资之前，并对该账户采取"只收不付"的控制办法，待一次足额扣付赔偿金后，才准予办理其他款项的支付。因此，逾期付款产生的经济后果，由付款人自行负责。

每月单独扣付赔偿金时，付款人开户行应填制特种转账借方、贷方凭证各两联，并注明原托收号码及金额，在转账原因栏注明第×个月逾期付款的金额及相应扣付赔偿金的金额，以一联特种转账借方凭证作为借方记账凭证。开户行编制如下会计分录：

借：吸收存款——活期存款——付款人户

贷：清算资金往来

汇款后，另一联特种转账借方凭证加盖转讫章后，作为付款通知交给付款人，并在登记簿备注栏注明第×个月扣付赔偿金的金额。

付款人开户行对逾期未付的托收凭证，负责进行扣款的期限为3个月（从承付期满日算起）。逾期付款期满，付款人账户不能全额或部分支付该笔托收款项，开户行应向付款人发出索回单证的通知。付款人于银行发出通知的次日起两日内（到期日遇到节假日顺延，邮寄的加邮程）必须将第五联托收凭证（部分无款支付的除外）及有关单证（单证已做账务处理或已部分支付的，可以填制"应付款项证明单"）退回开户行。银行核对无误后，在托收凭证和登记簿备注栏注明单证退回日期和"无款支付"

字样，将一联通知书和第三联托收凭证一并留存备查，将两联通知书连同第四、五联托收凭证（部分无款支付系第四联托收凭证）及有关单证一并寄给收款人开户行。

付款人开户行在退回托收凭证和单证时，须将应付的赔偿金一并划给收款人。如付款人账户当时不足支付应付的赔偿金，应在托收凭证和登记簿备注栏加注应扣付赔偿金的金额，待应扣付的赔偿金全部扣付时，销记登记簿。

付款人逾期不退回单证的，开户行按照托收尚未付清的金额自发出通知的第三天起，每天收取万分之五但不低于 50 元的罚款，并暂停付款人向外办理结算业务，直到退回单证时止。

付款人开户行对不执行合同规定、3 次拖欠货款的付款人，应当通知收款人开户银行转知收款人，停止对该付款人办理托收。如果收款人不听劝告，继续对该付款人办理托收，付款人开户银行对发出通知的次日起 1 个月之后收到的托收凭证，可以拒绝受理，注明理由，原件退回。

⑤全部拒绝付款的处理手续。付款人在承付期内提出拒绝付款时，必须填写四联"拒绝付款理由书"，并加盖预留印章，注明拒绝付款理由，涉及合同的应引证合同上的有关条款。属于商品质量问题，需要提出商品检验部门的检验证明；属于商品数量问题，需要提出数量问题的证明及其有关数量的记录；属于外贸部门进口商品，应当提出国家商品检验或运输部门等出具的证明，连同第五联托收凭证及所附单证一并送交开户行。

付款人开户行受理全部或部分拒绝付款时，先由经办人员审查，再交由会计主管人员复审，审查内容如下：

第一，没有签订购销合同或购销合同未订明托收承付结算方式的款项；

第二，未经双方事先达成协议，收款人提前交货或因逾期交货，付款人不再需要该项货物的款项；

第三，未按合同规定的到货地址发货的款项；

第四，代销、寄销、赊销商品的款项；

第五，验单付款，发现所列货物的品种、规格、数量、价格与合同规定不符或货物已到，经查验货与合同规定或发货清单不符的款项；

第六，验货付款，经查验货物与合同规定或与发货清单不符的款项；

第七，货款已经支付或计算有误的款项。

对于不属于上述七种情况之一的，付款人不得向其开户行提出拒绝付款。

外贸部门托收进口商品的款项的，在承付期内，订货部门不能因商品的质量问题提出拒绝付款，而应当另行向外贸部门提出索赔。属于上述其他情况，订货部门可以向银行提出全部或部分拒绝付款。

审查后，对手续不全、依据不足、理由不符合规定和不属于上述七种可以拒绝付款情况的，以及超过承付期拒付和应当部分拒付却全部拒付的，均不得受理拒付。

对无理的拒绝付款而增加银行审查时间的，应从承付期满日起，为收款人计扣逾期付款赔偿金。

涉及于军品的拒绝付款，银行不审查拒绝付款理由。

在符合规定，银行同意拒付时，应在拒绝付款理由书上签注意见，由经办员和会计主管人员签章，金额较大的要报经主管行长（主任）批准并签章后方可办理。在托收凭证和登记簿备注栏注明"全部拒付"字样，将第一联拒绝付款理由书加盖业务公章，作为回单退还付款人，将第二联连同托收凭证第三联一并留存备查，将第三、四联拒绝付款理由书连同有关的拒付证明和托收凭证第四、五联及单证一并寄收款人开户行。

⑥部分拒绝付款的处理手续。付款人在承付期内向银行提出部分拒绝付款时，应填制四联"部分拒绝付款理由书"，连同有关的拒付证明、拒付部分商品清单送交开户行。

开户行应按照全部拒绝付款的审查程序和要求认真审查，对不符合规定的拒付，不得受理。对符合规定同意拒付的，依照全部拒绝付款的审查手续办理，并在托收凭证和登记簿备注栏注明"部分拒付"字样及部分拒付金额。

对同意承付部分，以第二联拒绝付款理由书代借方记账凭证，第三联托收凭证作为借方凭证附件。开户行编制如下会计分录：

借：吸收存款——活期存款——付款人户
　　贷：清算资金往来

汇款后，将拒绝付款理由书第一联加盖转讫章作为付款通知交给付款人，将第三、四联拒绝付款理由书和托收凭证第四联连同拒付部分的商品清单和有关证明寄收款人开户行。

3. 收款人开户行办理托收款划回的处理手续

（1）全额划回的处理手续。收款人开户行接到付款人开户行电汇贷方报单，或者人民银行交来的转汇清单和电汇贷方报单，抽出专夹保管第二联托收凭证进行核对，经审查无误后，在第二联托收凭证上注明转账日期作为附件，以第一联电汇贷方报单作为贷方凭证。开户行编制如下会计分录：

借：清算资金往来
　　贷：吸收存款——活期存款——收款人户

转账后，将第二联电汇贷方报单加盖转讫章作为收款通知交给收款人，并销记登记簿。

【例5-5】建设银行广州市某支行收到系统内昆明市某支行划来款项，金额为350 000元，是该行客户A商厦收款的托收承付款。建设银行广州市某支行审核无误，为收款人办理收账手续，编制如下会计分录：

借：清算资金往来　　　　　　　　　　　　　　　　　350 000
　　贷：吸收存款——活期存款——A商厦户　　　　　　　350 000

（2）多承付款划回的处理手续。收款人开户行接到联行贷方报单以及所附第四联托收凭证和第三、四联多承付理由书后，抽出留存的第二联托收凭证，在备注栏注明多承付的金额，以第三联多承付理由书代贷方凭证，第二联托收凭证作为附件。开户行编制如下会计分录：

借：清算资金往来
　　贷：吸收存款——活期存款——收款人户

转账后，按原托收金额销记登记簿，第四联托收凭证作为第四联多承付理由书的附件交给收款人。

（3）逾期划回、无款支付退回凭证或单独划回赔偿金的处理手续。收款人开户行接到第一、二联托收承付结算到期未收通知书后，应在第二联托收凭证上加注"逾期付款"字样及日期，然后将第二联通知书交给收款人，第一联通知书附于第二联托收凭证后一并保管，其会计处理比照全额划回。对于单独划回赔偿金的，在第二联托收凭证和登记簿上注明第×个月划回的赔偿金的金额。

收款人开户行在逾期付款期满后接到第四、五联托收凭证及两联无款支付通知书和有关单证，经核对无误后，抽出第二联托收凭证，并在该联凭证备注栏注明"无款支付"字样，销记登记簿。然后将第四、五联托收凭证及一联无款支付通知书和有关单证退给收款人。收款人在另一联无款支付通知书上签收，然后连同第二联托收凭证一并保管备查。

（4）部分划回的处理手续。收款人开户行接到部分划回的电汇贷方报单，以第一联贷方报单作为贷方凭证，并销记登记簿。开户行编制如下会计分录：

借：清算资金往来

　　贷：吸收存款——活期存款——收款人户

将第二联电汇贷方报单加盖转讫章，作为收账通知交给收款人，第二联托收凭证和登记簿上注明部分划回的金额。清偿完毕，在第二联托收凭证上注明结算终了日期，将其作为贷方凭证的附件，并销记登记簿。

（5）全部拒绝付款的处理。收款人开户行接到第四、五联托收凭证及有关单证和第三、四联全部拒绝付款理由书及拒付证明，经核对无误后，抽出第二联托收凭证，并在该联备注栏注明"全部拒付"字样，销记登记簿。将第四、五联托收凭证及有关单证和第四联拒绝付款理由书及拒付证明退给收款人。收款人在第三联拒绝付款理由书上签收，然后连同第二联托收凭证一并保管备查。

（6）部分拒绝付款的处理。收款人开户行收到电汇贷方报单后，抽出第二联托收凭证，并在该联备注栏注明"部分拒付"字样，填明日期和部分拒付金额。以第一联电汇贷方报单作为贷方记账凭证（第二联托收凭证作为贷方凭证附件），并销记登记簿。开户行编制如下会计分录：

借：清算资金往来

　　贷：吸收存款——活期存款收款人户

转账后，第二联电汇贷方报单盖章交给收款人，待收到邮寄的第三、四联部分拒绝付款理由书以及拒付部分的商品清单和证明后，第三联拒绝付款理由书留存备查，第四联及所附清单和证明交给收款人。

三、委托收款业务的核算

（一）委托收款业务的核算概述

委托收款是收款人委托银行向付款人收取款项的结算方式。按照划回款项方式的不同，委托收款的方式分为邮寄和电报两种。委托收款办理必须凭借已承兑的商业汇票、存单、债券等债务证明而不是单凭发票办理。

委托收款业务的基本规定如下：

（1）签发委托收款凭证必须记载下列事项：表明"委托收款"的字样；确定的金额；付款人名称；收款人名称；委托收据名称及附寄单证张数；委托日期；收款人签章。欠缺以上记载事项之一的，银行不予受理。

（2）收款人办理委托收款应向银行提交委托收款凭证和有关的债务证明，仅凭发票不能使用委托收款方式。

（3）委托收取异地发行、兑付债券款项的，应在债券到期日才能办理。在同城范围内，收款人收取公用事业费或依据国务院规定，可以使用同城特约委托收款。收取公用事业费，必须具有收付双方事先签订的经济合同，由付款人向开户银行授权，并经开户银行同意，报经中国人民银行当地分支机构批准。

（4）付款人开户银行接到寄来的委托收款凭证及债务证明，审查无误后办理付款。以银行为付款人的，银行应在当日将款项主动支付给收款人。以单位为付款人的，银行应及时通知付款人，按有关规定需要将有关债务证明交给付款人的，应交给付款人并签收。

（5）银行在办理划款时，付款人存款账户不足支付的，应通过被委托银行向收款人发出未付款项通知书。按照有关规定，债务证明留存付款人开户银行的，应将其债务证明连同未付款项通知书邮寄被委托银行转交收款人。

（6）付款人审查有关债务证明后，对收款人委托收取的款项拒绝付款的，可以在接到付款通知次日起3日内办理拒绝付款手续。

（二）委托收款业务的操作程序

委托收款业务的操作程序如下：

（1）收款人向开户行委托收款；

（2）收款人开户行受理后，向付款人开户行寄发有关单证；

（3）付款人开户行通知付款人付款；

（4）付款人在接到付款通知的次日起3日内向银行承认付款或者办理拒绝付款；

（5）付款人开户行向收款人开户行划转款项；

（6）收款人开户行为收款人受托款项入账，通知收款人。

（三）委托收款业务的核算

1. 收款人开户行受理委托收款的处理

收款人办理委托收款时，需要填制一式五联收款凭证。第一联为回单，第二联为贷方凭证，第三联为借方凭证，第四联为收账通知，第五联为付款通知。

收款人开户行收到上述凭证后，应按照规定和填写凭证的要求进行认真审查。具体审查要求如下：

（1）委托收款凭证是否是统一规定格式的凭证。

（2）收款人是否在本行开户。

（3）是否凭已承兑的商业汇票、债券、存单等付款人债务证明办理委托收款。

（4）委托收取商业汇票款项的，委托收款凭证上的付款人名称是否是商业汇票的承兑人名称，商业汇票是否接近提示付款期，或者票据是否超过提示付款期；债券是否规定由异地出售银行兑付，是否已到兑付日。

（5）委托收款凭证上必须记载的事项是否齐全。

（6）委托收款凭证的金额、委托日期、收款人是否更改，更改其他记载事项的是否由原记载人签章证明。

（7）第二联委托收款凭证的签章是否符合规定。

（8）所附单证种类、数量、金额与委托收款凭证记载是否一致。

（9）商业汇票背书转让的，背书是否连续，签章是否符合规定。

（10）委托收取贴现、转贴现、再贴现商业汇票款项的，委托收款凭证的收款人栏是否是贴现、转贴现、再贴现的银行名称，是否作成委托收款背书，签章是否符合规定。

如审查有误，将委托收款凭证及有关债务证明退还收款人；审查无误后，对委托收款凭证进行下一步处理。第一联加盖业务公章，退给收款人；第二联用专夹保管，并作为表外科目收入传票，即：

收入：发出委托收款凭证

2. 付款人开户行的处理

付款人开户行接到收款人开户行寄来的委托收款凭证及债务证明后，审查无误后，在凭证上注明收到的日期和付款期，并编制表外科目收入传票，即：

收入：收到委托收款凭证。

（1）全额付款的处理。银行接到付款人的付款通知书时，或银行未接到付款人付款通知书，在付款人接到通知日的次日起第四天上午开始营业时，付款人账户足够支付全部款项的，第三联委托收款凭证作为借方凭证（如留存债务证明的，其债务证明和付款通知书作为借方凭证附件）。根据第四联委托收款凭证填制电划贷方报单，向收款人开户行汇款。属于大额汇划或跨系统的委托收款付款后，应将第四联委托收款凭证填注支付日期和加盖业务公章通过同城票据交换提交人民银行办理转汇。开户行编制如下会计分录：

借：吸收存款——活期存款——付款人户

　　贷：清算资金往来

转账后，在收到委托收款凭证登记簿上填明汇出日期。

【例5-6】某商业银行从票据交换所提入委托收款凭证第三、四、五联及商业承兑汇票，金额为253 000元。该商业银行审查无误后，将第五联委托收款凭证交给承兑人A公司（付款人）。当该商业银行接到付款人付款通知书时，立即转账，编制如下会计分录：

借：吸收存款——活期存款——A公司　　　　　　　　　　253 000

　　贷：清算资金往来——同城票据交换××户　　　　　　　　　253 000

（2）无款支付的处理。银行在办理划款时，付款人账户余额不足支付全部款项的，银行在委托收款凭证和收到委托收款登记簿上注明退回日期和"无款支付"字样，并填制三联付款人未付款项通知书，将第一联通知书和第三联委托收款凭证留存备查，将第二、三联通知书连同第四联委托收款凭证寄收款人开户行。留存债务证明的，其债务证明一并寄收款人开户行。

（3）拒绝付款的处理。付款人在规定时间内拒绝付款的，应填制四联拒付理由书，连同第五联委托收款凭证及所附有关债务证明送交开户行。经核对无误后，银行在委托收款凭证和收到委托收款登记簿备注栏注明"拒绝付款"字样。将第一联拒绝付款理由书加盖业务公章作为回单退还付款人，第二联拒绝付款理由书连同第三联委托收款凭证一并留存备查，第三、四联拒绝付款理由书连同付款人提交或本行留存的债务证明和第四、五联委托收款凭证一并寄收款人开户行。

3. 收款人开户行收款的处理

（1）款项划回的处理。收款人开户行接到付款人开户行或转汇行的电汇贷方报单，或者同城跨系统转汇行通过同城票据交换提回的转汇清单、划böö报单及所附第四联委托收款凭证，或者通过人民银行转来的贷方报单时，经与留存的第二联委托收款凭证核对无误后，办理转账。编制会计分录如下：

借：清算资金往来

　　贷：吸收存款——活期存款——收款人户

转账后，在第二联委托收款凭证上填注转账日期，销记发出委托收款凭证登记簿。

如经审查核对有误，属于误划的，能确认收款银行的，应代为转划，不能确认收款银行的，应退回原汇出行；属于与原凭证记载事项不符的，应进行查询。

（2）付款人无款支付的处理手续。收款人开户行接到第四联委托收款凭证和第二、三联付款人未付款项通知书以及付款人开户行留存的债务证明，经审核无误，抽出第二联委托收款凭证，并在该联凭证备注栏注明"无款支付"字样，销记发出委托收款凭证登记簿。将第四联委托收款凭证及一联未付款项通知书以及收到的债务证明退给收款人。收款人在未付款项通知书上签收后，收款人开户行将一联未付款项通知书连同第二联委托收款凭证一并保管备查。

（3）拒绝付款的处理。收款人开户行接到第四、五联委托收款凭证及有关债务证明和第三、四联拒绝付款理由书，经核对无误后，抽出第二联委托收款凭证，并在该联凭证备注栏注明"拒绝付款"字样，销记发出委托收款登记簿。将第四、五联委托收款凭证及有关债务证明和第四联拒绝付款理由书一并退给收款人。收款人在第三联拒绝付款理由书上签收后，收款人开户行将第三联拒绝付款理由书连同第二联委托收款凭证一并保管备查。

第三节　票据结算业务核算

票据结算业务包括使用支票、银行汇票和银行本票等票据的结算业务。

一、票据的概念与相关规定

（一）票据的概念

票据是出票人签发由出票人自己或委托他人在见票时或在票据到期日无条件支付确定金额给收款人或持票人的有价证券。广义的票据包括各种有价证券和商业凭证，《中华人民共和国票据法》规定的是狭义的票据，主要指支票、汇票（包括银行汇票和商业汇票）、银行本票。

（二）票据的相关规定

1. 票据基础

票据是用以反映在货币商品让渡过程中，债权、债务关系的发生、转移以及清偿的一种信用工具。因此，票据签发、取得和转让的基础是必须具有真实的交易关系和债权、债务关系。同时，票据的取得必须给付对价（即票据双方当事人认可的相对应的代价）。

2. 票据记名

为使票据关系明确，票据一律记名。出票时必须记载收款人名称，背书时必须记载背书人、被背书人名称，被背书人即为现实收款人。

3. 票据行为

票据行为是票据权利义务关系处理成立的相关法律行为，包括出票、背书、承兑、保证、付款和追索等。

4. 票据权利

票据权利是体现在票据上的一种债权，是持票人向票据债务人请求支付票据金额的权利。票据权利包括付款请求权和追索权。

5. 票据背书转让

背书是指票据持票人为了转让票据权利，或者为了将一定的票据权利授予他人行使而在票据的背面或粘单上记载一定事项并签章的票据行为。背书包括转让背书和非转让背书（委托背书和质押背书）。背书不得附有条件，背书附有条件的，所附条件不具有票据上的效力。

6. 提示付款

票据的收款人或持票人必须按照《中华人民共和国票据法》规定的期限提示付款。商业汇票的持票人超过规定期限提示付款的，丧失对其前手的追索权；银行汇票、银行本票的持票人超过规定期限提示付款的，丧失对出票人以外的前手的追索权。

7. 票据签章

单位在票据上的签章，应为该单位的财务专用章或公章加其法定代表人或其授权的代理人的签名或者盖章。个人在票据上的签章，应为该个人的签名或者盖章。

二、支票结算业务的核算

（一）支票的概念

支票是银行的活期存款人签发给收款人办理结算或委托开户行将款项支付给收款人的票据。

支票分为现金支票、转账支票、普通支票和划线支票。支票上印有"现金"字样的为现金支票，现金支票只能用于支取现金；支票上印有"转账"字样的为转账支票，转账支票只能用于转账；支票上未印有"现金"或"转账"字样的为普通支票，普通支票既可以用于支取现金也可以用于转账；在普通支票左上角划两条平行线的，为划线支票，划线支票只能用于转账，不得支取现金。

（二）支票的适用范围和有关规定

1. 支票的适用范围

单位和个人在同一票据交换区域内的各种款项结算，均可以使用支票。具备支票影像采集条件，并参加小额支付系统的商业银行，支票还可在异地使用。

2. 办理支票业务的有关规定

办理支票业务的有关规定如下：

（1）签发支票必须记载下列事项：

①表明"支票"的字样；

②无条件支付的委托；

③确定的金额；

④付款人名称；

⑤出票日期；

⑥出票人签章（"两个章"，即单位财务专用章或单位公章加法定代表人签章或其授权的代理人签名或签章。）

欠缺记载上述事项之一的，支票无效。

（2）签发支票应使用碳素墨水或墨汁填写。

（3）签发现金支票和用于支取现金的普通支票，必须符合国家现金管理的规定。

（4）签发人必须在银行账户余额内签发支票，严禁签发空头支票。严禁签发签章与银行预留印鉴不符的支票。对签发空头支票、签章与银行预留印鉴不符的支票、使用支付密码地区支付密码错误的支票，银行除按规定退票外，并按票面金额处以5%但不低于1 000元的罚款。持票人有权要求出票人赔偿支票金额2%的赔偿金。对屡次签发空头支票的，银行应停止其签发支票。

（5）支票的提示付款期为10天，从签发的次日算起，到期日遇节假日顺延。超过提示付款期的，持票人开户行不予受理，付款人不予付款。

（6）支票金额、收款人名称，可以由出票人授权补记。未补记前不得背书转让和提示付款。

（7）持票人可以委托开户银行收款，或直接向付款人提示付款；用于支取现金的支票，仅限于收款人向付款人提示付款。

（8）支票的出票人不得签发与其预留本名的签名式样或者印鉴不符的支票。

（9）支票限于见票即付，不得另行记载付款日期。另行记载付款日期的，该记载无效。

（三）支票结算业务的操作程序

1. 持票人开户行的操作程序

持票人开户行的操作程序如下：

（1）出票人出票，将支票提交收款人。

（2）收款人背书转让给持票人。

（3）持票人在提示付款期内向其开户行提示收款。

（4）持票人开户行审查支票。审查无误后受理支票并通过票据交换系统向付款银行提出支票，进行票据清算。

（5）付款银行从出票人账户支付并向持票人开户银行划转票款。

（6）持票人开户行将收到的票款及时转入持票人指定的账户。

2. 出票人开户行的操作程序

出票人开户行的操作程序如下：

（1）出票人出票并委托付款银行支付票款。

（2）付款银行审查支票无误后，从出票人账户支付票款并通过票据交换系统向收款人开户银行划转票款。

（3）收款人开户行收到划来的票款，及时转入收款人指定的账户。

（四）支票结算业务的会计核算

1. 持票人、出票人在同一银行开户的处理

（1）银行受理持票人送交支票的处理。收款人将支票送交银行，填写两联进账单，第一联作为回单，第二联作为贷方凭证交给银行。银行审查无误后，会计处理如下：

借：吸收存款——活期存款——出票人户

　贷：吸收存款——活期存款——持票人户

转账后，银行将第一联进账单作为收账通知退交持票人。

（2）银行受理出票人送交支票的处理。付款单位将支票主动提交给银行时，需要填写三联进账单，第一联作为回单，第二联作为贷方凭证交给银行，第三联作为收账通知交给收款人。银行审查无误后，会计处理如下：

借：吸收存款——活期存款——出票人户

　贷：吸收存款——活期存款——收款人户

转账后，银行在支票和进账单各联上加盖"转讫"章，第一联进账单作为回单退交出票人，第三联进账单作为收账通知交收款人。

2. 持票人、出票人不在同一银行开户的处理

（1）持票人开户行受理持票人送交支票的处理。

①收款行的处理。持票人开户行收到持票人提交的支票和进账单后，在进账单回单上加盖"受托后入账"戳记，退还收款人，将支票通过票据交换所送签发人开户行。会计处理如下：

借：清算资金往来——同城票据清算

　贷：其他应付款——提出交换专户

在规定的期限内若无退票，以进账单第二联作为贷方凭证。会计处理如下：

借：其他应付款——提出交换专户

　贷：吸收存款——活期存款——收款人或持票人户

在规定的期限内若接到对方银行的"退票理由书"，应填制借、贷方记账凭证各一联，以"退票理由书"作为借方记账凭证的附件。会计处理如下：

借：其他应付款——提出交换专户

　贷：清算资金往来——同城票据清算

②付款行的处理。出票人开户行收到同城票据交换提入的支票，审查无误后，支票作为借方传票。会计处理如下：

借：吸收存款——活期存款——出票人户

　贷：清算资金往来——同城票据清算

如果出票人账户余额不足，当天有下场票据交换的当即通知收款行，并于下场交换时退回支票，无需进行会计处理。

提入他行支票有误或出票人账户余额不足，需要隔天退票的，暂进行如下挂账处理：

借：其他应收款——退票专户

贷：清算资金往来——同城票据清算

隔日退票时，会计处理如下：

借：清算资金往来——同城票据清算

贷：其他应收款——退票专户

（2）出票人开户行受理出票人送交支票的处理。付款人主动将支票提交银行时，出票人需要填写一式三联进账单，开户行审查无误后，以支票作为借方记账凭证。会计处理如下：

借：吸收存款——活期存款——出票人户

贷：清算资金往来——同城票据清算

收款人开户行收到提入的相关进账单且审查无误后，会计处理如下：

借：清算资金往来——同城票据清算

贷：吸收存款——活期存款——收款人户

3. 支票领用的处理

客户领用支票时，需要填制一式三联业务收费凭证，以第二联为贷方传票，第三联为借方传票（收现金的本联注销），办理转账。会计处理如下：

借：吸收存款——活期存款——领购人户

（库存现金）

贷：营业收入

三、银行汇票结算业务的核算

（一）银行汇票的概念

银行汇票是出票银行签发的，由其在见票时按实际结算金额无条件支付给收款人或持票人的票据。

（二）银行汇票的适用范围和有关规定

1. 银行汇票的适用范围

单位和个人各种款项结算，均可以使用银行汇票。银行汇票可以转账，填明"现金"字样的银行汇票既可以转账，又可以支取现金。但现金银行汇票的签发仅限于申请人和收款人均为个人时，出票银行才能办理。

2. 办理银行汇票业务的基本规定

办理银行汇票业务的基本规定如下：

（1）签发银行汇票必须记载下列事项：

①表明"银行汇票"的字样；

②无条件支付的承诺；

③出票金额；

④付款人名称；

⑤收款人名称（记名汇票收款人名称必须为全称）；

⑥出票日期；

⑦出票人签章。

欠缺记载上述事项之一的，银行汇票无效。

（2）银行汇票的出票和付款，需带往全国范围的，仅限于中国人民银行和各商业银行参加"全国联行往来"的银行机构才能办理。

（3）未在银行开立结算账户的个人只能选择与出票行同系统的银行机构或出票行的代理兑付银行提示付款。

（4）银行汇票的提示付款期限为自出票日起1个月。持票人超过付款期限提示付款的，代理付款人不予受理。

（5）申请人和收款人均为个人时，才能签发现金银行汇票。

（6）签发现金银行汇票必须填写代理付款人名称；签发转账银行汇票，不得填写代理付款人名称，但由中国人民银行代理兑付银行汇票的商业银行在向未设有分支机构地区签发转账银行汇票的除外。

（7）持票人向银行提示付款时，必须同时提交银行汇票和解讫通知，缺少任何一联，银行不予受理。

（8）收款人提示付款时，未填明实际结算金额和多余金额或实际结算金额超过出票金额的，银行不予受理；银行实际结算金额不得更改，否则无效。

（9）收款人可以将银行汇票背书转让给被背书人。银行汇票的背书转让以不超过出票金额的实际结算金额为准。

（三）银行汇票结算业务的操作程序

银行汇票结算业务的操作程序如下：

（1）申请人填写银行汇票申请书，向出票行申请签发银行汇票并交存票款。

（2）出票行收妥票款后签发银行汇票交给申请人。

（3）申请人取得银行汇票后，持往异地结算，将银行汇票交付给收款人。

（4）收款人可背书转让给持票人。

（5）收款人或持票人在银行汇票的提示付款期限内向代理付款银行提示付款。

（6）代理付款银行收到收款人或持票人提示的银行汇票，经审核无误后，代理出票银行付款。

（7）代理付款银行通过资金汇划系统与出票银行清算票款。

（8）出票银行收到异地资金汇划凭证与代理付款行清算票款，结清银行汇票款项。

（四）银行汇票结算业务的会计核算

1. 银行汇票出票的会计核算

（1）客户应填制一式三联"票汇委托书"，银行认真审查汇票委托书的内容填写是否齐全、清晰，大小写金额是否一致，有无涂改，银行预留印鉴核对是否一致；实行支付密码的，还要校验支付密码是否正确；汇票委托书填明"现金"字样的，要审查申请人和收款人是否均为个人，并缴存现金。会计处理如下：

①申请人转账交付。

借：吸收存款——活期存款（申请人户）——本金

　　贷：汇出汇款

②申请人现金交付。

借：库存现金

　　贷：汇出汇款

（2）票汇委托书第一联加盖转讫章后交申请人作为回单，第二、三联票汇委托书加盖转讫章和记账员私章后交授权人签章，分别作为借贷双方凭证。交现金签发现金汇票的，汇票委托书的第二联注销，第三联作为汇出汇款的贷方凭证。

（3）柜员签发一式四联银行汇票，即卡片、汇票联、解讫通知、多余款收账通知。在第二联汇票联上加盖汇票专用章和授权经办人签章，连同第三联解讫通知书交申请人，第一联上加盖经办、复核名章连同第四联一并采用专夹保管。表外会计处理如下：

付出：空白重要凭证——银行汇票

2. 银行汇票兑付的会计核算

持票人同时提交汇票和解讫通知（第二、三联）时，柜员接到持票人提交的银行汇票、解讫通知和进账单，应认真审查下列各项是否有误：

（1）汇票和解讫通知是否齐全，内容是否相符，汇票号码是否一致。

（2）汇票是否是统一规定印制的银行汇票版本，背面是否有二维防伪码。

（3）汇票记载内容是否齐全，是否有涂改、伪造或变造的痕迹。

（4）汇票是否超过1个月的提示付款期。

（5）收款人或持票人是否在本行开户，持票人名称是否为该持票人，与进账单上收款人的名称是否相符。

（6）出票行的签章是否为汇票专用章加盖个人名章，汇票专用章是否与印模相符。

（7）压数金额是否是由总行统一制作的压数机压印，与大写金额是否一致。

（8）汇票的实际结算金额大小写是否一致，是否在出票金额以内，与进账单金额是否一致，多余金额结计是否正确。

（9）汇票必须记载的事项是否齐全，出票日期、金额、收款人名称是否被更改，其他记载事项的更改是否由原记载人签章证明。

（10）收款人或持票人是否在汇票背面"持票人向银行提示付款签章"栏签章。

（11）汇票正面记载"不得转让"字样的汇票不得背书转让，允许背书的汇票，是否在规定范围内转让，背书是否连续，签章是否符合规定，背书使用粘单的是否按规定在粘接处签章。

（12）汇票是否被法院止付。

（13）现金银行汇票除审查以上内容外，还应审查汇票的收款人和申请人是否为个人，汇票大写金额前是否写明"现金"字样，代理付款行是否为本行，行名及行号是否正确。

柜员核对印鉴、密押无误后进行如下会计处理：

（1）持票人在代理付款行开立账户。

借：清算资金往来

　　贷：吸收存款——活期存款（持票人户）——本金

（2）持票人未在代理付款行开立账户。

①银行受理持票人的提示付款。

借：清算资金往来

　　贷：应解汇款

②转账支付时。

借：应解汇款

　　贷：清算资金往来

③支取现金（个人）时。

借：应解汇款

　　贷：库存现金

3. 银行汇票结清的会计核算

出票行接到代理付款行传来的报单及第三联解讫通知，抽出原专夹保管的汇票卡片，经核对后确属本行出票，按以下情况分别处理：

（1）汇票全额付清的处理。在汇票卡片的实际结算金额栏填入全部金额，加盖转讫章作借方凭证，在第四联多余款收账通知的多余金额栏内填写"－0－"，加盖附件章作为附件。会计处理如下：

借：汇出汇款

　　贷：清算资金往来

（2）汇票有多余款的处理。汇票有多余款因而部分解付的，将多余款转入原存款户，以系统内来账报文作为多余款贷方凭证，在多余款收账通知的多余金额栏内填写多余金额，加盖转讫章作为客户回单，通知申请人。会计处理如下：

借：汇出汇款

　　贷：清算资金往来

　　　　吸收存款——活期存款（申请人户）——本金

（3）未在本行开户而汇款有多余款的处理。经核对汇款人未在本行开户，而汇款有多余款时，应转入"其他应付款"科目。会计处理如下：

借：汇出汇款

　　贷：清算资金往来

　　　　其他应付款

通知汇款人持本人身份证来行办理领款手续。汇款人来行领取多于款时，以多余款收账通知作为传票。会计处理如下：

借：其他应付款

　　贷：库存现金

4. 银行汇票退票退款的会计核算

申请人由于汇票超过付款期限或其他原因要求退款时，应交回汇票和解讫通知，并按规定提交证明或身份证件。柜员接到客户提交的未用的银行汇票和解讫通知、经办人身份证和退票证明来行办理退票时，应按规定审核凭证。抽出原专夹保管的汇票卡片和多余款收账通知与第二、三联汇票核对，无误后在实际结算金额大写栏内填写"未用退回"字样。会计处理如下：

借：汇出汇款

　　贷：吸收存款——活期存款（申请人户）——本金

　　　　（库存现金）

第一联汇票和第三联汇票上加盖转讫章和记账员私章，分别作为借贷双方凭证，第二联汇票作为借方凭证附件，第四联作为收账通知交给客户。

【例5-7】工商银行××支行接受开户单位兴达公司转账交付 90 000 元，为其签发银行汇票一张。半个月后工商银行××支行接到代理付款行传来的报单及第三联解讫通知，本行签发的银行汇票结算凭证实际结算金额为 70 000 元，多余金额 20 000 元转入原存款户。工商银行××支行的会计处理如下：

（1）转账交付。

借：吸收存款——活期存款（兴达公司）——本金　　　　　　　90 000

　　贷：汇出汇款　　　　　　　　　　　　　　　　　　　　　　　90 000

付出：空白重要凭证——银行汇票　　　　　　　　　　　　　　　90 000

（2）汇票结清。

借：汇出汇款　　　　　　　　　　　　　　　　　　　　　　　　90 000

　　贷：清算资金往来　　　　　　　　　　　　　　　　　　　　　70 000

　　　　吸收存款——活期存款（兴达公司）——本金　　　　　　　20 000

四、银行本票结算业务的核算

（一）银行本票的概念

银行本票是由银行签发的，承诺其在见票时无条件支付确定的金额给收款人或持票人的票据。银行本票可以用于转账，注明"现金"字样的银行本票还可以用于支取现金。

（二）银行本票的适用范围和有关规定

1. 银行本票的适用范围

单位和个人在同一票据交换区域需要支付的各种款项，均可以使用银行本票。

2. 办理银行本票业务的基本规定

办理银行本票业务的基本规定如下：

（1）签发银行本票必须记载下列事项：

①表明"银行本票"的字样；

②无条件支付的承诺；

③确定的金额；

④收款人名称；

⑤出票日期；

⑥出票人签章。

欠缺记载上述事项之一的，银行本票无效。

（2）银行本票的出票人为经中国人民银行当地分支行批准，有权办理银行本票业务的商业银行机构。

（3）银行本票的提示付款期限自出票日起最长不超过两个月。持票人超过提示付款期限提示付款的，代理付款人不予受理，持票人在票据权利时效内可持票据向出票行请求付款。

（4）银行本票见票即付。对跨系统银行本票的兑付，持票人开户行可以根据中国人民银行规定的金融机构同业往来的利率，向出票银行收取利息。

（5）银行本票分为不定额银行本票和定额银行本票。定额银行本票面额分别为

1 000元、5 000元、10 000元和50 000元。

（6）银行本票可以用于转账，注明用于"现金"字样的银行本票可以支取现金，支取现金的仅限于申请人和收款人均为个人的情况。

（三）银行本票结算业务的操作程序

银行本票结算业务的操作程序如下：

（1）申请人填写银行本票申请书，向出票行申请签发银行本票，并足额交存票款。

（2）出票行收妥票款后签发银行本票交给申请人。

（3）申请人将银行本票交付给收款人，收款人可背书转让给持票人。

（4）收款人或持票人在银行本票的提示付款期限内向代理付款银行提示付款。

（5）代理付款银行收到收款人或持票人提示的银行本票，经审核无误后，代理出票银行付款。

（6）代理付款银行通过票据交换系统与出票银行清算票款。

（7）出票银行收到票据交换提入的银行本票，办理本票清算手续。

（四）银行本票结算业务的会计核算

1. 会计科目设置

银行本票结算业务需设置"开出本票"科目，属于负债类，用以核算银行签发本票所吸收的款项。银行签发本票时，记入该科目的贷方；银行兑付本票以及向中央银行清算资金时，记入该科目的借方；该科目期末无余额。

2. 银行本票的核算

（1）银行本票签发的会计核算。申请人需要使用银行本票时，应向银行填写一式三联"银行本票申请书"。银行柜员审核无误后在三联申请书加盖转讫章，第一联申请书作为回单交给申请人（回单只能作为银行受理依据），第二、三联申请书盖私章后作为借、贷方凭证。现金交付的将第二联注销，以第三联申请书作为贷方凭证。出票行在办理转账或收妥现金后，签发银行本票一式两联。定额本票正联交给申请人，不定额本票第二联交给申请人，第一联卡片或存根联上加盖经办、复核名章后留存专夹保管。会计分录编制如下：

借：吸收存款——活期存款（申请人户）——本金

（库存现金）

贷：开出本票

付出：重要空白凭证——银行本票

【例5-8】建设银行××支行收到开户单位A商场交来的银行本票申请书，申请签发银行本票25 000元。经审核无误后，款项从其存款账户收取，当即签发一张银行本票25 000元，票号23028。建设银行××支行会计分录编制如下：

借：吸收存款——活期存款（A商场）——本金 25 000

贷：开出本票 25 000

付出：重要空白凭证——银行本票 25 000

（2）银行本票兑付的会计核算。代理付款行接到客户提交的银行本票和两联进账单时，应认真审查以下事项：

①银行本票是否真实，有无挂失止付，提示付款期限是否超过2个月。

②银行本票填明的持票人是否在本行开户，持票人名称是否为该持票人，与进账单上的名称是否相符。

③出票行的签章是否符合规定，加盖的本票专用章是否与印模相符。

④不定额本票是否有统一的压数机压印金额，与大写的出票金额是否一致，有无涂改痕迹。

⑤银行本票必须记载的事项是否齐全，出票金额、出票日期、收款人名称是否更改，更改的银行本票无效，其他记载事项是否由原记载人签章证明。

⑥持票人是否在银行本票背面"持票人向银行提示付款签章"处签章，背书转让的本票是否按规定的范围转让，其背书是否连续，签章是否符合规定，背书使用的粘单是否按规定在粘接处签章。

柜员审核无误后在进账单上加盖转讫章，第一联进账作为收账通知交给持票人，第二联进账单作为贷方凭证。银行本票上加盖转讫章，通过票据交换提给出票行。会计分录编制如下：

借：清算资金往来

　　贷：吸收存款——活期存款（持票人户）——本金

【例 5-9】建设银行××支行开户单位远足鞋业公司持工商银行××支行签发的 23037 号本票一张，金额为 18 000 元，随进账单要求入账。经审核无误后，建设银行××支行在进账单上加盖转讫章，金额全部入账。建设银行××支行会计分录编制如下：

借：清算资金往来　　　　　　　　　　　　　　　　　　18 000

　　贷：吸收存款——活期存款（远足鞋业）——本金　　　　　18 000

（3）银行本票结清的会计核算。

①收到代理付款行通过同城票据交换提入的本票。出票行收到票据交换提入的转账本票时，柜员抽出专夹保管的本票卡片或存根联，经核对无误后进行转账。会计分录编制如下：

借：开出本票

　　贷：清算资金往来

【例 5-10】工商银行××支行收到票据交换提入的 22016 号转账本票，金额为 23 000 元。柜员抽出专夹保管的本票卡片或存根联，经核对无误后进行转账。会计分录编制如下：

借：开出本票　　　　　　　　　　　　　　　　　　　　23 000

　　贷：清算资金往来　　　　　　　　　　　　　　　　　　23 000

②收到本行开出的现金本票。收到本行开出的现金本票时，柜员抽出专夹保管的银行本票卡片或存根，经核对相符确属本行签发，予以处理。会计分录编制如下：

借：开出本票

　　贷：库存现金

③收到本行开出的转账本票，最终收款人也在本行开户。如果持票人和申请人在同一开户行，则付款和结清同时进行。柜员收到客户提交的本票和两联进账单，抽出专夹保管的卡片联，经核对相符确属本行签发，予以办理。会计分录编制如下：

借：开出本票

贷：吸收存款——活期存款（持票人户）——本金

在进账单上加盖转讫章，第一联作为回单交给客户，第二联作为贷方凭证，本票加盖转讫章及私章作为借方凭证，银行本票卡片或存根作为附件。

（4）银行本票退票的会计核算。

①申请人因银行本票超过提示付款期限或其他原因要求出票行退款时，填制进账单连同银行本票交给出票行。申请人为单位的，出具该单位证明，申请人为个人的，出具个人的身份证件。柜员抽出本票卡片核对无误后，留存客户的退票证明或身份证复印件，在本票上注明"未用退回"字样。

②在进账单上加盖转讫章，第一联进账单作为收账通知交给申请人，第二联进账单盖私章后作为贷方凭证。如系退付现金，第二联进账单联作为借方凭证附件，银行本票作为借方凭证，银行本票卡片或存根联作为附件。会计分录编制如下：

借：开出本票

　　贷：吸收存款——活期存款（申请人户）——本金

　　　　（库存现金）

（5）银行本票挂失的处理。

①确系填明"现金"字样的银行本票丧失，失票人到出票行挂失，应提交一式二联"挂失止付通知书"。出票行收到通知书后应按规定审查，抽出原专夹保管的银行本票卡片或存根核对，确属本行签发并确未注销时，方可受理。第一联挂失止付通知书加盖业务公章作为受理回单交给失票人，第二联挂失止付通知书登记挂失登记簿后，与原卡片或存根一并专夹保管，凭以控制付款或退款。

②遗失银行本票，失票人应凭人民法院出具的其享有该银行本票票据权利的证明，向出票行请求付款或退款。出票行经审查确未支付的，应抽出原专夹保管的银行本票卡片或存根，核对无误，并将款项付给失票人或申请人。

第四节　银行卡业务核算

一、银行卡的概念

银行卡是指由商业银行（含邮政金融机构）向社会发行的具有消费信用、转账结算、存取现金等全部或部分功能的信用支付工具。银行卡是商业银行签发的允许信用良好者据以赊购商品和劳务的身份证明卡（信用凭证）。银行卡通常用塑料磁性卡片制成，印有持卡人姓名、号码、有效期等信息，这些信息凸印在卡片上，可以通过压卡机将信息复制到能复写的签购单上。为了加强保密性及利用电子技术，银行卡的词条通常上面也记录有持卡人的账号等有关资料，可供自动柜员机（ATM）、销售终端（POS）等专门电脑终端鉴别银行卡的真伪。持卡人在约定的商店或服务部门购买商品或享受服务时，不必支付现金，只需将银行卡交商店或服务部门在签购单上压印卡号、填写金额，经持卡人签字，商店或服务部门即可送发卡机构办理收款，持卡人与商店或服务部门的资金由发卡机构完成。

银行卡业务是集结算和信贷两项基本功能为一体的一种业务。申领银行卡须经发卡机构或专门机构征信，规定一定的信用额度，才能发给资信情况可靠的公司或有稳定收入的消费者使用。消费者持卡购物或享受服务后，由受理银行卡的特约商户每天将持卡人的签名单送交发卡机构，由发卡机构代理向持卡人收账。持卡人在规定的期限内付款，可以不付利息。但是，如果逾期不付款，则自签发账单之日起计付透支利息，透支利率一般高于银行贷款利率。

二、银行卡的分类

（一）根据银行卡是否能提供信用透支功能，分为信用卡和借记卡

1. 信用卡

信用卡是一种特殊的信用凭证，用于在指定商户购物和消费，或在指定银行机构存取现金。信用卡根据是否向发卡银行交存备用金，分为贷记卡和准贷记卡两种。

（1）贷记卡是指发卡银行给予持卡人一定的信用额度，持卡人可在信用额度内先使用、后还款的信用卡，并具有一定的免息还款期。

（2）准贷记卡是指持卡人需先按发卡银行要求交存一定金额的备用金，当备用金账户余额不足支付时，可在发卡银行规定的信用额度内透支的信用卡。

2. 借记卡

借记卡是指没有信用额度，持卡人先存款，后使用的银行卡。借记卡根据功能的不同，分为转账卡、专用卡和储值卡。

（1）转账卡是指实时扣账的借记卡，具有转账结算、存取现金和消费功能。

（2）专用卡是指具有专门用途、在特定区域使用的借记卡，具有转账结算、存取现金和消费功能。专门用途是指在百货、餐饮、饭店、娱乐行业以外的用途。

（3）储值卡是指发卡银行根据持卡人要求将其资金转至卡内储存，交易时直接从卡内扣款的预付钱包式借记卡。

（二）根据银行卡的使用对象，分为单位卡和个人卡

1. 单位卡

单位卡是指商业银行向企业、事业单位、学校、机关、团体、部队等单位发行的银行卡，其使用对象为单位。

2. 个人卡

个人卡是指商业银行向个人包括工人、干部、教师、科技工作者、个体经济户以及其他成年的、有确定收入的居民发行的银行卡，其使用对象为个人。

（三）银行卡的其他分类

银行卡可以根据币种不同，分为人民币卡和外币卡；根据信息载体不同，分为磁条卡和芯片卡。

三、银行卡的基本规定

第一，发行银行卡的主体为商业银行，必须经过中国人民银行的批准。

第二，商业银行开办银行卡业务应当具备如下条件：开业 3 年以上，具有办理零售业务的良好业务基础；符合中国人民银行颁布的资产负债比例管理监控指标，经营状况良好；已就该项业务建立了科学完善的内部控制制度，有明确的内部授权审批程

序；具有合格的管理人员和技术人员、相应的管理机构；具有安全、高效的计算机处理系统；发行外币卡还须具备经营外汇业务的资格和相应的外汇业务经营管理水平。

第三，发卡银行各类银行卡章程应载明下列事项：卡的名称、种类、功能、用途；卡的发行对象、申领条件、申领手续；卡的使用范围（包括使用方面的限制）及使用方法；卡的账户适用的利率，面向持卡人的收费项目及标准；发卡银行、持卡人及其他有关当事人的权利、义务。

第四，在单位卡的使用过程中，其账户的资金一律从其基本存款账户转账存入，不得缴存现金，不得将销货收入的款项存入其账户。单位卡的持卡人不得用于 10 万元以上的商品交易、劳务供应款项的结算，并且一律不得支取现金。

四、银行卡的会计核算

在不同银行卡的结算中，信用卡的业务核算最具代表性，也是我们需要重点学习的内容。我国商业银行发行的信用卡一般为准贷记卡，因此我们这里主要介绍信用卡的会计核算。

（一）信用卡的概述和适用范围

信用卡是指商业银行向个人和单位发行的，凭以向特约单位购物、消费和向银行存取现金，具有消费信用的特制载体卡。

信用卡结算方式同城异地均可使用。

（二）信用卡的种类

信用卡按是否向发卡银行交存备用金分为贷记卡和准贷记卡；按使用对象不同分为单位卡和个人卡；按信誉等级不同分为金卡和普通卡等。

（三）信用卡的有关规定

第一，商业银行未经中国人民银行批准不得发行信用卡。

第二，凡在中国境内金融机构开立基本存款账户的单位可申领单位卡；凡具有完全民事行为能力的公民可申领个人卡。

第三，单位卡账户的资金一律从其基本存款账户转账存入，不得交存现金，不得将销货收入存入单位卡账户，不得用于 10 万元以上的商品交易和劳务供应的核算；个人卡账户的资金以其持有的现金存入或以其工资性款项及属于个人的劳务报酬收入转账存入，严禁将单位的款项存入个人卡账户。

第四，信用卡仅限于合法持卡人本人使用，持卡人不得出租或转借信用卡。持卡人凭信用卡及身份证件可在特约单位购物、消费；在银行网点存取现金、办理异地大额购货转账结算；在自动柜员机上存取现金。持卡人可在无卡的情况下凭卡号办理续存。

第五，单位卡一律不得支取现金，需要向其账户续存资金的，一律从其基本存款账户转账存入。

（四）信用卡的会计核算

1. 发行信用卡的核算

凡是申请办理信用卡的单位和个人，应向发行信用卡的银行填交信用卡申请书。银行经审查符合发卡条件而批准发卡的，向申请人发出信用卡通知书，通知申请人到发卡行办理开户手续。

申请人按规定填制进账单或现金交款单（用来交存信用卡存款和保证金）和结算业务收费凭证后，应将根据交存的信用卡存款、交纳的年费和交存的保证金的总金额填制的转账支票或应交纳的现金，连同申请人的身份证、信用卡通知书一并交给发卡银行信用卡部。信用卡部审核无误后，在第一联进账单或现金交款单和第三联结算业务收费凭证上加益"转讫"章或"现金收讫"章后连同身份证退回申请人，通知其在若干天内到信用卡部凭回单及身份证领取信用卡。持卡人领到信用卡后，应立即在卡的背面签上本人习惯的签名式样，签名后不得涂改。

（1）发行单位卡的会计处理如下：

借：吸收存款——活期存款（申请人户）——本金

　　贷：吸收存款——信用卡存款（申请人户）——本金

　　　　手续费及佣金收入

（2）发行个人卡的会计处理如下：

发行个人卡可以交存现金，与发行单位卡的会计处理基本相同，此处从略。

如果单位和个人在开卡时未交存存款和交纳年费则不需要编制上述会计分录。

2. 凭信用卡存取现金的核算

信用卡续存现金仅限于个人卡，单位卡续存只能从其基本存款账户转账续存，不得交存现金。信用卡续存现金可以凭卡存款，也可以无卡存款即凭信用卡卡号无卡存款。

个人持卡人交来现金并要求办理续存现金业务时，银行应按规定进行审核。审核是否为本行受理的业务、信用卡是否在有效期内、是否为止付卡。对已过有效期的卡，应提醒存款人是否续存；对止付卡，应与发卡机构取得联系，由发卡机构查明止付原因决定是否收卡。审核无误后，可以办理存款业务。对有卡存款的，由经办人员输入卡号或刷卡并输入存款金额，压印一式四联存款单，交存款人签名确认。对无卡存款的，由存款人填写存款单，存款单上必须清楚地填写持卡人的卡号、持卡人姓名、存款人姓名等内容。

（1）在发卡行存款。在发卡行存款的会计处理如下：

借：库存现金

　　贷：吸收存款——信用卡存款（持卡人户）——本金

（2）不在发卡行存款。

①非发卡行的会计处理如下：

借：库存现金

　　贷：清算资金往来

②发卡行的会计处理如下：

借：清算资金往来

　　贷：吸收存款——信用卡存款（持卡人户）——本金

（3）在发卡行取款。个人持卡人来银行提交信用卡及身份证件要求办理取现业务时，银行应按规定进行审核。审核是否为本行受理的业务、信用卡是否有防伪标记、信用卡是否在有效期内、是否为止付卡、持卡人身份证件的照片是否与本人相同、持卡人身份证件上的姓名与信用卡背面签名条上的签名及卡片凸印的姓名（拼音）是否一致。

　　审核无误后，压印一式四联取现单，在取现单上填写持卡人身份证号码、取现日期、取现金额。如需授权的，经取得授权同意后，经办人员应将授权号码填入取款单。取现单填妥后，交持卡人当面在四联取现单上签名确认，并核对持卡人签名是否与信用卡背面签名条上的签名一致。会计处理如下：

　　　借：贷款——短期贷款——信用卡透支（持卡人户）——本金

　　　　贷：库存现金

　　　　　　手续费及佣金收入

　　（4）不在发卡行取款。

　　①非发卡行的会计处理如下：

　　　借：清算资金往来

　　　　贷：库存现金

　　　　　　手续费及佣金收入

　　②发卡行：

　　　借：贷款——短期贷款——信用卡透支（持卡人户）——本金

　　　　贷：清算资金往来

　　【例5-11】农业银行××支行信用卡持卡人张明在自动柜员机取现金2 500元，手续费按取现金额的1%收取。农业银行××支行的会计会计处理如下：

　　　借：贷款——短期贷款——信用卡透支（张明）——本金　　　　　2 525

　　　　贷：库存现金　　　　　　　　　　　　　　　　　　　　　　　　2 500

　　　　　　手续费及佣金收入　　　　　　　　　　　　　　　　　　　　　25

　　3. 凭信用卡直接消费的核算

　　信用卡在特约单位购物、消费时，持卡人应将信用卡交特约单位，经特约单位审查无误后打印签购单，由持卡人签名确认，将签购单回单联连同信用卡交还持卡人。每日营业终了，特约单位根据签购单汇总表填制汇计单，计算手续费和净计金额，连同签购单和进账单一并送交开户行办理转账。特约单位开户行收到上述单证，经审核无误后，应区别情况进行处理。

　　（1）收付款人在同一行处开户。付款人在同一行处开户的会计处理如下：

　　　借：贷款——短期贷款——信用卡透支（持卡人户）——本金

　　　　贷：吸收存款——活期存款（特约单位户）——本金

　　　　　　手续费及佣金收入

　　（2）收付款人不在同一行处开户。

　　经办行的会计处理如下：

　　　借：清算资金往来

　　　　贷：吸收存款——活期存款（特约单位户）——本金

　　　　　　手续费及佣金收入

　　发卡行的会计处理如下：

　　　借：贷款——短期贷款——信用卡透支（持卡人户）——本金

　　　　贷：清算资金往来

4. 信用卡还款的核算

当持卡人的信用卡消费到达最后还款日期时，为了确保持卡人良好的信用记录，持卡人需要归还信用卡透支本息。还款后，信用卡额度即时恢复，款项一般在当天系统处理后，即可入账。开卡行在收到持卡人归还的款项时编制如下会计分录：

借：库存现金

　　（或吸收存款——信用卡存款（持卡人户）——本金）

　　（或清算资金往来）

　　贷：贷款——短期贷款——个人信用卡透支（持卡人户）——本金

　　　　利息收入

5. 信用卡透支的处理

持卡人的信用卡账户余额不足支付时，发卡行应根据透支金额编制特种转账借方凭证，作为发放贷款处理。

单位卡透支，编制如下会计分录：

借：贷款——银行卡透支

　　吸收存款——单位卡——××持卡人户

　　贷：××科目——××户

个人卡透支，编制如下会计分录：

借：贷款——银行卡透支

　　吸收存款——活期储蓄存款——××个人信用卡户

　　贷：库存现金

　　　　（或××科目——××户）

发卡银行收回透支款时，按规定计算收回透支利息后，余款用于归还透支本金，编制如下会计分录：

借：库存现金

　　（或××科目——××户）

　　贷：贷款——银行卡透支

　　　　利息收入——银行卡透支利息收入

6. 信用卡销户的处理

发卡银行在确认持卡人具备销户条件时，应通知持卡人办理销户手续，并收回信用卡。有效卡无法收回的，应办理止付。发卡银行核对账务无误后，按以下情况处理：

（1）个人卡销户时，银行压制转账单。转账单一式四联，第一联为回单，第二联为借方凭证，第三联为贷方凭证，第四联为收账通知或取现单。按规定计付利息，由持卡人签名后，结清账户。第一联转账单加盖转讫章后交给持卡人，第二联转账单作为借方凭证，退付现金的第三联转账单作为其附件，另填制一联特种转账借方凭证作为利息支出借方凭证；第四联转账单加盖现金付讫章或加盖转讫章交持卡人。会计分录如下：

借：吸收存款——活期储蓄存款——××个人信用卡户

　　利息支出——信用卡存款利息支出

　　贷：库存现金

（或有关科目）

（2）单位卡销户时，持卡人向发卡银行提交授权单位的销户证明和基本存款账户开户许可证及单位卡，银行审核无误后，压制转账单，并按规定计付利息，由持卡人签名后，结清账户。第一联转账单加盖转讫章后交给持卡人，第二联转账单作为借方凭证，第三联转账单作为贷方凭证，另填制一联特种转账借方凭证作为利息支出借方凭证，第四联转账单加盖转讫章交申请人。会计分录如下：

借：吸收存款——单位卡——××持卡人户

　　利息支出——信用卡存款利息支出

　　贷：吸收存款——活期存款——××单位户

申请人与持卡人不在同一银行开户的，应将第三、四联转账单通过辖内往来或同城票据交换划转申请人的基本存款户。

【例5-12】贷记卡持卡人张力在异地某商场持卡购物消费10 000元，其发卡行收到特约商户开户行发来的电子汇划信息时，按规定审核无误后，办理付款手续，编制如下会计分录：

借：吸收存款——活期储蓄存款——张力个人信用卡户　　　　10 000

　　贷：清算资金往来——电子汇划款户　　　　　　　　　　　　10 000

练习题

一、复习思考题

1. 我国的支付体系由哪几部分组成？
2. 支票是如何核算的？
3. 银行汇票是如何核算的？
4. 商业承兑汇票和银行承兑汇票在核算上有何区别？
5. 银行本票是如何核算的？

二、业务练习题

根据下列资料，编制有关会计分录。

1. 李云提交银行汇票申请书及现金5 000元，委托农业银行某支行签发银行汇票持往异地购物。经该银行审核无误，签发银行汇票。

2. 开户单位辉煌饭店提交银行汇票申请书，金额为50 000元，委托建设银行某支行签发银行汇票，持往异地采购。经该银行审核无误，签发银行汇票。

3. 交通银行某支行收到异地交通银行某支行发来的银行汇票已兑付的电子汇划信息，结算金额为25 000元，出票金额为30 000元，汇票申请人为本行开户单位蝶轩服装厂。经该银行审核无误，办理转账。

4. 工商银行A支行收到省外系统内乙支行寄来的托收承付结算凭证及有关单据，系工商银行A支行开户单位金陵大饭店托收货款，金额为68 000元。经工商银行A支行审核无误，通知金陵大饭店付款。8月4日承付期满日，金陵大饭店账户无余额，发生逾期付款。8月14日营业终了，金陵大饭店账户有款。工商银行A支行于8月15日开始营业后，选择行内汇划渠道将款项划往省外系统内乙支行。乙支行收到后转入收款人皇冠食品公司账户。

5. 建设银行某支行收到开户单位某服装厂提交的转账支票和进账单，金额为5 000元，该支票签发人在同城交通银行某支行开户。建设银行某支行审查无误后，将转账支票提出交换，在退票时间内收到对方银行的退票通知，并于下次交换时提入退票。

第六章

中间业务核算

广义上讲，商业银行中间业务是指不构成商业银行表内资产、表内负债，形成银行非利息收入的业务。中间业务概述明确了中间业务的概念、分类、作用和管理，是学习中间业务核算的前提和基础。本章学习的重点是中间业务的会计核算，包括代理发行债券、委托贷款、理财、代理保管等业务的会计核算。

第一节　中间业务概述

一、中间业务的概念

《巴塞尔协议》对中间业务的定义是：中间业务包括客户资产管理、贷款承诺业务、担保业务和金融工具创新业务。

中国人民银行制定并发布的《商业银行中间业务暂行规定》第三条指出：中间业务是指不构成商业银行表内资产、表内负债，形成银行非利息收入的业务。

本书关于商业银行中间业务的定义遵循中国人民银行的规定，即不构成商业银行表内资产、表内负债，形成银行非利息收入的业务。商业银行开办中间业务，应经中国人民银行审查同意，并接受中国人民银行的监督检查。

中国人民银行根据商业银行开办中间业务的风险和复杂程度，分别实施审批制和备案制。适用审批制的业务主要为形成或有资产、或有负债的中间业务，以及与证券、保险业务相关的部分中间业务；适用备案制的业务主要为不形成或有资产、或有负债的中间业务。

二、中间业务的分类

根据《商业银行中间业务参考分类及定义》的规定，商业银行中间业务可分为以下九类：

（1）支付结算类中间业务，包括国内外结算业务。

（2）银行卡业务，包括信用卡和借记卡业务。

（3）代理类中间业务，包括代理证券业务、代理保险业务、代理金融机构委托业务、代收代付业务等。

（4）担保类中间业务，包括银行承兑汇票、备用信用证、各类银行保函等。

（5）承诺类中间业务，主要包括贷款承诺业务。

（6）交易类中间业务，如远期外汇合约、金融期货、互换和期权等。

（7）基金托管业务，如封闭式或开放式投资基金托管业务。

（8）咨询顾问类业务，如信息咨询、财务顾问等。

（9）其他类中间业务，如保管业务等。

以上中间业务按照是否给商业银行带来或有事项，可以分为不形成或有事项的中间业务和形成或有事项的中间业务。

不形成或有事项的中间业务是发生时会为商业银行带来手续费、佣金等收入的业务。业务类型有本外币结算业务、银行卡业务、代理业务、咨询顾问类业务等；

形成或有事项的中间业务是发生时会为商业银行带来手续费，还同时形成或有事项，并且这些或有事项在一定条件下可能会转化为表内资产或表内负债的业务。业务类型有信用证业务、备用信用证业务、票据担保业务、贷款承诺业务等。

因此，对不形成或有事项的中间业务和形成或有事项的中间业务两类中间业务的会计处理方法也就不同。对于不形成或有事项的中间业务，在发生时应确认为"手续费及佣金收入"；对于形成或有事项的中间业务，在发生时应确认为"手续费及佣金收入"，同时记表外账（单式记账法），期末在资产负债表的附注中披露此类中间业务引起的或有负债的期末余额。

三、中间业务的作用和管理

（一）中间业务的作用

中间业务的作用主要有以下三个方面：

第一，不直接构成商业银行的表内资产或负债，风险较小，为商业银行的风险管理提供了工具和手段。

第二，为商业银行提供了低成本的稳定收入来源。

第三，完善了商业银行的服务功能。

（二）商业银行中间业务的管理

第一，商业银行开展中间业务，应加强与同业之间的沟通和协商，杜绝恶性竞争、垄断市场的不正当竞争行为。对国家有统一收费或定价标准的中间业务，商业银行按国家统一标准收费。对国家没有制定统一收费或定价标准的中间业务，由中国人民银行授权中国银行业协会按商业与公平原则确定收费或定价标准，商业银行应按中国银行业协会确定的标准收费。

第二，商业银行应健全内部经营管理机制，加强内部控制，保证对中间业务的有效管理和规范发展。商业银行应制定中间业务内部授权制度，并报中国人民银行备案。商业银行中间业务内部授权制度应明确商业银行各级分支机构对不同类别中间业务的授权权限，明确各级分支机构可以从事的中间业务范围。

第三，商业银行应建立监控和报告各类中间业务的信息管理系统，及时、准确、全面反映各项中间业务的开展情况及风险状况，并及时向监管当局报告业务经营情况和存在的问题。商业银行应注重对中间业务中或有资产、或有负债业务的风险控制和管理，对或有资产业务实行统一的资本金管理；应注重对交易类业务的头寸管理和风险限额控制；应对具有信用风险的或有资产业务实行统一授信管理。

第四，商业银行应建立中间业务内部审计制度，对中间业务的风险状况、财务状况、遵守内部规章制度情况和合规合法情况进行定期或不定期的审计。

四、商业银行服务价格管理

《商业银行服务价格管理办法（征求意见稿）》规定：商业银行服务是指商业银行向金融消费者提供的各类服务。服务价格是指商业银行提供服务时收取的费用。商业银行服务价格行为应当严格遵守国家法律、法规、规章和有关政策的规定，遵循公开、诚实、信用的原则，接受社会监督，促进银行服务持续发展和承担社会责任相统一。

根据商业银行服务的性质、特点和市场竞争状况，商业银行服务价格分别实行政府指导价、政府定价和市场调节价。

（一）政府指导价、政府定价的制定和调整

实行政府定价的商业银行服务项目和标准以及实行政府指导价的商业银行服务项目、基准价格和浮动幅度由国务院价格主管部门会同国务院银行业监督管理机构、中国人民银行制定和调整。下列与人民生活关系密切的基本商业银行服务价格实行政府指导价或政府定价：

（1）银行汇票、本票、支票、贷记转账和委托收款服务等人民币基本结算价格；

（2）国务院价格主管部门、国务院银行业监督管理机构、中国人民银行根据商业银行服务成本、服务价格对个人、企事业单位的影响程度和市场竞争状况制定和调整的商业银行服务价格。

（二）市场调节价的制定和调整

除规定实行政府指导价、政府定价的商业银行服务价格以外，商业银行服务价格实行市场调节价。实行市场调节价的商业银行服务价格应由商业银行总行制定和调整。分支机构不得违反总行的规定，自行制定和调整服务价格。商业银行分支机构因地区性明显差异需要执行不同于总行制定的服务价格，应获得总行的授权。

商业银行制定和调整市场调节价，按照以下程序执行：

（1）制定相关服务价格的定价策略和定价原则；

（2）综合测算相关服务项目的服务成本；

（3）进行价格决策；

（4）形成统一的业务说明和宣传材料；

（5）按相关规定报告；

（6）在各类相关营业场所的醒目位置公示。

商业银行制定和调整实行市场调节价的服务价格，应合理测算各项服务支出，充分考虑市场等因素综合决策。

（三）明码标价制度

商业银行服务价格应严格实行明码标价制度。商业银行应在其网点、网站等采用多种方式及时公布实行政府指导价、政府定价和市场调节价的服务项目、价格水平和适用对象，所标示的价格应当相互吻合，真实一致，并应当采取各种措施保护金融消费者相关权益。

商业银行服务价格信息公示内容应至少包括服务项目、服务价格、政府指导价或政府定价的批准文号、生效日期、咨询（投诉）的联系方式等。商业银行关于服务价格信息的公示涉及优惠措施的，应明确标注优惠措施的生效日期和终止日期。商业银行提高实行市场调节价的服务价格，应至少于执行前 3 个月在相关营业场所和商业银行网站进行公示，必要时应采用书面、电话、短信、电子邮件、合同约定的其他形式等多种方式通知相关金融消费者。商业银行设立新的实行市场调节价的服务收费项目，应至少于执行前 1 个月在相关营业场所和商业银行网站向社会公示。

商业银行接受其他单位的委托开展代理业务收费时，应将委托方名称、服务项目、收费金额、咨询或投诉的联系方式等信息告知金融消费者，并在提供给金融消费者的确认单据中明确标注上述信息。对于需要签署服务章程、协议等合同文件的银行服务项目，商业银行应在相应的合同文件中以通俗易懂和清晰醒目的方式明示服务项目或服务内容、服务价格、优惠措施及其生效日期和终止日期、与价格相关的例外条款和限制性条款、咨询或投诉的联系方式等信息。

五、理顺中间业务与表外业务的关系

与中间业务关系密切的另一个概念是表外业务。在我国目前的相关金融法规中，对中间业务和表外业务的界限没有明确界定，只是以其包含的内容来说明，使中间业务与表外业务两个概念使用混乱，造成银行业务核算界限不清、统计口径不一、会计信息失真与混乱。因此，有必要从理论上理顺二者关系。

归纳目前我国学术界和实务界对于中间业务与表外业务关系的不同观点，主要有以下四种：

第一，表外业务是中间业务的一部分。

第二，中间业务是表外业务的一部分。

第三，二者业务相交叉。

第四，表外业务与中间业务是同一类业务，只是叫法不同而已。

经过进一步分析，本书采用第四种观点，主要理由包括《巴塞尔协议》与我国《商业银行中间业务暂行规定》定义的表外业务与中间业务的内容相同；表外业务的性质是风险测度，而不是对会计项目或银行业务的分辨；表外业务容易引起人们的误解。因此，在理论和实务中将表外业务与中间业务合二为一，统一采用"中间业务"。这样一来，一方面从理论上消除了人们对于表外业务与中间业务关系认识上的混乱；另一方面也有利于在实务中制定统一的、科学合理的规范，根据中间业务风险差异性确定业务核算界限，充分披露中间业务的信息，从而有利于金融监管部门加强对商业银行中间业务的监管。

第二节　代理发行债券业务核算

一、代理发行债券业务概述

代理发行债券业务是指商业银行作为债券代理经纪人，受客户委托代理发行和承销债券的业务。商业银行代理的债券包括：国家债券，主要有国库券、国家重点建设债券、财政债权、特种国债和基本建设债券等；企业债券，主要有重点企业债券、地

方企业债券、企业内部债券等。

二、代理发行债券业务核算

代理发行债券业务按发行方式不同可以分为代销方式、余额包销方式、全额承购方式三种。这里主要以国债为例，介绍代销方式的会计处理。

（一）会计科目设置

1．"代理承销证券款"科目

为了反映商业银行代理发行债券业务的情况，应设置"代理承销证券款"科目。"代理承销证券款"科目属于负债类科目。商业银行代理客户买卖股票、债券和基金等有价证券，如代理单位、个人购买的国库券、国家其他债券，均用"代理承销证券款"科目核算，并且应按债券种类和委托代理单位进行明细核算。

2．"代理兑付证券"科目

"代理兑付证券"科目属于资产类科目，用来核算商业银行接受委托代理兑付到期的证券。"代理兑付证券"科目可按委托单位和证券种类进行明细核算。

（二）代理发行债券业务的会计核算

银行收到国债时，有关业务部门应该根据有关债券领用单据填制"重要单证入库单"一式三联，加盖有关印章和经办人名章，连同债券、上级行签发的出库单一并交金库管库员。管库员审核单据、清点债券无误后，办理入库，并按与客户约定的价款在表外科目登记簿入账，即：

收入：有价单证——××债券户

银行发行债券收到款项时，根据不同的收款方式，确定使用不同的传票。其会计处理如下：

借：库存现金

　　吸收存款——××存款——××购买人户

　贷：代理承销证券款——代售国债款项

同时，登记表外科目登记簿，即：

付出：有价单证——××债券户

银行网点每日终了将售出国债所得款项上划分行，由分行在国债发行结束后集中上划总行。

银行网点编制如下会计分录：

借：代理承销证券款——代售国债款项

　贷：存放联行款项

分行收到款项时，编制如下会计分录：

借：联行存放款项

　贷：代理承销证券款——代售国债款项

分行将资金上划总行时，编制如下会计分录：

借：代理承销证券款——代售国债款项

　贷：存放联行款项

总行收到国债资金款项时，编制如下会计分录：

借：联行存放款项

　　贷：代理承销证券款——代售国债款项

总行按期向财政部缴付承购的国债款项时，编制如下会计分录：

借：代理承销证券款——代售国债款项

　　贷：存放中央银行款项

若代理发行债券有剩余，将未售债券退回时，销记表外科目登记簿，即：

付出：有价单证——××债券户

三、代理兑付债券业务核算

（一）国债提前兑付的处理

国债提前兑付，代理银行需要垫付资金。国债提前兑付期限在半年内不计息，期限超过半年以上的，应按客户持有国债时间和规定利率档次计付利息，并按本金收取1‰的手续费。会计处理如下：

借：代理兑付证券

　　贷：库存现金

　　　　（或吸收存款——××存款——兑付人户）

　　　　中间业务收入——代理发行国债手续费收入

（二）国债到期兑付的处理

国债到期，商业银行总行收到财政部拨付的国债款项，应及时通过联行系统下划分行，分行与网点进行清算。

总行收到拨付的国债款项时，会计处理如下：

借：存放中央银行款项

　　贷：代理兑付证券款

总行将代理兑付证券款下划分行时，会计处理如下：

借：代理兑付证券款

　　贷：联行存放款项

分行收到总行下划的代理兑付债券款时，会计处理如下：

借：存放联行款项

　　贷：代理兑付证券款

国债持有人提交国债凭证、有效身份证件申请国债到期兑付时，代理网点审核无误后，办理兑付手续，打印国债凭证支取款项记录、一式两联利息清单。会计处理如下：

借：代理兑付证券款

　　贷：库存现金

　　　　（或吸收存款——××存款——兑付人户）

　　　　中间业务收入——代理发行国债手续费收入

同时登记表外科目登记簿，即：

收入：已兑付债券——××债券户

（三）国债兑付后款项上划分行的处理

网点将国债到期兑付或提前兑付后，将网点支付的国债本金和利息上划分行。会计处理如下：

借：存放联行款项

　　贷：代理兑付证券

同时登记表外科目登记簿，即：

付出：已兑付债券——××债券户

分行的会计处理如下：

借：代理兑付证券款

　　贷：联行存放款项

第三节　委托贷款业务核算

一、委托贷款业务概念

委托贷款是指由委托人提供资金并承担全部贷款风险，商业银行作为受托人，根据委托人确定的贷款对象、用途、金额、期限、利率等代为发放、监督使用并协助回收的贷款。委托贷款的委托人包括各级政府部门、企事业单位和个人。

开办委托贷款业务，商业银行为委托人提供金融服务，应收取手续费，不得垫付委托贷款资金，不得垫付委托人应纳的税金，不得承担任何形式的贷款风险。贷款期满，商业银行以受托人的名义协助委托方收回贷款本息。

二、委托贷款业务核算

（一）会计科目设置

1. "委托存款" 科目

"委托存款" 科目是负债类科目，用于核算银行收到的委托本行发放贷款而存入的款项。"委托存款" 科目的科目余额在贷方，按委托人分户核算。

2. "委托贷款基金" 科目

"委托贷款基金" 科目是负债类科目，用于核算单位和个人委托银行发放贷款而移存的委托贷款基金。"委托贷款基金" 科目的科目余额在贷方，按委托人分户核算。

3. "委托贷款" 科目

"委托贷款" 科目是资产类科目，用于核算银行接受委托，以委托人提供的资金代理发放的贷款。"委托贷款" 科目的科目余额在借方，按借款人分户核算。

4. "中间业务收入" 科目

"中间业务收入" 科目是损益类科目，用于核算银行各类中间业务取得的收入。"中间业务收入" 科目的科目余额在贷方，期末转入本年利润后无余额，按业务种类分类核算。

（二）会计核算

1. 委托贷款发放

银行收到委托资金时，编制如下会计分录：

借：吸收存款——活期存款/活期储蓄存款（委托人存款账户）

　　贷：委托存款

　　银行柜员审核业务部门提交的委托贷款合同、借款借据和下柜凭证等无误后，输入借款人客户号、合同号、合同额度、本期额度等项目经授权后提交系统处理；系统进行相应的账务处理后，将交易信息登记到非自有贷款登记簿中，编制如下会计分录：

　　借：委托存款

　　　　贷：委托贷款基金

　　借：委托贷款

　　　　贷：吸收存款——活期存款（借款人存款账户）

　　2. 委托贷款展期

　　经委托人同意，对委托贷款展期的，根据业务部门提交的展期合同，输入贷款账号、合同号、展期金额等，经授权后提交系统处理。对全额展期的非自有贷款，系统将修改到期日等信息，不产生账务；对部分展期的非自有贷款，系统将修改原贷款户到期日等信息，同时生成新的逾期贷款户。

　　3. 委托贷款扣收利息

　　在委托贷款利息结息日，银行系统根据贷款本金、利率等计算利息，并向借款人扣收。对扣收的委托贷款利息在表内核算，对未扣收的委托贷款利息在表外反映。

　　（1）结息并全额收到的，编制如下会计分录：

　　借：吸收存款——活期存款（借款人存款账户）

　　　　贷：委托存款

　　（2）若借款人账户余额不足的，不扣收利息，整笔利息直接计入表外欠息户，即：

　　收入：委托贷款应收未收利息

　　4. 委托贷款还款

　　贷款到期或经委托人同意，借款人正常到期还款或提前偿还贷款的，银行柜员审核借款人转账支票等还款凭证和委托人同意提前还款等相关业务凭证无误后提交系统处理；系统处理成功后，打印计息单等凭证，编制如下会计分录：

　　借：吸收存款——活期存款（借款人存款账户）

　　　　贷：委托贷款

　　借：委托贷款基金

　　　　贷：委托存款

　　如果以前有表外欠息现已还清：

　　付出：委托贷款应收未收利息

　　5. 银行收取手续费并支付委托贷款本息

　　商业银行收取委托贷款手续费时，可以按委托贷款的一定比例在结计贷款利息时收取，也可以按委托贷款的一定比例在委托贷款收回时收取。银行可在"中间业务收入"科目下设"委托贷款业务收入"二级科目，核算办理委托贷款业务收取的手续费收入。

　　委托贷款到期日次日终了，银行偿还委托人贷款本金及利息，收取委托贷款手续费，编制如下会计分录：

　　借：委托存款

　　　　贷：吸收存款——活期存款/活期储蓄存款

中间业务收入——委托贷款业务收入

6. 委托贷款逾期及核销

（1）委托贷款本金到期日次日终了，若委托贷款本金没有偿还，则将其转入"逾期委托贷款"科目下核算，编制如下会计分录：

借：逾期委托贷款

　　贷：委托贷款

结息但没有收到利息的：

收入：委托贷款应收未收利息

（2）对逾期的委托贷款，根据经信贷部门审批同意的委托人的相关核销通知，银行柜员输入贷款账号、核销金额，经授权后提交系统处理，编制如下会计分录：

①核销本金：

借：委托贷款基金

　　贷：逾期委托贷款

②核销表外应收未收利息：

付出：委托贷款应收未收利息

【例6-1】东兴公司于2018年1月1日委托工商银行××支行发放贷款1 000 000元，银行将这笔资金贷给乙企业并按季结息，贷款期限为1年，年利率为8.4%。假设乙企业能够按期付息，到期还本，银行约定2019年1月1日支付东兴公司委托贷款本息，委托贷款收回时东兴公司支付银行手续费20 000元。

工商银行××支行的相关账务处理如下：

（1）委托贷款发放。

借：吸收存款——活期存款（东兴公司）　　　　　　　　1 000 000

　　贷：委托存款——东兴公司　　　　　　　　　　　　　　1 000 000

借：委托存款——东兴公司　　　　　　　　　　　　　　1 000 000

　　贷：委托贷款基金——东兴公司　　　　　　　　　　　　1 000 000

借：委托贷款——乙企业　　　　　　　　　　　　　　　1 000 000

　　贷：吸收存款——活期存款（乙企业）　　　　　　　　　1 000 000

（2）委托贷款扣收每季度利息。

借：吸收存款——活期存款（乙企业）　　　　　　　　　　21 000

　　贷：委托存款——东兴公司　　　　　　　　　　　　　　　21 000

（3）委托贷款还款。

借：吸收存款——活期存款（乙企业）　　　　　　　　　1 000 000

　　贷：委托贷款　　　　　　　　　　　　　　　　　　　　1 000 000

借：委托贷款基金　　　　　　　　　　　　　　　　　　1 000 000

　　贷：委托存款　　　　　　　　　　　　　　　　　　　　1 000 000

（4）银行支付委托贷款本息并收取手续费。

借：委托存款　　　　　　　　　　　　　　　　　　　　1 084 000

　　贷：吸收存款——活期存款（东兴公司）　　　　　　　　1 064 000

　　　　中间业务收入——委托贷款业务收入　　　　　　　　　20 000

第四节 理财业务核算

一、理财业务概述

理财业务是商业银行等金融机构将客户关系管理、资金管理和投资组合管理等融合在一起形成的综合化、特性化、专业化的银行服务活动。按服务对象不同，理财业务可以分为商业银行企业理财业务和个人理财业务，本节重点介绍个人理财业务。

根据中国银监会（现为中国银行保险监督管理委员会）2005 年 9 月 24 日发布，自 2005 年 11 月 1 日起施行的《商业银行个人理财业务管理暂行办法》的要求，个人理财业务是指商业银行为个人客户提供的财务分析、财务规划、投资顾问、资产管理等专业化服务活动。商业银行开展个人理财业务，应遵守法律、行政法规和国家有关政策规定。商业银行不得利用个人理财业务，违反国家利率管理政策进行变相高息揽储。

商业银行个人理财业务按照管理运作方式不同，分为理财顾问服务和综合理财服务。

理财顾问服务是指商业银行向客户提供的财务分析与规划、投资建议、个人投资产品推介等专业化服务。商业银行为销售储蓄存款产品、信贷产品等进行的产品介绍、宣传和推介等一般性业务咨询活动，不属于理财顾问服务。在理财顾问服务活动中，客户根据商业银行提供的理财顾问服务管理和运用资金，并承担由此产生的收益和风险。

综合理财服务是指商业银行在向客户提供理财顾问服务的基础上，接受客户的委托和授权，按照与客户事先约定的投资计划和方式进行投资和资产管理的业务活动。在综合理财服务活动中，客户授权银行代表客户按照合同约定的投资方向和方式，进行投资和资产管理，投资收益与风险由客户或客户与银行按照约定方式承担。

商业银行理财产品按银行承担投资风险程度，一般分为非保本浮动收益理财产品、保本浮动收益理财产品和保证收益理财产品。

对非保本浮动收益理财产品的本金和收益，银行不承担投资风险，该类理财产品属代理业务，理财产品基金和理财产品基础资产轧差余额作为资产或负债在资产负债表上列示。对保本浮动收益和保证收益理财产品的本金和收益分别承担保本和保证收益风险，这两类理财产品募集的资金作为负债、理财产品投资对应的基础资产（作为资产）在资产负债表上列示。本节仅以非保本浮动收益理财产品为例进行介绍。

二、理财业务核算

（一）会计科目设置

1. "存放系统内款项"科目

"存放系统内款项"科目是资产类科目，用于核算银行的下级行存放或上缴上级行的清算备付金、准备金、定期存款、特别存款等款项。"存放系统内款项"科目的科目余额在借方，按存放机构、资金性质分类明细核算，如"存放分行备付金""存放总行备付金"。

2. "委托理财基金"科目

"委托理财基金"科目是负债类科目，用于核算银行销售委托理财产品而接受客户委托的理财资金。"委托理财基金"科目的余额在贷方，按产品分户核算。

3. "委托理财"科目

"委托理财"科目是资产类科目，用于核算银行使用客户委托理财资金，代客进行理财投资的情况。"委托理财"科目的科目余额在借方，按产品分户核算。

4. "其他资金往来"科目

"其他资金往来"科目是资产负债共同类科目，用于核算和反映银行系统内机构之间、银行和系统外机构之间发生的其他资金往来款项。"其他资金往来"科目的科目余额轧差反映。

（二）会计核算

1. 理财资金归集

假设以总行资金营运中心作为银行归集理财资金的机构，客户向银行购买理财产品，发行期结束，将资金归集至总行资金营运中心。会计处理如下：

（1）支行编制如下会计分录：

借：吸收存款——活期存款/活期储蓄存款

　　贷：存放系统内款项——存放分行备付金

（2）总行资金营运中心编制如下会计分录：

借：存放系统内款项——存放总行备付金

　　贷：委托理财基金

2. 理财资金对外投资

理财资金对外投资时，根据相关资金业务交割单等书面凭证，进行账务处理和资金清算。非保本浮动收益委托理财资金对外投资形成的资产属代理业务资产。总行资金营运中心编制如下会计分录：

借：委托理财基金

　　贷：存放系统内款项——存放总行备付金

总行资金营运中心进行投资时，借记"委托理财"科目，贷记有关科目；收回投资时，借记有关科目，贷记"委托理财"科目。

3. 理财产品获取投资收益

非保本浮动收益型理财产品的理财资金投资运作期间收到投资收益的，编制如下会计分录：

借：存放系统内款项——存放总行备付金

　　贷：其他资金往来

4. 理财产品投资终止

理财产品投资终止收回本金和收益的，总行资金营运中心根据交割单等书面凭证，进行账务处理。编制如下会计分录：

借：存放系统内款项——存放总行备付金

借或贷：其他资金往来

　　贷：委托理财基金

5. 返还理财产品本金和收益

理财产品终止时，总行资金营运中心根据理财产品协议，在约定日将理财本金和所实现的收益扣除相关费用后划往各机构客户账户。会计处理如下：

（1）总行资金营运中心编制如下会计分录：

银行扣除理财产品的销售手续费和托管费。

借：其他资金往来

　　贷：中间业务收入——理财业务收入

　　　　　　　　　　——托管业务收入

借：委托理财基金

借或贷：其他资金往来

　　贷：存放系统内款项——存放总行备付金

（2）支行编制如下会计分录：

借：存放系统内款项——存放分行备付金

　　贷：吸收存款——活期存款/活期储蓄存款

6. 管理费用计提与收取

在资产负债表日应计提理财产品管理费，编制如下会计分录：

借：应收理财管理费

　　贷：中间业务收入——理财业务收入

总行资金营运中心在协议约定日或理财产品终止时根据管理费清单实际收到管理费，编制如下会计分录：

借：其他资金往来

　　贷：应收理财管理费

借或贷：中间业务收入——理财业务收入（理财管理费计提差额部分）

理财产品若达到与客户收益分享标准的，在返还客户收益后，余额为银行投资运作收益，编制如下会计分录：

借：其他资金往来

　　贷：中间业务收入——资产管理顾问业务收入

【例6-2】中信银行××支行2018年1月1日发行非保本浮动收益型理财产品，产品不保障本金但本金和预期收益受风险因素影响较小。该理财产品期限为1年，计划发行3 000 000 000元，托管费率为0.02%，销售手续费率为0.2%，扣除销售手续费、托管费，产品到期后客户可获得的预期最高年化收益率约为4.50%。若产品到期后未达到客户预期最高年化收益率，中信银行××支行不收取投资管理费，在达到客户预期最高年化收益率的情况下，超出预期最高年化收益率部分的收益作为银行的投资管理费。2019年1月1日该理财产品到期，所投资的资产按时收回全额本金，获得年化收益率为5.50%，中信银行××支行扣除销售手续费、托管费后，返还客户理财产品本金和按预期最高年化收益率4.50%计算的收益，收取0.78%的投资管理费。假设中信银行××支行以总行资金营运中心作为银行归集理财资金的机构。

对上述经济业务中信银行××支行和中信银行总行资金营运中心的账务处理如下（忽略总行资金营运中心具体进行投资及收回的分录）：

（1）理财资金归集。

中信银行××支行编制如下会计分录：

借：吸收存款——活期存款/活期储蓄存款　　　　3 000 000 000

　　贷：存放系统内款项——存放分行备付金　　　　　　3 000 000 000

总行资金营运中心编制如下会计分录：

借：存放系统内款项——存放总行备付金　　　　3 000 000 000

　　贷：委托理财基金　　　　　　　　　　　　　　　　3 000 000 000

（2）理财资金对外投资。

总行资金营运中心编制如下会计分录：

借：委托理财基金　　　　　　　　　　　　　　3 000 000 000

　　贷：存放系统内款项——存放总行备付金　　　　　　3 000 000 000

（3）理财产品投资终止。

总行资金营运中心编制如下会计分录：

借：存放系统内款项——存放总行备付金　　　　3 165 000 000

　　贷：其他资金往来　　　　　　　　　　　　　　　　　165 000 000

　　　　委托理财基金　　　　　　　　　　　　　　　　3 000 000 000

（4）银行扣除相关费用，返还理财产品本金和收益。

总行资金营运中心编制如下会计分录：

借：其他资金往来　　　　　　　　　　　　　　　　6 600 000

　　贷：中间业务收入——理财业务收入　　　　　　　　　6 000 000

　　　　　　　　　　　——托管业务收入　　　　　　　　　600 000

借：委托理财基金　　　　　　　　　　　　　　3 000 000 000

　　其他资金往来　　　　　　　　　　　　　　　135 000 000

　　贷：存放系统内款项——存放总行备付金　　　　　　3 135 000 000

中信银行××支行编制如下会计分录：

借：存放系统内款项——存放分行备付金　　　　3 135 000 000

　　贷：吸收存款——活期存款/活期储蓄存款　　　　　　3 135 000 000

（5）收取投资管理费。

借：其他资金往来　　　　　　　　　　　　　　　23 400 000

　　贷：中间业务收入——资产管理顾问业务收入　　　　　23 400 000

三、咨询顾问类业务核算

咨询顾问类业务系指银行依靠自身在信息、人才、信誉等方面的优势，收集和整理有关信息，并通过对这些信息以及银行和客户资金运动的记录和分析，形成系统的资料和方案，提供给客户，以满足其业务经营管理或发展需要的服务活动。目前咨询顾问类业务主要包括以下几类业务：

（一）信息咨询业务

信息咨询业务包括项目评估、企业信用等级评估、验证企业注册资金、资信证明、企业管理咨询等。

（二）资产管理顾问业务

资产管理顾问业务是指为机构投资者或个人投资者提供全面的资产管理服务，包括投资组合建议、投资分析、税务服务、信息提供、风险控制等。

（三）财务顾问业务

财务顾问业务包括债券承销业务收入、私募股权融资财务顾问收入、首次公开募股财务顾问收入、再融资财务顾问收入、并购财务顾问收入、债务融资财务顾问收入、结构化融资财务顾问收入（包括销售管理费、产品管理费等）、银团贷款财务顾问收入（包括牵头费、管理费、代理费、承诺费等）、其他财务顾问收入。

（四）现金管理业务

现金管理业务是指商业银行协助企业，科学合理地管理现金账户头寸及活期存款余额，以达到提高资金流动性和使用效益的目的。

上述业务发生时均记入银行的中间业务收入，只是归属的明细科目不同。

第五节　代理保管业务核算

一、保管箱业务概述

保管箱是银行为方便客户寄存贵重物品和单证而提供的安全、可靠的保密设施。保管箱可存放金银珠宝、有价证券、契约、合同、书画、重要资料和保密档案等，具有租价适宜、品种齐全以及开箱方式安全可靠等特点。

保管箱业务是指银行以出租保管箱的形式代客户保管贵重物品、重要文件、有价单证等财物的服务性项目。保管箱业务收费根据保管箱尺寸和租用期限不同，执行不同标准。凡具有完全民事行为能力和合法有效身份证件的个人，以及具有法人资格和合法有效证明文件的单位均可申请租用保管箱。租用保管箱必须签订保管箱租约，明确双方权利与义务。

租箱人或被授权人可在营业时间内，携带租箱时登记的有效身份证件、保管箱钥匙，填写"保管箱开启登记表"，提供保管箱业务密码或指纹信息办理开启手续。租箱人不得自行配制保管箱钥匙，如遗失保管箱钥匙，租箱人必须填写"钥匙挂失及补发申请书"，并缴纳更换钥匙费用。

租箱期满，租用人应及时办理续租或退租手续。退租时，在结清费用、清除箱内物品、交还保管箱全部客户钥匙后，办理退租手续，可凭保证金收据或租约（原件）取回保证金。若有箱体损坏、钥匙丢失，银行按公示赔偿标准从保证金中扣收，如果逾期办理退租，应补交逾期租金并按逾期租金的5%缴纳滞纳金，从保证金中扣收，以上不足部分银行享有追索权。保管箱不能擅自转租、分租，保管箱租赁权不能作为质权标的。银行发现租用人或代理人将保管箱转让或转租他人，应终止租约，并对租用人处以一定金额的罚金。

二、保管箱业务核算

（一）会计科目设置

在"中间业务收入"科目下设"保管箱业务收入"二级科目，用于核算和反映银行办理保管箱业务收取的手续费收入。收取手续费时，借记有关科目，贷记"中间业务收入——保管箱业务收入"科目；期末结转时，借记"中间业务收入——保管箱业务收入"科目，贷记"本年利润"科目。"中间业务收入——保管箱业务收入"科目的科目余额反映在贷方，期末转入本年利润后无余额。

设置"出租保管箱"表外科目，用于核算和反映银行向客户出租使用保管箱的情况。

（二）会计核算

1. 保管箱租用的处理

租用人与银行签订保管箱租约，填写"保管箱租用申请书"。银行经办人员收取租金和保证金，登记"保管箱租箱、退箱登记簿"，编制如下会计分录：

借：库存现金

　　（或吸收存款——活期存款/活期储蓄存款）

　贷：中间业务收入——保管箱业务收入

　　　其他应付款——保管箱押金户

同时，登记"保管箱租箱、退箱登记簿"，填制表外科目收入凭证，登记表外科目明细账，即：

收入：出租保管箱

2. 保管箱续租的处理

续租要在期满前一个月内缴纳下期租金，银行经办人收到租用人提交的申请书及有关证件等审核无误后，同意续租，其余处理手续同上，会计分录也同上。银行经办人员收取续租租金，原资料卡加盖"续租"戳记续用。

3. 保管箱退租的处理

银行经办人员收到租用人提交的申请书、押金收据第二联及有关证件，审核无误，并与原申请书留存联核对一致后，经办人员将保证金收据以及保证金退还租用人，并销记"保管箱租箱、退箱登记簿"，编制如下会计分录：

借：其他应付款——保管箱押金户

　贷：库存现金

　　　（或吸收存款——活期存款/活期储蓄存款）

同时，填制表外科目付出凭证，登记表外科目明细账，即：

付出：出租保管箱

4. 更换印鉴和挂失的处理

当租用人因印鉴更换、钥匙丢失申请挂失时，银行编制如下会计分录：

借：库存现金

　　（或吸收存款——活期存款/活期储蓄存款）

　贷：中间业务收入——保管箱业务收入

5. 收取滞纳金的处理

租用人未能按期缴纳租金的，银行要向租用人收取滞纳金，银行编制如下会计分录：

借：库存现金

　　（或吸收存款——活期存款/活期储蓄存款）

　　贷：营业外收入

【例6-3】李云到中信银行××支行申请租用保管箱，和银行签订保管箱租约，租期1年，租金为300元，保证金为1 000元，以现金支付。

中信银行××支行编制如下会计分录：

借：库存现金　　　　　　　　　　　　　　　　　　　　　　　1 300

　　贷：中间业务收入——保管箱业务收入　　　　　　　　　　　　　300

　　　　其他应付款——保管箱押金　　　　　　　　　　　　　　　1 000

同时，登记"保管箱租箱、退箱登记簿"，填制表外科目收入凭证，登记表外科目，即：

收入：出租保管箱

【例6-4】承上例，李云租用的保管箱到期，李云决定退租，银行经办人收到李云提交的申请书、押金收据第二联及有关证件，审核无误，并与原申请书留存联核对一致后，将保证金收据以及保证金退还李云。

中信银行××支行编制如下会计分录：

借：其他应付款——保管箱押金　　　　　　　　　　　　　　　1 000

　　贷：库存现金　　　　　　　　　　　　　　　　　　　　　　1 000

同时，填制表外科目付出凭证，登记表外科目明细账，即：

付出：出租保管箱

练习题

一、复习思考题

1. 什么是中间业务？中间业务包括哪些种类？

2. 什么是商业银行的代理业务？商业银行的代理业务包括哪些内容？

3. 什么是代理发行债券业务？

4. 保管箱业务有哪些作用？未来发展前景如何？

5. 什么是理财业务？理财业务包括哪些种类？

二、业务练习题

1. 星辉公司于2018年3月1日委托建设银行××支行发放贷款300万元，银行将这笔资金贷给乙企业并按季结息，贷款期限为1年，年利率为9.4%。假设乙企业能够按期付息，到期还本。银行约定2019年3月1日支付星辉公司委托贷款本息，委托贷款收回时星辉公司支付银行手续费3万元。

要求：做出建设银行××支行的相关账务处理。

2. 王林租用工商银行星辉支行的保管箱，和银行签订保管箱租约，租期为 1 年，租金为 500 元，保证金为 1 000 元，以现金支付。到期后王林决定退租，银行经办人收到王林提交的申请书、押金收据第二联及有关证件等审核无误，并与原申请书留存联核对一致后，将保证金收据以及保证金退还李云。

要求：做出工商银行××支行的相关账务处理。

第七章

外汇业务核算

商业银行是外汇市场的主要参与者，而外汇业务也是商业银行业务范围中的重要内容之一。就会计核算而言，商业银行的外汇会计与人民币会计在核算对象、核算任务、核算方法以及所依据的会计规范体系都是基本相同的。但是，外汇业务与人民币业务相比又有其自身的特点，从而形成了外汇业务在会计核算中的特殊性。本章主要介绍外汇业务的具体种类及其基本核算方法。

第一节　外汇业务概述

一、外汇的概念和分类

（一）外汇的概念

外汇是国际汇兑（Foreign Exchange）的简称，国际货币基金组织（International Monetary Fund，IMF）对外汇下过明确的定义，即外汇是货币行政当局（中央银行、货币管理机构、外汇平衡基金组织及财政部）以银行行券、国库券、长短期政府债券等形式所持有的在国际收支出现逆差时可以使用的债权。

外汇的内涵随着国际交往的扩大和信用工具的发展而日益增多。2008年修订通过的《中华人民共和国外汇管理条例》第三条规定："本条例所称外汇，是指下列以外币表示的可以用作国际清偿的支付手段和资产：（一）外币现钞，包括纸币、铸币；（二）外币支付凭证或者支付工具，包括票据、银行存款凭证、银行卡等；（三）外币有价证券，包括债券、股票等；（四）特别提款权；（五）其他外汇资产。"

（二）外汇的分类

1. 按照形态不同，外汇可以分为现钞和现汇

现钞是指外国钞票、铸币。外币现钞主要由境外携入。现汇又称转账外汇，是国际汇兑和国际非现金结算中用以清偿国际债权债务的外汇。

2. 按照限制性不同，外汇可以分为自由外汇和记账外汇

自由外汇是指不需要货币当局批准，可以自由兑换成任何一种外国货币或用于第三国支付的外国货币及其支付手段。自由外汇中使用最多的是美元、欧元、日元、英镑、澳大利亚元、加拿大元和瑞士法郎。

记账外汇又称协定外汇，是指不经货币当局批准就不能自由兑换成其他货币或用于第三国支付的外汇。记账外汇是签有清算协定的国家之间，由于进出口贸易引起的债权债务不用现汇逐笔结算，而是通过当事国的中央银行账户相互冲销所使用的外汇。

3. 按照交割期限不同外汇可分为即期外汇和远期外汇

交割是指本币和外币所有者相互交换货币所有权的行为，也就是外汇买卖中外汇的实际收支活动。即期外汇指外汇买卖成交后两个工作日内交割完毕的外汇。远期外汇指买卖双方根据外汇买卖合同，不需立即进行交割，而是在将来某一时间进行交割的外汇。

二、汇率的概念、分类和标价方法

（一）汇率的概念

汇率是一国货币和另一国货币相互折算的比例，是以一种货币表示另一种货币的价格。

（二）汇率的分类

1. 从银行买卖外汇的角度划分，汇率可分为汇买价、汇卖价、钞买价、钞卖价、中间价五种，而银行挂牌的只有汇买价、汇卖价、钞买价三种

汇买价又称外汇买入价，即银行买入外币现汇的价格；汇卖价又称外汇卖出价，即银行卖出外币现汇的价格；钞买价是银行买入外汇现钞的价格；钞卖价是银行卖出外币现钞的价格；中间价是汇卖价与汇买价的平均价格。

对银行来说，买卖外汇时，现汇和现钞有所区别。因为外币现钞和硬币在我国不能流通，必须运到发行国或国际金融市场出售才能转成现汇，才能作为支付手段使用。因此，银行额外要负担运输、保管等费用，所以钞买价要低于汇买价。

汇卖价与钞卖价是相同的，因为银行卖出外汇或卖出外币现钞负担的费用大致是相同的，所以银行不再分别公布。

中间价是不附加银行外汇买卖收益的汇价，也是两国货币的实际汇价。商业银行向其他国家银行出售或者结购外汇一般使用这种汇价。

需要指出的是，无论汇买价还是汇卖价，均是立即交付的结算价格，也就是即期汇率。

2. 按外汇买卖的交割期限来划分，汇率可分为即期汇率和远期汇率

即期汇率是相对于远期汇率而言的，即期汇率是买卖成交当时或在两个工作日内交割使用的汇率；远期汇率是外汇买卖双方通过协商签订合约，约定在未来某一日交割时所采用的汇率。

3. 按汇率是否固定划分，汇率可分为固定汇率和浮动汇率

固定汇率是指由政府制定和公布，并只能在一定幅度内波动的汇率。

浮动汇率是指由市场供求关系决定的汇率，其涨落基本自由，一国货币市场原则上没有维持汇率水平的义务，但必要时可进行干预。

（三）汇率的标价方法

汇率的标价方法是确定两种不同货币之间的比价的方法。折算两种货币的比率，首先要确定以哪一国货币作为标准，由于确定的标准不同，便产生了几种不同的标价方法。常用的标价方法包括直接标价法和间接标价法。

1. 直接标价法

直接标价法又叫应付标价法，是以一定单位（如 1 个单位）的外国货币为标准来计算应付出多少单位本国货币，相当于计算购买一定单位外币所应付多少本币，因此应付标价法。

目前世界上绝大多数国家都采用直接标价法，如日元 123.29 表示 1 美元兑换 123.79 日元。我国国家外汇管理局公布的外汇牌价，就是直接标价法。在直接标价法下，若一定单位的外币折合的本币比原来多，说明外汇汇率上升，本币汇率下跌。

2. 间接标价法

间接标价法又叫应收标价法，是以一定单位（如 1 个单位）的本国货币为标准，来计算应收入多少单位的外国货币。在国际外汇市场上，欧元、英镑等均为间接标价法，如欧元 1.098 8 即表示 1 欧元兑换 1.098 8 美元。如果一定单位的本币折成外币的数量比原来多，则说明本币汇率上升，外币汇率下跌。

三、外汇业务的主要内容

外汇业务是指以外币计价或者结算的交易。外汇业务主要包括以下内容：外汇买卖业务、外汇存款业务（含个人外汇存款和单位外汇存款）、外汇贷款业务、进出口业务、国际贸易结算业务、非贸易外汇业务（含汇兑业务、买入汇款业务、非贸易外汇托收业务和信用卡业务）。本章主要介绍外汇买卖业务、外汇存款业务、外汇贷款业务和国际贸易结算业务的核算。

四、外汇业务的记账方法

（一）外币统账制

外币统账制又称记账本位币法。在这种方法下，应选择某一种货币作为记账本位币，而其他各种非记账本位币计价的经济业务均应在业务发生时，按一定的汇率全部折算成记账本位币金额后入账，非记账本位币金额另设外币账户进行登记，无论是外币存款，还是外币债权、债务，在账上均以记账本位币金额统一反映。因为我国企业原则上应以人民币为记账本位币，所以在外币统账制下，银行发生外币业务时，一般按人民币统一入账，统一记录，外币业务的金额均要折算成人民币金额后入账反映，同时要设立不同外币种类的外币账户，登记反映外币资产和外币债权、债务的增减变动情况。

（二）外币分账制

1. 外币分账制的概念和特点

外币分账制又称原币记账法。在这种方法下，发生的外币业务是以原币直接记账，即发生外币业务时都按照原币填制凭证、登记账簿、编制报表，而不是按汇率折算成本位币记账，以全面反映各种外币资金增减变动的情况。其特点如下。

外币分账制的特点如下：

（1）以各种原币分别设账，即本币与各种外币分账核算。所谓分账，是指各种外币都自成一套独立的账务系统，平时每一种分账货币都按照原币金额填制凭证、登记账簿、编制报表。

（2）设置"货币兑换"科目，以联系和平衡不同货币之间的账务。当涉及两种货币的交易业务时，用"货币兑换"账户进行核算，分别与原币有关账户对转。

（3）年终并表，以本币统一反映财务状况和经营成果。资产负债表日应当对相应的外币账户余额分别按货币性项目和非货币性项目进行调整。各种分账货币分别编制各自的资产负债表，各外币资产负债表按照年终外汇牌价折合成人民币，然后与原人民币资产负债表汇总合并成统一的资产负债表。

2. 会计科目设置

（1）"汇兑损益"科目。该科目核算商业银行因外币交换、汇率变动等原因实现的汇兑收益及损失。"汇兑损益"科目属于损益类科目，借方登记汇兑损失，贷方登记汇兑收益。期末，应将"汇兑损益"科目的余额转入"本年利润"科目，结转后该科目应无余额。

（2）"货币兑换"科目。该科目核算商业银行采用外币分账制核算外币交易所产生的不同币种之间的兑换。"货币兑换"科目属于共同类科目，应按币种设置明细账，进行明细分类核算。

根据《企业会计准则第19号——外币折算》的规定，企业对于发生的外币交易，应当将外币金额折算为记账本位币金额。外币交易应当在初始确认时，采用交易日发生日的即期汇率将外币金额折算成记账本位币金额，也可采用按照系统合理的方法确定的、与交易日发生日即期汇率近似的汇率折算。同时，《〈企业会计准则第19号——外币折算〉应用指南》明确指出，对于外币交易频繁、外币币种较多的金融企业，也可以采用分账制记账方法进行日常核算，资产负债表日应当对相应的外币账户余额分别按货币性项目和非货币性项目进行调整。采用分账制记账方法，其产生的汇兑差额的处理结果应当与统账制一致。因此，本章采用外币分账制对银行外汇业务核算进行阐述。

第二节　外汇买卖业务核算

根据我国现行的外汇管理制度的规定，银行对各单位经营项目下的外汇收入和外汇支出实行结汇、售汇制，即除按规定可以保留的外汇外，各单位的外汇收入应卖给外汇指定银行；按规定需要对外付汇的，应向外汇指定银行购买。这样外汇指定银行办理的外汇业务就都要进行外汇买卖。因此，外汇买卖业务是外汇业务中的一项基础性业务，是实现结汇、售汇的手段，是不同货币之间兑换的桥梁。

一、外汇买卖的账务组织

外汇买卖是指按一定汇率卖出一种货币或买入一种货币的交易行为。随着国际贸易往来的日益频繁，交易双方越来越多地使用不同货币进行结算。银行在办理外汇业务过程中，由于双方所在国家和地区不同，使用的货币币种也不相同，因此需要将一种货币兑换成另一种货币才能了结双方的债权债务关系，这就是外汇兑换，也称外汇买卖。

（一）会计科目设置

1. "货币兑换"科目

"货币兑换"科目是实行外汇分账制的一个特定科目，用于核算银行办理的各种外汇之间的买卖业务，以及同币种现汇与现钞之间的兑换业务。

"货币兑换"科目按币种进行明细核算。

（1）当买入外汇时，"货币兑换"科目外币户记入贷方，相应的"货币兑换"科目人民币户记入借方；

（2）当卖出外汇时，"货币兑换"科目外币户记入借方，相应的"货币兑换"科目人民币户记入贷方。

"货币兑换"科目是资产负债共同性质科目，外币户和人民币户的余额均扎差反映。如果外币户为贷方余额，人民币户为借方余额，则表示买入外汇大于卖出外汇，称"多头"；如果外币户为借方余额，人民币户为贷方余额，则表示卖出外汇大于买入外汇，称"空头"。外汇"多头"或"空头"，称外汇敞口，即外汇风险暴露部分。

2. "汇兑损益"科目

"汇兑损益"科目用于核算银行在经营外汇业务过程中因外币兑换、结售汇、外汇投资等原因实现的收益及损失。

"汇兑损益"科目按外币币种进行明细核算，银行发生汇兑收益时借记"货币兑换"科目，贷记"汇兑损益"科目；发生汇兑损失时，借记"汇兑损益"科目，贷记"货币兑换"科目。

"汇兑损益"科目为损益类科目，期末应将"汇兑损益"科目的余额转入"本年利润"科目，结转后"汇兑损益"科目应无余额。

（二）货币兑换凭证

银行发生外汇买卖业务时，均应填制货币兑换凭证。货币兑换凭证分为三种，即货币兑换借方传票（见表7-1）、货币兑换贷方传票（见表7-2）、货币兑换套汇传票。货币兑换借方传票和货币兑换贷方传票一般各由三联组成：一联是外币的货币兑换传票，一联是人民币的货币兑换传票，一联是货币兑换统计卡。货币兑换套汇传票一般由五联组成：两联是外汇的货币兑换传票，两联是人民币的货币兑换传票，一联是两种外汇套汇的统计卡。

表 7-1　　　　　　　　　　　　　　**货币兑换借方传票**

货币兑换借方传票（外币） 年　月　日		传票 编号
结汇单位	全称	（借）货币兑换 （对方科目：　　　　　）
	账号	
外汇金额	牌价	人民币金额
		￥
摘 要		会计 复核 记账 制票

表 7-2　　　　　　　　　　　**货币兑换贷方传票**

货币兑换贷方传票（外币） 年　月　日			传票 编号

结汇单位	全称	（贷）货币兑换 （对方科目：　　　　　）
	账号	

外汇金额	牌价	人民币金额
		￥

摘 要		会计 复核 记账 制票

（三）货币兑换账簿设置

1. "货币兑换"科目分户账

"货币兑换"科目分户账（见表 7-3）是以每一种外币分别设账（人民币不设分户账）的特定格式的账簿，把外币金额和人民币金额记在一张账页上。"货币兑换"科目分户账由买入、卖出、结余三栏组成。买入、卖出栏各设外币、牌价、人民币三项，结余栏内设外币、人民币两栏。登记方法如下：

（1）买入外汇：在买入栏逐笔登记外币金额、牌价、人民币金额。

（2）卖出外汇：在卖出栏逐笔登记外币金额、牌价、人民币金额。

（3）套汇业务：买入美元套出英镑，买入美元记入美元户买入栏，套出的英镑记入英镑户卖出栏；买入美钞套出美汇，则把买入的美钞记入美元户买入栏，套出的美汇记入美元户卖出栏。

（4）余额的登记方法：外币余额与人民币余额应分别结计。

表 7-3　　　　　　　　　　　**货币兑换分户账**

货币：　　　　　　　　　　　　　　　　　　　　　　　　账号：

年		摘要	买入			卖出			结余		
月	日		外币 （贷） 金额	牌价	人民币 （借） 金额	外币 （贷） 金额	牌价	人民币 （借） 金额	外币 （贷） 金额	牌价	人民币 （借） 金额

每天外汇买卖交易结束后，分不同的货币将"货币兑换"科目的余额按当天中间价折成人民币，与该货币人民币余额的差额即为该货币当日外汇买卖的损益。凡按规定平仓的货币兑换账户，在平仓前，需计算提取外汇买卖损益，不平仓的账户不计提损益。损益的具体计算如下：

（1）"货币兑换"科目外币余额在贷方的，若外币贷方余额×该种外币中间价的乘积大于该种外币的人民币借方余额，即为贷方差额，该差额为汇兑收益；若是借方差额，该差额为汇兑损失。

（2）"货币兑换"科目外币余额在借方的，若外币借方余额×该种外币中间价的乘积小于该种外币的人民币贷方余额，即为贷方差额，该差额为汇兑收益；若是借方差额，该差额为汇兑损失。

2. "货币兑换"科目总账

"货币兑换"科目总账一般采取三栏式总账格式，按各种外币和人民币分别设置。每日营业终了，根据外汇买卖科目传票，编制各种货币的科目日结算单，再根据科目日结算单登记总账。

二、外汇买卖的账务处理

商业银行经办的外汇买卖业务主要有结汇、售汇、付汇、套汇和银行自营或代客户进行的外汇买卖的交易。下面主要介绍结汇、售汇、套汇业务的核算。

（一）结汇业务的核算

结汇（Exchange Settlement）是指外汇收入所有者将其外汇收入出售给外汇指定银行，外汇指定银行按一定汇率付给等值本币的行为。

银行买入外汇时，应根据买入外币金额，按汇价折算人民币金额，并填制"货币兑换"科目传票。会计分录如下：

借：××科目 　　　　　　　　　　　　　　　　　　　　（外币）
　　贷：货币兑换（汇买价或钞买价）　　　　　　　　　　　　（外币）
借：货币兑换（汇买价或钞买价）　　　　　　　　　　　　　（人民币）
　　贷：××科目 　　　　　　　　　　　　　　　　　　　　（人民币）

【例7-1】某客户持美元现钞1 000元来银行兑换人民币现金，当日美元钞买价为6.34。银行编制会计分录如下：

借：库存现金 　　　　　　　　　　　　　　　　　　US$ 1 000
　　贷：货币兑换（钞买价6.34）　　　　　　　　　　　　US$ 1 000
借：货币兑换（钞买价6.34）　　　　　　　　　　　　CN￥6 340
　　贷：库存现金 　　　　　　　　　　　　　　　　　　CN￥6 340

（二）售汇业务的核算

售汇（Exchange Surrendering）是指外汇指定银行将外汇卖给外汇使用者，并根据一定的汇率收取等值本币的行为。

银行卖出外汇时，应根据卖出外币金额，按汇价折算人民币金额，并填制"货币兑换"科目传票。会计分录如下：

借：××科目 　　　　　　　　　　　　　　　　　　　　（人民币）

　　贷：货币兑换（汇卖价）　　　　　　　　　　　　　　　　　（人民币）

　　借：货币兑换（汇卖价）　　　　　　　　　　　　　　　　　（外币）

　　　　贷：××科目　　　　　　　　　　　　　　　　　　　　（外币）

【例7-2】某进出口公司要求购汇10 000美元用于支付进口货物货款，当日美元卖出价为6.95。银行编制会计分录如下：

　　借：吸收存款——活期存款（××进出口公司户）　　　　CN￥69 500

　　　　贷：货币兑换（汇卖价6.95）　　　　　　　　　　　CN￥69 500

　　借：货币兑换（汇卖价6.95）　　　　　　　　　　　　US\$ 10 000

　　　　贷：吸收存款——汇出外汇汇款　　　　　　　　　　US\$ 10 000

（三）套汇业务的核算

套汇（Arbitrage of Exchange）是指客户通过外汇指定银行以一种外汇兑换成另一种外汇的外汇买卖行为。套汇具体有两种情况：一种情况是两种外币之间的套算，即一种币种的外汇换算成另一种币种的外汇；另一种情况是钞汇套算，即对同一币种的现钞和现汇之间的换算。

1. 两种外币之间的套算

根据我国外汇管理法规的规定，对于一般套汇业务，应通过人民币进行核算，即对收入的一种外币按买入价折成人民币，然后将折合的人民币按另一种外币的卖出价折算出另一种外汇金额，并填制外汇买卖套汇传票。会计分录如下：

　　借：××科目　　　　　　　　　　　　　　　　　　　　（买入外币）

　　　　贷：货币兑换（汇买价）　　　　　　　　　　　　　（买入外币）

　　借：货币兑换（汇买价）　　　　　　　　　　　　　　　（人民币）

　　　　贷：货币兑换（汇卖价）　　　　　　　　　　　　　（人民币）

　　借：货币兑换（汇卖价）　　　　　　　　　　　　　　　（卖出外币）

　　　　贷：××科目　　　　　　　　　　　　　　　　　　（卖出外币）

【例7-3】某公司以其港币外汇存款100 000元，申请兑换成美元，汇往美国支付货款。当日美元汇卖价6.45，港币汇买价1.08。银行编制会计分录如下：

　　借：吸收存款——活期存款（××公司户）　　　　　　HK\$ 100 000

　　　　贷：货币兑换（汇买价1.08）　　　　　　　　　　HK\$ 100 000

　　借：货币兑换（汇买价1.08）　　　　　　　　　　　　CN108 000

　　　　贷：货币兑换（汇卖价6.45）　　　　　　　　　　　CN108 000

　　借：货币兑换（汇卖价）　　　　　　　　　　　　　　US\$ 16 744.19

　　　　贷：吸收存款——汇出外汇汇款　　　　　　　　　US\$ 16 744.19

2. 钞汇套算

现钞是指外币现金或以外币现金存入银行形成的款项。现汇是指在国际金融市场上可以自由买卖，在国际上得到偿付并可以自由兑换成其他国家货币的外汇，一般表现为由境外或中国港澳台地区汇入的外汇以及外币票据等国际结算凭证转存账户的外汇。

同一币种的现钞与现汇之间由于价值存在差异，彼此之间的转换也采用套汇的处理办法。

【例7-4】某客户持港币现钞80 000元，要求存入其港币外汇户，当日港币钞买价为 1.06，汇卖价为 1.08。转账时银行编制会计分录如下：

借：库存现金		HK＄80 000
贷：货币兑换（钞买价 1.06）		HK＄80 000
借：货币兑换（钞买价 1.06）		CN84 800
贷：货币兑换（汇卖价 1.08）		CN84 800
借：货币兑换（汇卖价 1.08）		HK＄78 518.52
贷：吸收存款——活期存款（××公司户）		HK＄78 518.52

第三节　外汇存款业务核算

一、外汇存款的种类

外汇存款是指单位和个人将其所持有的外汇资金存入银行，并在以后随时或于约定期限支取的一种存款。商业银行吸收的外汇存款，按照管理和核算的不同要求，可采用不同的分类标准进行分类。

（一）按存款对象不同，分为单位外汇存款和个人外汇存款

单位外汇存款是存款人以单位或经济组织的名义存入银行的外汇存款，存款对象是各国驻华机构和我国境内机关、团体、学校及企事业单位与外商投资企业等。

个人外汇存款是存款人以个人名义存入银行的外汇存款，又可分为乙种外汇存款和丙种外汇存款。乙种外汇存款的存款对象是居住在国外或我国港澳台地区的外国人、外籍华人、华侨、港澳台同胞和短期来华人员，以及居住在中国境内的外国人。其外汇的使用可以汇出中国境内外，可兑换人民币；在存款人出境时，根据存款人的要求，可支取外钞或直接汇出。丙种外汇存款的存款对象是中国境内的居民，包括归侨、侨眷和港澳台同胞的亲属。该种存款汇往境外金额较大时，须经国家外汇管理部门批准后方可汇出。

（二）按存入资金形态不同，分为现汇存款和现钞存款

单位外汇存款均为现汇户，没有现钞户；个人外汇存款有现汇户和现钞户两种。现汇户可直接支取汇出，但不可直接支取现钞；现钞户可直接支取现钞，但须经钞买汇卖处理方可支取汇出。

（三）按存款期限不同，分为活期外汇存款和定期外汇存款

单位活期外汇存款有支票户和存折户两种，起存金额为人民币 1 000 元的等值外汇；单位定期外汇存款的起存金额为人民币 10 000 元的等值外汇，存期分为 1 个月、3 个月、半年、1 年、2 年五个档次。

个人活期外汇存款为存折户，起存金额为人民币 100 元的等值外汇；单位定期外汇存款的起存金额为人民币 500 元的等值外汇，存期分为 1 个月、3 个月、半年、1 年、2 年五个档次。

二、单位外汇存款的核算

单位开立外汇存款账户时，应提供相关证明材料，并填写一式三联开户申请书，

第一联开户单位留存，第二联银行信贷部门存查，第三联银行会计部门作为开户记录卡。银行经审核无误后，办理开户手续。单位外汇存款应在"吸收存款"科目下设置"活期外汇存款""定期外汇存款"等明细科目进行核算。

（一）单位活期外汇存款的核算

1. 存入款项的核算

开立活期外汇存款存折户的，存款时应填制存款凭条；开立支票户的，存入时应填制交款单；如果存款者通过汇入或国外联行划入款项等方式办理现汇存款，则使用有关结算凭证、联行报单等办理存款手续。

（1）单位以外币现钞存入现汇户。因为单位外汇存款只有现汇户，所以应通过"货币兑换"科目进行钞买汇卖处理。银行以当日的现钞买入牌价和现汇卖出牌价折算成外汇入账，会计分录为：

借：库存现金　　　　　　　　　　　　　　　　　　　（外币）
　贷：货币兑换（钞买价）　　　　　　　　　　　　　　（外币）
借：货币兑换（钞买价）　　　　　　　　　　　　　　　（人民币）
　贷：货币兑换（汇卖价）　　　　　　　　　　　　　　（人民币）
借：货币兑换（汇卖价）　　　　　　　　　　　　　　　（外币）
　贷：吸收存款——活期外汇存款（××户）　　　　　　（外币）

（2）单位直接以国外汇入外汇或国内汇款存入现汇户。单位直接以国外汇入外汇或国内汇款存入现汇户，应根据结算专用凭证办理存入核算。

①以汇入原币种存入时，会计分录为：

借：港澳台及国外联行往来（或全国联行外汇往来等）　（外币）
　贷：吸收存款——活期外汇存款（××户）　　　　　　（外币）

②汇入币种与存入币种不同时，通过套汇处理，会计分录为：

借：港澳台及国外联行往来（或全国联行外汇往来等）　（甲外币）
　贷：货币兑换（汇买价）　　　　　　　　　　　　　　（甲外币）
借：货币兑换（汇买价）　　　　　　　　　　　　　　　（人民币）
　贷：货币兑换（汇卖价）　　　　　　　　　　　　　　（人民币）
借：货币兑换（汇卖价）　　　　　　　　　　　　　　　（乙外币）
　贷：吸收存款——活期外汇存款（××户）　　　　　　（乙外币）

2. 支取款项的核算

支取存款时，存折户填写取款凭条；支票户填写支票，加盖预留印鉴；如果通过汇出或国内外联行划出款项等方式办理现汇取款，则使用有关结算凭证、联行报单等办理取款手续。

（1）支取外币现钞，通过套汇处理，会计分录为：

借：吸收存款——活期外汇存款（××户）　　　　　　　（外币）
　贷：货币兑换（汇买价）　　　　　　　　　　　　　　（外币）
借：货币兑换（汇买价）　　　　　　　　　　　　　　　（人民币）
　贷：货币兑换（钞卖价）　　　　　　　　　　　　　　（人民币）
借：货币兑换（钞卖价）　　　　　　　　　　　　　　　（外币）

　　贷：库存现金　　　　　　　　　　　　　　　　　　　　　（外币）

　　支取外币现钞与存入外汇币种不同时，同样通过套汇处理，会计分录略。

　　（2）支取原币汇往境外或国内异地，收到单位提交的汇款申请书，经审核无误后办理转账。会计分录为：

　　借：吸收存款——活期外汇存款（××户）　　　　　　　　　（外币）

　　　贷：××科目　　　　　　　　　　　　　　　　　　　　　（外币）

　　此时，银行另收汇费，原则上收取人民币，也可以是等值外币。

　　支取外汇与存入外汇不同时，通过套汇处理，会计分录略。

　　（3）支取存款兑取人民币现金，会计分录为：

　　借：吸收存款——活期外汇存款（××户）　　　　　　　　　（外币）

　　　贷：货币兑换（汇买价）　　　　　　　　　　　　　　　　（外币）

　　借：货币兑换（汇买价）　　　　　　　　　　　　　　　　（人民币）

　　　贷：库存现金　　　　　　　　　　　　　　　　　　　　（人民币）

　　3. 利息的计算与核算

　　资产负债表日商业银行对吸收的单位活期外汇存款应按规定计提利息。计提时，按计算确定的利息费用和应付未付利息，借记"利息支出"科目，贷记"应付利息"科目。

　　单位活期外汇存款可以按年结息，结息日为 12 月 20 日；也可以按季结息，结息日为每季度末月的 20 日。银行采用积数法计算利息，并于结息次日主动将利息计入原活期存款账户转作存款本金。转账时填制利息清单一式三联，即第一联为客户回单，第二、三联分别作为借、贷方记账凭证。会计分录为：

　　借：应付利息——××户　　　　　　　　　　　　　　　　（外币）

　　　贷：吸收存款——活期外汇存款（××户）　　　　　　　　（外币）

　　（二）单位定期外汇存款的核算

　　1. 开户存入的核算

　　（1）活期存款转定期存款的核算。单位办理活期存款转定期存款时，须填制外汇支付凭证一式两联交经办行。经办行审核无误后，一联记账，一联作为客户回单。同时，经办行还应填制外汇定期存单一式三联：第一联为定期存款存单，盖章后交给单位；第二联为卡片账，专夹保管；第三联为贷方凭证，以单位支付凭证代替借方凭证。会计分录为：

　　借：吸收存款——活期外汇存款（××户）　　　　　　　　　（外币）

　　　贷：吸收存款——定期外汇存款（××户）　　　　　　　　（外币）

　　（2）直接定期存款的核算。经办行收到境外汇入汇款或国内转汇款项，应单位要求办理定期存款时，须填制外汇定期存单一式三联：第一联为定期存款存单，盖章后交给单位；第二联为卡片账，专夹保管；第三联为贷方凭证。另外，须填制一联转账借方凭证。会计分录为：

　　借：港澳台及国外联行往来（或全国联行外汇往来等）　　　（外币）

　　　贷：吸收存款——定期外汇存款（××户）　　　　　　　　（外币）

　　2. 转出或续存的核算

　　定期存款到期后，银行不能直接从定期户中支付现金，而应要求存款单位来行办理转出手续，转入活期户后方能支付现金。

（1）到期转出的核算。单位交来到期的定期存单，申请办理转出，银行抽出专夹保管的卡片账，经核对无误后，填制利息计算清单和特种转账借贷方凭证（一借二贷），将到期利息和定期存款转入活期户中。然后将一联特种转账贷方凭证加盖公章后交给客户作为进账单，其余两联特种转账凭证与利息计算清单一同用作记账凭证，原定期存单加盖"结清"戳记后作为单位活期外汇存款贷方凭证的附件，原卡片账作为定期存款借方凭证的附件。会计分录为：

借：吸收存款——定期外汇存款（××户）　　　　　　　　　　（外币）
　　应付利息——××户　　　　　　　　　　　　　　　　　　（外币）
　　贷：吸收存款——活期外汇存款（××户）　　　　　　　　　（外币）

（2）到期续存的核算。单位交来到期的定期存单，申请办理续存，银行抽出专夹保管的卡片账，经核对无误后，填制利息计算清单，按本息合计重新填制定期存单，并填制一联转账借方凭证，将原存单和卡片账加盖"结清"戳记后作为附件。会计分录为：

借：吸收存款——定期外汇存款（××户）　　　　　　　　　　（外币）
　　贷：吸收存款——定期外汇存款（××户）　　　　　　　　　（外币）
借：应付利息——××户　　　　　　　　　　　　　　　　　　（外币）
　　贷：吸收存款——活期外汇存款（××户）　　　　　　　　　（外币）

3. 利息的计算与核算

资产负债表日商业银行对吸收的单位活期外汇存款应按规定计提利息。计提时，按计算确定的利息费用和应付未付利息，借记"利息支出"科目，贷记"应付利息"科目。

单位定期外汇存款利息按对年对月计息，不足一年或一月者应折算成日息计算。对年对月计息方法，以从存款的存入日至第二年该日为一足年，自存款的存入日至下月的该日为一足月。不论月份大小，均按此计算。存款到期，利随本清，一次计付利息。

4. 提前支取或逾期支取的核算

单位定期外汇存款未到期需要部分提前支取时，其提前支取部分按活期计息，未支取部分仍按原利率执行，其定期存单作为支付凭证，未支取部分填制新存单。全部提前支取时按活期存款利率计息。

逾期支取时，对存期内部分按存入日利率计息，逾期部分改按支取日活期利率计息，会计分录与到期支取相同。

三、个人外汇存款的核算

存款人填写"外币存款开户申请书"，连同外汇或现钞一同交存银行。银行认真审核申请书并审核外币票据或清点外币现钞，同时按规定审查开户人的有关证件，如护照、身份证等，经核对无误后，即为其办理开户手续。

（一）个人活期外汇存款的核算

1. 存入款项的核算

①以外币现钞存入时，会计分录为：

借：库存现金 （外币）

  贷：吸收存款——活期储蓄外汇存款（××户） （外币）

②存款人以汇入汇款、收妥的票据或国内联行划来的款项存入时，会计分录为：

借：××科目 （外币）

  贷：吸收存款——活期储蓄外汇存款（××户） （外币）

外国人、外籍华人、侨胞、中国港澳台同胞以现钞存入现汇户时，应按存入日外汇牌价作钞买汇卖进行套汇处理。

2. 支取款项的核算

客户之取存款应填写取款凭条，将存折、凭条交银行办理取款手续。

（1）支取外币现钞的核算。存款人从外币现钞户支取同币种现钞的，直接根据取款凭条办理取款。会计分录为：

借：吸收存款——活期储蓄外汇存款（××户） （外币）

  贷：库存现金 （外币）

同时，银行登记分户账和存折，经复核无误后，付现并退回存折。

（2）支取款项汇往中国港澳台地区或国外的核算。存款人从其现汇户支取款项汇往中国港澳台地区或国外的，需填制汇款凭证，银行依据汇款凭证和取款凭条，办理汇款手续。会计分录为：

借：吸收存款——活期储蓄外汇存款（××户） （外币）

  贷：××科目 （外币）

同时，银行按规定费率，计收汇费及邮费。会计分录为：

借：库存现金（吸收存款） （人民币）

  贷：手续费及佣金收入——汇款手续费户 （人民币）

   其他应付款——代收邮电费户 （人民币）

若外国人、外籍华人、侨胞、中国港澳台同胞从现钞户支取同币种资金汇往中国港澳台地区或国外，则按当日牌价套汇处理；国内居民办理此业务，按中间价计收人民币手续费，不需套汇。

（3）兑取人民币现金的核算。存款人要求从现汇户或现钞户取款并兑换成人民币现金时，应按当日牌价折算。会计分录为：

借：吸收存款——活期储蓄外汇存款（××户） （外币）

  贷：货币兑换 （外币）

借：货币兑换 （人民币）

  贷：库存现金 （人民币）

3. 利息的计算与核算

资产负债表日商业银行对吸收的外币活期储蓄存款应按规定计提利息。计提时，按计算确定的利息费用和应付未付利息，借记"利息支出"科目，贷记"应付利息"科目。

外币活期储蓄存款按年结息，结息日为每年12月20日，全年按实际天数计算，以结息日挂牌的活期储蓄存款利率计算结息。结息日的会计分录为：

借：应付利息——××户 （外币）

　　贷：吸收存款——活期储蓄外汇存款（××户）　　　　　　　　（外币）

　　存款人要求销户时，应随时结清利息，会计分录为：

　　借：吸收存款——活期储蓄外汇存款（××户）　　　　　（外币）

　　　　应付利息——××户　　　　　　　　　　　　　　　（外币）

　　　　贷：库存现金　　　　　　　　　　　　　　　　　　　（外币）

　　（二）个人定期外汇存款的核算

　　1. 开户存入的核算

　　存款人申请开立定期外汇存款账户，其要求和手续与开立活期外汇存款账户相同。经银行审核后，开立定期存款存折或外汇定期存款存单一式三联。经银行复核后，将存折或第二联存单交存款人；第三联存单代替分户账，凭以登记"开销户登记簿"，采用专夹保管；第一联代转账贷方传票凭以记账。会计分录为：

　　借：库存现金（或其他有关科目）　　　　　　　　　　　（外币）

　　　　贷：吸收存款——定期储蓄外汇存款（××户）　　　　（外币）

　　2. 支取存款的核算

　　存款人支取到期定期外汇存款时，存单式存款凭经本人签名的到期存单办理，存折式存款凭存折和取款凭条办理。银行经审核无误后，要求存款人输入密码，相符后办理付款手续，并在定期存单上盖"结清"字样。会计分录为：

　　借：吸收存款——定期储蓄外汇存款（××户）　　　　　（外币）

　　　　应付利息——××户　　　　　　　　　　　　　　　（外币）

　　　　贷：库存现金（或其他有关科目）　　　　　　　　　　（外币）

　　定期外汇存款无特殊情况不能提前支取，因特殊情况需要提前支取的，须提供身份证明。银行审核同意后，可办理全部或部分提前支取手续。对部分提前支取后的留存部分，按原存款的存入日和利率，立新户处理。

　　3. 利息的核算

　　个人定期外汇存款要计利息，银行会计人员要按照总行规定，结合存款种类、币种、期限及其他因素，正确选用利率和计算存期，其具体核算办法与单位定期外汇存款相同，这里不再赘述。

第四节　外汇贷款业务核算

　　外汇贷款是外汇银行办理的以外币为计量单位的贷款。外汇银行将筹集的外汇资金，贷放给需要外汇资金的企业，对于利用外资和引进先进技术设备，促进我国对外贸易和国际交往的发展，都具有十分重要的意义。

　　外汇贷款与人民币贷款相比，具有以下特点：

　　第一，借外汇还外汇；

　　第二，实行浮动利率；

　　第三，收取承担费；

　　第四，借款单位必须有外汇收入或其他外汇来源；

第五，政策性强、涉及面广、工作要求高。

一、外汇贷款的种类

(一) 按贷款期限划分

按贷款期限划分，外汇贷款可分为短期外汇贷款和中长期外汇贷款。短期外汇贷款是指期限在一年以内（含一年）的外汇贷款，主要包括打包贷款、进出口押汇和票据融资。中长期外汇贷款是指期限在一年以上（不含一年）的外汇贷款。

(二) 按贷款性质和用途划分

按贷款性质和用途划分，外汇贷款可分为固定资产贷款和流动资金贷款。固定资产贷款是对企业引进国外技术、设备或科技开发的外汇贷款。流动资金贷款是对生产储备、营运、结算融资的贷款和临时贷款。

(三) 按贷款发放条件划分

按贷款发放条件划分，外汇贷款可分为信用贷款、担保贷款和抵押贷款。

(四) 按贷款资金来源划分

按贷款资金来源划分，外汇贷款可分为现汇贷款、"三贷"贷款和银团贷款。现汇贷款可按利率不同分为浮动利率贷款、固定利率贷款、优惠利率贷款、贴息贷款、特优利率贷款、特种外汇贷款、短期周转外汇贷款等。"三贷"贷款包括买方信贷、政府贷款和混合贷款。银团贷款是国际金融机构贷款的一种形式，也称辛迪加贷款。

本节将重点介绍短期外汇贷款和进口买方信贷业务的核算。

二、短期外汇贷款业务的核算

短期外汇贷款是指商业银行发放的期限在一年以内，实行浮动利率计息的现汇贷款。短期外汇贷款的利率按伦敦银行同业拆放利率（LIBOR）加上银行管理费用实行浮动制。短期外汇贷款是外汇银行为了充分利用国外资金，进口国内短缺的原材料和先进设备，发展出口商品生产，增加外汇收入，将外汇资金贷给有外汇偿还能力并具备贷款条件的企业单位而发放的一种贷款。

短期外汇贷款的核算内容主要包括贷款发放、计收利息和收回贷款三个方面的核算。

(一) 贷款发放的核算

发放贷款时，借款单位填写"短期外汇贷款借款凭证"一式五联，第一联为借款申请书，第二联为借款凭证，第三联为借款凭证副本，第四联为支款通知，第五联为备查卡。经银行信贷部门同意批准后，第一、五联借款凭证由信贷部门保管，第二、三、四联借款凭证转交银行会计部门。银行会计部门审查凭证无误后，对外付款，会计分录为：

借：贷款——短期外汇贷款——××户（本金）　　　　　　　　　　（外币）

　　贷：吸收存款——活期外汇存款（××户）　　　　　　　　　　（外币）

如果以非贷款货币对外付汇，则需要经过套汇处理，会计分录为：

借：贷款——短期外汇贷款——××户（本金）　　　　　　　　　　（外币）

　　贷：货币兑换（汇买价）　　　　　　　　　　　　　　　　　　（外币）

借：货币兑换（汇买价）　　　　　　　　　　　　　　　　　　（人民币）

　　贷：货币兑换（汇卖价）　　　　　　　　　　　　　　　　　（人民币）

借：货币兑换（汇卖价）　　　　　　　　　　　　　　　　　　（外币）

　　贷：吸收存款——活期外汇存款（××户）　　　　　　　　（外币）

货款的合同本金与实际支付的金额如存在差额的，还应按其差额，借记或贷记"贷款——短期外汇贷款——××户（利息调整）"科目。

（二）计收利息的核算

短期外汇贷款因利率的不同，分为优惠利率贷款和浮动利率贷款两种。优惠利率贷款是按低于伦敦金融市场同业拆放利率所发放的贷款，按优惠利率计息。浮动利率贷款则是参照伦敦金融市场同业拆放利率，由银行根据筹资成本加上一定的银行管理费制定利率，浮动计息。浮动档次有1个月浮动、3个月浮动、6个月浮动及1年浮动四种。企业按贷款合同规定的浮动利率档次向银行贷款，在该档次内无论利率有无变动，都按贷款日确定的该档次利率计算利息，该档次期满后再按新利率计算。资产负债表日，商业银行对发放的短期外汇贷款应按规定计提利息。计提时，按贷款的合同本金和合同利率计算确定的应收未收利息，借记"应收利息"科目；按贷款的摊余成本和实际利率计算确定的利息收入，贷记"利息收入"科目；按其差额，借记或贷记"贷款——短期外汇贷款——××户（利息调整）"科目。

短期外汇贷款，每季度结息一次。结息日填制短期外汇贷款结息凭证一式两联，一联作为借方传票，一联作为结息通知单交借款单位。借款人以外汇存款偿还利息时，会计分录为：

借：吸收存款——活期外汇存款（××户）　　　　　　　　　（外币）

　　贷：应收利息——××户　　　　　　　　　　　　　　　　　（外币）

借款人按合同规定将利息转入贷款本金时，会计分录为：

借：贷款——短期外汇贷款——××户（本金）　　　　　　　（外币）

　　贷：应收利息——××户　　　　　　　　　　　　　　　　　（外币）

（三）收回贷款的核算

外汇借款借什么货币，还什么货币，以原币计息。外汇贷款到期时，应由借款人填写一式四联还款凭证，第一联为借方传票，第二联为贷方传票，第三联为利息收入传票，第四联为还款通知交借款人。

借款人如以原贷款货币偿还外汇贷款时，贷款银行应计算出上次结息日至还款日的贷款利息，将贷款本息一并收回。会计分录为：

借：吸收存款——活期外汇存款（××户）　　　　　　　　　（外币）

　　贷：贷款——短期外汇贷款——××户（本金）　　　　　　（外币）

　　　　应收利息——××户　　　　　　　　　　　　　　　　　（外币）

　　　　利息收入——发放贷款及垫款户　　　　　　　　　　　（外币）

存在利息调整余额的，还应同时予以结转。

借款人如以人民币购买外汇偿还，须将外贸公司签发的"还汇凭证"和填制的"短期外汇贷款凭证"一并提交银行。还汇凭证是外贸公司为借款人偿还外汇额度的证明文件。会计分录为：

借：吸收存款——活期外汇存款（××户） （人民币）

　贷：货币兑换（汇卖价） （人民币）

借：货币兑换（汇卖价） （外币）

　贷：贷款——短期外汇贷款——××户（本金） （外币）

　　应收利息——××户 （外币）

　　利息收入——发放贷款及垫款户 （外币）

存在利息调整余额的，还应同时予以结转。

借款人如以其他外币偿还贷款，应先套算成贷款货币，再偿还贷款本息。

【例7-5】甲单位于4月9日向中国银行借入半年期贷款20万美元用于支付购货款（通过账户行支付），浮动期为3个月，假设借款日3个月浮动利率为5%，7月9日3个月浮动利率为5.5%，10月9日该笔贷款到期，通过甲单位美元存款账户偿还全部本息。中国银行应编制会计分录如下：

（1）4月9日发放贷款时。

借：贷款——短期外汇贷款——××户（本金） US$ 200 000

　贷：吸收存款——活期外汇存款（××户） US$ 200 000

（2）6月20日结息，4月9日—6月20日使用利率5%。

利息=200 000×73×5%÷360=2 027.78（美元）

6月21日利息转入本金。

借：贷款——短期外汇贷款——甲单位 US$ 2 027.78

　贷：利息收入——贷款利息收入 US$ 2 027.78

（3）9月20日结息，应分段计息。

6月21日—7月8日使用利率5%。

利息=（200 000+2 027.78）×18×5%÷360=505.07（美元）

7月9日—9月20日适用利率5.5%。

利息=（200 000+2 027.78）×74×5.5%÷360=2 284.04（美元）

9月20日结息合计=505.07+2 284.04=2 789.11（美元）

9月21日利息转入本金。

借：贷款——短期外汇贷款——甲单位 US$ 2 789.11

　贷：利息收入——贷款利息收入 US$ 2 789.11

（4）10月9日到期时。

9月21日—10月9日适用利率5.5%。

利息=（200 000+2 027.78+2 789.11）×18×5.5%÷360=563.25（美元）

借：吸收存款——活期外汇存款——甲单位 US$ 205 380.14

　贷：贷款——短期外汇贷款——甲单位 US$ 204 816.89

　　利息收入——贷款利息收入 US$ 563.25

三、进口买方信贷业务的核算

买方信贷是由出口国银行直接向进口商或进口国银行提供的信贷，以便买方利用这项贷款向提供贷款的国家购买技术、设备、货物以及支付有关费用。买方信贷是我国利用外资的重要形式。买方信贷的贷款期限一般为 5~7 年，最长可达 10 年。贷款利率一般低于现汇贷款利率。

买方信贷分为出口买方信贷和进口买方信贷。就出口国而言，买方信贷是出口国银行直接向外国的进口厂商或进口方银行提供的贷款。其附带条件就是贷款必须用于购买债权国的商品，因而起到了促进商品出口的作用，这就是所谓的约束性贷款。就进口国而言，买方信贷是进口国外汇银行作为进口方银行向国内进口企业发放由国外银行提供的转贷款，从而支持进口贸易发展的一种业务。我国商业银行主要办理进口买方信贷，即我国银行作为进口国从出口国银行取得资金，并按需要转贷给进口单位使用。

为了控制我国对外借款的总规模和债务风险，买方信贷外汇贷款由经办该项业务的商业银行总行统一对外签订贷款协议，由经办行采用"下贷上转"方式向进口企业发放贷款。因此，买方信贷业务在资金来源上商业银行总行是债务人，境外银行是债权人；在资金运用上商业银行总行是债权人，国内借款人是债务人；在债务处理上采用商业银行总行集中记账核算形式。

买方信贷项下向国外银行借入款项，由贷款总行集中开户，使用"借入买方信贷款"科目进行核算，并按借款单位分设账户。买方信贷项下向国外借入款项的利息，由商业银行总行负责偿还。商业银行总行在对各地企业发放买方信贷时，由分行开户，分行在"贷款"总分类科目下设置"买方信贷外汇贷款"明细科目进行核算，各分行发放的买方信贷外汇贷款的本息，由分行负责按期收回。总行、分行之间款项发放和归还，经全国联行往来处理。

买方信贷外汇贷款的会计处理主要有对外签订信贷协议、支付定金、使用买方信贷、偿还贷款本息。

（一）对外签订协议

我方进口商使用买方信贷，在向国外借款时，先由商业银行总行统一对外签订总协议。总协议下，每个项目的具体信贷协议可由商业银行总行对外签订，亦可由商业银行总行授权分行对外签订。不论商业银行总行或分行对外签订协议，均由商业银行总行建立"买方信贷用款限额登记簿"，用表外科目"买方信贷用款限额"进行控制，填制表外科目传票，登记表外科目，即：

收入：买方信贷用款限额　　　　　　　　　　　　　　　　（外币）

（二）支付定金

买方信贷贷款一般占贸易合同总额的 85%，其余 15% 要以现汇支付定金。会计处理如下：

（1）借款单位用现汇支付定金时。

借：吸收存款——活期外汇存款——××户　　　　　　　　（外币）
　　贷：存放同业（或其他科目）　　　　　　　　　　　　（外币）

（2）借款单位向银行申请现汇外汇贷款支付定金时。

借：贷款——短期外汇贷款——××户　　　　　　　　　　（外币）
　　贷：存放同业（或其他科目）　　　　　　　　　　　　（外币）

（3）借款单位以人民币购汇支付定金时。

借：吸收存款——活期外汇存款——××户　　　　　　　　（人民币）
　　贷：货币兑换（汇卖价）　　　　　　　　　　　　　（人民币）
借：货币兑换（汇卖价）　　　　　　　　　　　　　　　（外币）
　　贷：存放同业（或其他科目）　　　　　　　　　　　（外币）
（4）借款人用与贷款货币不同的货币支付定金时。
借：吸收存款——活期外汇存款——××户　　　　　　　（外币）
　　贷：货币兑换（汇买价）　　　　　　　　　　　　　（外币）
借：货币兑换（汇买价）　　　　　　　　　　　　　　　（人民币）
　　贷：货币兑换（汇卖价）　　　　　　　　　　　　　（人民币）
借：货币兑换（汇卖价）　　　　　　　　　　　　　　　（外币）
　　贷：存放同业（或其他科目）　　　　　　　　　　　（外币）

（三）使用买方信贷

买方信贷下的进口支付方式一般采用信用证结算，贷款的借入与进口对外支付同时进行。

1. 进口单位与供款总行在同城

进口单位与供款总行在同城，由总行对外开证并直接办理贷款。会计分录为：
借：贷款——买方信贷外汇贷款——××户　　　　　　　（外币）
　　贷：拆入资金——借入买方信贷——××国外银行　　（外币）
同时，按支款金额销记"买方信贷用款限额登记簿"，登记表外科目。
付出：买方信贷用款限额　　　　　　　　　　　　　　　（外币）

2. 进口单位与供款总行在异地

进口单位与供款总行在异地，由分行对外开证并直接办理贷款，并通过行内系统发送报文给总行。会计处理如下：
（1）分行作为开证行，在对外支付时。
借：贷款——买方信贷外汇贷款——××户　　　　　　　（外币）
　　贷：上存系统内款项——上存总行准备金　　　　　　（外币）
（2）总行收到异地分行上划报文时。
借：系统内款项存放——××分行备付金　　　　　　　　（外币）
　　贷：拆入资金——借入买方信贷——××国外银行　　（外币）
同时，按支款金额销记"买方信贷用款限额登记簿"，登记表外科目。
付出：买方信贷用款限额　　　　　　　　　　　　　　　（外币）

（四）偿还贷款本息

买方信贷下借入国外贷款本息的偿还，由总行统一办理。总行应按照协议规定计算利息。对于国外贷款行寄来的计息清单应认真核对，并按规定及时偿付本息。会计处理如下：

1. 借款人在总行开户
（1）总行支付国外贷款本息时。
借：拆入资金——借入买方信贷——××国外银行　　　　（外币）
　　利息支出——借入买方信贷利息支出　　　　　　　　（外币）

  贷：存放同业（或其他科目）   （外币）

（2）总行按规定向国内借款单位按期收回本息时。

  借：吸收存款——活期外汇存款——××户   （外币）

   贷：贷款——买方信贷外汇贷款——××户   （外币）

    利息收入——贷款利息收入   （外币）

如果借款人以人民币购汇偿还的，则通过货币兑换办理。

2. 借款人在分行开户

（1）总行支付国外贷款利息，并通过行内系统发送报文给有关分行。

  借：利息支出——借入买方信贷利息支出   （外币）

   贷：存放同业（或其他科目）   （外币）

  借：系统内款项存放——××分行备付金   （外币）

   贷：利息收入——辖内资金往来利息收入   （外币）

分行收到总行报单后，办理转账，并向借款人收取利息。

  借：利息支出——辖内资金往来利息支出   （外币）

   贷：上存系统内款项——上存总行准备金   （外币）

  借：吸收存款——活期外汇存款——××户   （外币）

   贷：利息收入——贷款利息收入   （外币）

（2）总行支付国外贷款本金，并通过行内系统发送报文给有关分行。

  借：拆入资金——借入买方信贷——××国外银行 （外币）

   贷：存放同业（或其他科目）   （外币）

  借：系统内款项存放——××分行备付金   （外币）

   贷：待清算辖内往来——××分行   （外币）

分行收到总行报单后，办理转账，并向借款人收取本金。

  借：待清算辖内往来——总行   （外币）

   贷：上存系统内款项——上存总行准备金   （外币）

  借：吸收存款——活期外汇存款——××户   （外币）

   贷：贷款——买方信贷外汇贷款——××户   （外币）

【例7-6】7月5日，某皮革制品公司使用买方信贷从国外购买材料100 000美元，向其开户行（总行）申请贷款，支付定金15 000美元。10月15日，贷款到期，总行向美国花旗银行支付本金和利息86 500美元，向皮革制品公司收取本金和利息87 260美元。会计处理如下：

（1）皮革制品公司使用买方信贷，总行统一对外签订总协议时，登记表外科目。

  收入：买方信贷用款限额   US$ 85 000

（2）皮革制品公司用现汇支付定金时。

  借：吸收存款——活期外汇存款——皮革制品公司 US$ 15 000

   贷：存放同业   US$ 15 000

（3）总行对外开证并直接办理贷款时。

  借：贷款——买方信贷外汇贷款——皮革制品公司 US$ 85 000

   贷：拆入资金——借入买方信贷——美国花旗银行 US$ 85 000

同时，按支款金额销记"买方信贷用款限额登记簿"，登记表外科目：

付出：买方信贷用款限额   US$ 85 000

（4）10 月 15 日贷款到期时。

①总行支付国外贷款本息时。

借：拆入资金——借入买方信贷——美国花旗银行   US$ 85 000

       利息支出——借入买方信贷利息支出   US$ 1 500

    贷：存放同业   US$ 86 500

②总行按规定向皮革制品公司收回本息时。

借：吸收存款——活期外汇存款——皮革制品公司   US$ 87 260

    贷：贷款——买方信贷外汇贷款——皮革制品公司   US$ 85 000

       利息收入——贷款利息收入   US$ 2 260

第五节 国际贸易结算业务核算

国际贸易结算是指在国际贸易中，由国际商品交易而引起的外汇收付或债权、债务的清算行为。国际贸易结算是以物品交易、货钱两清为基础的有形贸易结算。国际贸易结算以现汇结算为主，主要有信用证、托收和汇兑三种结算方式。

一、信用证结算方式概述

（一）信用证的概念及性质

信用证（Letter of Credit，L/C）是开证银行根据申请人（进口商）的要求向出口商（收益人）开立的一定金额，在一定期限内凭议付行寄来规定的单据付款或承兑汇票的书面承诺，是银行有条件保证付款的凭证。

从性质上讲，首先，信用证结算是一种银行信用，开证银行以自己的信用作为付款保证。开证银行保证受益人在信用证规定的期限内提交符合信用证条款的单据时履行付款义务。这与汇款、托收结算方式的商业信用性质不同，因而比汇款、托收结算收款更有保障。其次，信用证是一种独立的文件。信用证虽然以买卖合同为依据开立，但是信用证一经开出，就成为独立于买卖合同之外的一种契约，不受买卖合同的约束，开证银行以及其他参与信用证业务的银行只按信用证的规定办理。此外，信用证业务是一种单据买卖，银行凭表面合格的单据付款，而不以货物为准。

（二）信用证的环节

信用证是国际贸易中最为广泛使用的结算方式，包括进口商申请开证、进口方银行开证、出口方银行通知信用证、出口商受证出运、出口方银行议付及索汇、进口商赎单提货六个环节。

进口商根据贸易合同的规定，向银行申请开立信用证，应填具开证申请书，并缴纳相应保证金。银行审核同意后开出信用证，收取保证金，并通过其国外代理的出口地银行通知或转递信用证给出口商。出口方银行收到信用证后，进行认真核对与审查，若接受来证，应根据信用证的要求，将信用证通知或转递给出口商。出口商收到信用证，与合同内容进行核对，无误后，在信用证规定的装运期限内按照规定的装运方式，将货物装上运输工具，并缮制和取得信用证规定的装运单据，连同签发的汇票和信用证正本、修改通知书，送交规定的议付行。出口方银行，即议付行根据单证一致、单单一致的原则，对信用证项目单进行审核，然后分情况对外贸公司进行出口押汇或收妥结汇。议付行付款后，开证行应立即通知进口商备赎款单，进口商将开证行所垫票款及发送的费用一并付清，并赎回单据后即可凭装运单据提货。

二、信用证结算方式的核算

信用证结算业务涉及进口方业务和出口方业务两个方面，下面分别加以阐述。

（一）信用证项下进口业务的核算

信用证项下进口贸易的核算是指我方外汇银行应申请人要求，向境外受益人开出信用证，保证在规定的时间内收到信用证规定单据的前提下，对外支付信用证指定币种和金额的款项的业务。

1. 开立信用证

买卖双方签订合同以后，进口方首先应向银行申请开立信用证，填写开证申请书，银行根据申请书的内容开出正式信用证。开证申请书是申请人与开证行之间的书面契约，也是申请人对开证行的委托。开证申请书主要是根据合同中的有关条款填写，申请人最好将合同副本一同提交银行供参考和核对。

开证行收到进口商递交的开证申请书后，应进行审核，收取开证保证金，完整、准确、及时地开出信用证。会计分录为：

借：吸收存款——活期外汇存款（开证人户）　　　　　　　（外币）
　　贷：存入保证金——开证人户　　　　　　　　　　　　　（外币）
借：应收开出信用证款项　　　　　　　　　　　　　　　　（外币）
　　贷：应付开出信用证款项　　　　　　　　　　　　　　（外币）
同时，登记表外科目。
收入：开往国外保证凭信　　　　　　　　　　　　　　　（外币）

2. 信用证的修改、注销与撤销

开证行应开证申请人请求开出信用证后，开证申请人认为或者应受益人的要求，需要对原信用证的内容或条款进行修改时，可向开证行提出申请。修改申请书的内容包括修改需修改的信用证号码以及修改内容。银行接到信用证修改申请书后，应根据申请书所列证号，调出存档的原信用证副本对照审核。银行审核修改申请书后，可缮制打印修改通知书，一般用电信方式通知国外转递行，经修改加列密押后发出，然后将修改通知书副本按修改日期依次附于信用证留底备查，同时将另一副本送交申请人。

信用证修改涉及信用证金额，应通过"开往国外保证凭信"表外科目核算，并根据要求增加或减少保证金。如因减少信用证保证金需要退还保证金，应在信用证修改书发出若干天（通常为 30 天），国外尚无拒收表示时，方可退还保证金。

3. 审单与付汇

开证行收到国外议付行寄来的信用证项下单据，与信用证条款进行核对，并通知进口商。经审核确认付款后，由银行根据信用证规定，办理付款或承兑，并对进口商办理进口结汇。

信用证付款方式根据付款期限的不同，分为即期信用证付款方式和远期信用证付款方式两种。

（1）即期信用证付款方式。即期信用证付款方式又分为单到国内审单付款、国外审单主动借记、国外审单后电报向我方账户行索汇、授权国外议付行向我方账户行索汇四种。即期信用证付款的特点是单证相符，见单即付。即期信用证付款方式大多采用单到国内审单付款。单到国内，进口商确认付款后，银行即办理对外付款手续，填制特种转账传票，并应先从保证金账户支付，不足部分再从结算账户支付。企业采用现汇开证，开证行会计处理如下：

借：吸收存款——活期外汇存款（开证人户） （外币）
　　存入保证金——开证人户 （外币）
　　贷：存放同业（或其他科目） （外币）
借：应付开出信用证款项 （外币）
　　贷：应收开出信用证款项 （外币）
同时，销记表外科目。
付出：开往国外保证凭信 （外币）

（2）远期信用证付款方式。远期信用证付款方式又分为由国外付款行承兑和国内开证行承兑两种。远期信用证付款的特点是单证相符，到期付款。远期信用证付款方式的核算程序分为承兑汇票和到期付款两个阶段。在国内开证行承兑方式下，开证行收到远期信用证项下议付行寄来单据后，送进口商确认，待进口商确认到期付款后即办理远期汇票承兑手续，并将承兑汇票寄国外议付行，由议付行到期凭以索汇。会计处理如下：

借：应收承兑汇票款
　　贷：承兑汇票
借：应付开出信用证款项 （外币）
　　贷：应收开出信用证款项 （外币）
到期付款时。
借：吸收存款——活期外汇存款（开证人户） （外币）
　　存入保证金——开证人户 （外币）
　　贷：存放同业（或其他科目） （外币）
借：承兑汇票
　　贷：应收承兑汇票款

【例7-7】9月12日，光明公司申请开立信用证，金额为100 000英镑，并从其活期外汇存款账户中支取20 000英镑，缴纳保证金。9月26号，开证行收到议付行寄来100 000英镑汇票及单证，审查合格交光明公司确认后，当日从光明公司活期外汇存款账户中支付。开证行会计处理如下：

（1）9月12日，光明公司缴纳保证金时。
借：吸收存款——活期外汇存款（开证人户） GBP 20 000
　　贷：存入保证金——开证人户 GBP 20 000

借：应收开出信用证款项 　　　　　　　　　　　　GBP 100 000
　贷：应付开出信用证款项 　　　　　　　　　　　　GBP 100 000

同时，登记表外科目。

收入：开往国外保证凭信 　　　　　　　　　　　　GBP 100 000

（2）9月26号，办理对外付款时。

借：吸收存款——活期外汇存款（开证人户） 　　　GBP 80 000
　　存入保证金——开证人户 　　　　　　　　　　　GBP 20 000
　贷：存放同业 　　　　　　　　　　　　　　　　　GBP 100 000

借：应付开出信用证款项 　　　　　　　　　　　　GBP 100 000
　贷：应收开出信用证款项 　　　　　　　　　　　　GBP 100 000

同时，销记表外科目。

付出：开往国外保证凭信 　　　　　　　　　　　　GBP 100 000

（二）信用证项下出口业务的核算

出口信用证结算是出口商根据国外进口商通过国外银行开来的信用证和保证书，按照其条款规定，待货物发出后，将出口单据及汇票送交国内银行，由国内银行办理审单议付，并向国外银行收取外汇后向出口商办理结汇的一种结算方式。

出口信用证结算主要包括受证与通知、审单议付、收汇和结汇三个环节。

1. 受证与通知

国内银行接到国外银行开来的信用证时，首先对开证银行的资信、进口商的偿付能力和保险条款进行全面审查，并明确表示信用证能否接受、如何修改。经审核并核对印鉴认为可以受理时，当即编列信用证通知流水号，即将信用证正本通知有关出口商，以便发货，然后将信用证副本及银行留底联严格保管，并及时登记"国外开来保证凭信"表外科目收入传票进行核算。

国内银行以后若接到开证行的信用证修改通知书，要求修改金额，或信用证受益人因故申请将信用证金额的一部分或全部转往其他行时，除按规定办理信用证修改和通知或转让手续外，其增减金额还应在表外科目"国外开来保证凭信"中核算。另外，对开证行汇入的信用证押金，授权国内银行在议付单据后进行抵扣，应在信用证以及其他有关凭证上做好记录。会计分录为：

借：存放同业 　　　　　　　　　　　　　　　　　（外币）
　贷：存入保证金 　　　　　　　　　　　　　　　　（外币）

2. 审单议付

议付行收到出口商提交的信用证和全套单据，按信用证条款认真审核，保证单证一致、单单相符。审核无误后，填制出口寄单议付通知书向国外银行索汇，并进行相应的账务处理。会计分录为：

借：应收开出信用证出口款项
　贷：代收开出信用证出口款项

同时，登记表外科目。

付出：国外开来保证凭信

3. 收汇和结汇

议付行接到国外银行将票款收入国内银行账户通知书时，应按当日外汇牌价买入外汇，折算成人民币支付给出口商，以结清代收妥的出口外汇。会计分录为：

借：存放同业（或其他科目） （外币）
　贷：货币兑换（汇买价） （外币）
借：货币兑换（汇买价） （人民币）
　贷：吸收存款——活期存款——出口商户 （人民币）
借：代收开出信用证出口款项
　贷：应收开出信用证出口款项

【例7-8】5月8日，某银行收到纽约美洲银行开来即期信用证一份，金额为40 000美元，受益人为红星公司。5月15日，该银行接到信用证修改通知，增额5 000美元。红星公司于6月28日交单议付，该银行审核单证相符，并于当日寄出。7月3日，该银行收到美洲银行贷记报单，共计45 200美元，其中200美元为议付行的通知及议付费用。该银行当日为红星公司办理人民币结汇。结汇日美元汇买价"RMB 604.24/US$ 100"。该银行会计处理如下：

（1）5月8日，受理通知时。

收入：国外开来保证凭信 US$ 40 000

（2）5月15日，修改增额时。

收入：国外开来保证凭信 US$ 5 000

（3）6月28日，交单议付时。

借：应收开出信用证出口款项 US$ 45 000
　贷：代收开出信用证出口款项 US$ 45 000

同时，登记表外科目。

付出：国外开来保证凭信 US$ 45 000

（4）7月3日，收妥结汇时。

借：存放同业——纽约美洲银行 US$ 45 200
　贷：手续费及佣金收入——议付手续费 US$ 200
　　货币兑换（汇买价） US$ 45 000
借：货币兑换（汇买价） RMB 271 908
　贷：吸收存款——活期存款——红星公司户 RMB 271 908

三、托收结算方式的核算

托收是出口人在货物装运后，开具以进口方为付款人的汇票，委托出口地银行通过其在进口地的分行或代理行代出口人收取货款的一种结算方式。代收是指进口商银行收到国外出口商银行寄来的委托代收单据，向进口商收取款项并划转国外出口商银行的一种结算方式。

根据托收时是否向银行提交货运单据，可分为光票托收和跟单托收两种。托收时如果汇票不附任何货运单据，而只附有非货运单据（发票、垫付清单等），称为光票托收。这种结算方式多用于贸易的从属费用、货款尾数、佣金、样品费的结算和非贸易结算等。跟单托收是指汇票连同所附货运单据一起交银行托收。跟单托收根据交单条件的不同，又可分为付款交单和承兑交单两种。付款交单指出口方在委托银行收款时，指示银行只有在付款人（进口方）付清货款时，才能向其交出货运单据，即交单以付款为条件；承兑交单指被委托的代收银行于付款人承兑汇票之后，将货运单据交给付款人，付款人在汇票到期时履行付款义务的一种方式。

托收结算业务包括进口方业务和出口方业务两个方面，涉及的基本当事人有委托人、托收行、代收行和付款人。

（一）托收项下出口业务的核算

托收项下的出口业务，即出口托收，是出口商根据买卖双方签订的贸易合约，在规定期限内备货出运后，将货运单据连同以进口买方为付款人的汇票一并交送银行，由银行委托境外代理行向进口买方代为交单和收款的一种出口贸易结算方式。

1. 寄单托收的核算

出口商备货出运并取得货运单据后，应填写出口托收申请书一式两联，连同全套出口单据一并送交银行办理托收。银行审单后，编制托收号码，将申请书的一联退给出口商作为回单，另一联留存，并据以填制出口托收委托书。托收行发出托收凭证时，会计分录为：

借：应收出口托收款项　　　　　　　　　　　　　　　　　　（外币）
　贷：代收出口托收款项　　　　　　　　　　　　　　　　　　　（外币）

如果出口托收寄单后，因情况变化需增加托收金额时，编制会计分录同上；需减少托收金额时，编制会计分录相反。如果进口商拒付，也应反向注销托收金额。

2. 收妥结汇的核算

出口托收款项一律实行收妥进账。国内银行根据国外银行的已贷记报单或授权借记通知书，经核实确认已收妥时，方能办理收汇或结汇。会计分录为：

借：代收出口托收款项　　　　　　　　　　　　　　　　　　（外币）
　贷：应收出口托收款项　　　　　　　　　　　　　　　　　　　（外币）
借：存放同业（或其他科目）　　　　　　　　　　　　　　　（外币）
　贷：货币兑换（汇买价）　　　　　　　　　　　　　　　　　　（外币）
借：货币兑换（汇买价）　　　　　　　　　　　　　　　　　（人民币）
　贷：吸收存款——活期存款——出口商户　　　　　　　　　　　（人民币）

【例7-9】8月3日，某银行接受恒星公司委托，向美国花旗银行办理出口托收，金额为90 000美元。8月24日，该银行收到贷方报单办理结汇，当日美元汇买价为"RMB611.82/US$ 100"。该银行会计处理如下：

（1）8月3日，发出托收时。

借：应收出口托收款项　　　　　　　　　　　　　　US$ 90 000
　贷：代收出口托收款项　　　　　　　　　　　　　　US$ 90 000

（2）8月24日，对委托人办理结汇时。

借：代收出口托收款项　　　　　　　　　　　　　　US$ 90 000
　贷：应收出口托收款项　　　　　　　　　　　　　　US$ 90 000
借：存放同业（或其他科目）　　　　　　　　　　　US$ 90 000

贷：货币兑换（汇买价）	US$ 90 000
借：货币兑换（汇买价）	RMB 550 638
贷：吸收存款——活期存款——恒星公司	RMB 550 638

（二）托收项下进口业务的核算

托收项下进口业务，即进口代收，是国外出口商根据贸易合同规定，于装运货物后，通过国外托收银行寄来的单据，委托我国银行向进口商收取款项的一种结算方式。

1. 收到进口代收单据

进口方银行收到国外银行寄来的托收委托书及有关单据，经审核无误后，如果同意受理，即为代收行。代收行收到进口代收单据后，缮制打印进口代收单据通知书，连同有关单据一起交给进口商，并进行相应的账务处理。会计分录为：

借：应收进口代收款项	（外币）
贷：进口代收款项	（外币）

2. 确认付款及售汇

进口商对进口代收单据确认付款，或者远期承兑汇票已到付款日，代收行即按有关规定办理对外付款手续。会计分录为：

借：吸收存款——活期存款——进口商户	（人民币）
贷：货币兑换（汇卖价）	（人民币）
借：货币兑换（汇卖价）	（外币）
贷：存放同业（或其他科目）	（外币）
借：进口代收款项	（外币）
贷：应收进口托收款项	（外币）

3. 拒付退单

如果进口单位不同意承付，应提出拒付理由，连同单据退交我方外汇银行，转告国外委托行，如果部分被拒付，应征得国外委托银行同意，再按实际金额付款。拒付时会计分录如下：

借：进口代收款项	（外币）
贷：应收进口托收款项	（外币）

【例7-10】某银行收到香港汇丰银行寄来的进口代收单据通知书及所附单据，金额为45 000港元，并送交东方外贸公司。东方外贸公司确认无误后，通知该银行从其人民币存款账户中支付，当日汇卖价为"RMB82.62/HKD 100"。该银行会计处理如下：

（1）银行送交代收单据通知书及所附单据时。

借：应收进口代收款项	HKD 45 000
贷：进口代收款项	HKD 45 000

（2）售汇付款时。

借：吸收存款——活期存款——东方外贸公司	RMB 37 179
贷：货币兑换（汇卖价）	RMB 37 179
借：货币兑换（汇卖价）	HKD 45 000
贷：存放同业（或其他科目）	HKD 45 000

借：进口代收款项   HKD 45 000
 贷：应收进口托收款项   HKD 45 000

四、汇兑结算方式的核算

（一）汇兑的概念与种类

国际汇兑结算是银行在不需运送现金的原则下，利用汇票或其他信用工具，使处于不同国家的债权人或债务人清算其债权、债务的一种结算方式。与信用证和托收结算方式相比，汇兑结算手续最为简便，费用也最少，但对于国际贸易结算中预付货款的进口商和货到付款的出口商而言，汇兑结算的风险大。在国际贸易结算中，汇兑方式一般适用于金额不大的货款、贸易从属费用或跨国公司内部贸易的结算。汇兑可分为信汇、电汇和票汇三种。

1. 信汇

信汇是指汇出行根据汇款人的要求，以邮寄方式发出汇款指令，并委托汇入行解付一定金额给指定收款人的汇款。电汇费用低，但到账速度慢。

2. 电汇

电汇是指汇出行根据汇款人的要求，以电信方式发出汇款指令，并委托汇入行解付一定金额给指定收款人的汇款。信汇费用较高，但到账速度快，现在实务中广泛使用。

3. 票汇

票汇是指汇出行根据汇款人的要求，以出具银行即期汇票方式，要求受票行解付票面金额给指定收款人（持票人）的汇款。采用票汇方式，银行出具汇票后交由汇款人自行寄给收款人；收款人无须等解付行的取款通知，即可持票到解付行取款，而且汇票经收款人背书后可以转让流通。

（二）汇出行汇出国外汇款的核算

汇款人要求汇款时，应填制汇款申请书一式两联，一联作为银行传票附件，一联加盖银行公章后作为回单联退还给汇款人。银行经办人员根据汇款申请书，计算业务手续费，根据汇款人申请的汇款方式，填制汇款凭证，并分情况进行账务处理。

1. 信汇和电汇的核算

（1）汇款人以其人民币存款汇出汇款时，银行编制如下会计分录：

借：库存现金或吸收存款   （人民币）
 贷：货币兑换   （人民币）
  手续费及佣金收入——汇出汇款手续费收入 （人民币）
借：货币兑换   （外币）
 贷：存放同业（或其他科目）   （外币）

（2）汇款人以其外币存款汇出汇款时，银行编制如下会计分录：

借：吸收存款——活期外汇存款——××户   （外币）
 贷：存放同业（或其他科目）   （外币）
借：吸收存款——活期外汇存款——××户 （外币或人民币）
 贷：手续费及佣金收入——汇出汇款手续费收入 （外币或人民币）

2. 票汇的核算

以票汇方式汇出汇款时，应设置"汇出汇款"科目进行核算。该科目属于负债类科目，其贷方登记汇出行应汇出的汇款，借方登记汇出行汇款后结清的汇款，余额在贷方，反映尚未结清的汇款。该科目应按汇款人设置明细账。汇款行通过现汇账户汇出汇款时，会计分录为：

借：吸收存款——活期外汇存款——××户　　　　　　　　　　（外币）
　　贷：汇出汇款——××户　　　　　　　　　　　　　　　　（外币）
借：吸收存款——活期外汇存款——××户　　　　　　（外币或人民币）
　　贷：手续费及佣金收入——汇出汇款手续费收入　　　（外币或人民币）

汇出行收到国外汇入行解付通知书或借记报单时，会计分录为：

借：汇出汇款——××户　　　　　　　　　　　　　　　　　（外币）
　　贷：存放同业（或其他科目）　　　　　　　　　　　　　（外币）

3. 退汇的核算

当电汇或信汇退汇时，汇款人应提出书面申请并交回原汇款回单。汇出行应在汇款卡片上批注退汇原因和日前，然后用电报通知汇入行退汇。代汇入行答复后，汇出行即通知汇款人办理退汇。

【例7-11】我国甲银行7月5日根据宏达外贸公司的申请，从其港币存款账户中票汇95 000港元到美国银行交某外商，按规定收取1 200元手续费。当日港元汇买价为"RMB80.73/HKD 100"，美元汇卖价为"RMB610.25/US\$ 100"。8月2日，汇出行收到美国银行解讫通知书。甲银行会计处理如下：

（1）7月5日，汇出款项时。

借：吸收存款——活期外汇存款——××户　　　　　　　HKD 95 000
　　贷：货币兑换（汇买价）　　　　　　　　　　　　　　HKD 95 000
借：货币兑换（汇买价）　　　　　　　　　　　　　RMB 76 693.5
　　贷：货币兑换（汇卖价）　　　　　　　　　　　　　RMB 76 693.5
借：货币兑换（汇卖价）　　　　　　　　　　　　US\$ 12 567.55
　　贷：汇出汇款——宏达外贸公司　　　　　　　　　US\$ 12 567.55
借：吸收存款——活期外汇存款——宏达外贸公司　　　RMB 1 200
　　贷：手续费及佣金收入——汇出汇款手续费收入　　　　RMB 1 200

（2）8月2日，收到美国银行解讫通知书时。

借：汇出汇款——宏达外贸公司　　　　　　　　　　US\$ 12 567.55
　　贷：存放同业——美国银行　　　　　　　　　　　US\$ 12 567.55

（三）汇入行解付国外汇款的核算

1. 信汇和电汇解付的核算

汇入行收到国外汇出行的收款电报或信汇支付委托书正本时，应首先验押或验印，审核无误后，填制汇款通知单，在收妥汇款头寸后，通知收款人来行取款。

（1）对于有现汇账户的收款企业，会计分录为：

借：存放同业（或其他科目）　　　　　　　　　　　　　（外币）
　　贷：吸收存款——活期外汇存款——××户　　　　　　（外币）

（2）对于没有现汇账户的企业，收款时必须结汇，会计分录为：

借：存放同业（或其他科目）　　　　　　　　　　　　　　（外币）

　　贷：货币兑换（汇买价）　　　　　　　　　　　　　　（外币）

借：货币兑换（汇买价）　　　　　　　　　　　　　　　　（人民币）

　　贷：吸收存款——活期存款——××户　　　　　　　　（人民币）

2. 票汇解付的核算

（1）汇入行收到汇出行的贷记报单或票据，经核对无误后，即办理转账，会计分录为：

借：存放同业（或其他科目）　　　　　　　　　　　　　　（外币）

　　贷：应解汇款　　　　　　　　　　　　　　　　　　　（外币）

（2）持票人前来取款时，应在汇票上背书，银行核对汇票签字无误后办理解付，会计分录为：

借：应解汇款　　　　　　　　　　　　　　　　　　　　　（外币）

　　贷：吸收存款——活期外汇存款——××户　　　　　　（外币）

没有现汇账户的收款企业应办理结汇。

3. 转汇的核算

汇入行收到境外汇入汇款，而收款人在汇入行没有开立账户，汇入行应以原币转汇至收款人所在地行办理解付。

转汇时，转汇行会计分录为：

借：应解汇款　　　　　　　　　　　　　　　　　　　　　（外币）

　　贷：存放同业（或其他科目）　　　　　　　　　　　　（外币）

解付行收到汇入行贷记报单时，会计分录为：

借：存放同业（或其他科目）　　　　　　　　　　　　　　（外币）

　　贷：吸收存款——活期外汇存款——××户　　　　　　（外币）

结汇时，如果收入收款人人民币账户应结汇。

【例7-12】我国甲银行收到美国花旗银行的收款电报，金额为30 000美元，系光明公司产品销售款。光明公司在甲银行没有开设存款账户，转汇至乙银行，乙银行办理转账，存入光明公司美元存款账户。

（1）甲银行会计处理如下：

甲银行收到收款电报时。

借：存放同业——美国花旗银行　　　　　　　　　US$ 30 000

　　贷：应解汇款——光明公司　　　　　　　　　　US$ 30 000

甲银行办理转汇时：

借：应解汇款　　　　　　　　　　　　　　　　　US$ 30 000

　　贷：存放同业——乙银行　　　　　　　　　　　US$ 30 000

（2）乙银行会计处理如下：

乙银行收到汇入行贷记报单时：

借：存放同业——甲银行　　　　　　　　　　　　US$ 30 000

　　贷：吸收存款——活期外汇存款——光明公司　　US$ 30 000

练习题

一、复习思考题

1. 什么是外汇业务？外汇业务有什么特点？
2. 什么是外汇分账制？外汇分账制有什么特点？
3. 什么是外汇买卖？具体应如何核算？
4. 汇兑损益的含义是什么？怎样计算？
5. 什么是信用证结算？进口信用证和出口信用证分别应如何核算？

二、业务练习题

习题一

一、资料：

1. 某客户持现钞 40 000 港元来 A 银行兑换人民币现金，当日的港元钞买价为"RMB 81. 28/HKD 100"。

2. A 银行对某出口企业一笔 500 000 日元的货款结汇，当日的日元汇买价为"RMB 7. 132 4/JPD 100"。

3. 甲外贸企业需电汇一笔境外货款 350 000 美元，以人民币存款资金支付，当日美元汇卖价为"RMB 692. 28/US$ 100"。

4. 甲公司将现汇活期存款 450 000 港币兑换成美元，以备支付货款。当日港元汇买价为"RMB 88. 30/HKD 100"，美元汇卖价为"RMB 694. 33/US$ 100"。

二、要求：根据上述资料编制 A 银行的会计分录。

习题二

一、资料：

1. 4 月 8 日，B 银行收到香港汇丰银行开来即期信用证一份，金额为 50 000 港币，受益人为光明公司。4 月 20 日，B 银行接到信用证修改通知，减额 8 000 港元。光明公司于 5 月 6 日交单议付，B 银行审核单证相符，并于当日寄出。5 月 20 日，B 银行收到汇丰银行贷记报单，共计 42 180 港元，其中 180 港元为议付行的通知及议付费用。B 银行当日为光明公司办理结汇，存入该公司港币账户。

2. 7 月 6 日，大康公司申请开立信用证，金额为 150 000 日元，并从其活期外汇存款账户中支取 30 000 日元，缴存保证金。9 月 15 日，开证行 B 银行收到议付行寄来150 000 日元汇票及单证，审查合格交大康公司确认后，当日从大康公司活期外汇存款账户中支付。

3. 10 月 5 日，B 银行接受君悦公司委托，向香港华侨银行办理出口托收，金额为60 000 港元。10 月 22 日，B 银行收到贷方报单办理结汇，存入君悦公司港币账户。

4. B 银行收到香港汇丰银行的收款电报，金额为 80 000 港元，转入大华公司人民币存款账户，当日港元汇卖价为"RMB82. 35/HKD100"。

二、要求：根据上述资料编制 B 银行的会计分录。

第八章

银行损益核算

利润是商业银行在一定会计期间的经营成果，包括收入减去费用后的净额、直接记入当期利润的利得和损失。利润的确认与计量主要依赖于收入和费用以及直接计入当期利润的利得和损失的确认与计量。盈利是商业银行经营的主要目标之一，因此加强利润的核算，对提高商业银行经营管理水平有重要的意义。这一章主要介绍商业银行的收入、费用和利润的核算以及所有者权益的核算。

第一节　营业收入的核算

一、商业银行收入的内容及确认原则

狭义的收入是指商业银行在日常活动中形成的，会导致所有者权益增加的，与所有者投入资本无关的经济利益的总流入。商业银行的营业收入主要是其提供金融商品服务所取得的收入。在各类金融企业中，营业收入的构成会有所不同，商业银行收入主要包括利息收入、手续费及佣金收入、其他业务收入、汇兑收益、投资收益、公允价值变动损益等。不包括为第三方或者客户代收的款项，如银行代收的工本费、代水电部门收取的水电费等。

营业收入应按权责发生制原则核算，应在以下条件均能满足时予以确认：

条件1：与形成收入交易相关的经济利益能够流入企业。

条件2：收入的金额能够可靠地计量。

二、商业银行营业收入的核算

（一）利息收入的核算

利息收入是指金融企业根据《企业会计准则第14号——收入》确认的利息收入，包括发放的各类贷款，与其他金融机构（包括中央银行、同业等）之间发生资金往来业务，买入返售金融资产等所取得的利息收入。其中，发放的各类贷款包括银团贷款、贸易融资、贴现和转贴现融出资金、协议透支、信用卡透支和垫款等，但不包括接受客户委托发放的委托贷款。利息收入在营业收入中占有很大的比重，特别是在金融业分业经营的情况下，利息收入是商业银行财务成果的重要内容。

商业银行所取得的利息收入，应通过"利息收入"科目核算。该科目为损益类科目，可按业务类别进行明细核算。资产负债表日银行应按合同利率计算确定的应收未收利息，借记"应收利息"等科目；按摊余成本和实际利率计算确定的利息收入，贷记"利息收入"科目；按其差额，借记或贷记"贷款——利息调整"等科目。实际利

率与合同利率差异较小的，也可以采用合同利率计算确定利息收入。会计期末，应将"利息收入"科目余额转入"本年利润"科目，结转后"利息收入"科目无余额。

（二）手续费及佣金收入的核算

手续费及佣金收入是指商业银行在办理代理业务中收取的手续费及佣金，包括办理结算业务、咨询业务、担保业务、代保管等代理业务，以及办理受托贷款及投资业务等取得的手续费及佣金。手续费及佣金收入具体包括结算与清算手续费收入、佣金收入、业务代办手续费收入、基金托管收入、咨询服务收入、担保收入、受托贷款手续费收入、代保管收入以及代理买卖证券、代理承销证券、代理兑付证券、代理保管证券、代理保险业务等代理业务和其他相关服务实现的手续费及佣金收入等。

在核算时，应设置"手续费及佣金收入"科目进行核算，明细科目可按手续费及佣金收入类别设置。商业银行确认的手续费及佣金收入，按应收的金额，借记"应收手续费及佣金"等科目，贷记"手续费及佣金收入"科目；按实际收到手续费及佣金，借记"存放中央银行款项""银行存款""吸收存款"等科目，贷记"应收手续费及佣金"等科目。会计期末，应将"手续费及佣金收入"科目余额转入"本年利润"科目，结转后"手续费及佣金收入"科目无余额。

（三）投资收益的核算

投资收益是指商业银行进行各项投资，如购买有价证券或以现金、无形资产、实物等对外投资所取得的投资收益或投资损失。在核算时，应设置"投资收益"科目，对商业银行确认的长期股权投资收益，持有交易性金融资产、持有至到期投资、可供出售金融资产期间取得的收益以及处置交易性金融资产（或负债）、持有至到期投资和可供出售金融资产实现的收益进行核算。其中，债券投资在持有期间所取得的利息收入，也可以通过"利息收入"科目进行核算。"投资收益"科目可按投资项目进行明细核算。会计期末，应将"投资收益"科目余额转入"本年利润"科目，结转后"投资收益"科目无余额。在利润表中，投资收益应按对外投资所取得的收益，减去发生的投资损失后的净额列报。

（四）公允价值变动损益的核算

公允价值变动损益是指商业银行所持有的金融资产或金融负债，由于公允价值变动而形成的损益，商业银行应设置"公允价值变动损益"科目进行核算。该科目核算商业银行交易性金融资产、交易性金融负债，以及采用公允价值计量模式的投资性房地产、衍生工具、套期保值业务等由于公允价值变动形成的应计入当期损益的利得或损失。在核算时，应设置"公允价值变动损益"科目进行核算，明细科目可按交易性金融资产、交易性金融负债、投资性房地产等进行设置。

资产负债表日银行应按交易性金融资产的公允价值高于其账面余额的差额，借记"交易性金融资产——公允价值变动"科目，贷记"公允价值变动损益"科目；公允价值低于其账面余额的差额编制相反的会计分录。

出售交易性金融资产时，应按收到的金额，借记"银行存款""存放中央银行款项"等科目；按该金融资产的账面余额，贷记"交易性金融资产"科目；按两者的差额，借记或贷记"投资收益"科目。同时，将原计入该金融资产的公允价值转出，借记或贷记"公允价值变动损益"科目，贷记或借记"投资收益"科目。

资产负债表日，交易性金融负债的公允价值高于其账面余额的差额，借记"公允价值变动损益"科目，贷记"交易性金融负债"科目；公允价值低于其账面余额的差额编制相反的会计分录。

处置交易性金融负债，应按该金融负债的账面余额，借记"交易性金融负债"科目，贷记"银行存款""存放中央银行款项"等科目；按两者的差额，贷记或借记"投资收益"科目。同时，按该金融负债的公允价值变动，贷记或借记"公允价值变动损益"科目，借记或贷记"投资收益"科目。

会计期末，应将"公允价值变动损益"科目余额转入"本年利润"科目，结转后"公允价值变动损益"科目无余额。

（五）汇兑损益的核算

汇兑损益是指商业银行在从事外汇交易、外币兑换业务中，因不同期限、不同货币之间，以及国际之间的利率、汇率水平的差异而获得的收入。也就是已经收入的外币资金在使用时，或已经发生的外币债权、外币债务在偿还时，由于期末汇率与记账汇率的不同而发生的折合为记账本位币的差额。

在核算时，应设置"汇兑损益"科目进行核算。

采用统账制核算的，各外币货币性项目的外币期（月）末余额，应当按照期（月）末汇率折算为记账本位币金额。按照期（月）末汇率折算的记账本位币金额与原账面记账本位币金额之间的差额，如为汇兑收益，借记有关科目，贷记"汇兑损益"科目；如为汇兑损失则编制相反的会计分录。

采用分账制核算的，期（月）末将所有以外币表示的"货币兑换"科目余额按照期（月）末汇率折算为记账本位币金额，折算后的记账本位币金额与"货币兑换——记账本位币"科目余额进行比较，为贷方差额的，借记"货币兑换——记账本位币"科目，贷记"汇兑损益"科目；为借方差额的则编制相反的会计分录。

会计期末，应将"汇兑损益"科目余额转入"本年利润"科目，结转后"汇兑损益"科目无余额。

【例8-1】某商业银行期末人民币以外的"货币兑换"科目的美元户的余额为借方余额4 000 000美元，期末汇率1美元=6.08元人民币；日元户的余额为贷方余额300 000 000日元，期末汇率100日元=6.04元人民币。期末"货币兑换"科目人民币户的余额为贷方余额10 000 000元。该商业银行计算汇兑收益，并进行会计处理如下：

汇兑收益=10 000 000-（4 000 000×6.08-300 000 000÷100×6.04）

　　　　　=3 800 000（元）

借：货币兑换——人民币户　　　　　　　　　　　　　3 800 000

　　贷：汇兑损益　　　　　　　　　　　　　　　　　　　3 800 000

（六）其他业务收入

其他业务收入是指商业银行取得的除主营业务活动以外的其他业务活动实现的收入。其他业务收入包括出租固定资产、出租无形资产、出租包装物和商品、销售材料、用材料进行非货币性交换（在非货币性资产交换具有商业实质且公允价值能够可靠计量的情况下）或债务重组等实现的收入等。在核算时，应设置"其他业务收入"科目进行核算，其明细科目可按其他业务收入种类进行设置。

银行确认的其他业务收入，借记"银行存款""其他应收款"等科目，贷记"其他业务收入"等科目。

会计期末，应将"其他业务收入"科目余额转入"本年利润"科目，结转后"其他业务收入"科目无余额。

第二节 成本费用的核算

一、商业银行成本费用的概念和内容

商业银行的营业成本是银行在从事经营活动过程中发生的与业务经营有关的耗费和支出，包括利息支出、手续费及佣金支出、投资损失、公允价值变动损失及汇兑损失等。银行的营业费用是银行在从事经营活动过程中发生的与业务经营不直接相关的各项费用，包括税金及附加、业务及管理费、资产减值损失及其他业务支出等。

二、商业银行费用的特点

费用作为金融企业在一定时期内由于提供劳务等日常活动而发生的经济利益的流出，与企业的收入密切相关，是收入形成及实现的必要条件。概括来说，费用具有以下特点：

第一，费用的发生最终导致企业资产的减少。

第二，费用导致企业所有者权益减少，但其减少不包括与所有者分配有关的类似事项。

第三，费用是企业获取收入过程中发生的经济利益的流出。

三、商业银行费用的确认原则

费用只有在经济利益很可能流出，从而导致企业资产减少或者负债增加，且经济利益的流出额可以可靠计量时才能予以确认。金融企业费用的确认主要应遵循以下具体原则：

（一）划分收益性支出与资本性支出原则

按照这一原则，金融企业某项支出的效益影响几个会计年度（或几个营业周期），该项支出应予以资本化，不能作为当期费用；如果某项支出的效益仅影响本会计年度（一个营业周期），就应作为收益性支出，在一个会计期间内确认为费用。这一原则为费用的确认给定了一个时间上的总体界限。正确区分收益性支出和资本性支出，保证了对资产价值、各期的劳务成本、期间费用及损益的正确计算。

（二）权责发生制原则

划分收益性支出与资本性支出原则只是为费用的确认做出了时间上的大致区分，而权责发生制原则规定了费用确认的具体时点。金融企业凡是属于本期的费用，无论款项是否实际支付，均应确认为本期的费用；凡是不属于本期的费用，即使款项已经支付也不能确认为本期的费用。

四、商业银行成本费用的核算

(一) 利息支出的核算

商业银行发生的利息支出包括吸收的各种存款（单位存款、个人存款、信用卡存款、特种存款、转贷款资金等）、与其他金融机构（中央银行、同业等）之间发生资金往来业务、卖出回购金融资产等产生的利息支出。利息支出在银行全部支出中占较大的比重，应分不同情况进行账务处理。核算时应设置"利息支出"科目，可按利息支出项目进行明细核算。

资产负债表日商业银行应按摊余成本和实际利率计算确定的利息费用金额，借记"利息支出"科目；按合同利率计算确定的应付未付利息，贷记"应付利息"科目；按两者的差额，借记或贷记"吸收存款——利息调整"等科目。实际利率与合同利率差异较小的，也可以采用合同利率计算确定利息费用。

会计期末，应将"利息支出"科目余额转入"本年利润"科目，结转后"利息支出"科目无余额。

(二) 手续费及佣金支出的核算

手续费及佣金支出是商业银行发生的与其经营活动相关的各项手续费、佣金等支出。核算时应设置"手续费支出"科目，可按支出类别进行明细核算。商业银行发生与经营活动相关的手续费、佣金等支出时，借记"手续费支出"科目，贷记"银行存款""存放中央银行款项""存放同业""库存现金""应付手续费及佣金"等科目。

会计期末，应将"手续费及佣金支出"科目余额转入"本年利润"科目，结转后"手续费及佣金支出"科目无余额。

(三) 税金及附加的核算

税金及附加是商业银行经营活动发生的消费税、城市维护建设税、资源税和教育费附加等相关税费，以及与投资性房地产相关的房产税、土地使用税等。核算时应设置"税金及附加"科目，并按"城市维护建设税""教育费附加"等设置明细科目进行核算。

商业银行按规定计算确定的与经营活动相关的税费，借记"税金及附加"科目，贷记"应交税费"科目。

会计期末，应将"税金及附加"科目余额转入"本年利润"科目，结转后"税金及附加"科目无余额。

计算出应缴纳的税金时，会计分录为：

借：税金及附加消费
　　　　　　——城市维护建设税
　　　　　　——教育费附加
　贷：应交税费
　　　　　　——应交城市维护建设税
　　　　　　——应交教育费附加

(四) 业务及管理费的核算

业务及管理费是一种期间费用，是商业银行在业务经营过程中所发生的各项费用，包括折旧费、业务宣传费、业务招待费、电子设备运转费、钞币运送费、安全防范费、邮电费、劳动保护费、外事费、印刷费、低值易耗品摊销、职工工资及福利费、差旅费、水电费、职工教育经费、工会经费、会议费、诉讼费、公证费、咨询费、无形资产摊销、长期待摊费用摊销、取暖降温费、聘请中介机构费、技术转让费、绿化费、董事会费、财产保险费、劳动保险费、住房公积金、物业管理费、研究费用、房产税、车船使用税、土地使用税、印花税等。核算时应设置"管理费用""销售费用"科目，可按费用项目进行明细核算。

商业银行发生各项业务及管理费时，借记"管理费用——工资、固定资产折旧支出、销售费用——业务宣传费"等科目，贷记"应付职工薪酬""累计折旧""库存现金"等科目。

会计期末，应将"管理费用""销售费用"科目余额转入"本年利润"科目，结转后"管理费"科目无余额。

（五）资产减值损失的核算

资产减值损失是商业银行计提各项资产减值准备所形成的损失。核算时应设置"资产减值损失"科目，可按资产减值损失的项目进行明细核算。

商业银行的贷款、持有至到期投资、抵债资产、应收款项、长期股权投资、固定资产、无形资产等资产发生减值的，应按减记的金额，借记"资产减值损失"科目，贷记"贷款损失准备""持有至到期投资减值准备""抵债资产减值准备""坏账准备""固定资产减值准备""无形资产减值准备"等科目。

商业银行计提贷款损失准备、持有至到期投资减值准备、坏账准备等，相关资产的价值又得以恢复的，应在原已计提的减值准备金额内，按恢复增加的金额，借记"贷款损失准备""持有至到期投资减值准备""坏账准备"等科目，贷记"资产减值损失"科目。

会计期末，应将"资产减值损失"科目余额转入"本年利润"科目，结转后"资产减值损失"科目无余额。

（六）其他业务支出的核算

其他业务支出是商业银行发生的除税金及附加、业务及管理费、资产减值损失等营业费用以外的其他业务支出。其他业务成本主要包括出租固定资产的折旧费、无形资产转让成本等。核算时应设置"其他业务成本"科目，可按其他业务成本的种类进行明细核算。

商业银行发生其他业务支出时，借记"其他业务成本"科目，贷记"累计折旧""累计摊销"等科目。

会计期末，应将"其他业务支出"科目余额转入"本年利润"科目，结转后"其他业务支出"科目无余额。

第三节　利得与损失的核算

一、利得

（一）利得的概念

利得是指企业非日常活动所形成的，会导致所有者权益增加的，与所有者投入资本无关的经济利益的流入。

利得包括直接计入所有者权益的利得和直接计入当期利润的利得。

直接计入所有者权益的利得主要是指可供出售金融资产的公允价值的变动收益、现金流量套期中套期工具公允价值的变动收益、自用房地产或存货转换为采用公允价值模式计量的投资性房地产时其原有价值与公允价值的差额等。

直接计入当期利润的利得主要是指罚款收入、出纳长款及结算长款收入、清理"睡眠户"收入、抵债资产溢价收入以及固定资产盘盈、处置固定资产净收益、出售无形资产净收益、非货币性资产交换利得、债务重组利得、政府补助利得、确实无法支付而按规定程序经批准后转销的应付款项等。

本节的核算针对计入当期利润的利得。

（二）利得的核算

商业银行应设置"营业外收入"科目核算计入当期利润的利得，可按营业外收入项目进行明细核算。商业银行在经营过程中，若发生营业外收入，应根据收入项目按实际发生额进行账务处理。会计分录为：

借：待处理财产损溢——××户

（或：固定资产清理——××项目户）

（或：××科目——××户）

贷：营业外收入——××户

【例8-2】某银行在财产清查中发现出纳长款1 000元，属确实无法查清的长款，经批准转入该行的营业外收入。该银行根据有关凭证进行如下账务处理：

（1）发生出纳长款时。

借：库存现金——××机构业务现金户   1 000

 贷：其他应付款——出纳长款户   1 000

（2）经批准作为该行收益时。

借：其他应付款——出纳长款户   1 000

 贷：营业外收入——出纳长款收入户   1 000

【例8-3】某银行处置某项抵债资产，取得净收入500万元，该项抵债资产的入账公允价值是450万元。该银行根据有关凭证进行如下账务处理：

借：××科目——××户   5 000 000

 贷：抵债资产   4 500 000

  营业外收入——抵债资产溢价收入户   500 000

【例8-4】在某银行开户的甲单位违反结算纪律，该银行按照《支付结算办法》和《票据管理实施办法》的规定对甲单位处以2 000元的罚款。该银行根据有关凭证进行如下账务处理：

借：吸收存款——活期存款——××户   2 000

（或：库存现金   2 000）

 贷：营业外收入——××罚款收入户   2 000

二、损失

（一）损失的概念

损失是指企业非日常活动所发生的，会导致所有者权益减少的，与向所有者分配利润无关的经济利益的流出。

损失包括直接计入所有者权益的损失和直接计入当期利润的损失。

直接计入所有者权益的损失主要是指可供出售金融资产的公允价值的变动损失、现金流量套期中套期工具公允价值的变动损失、自用房地产或存货转换为采用公允价值模式计量的投资性房地产时其原有价值与公允价值的差额等。

直接计入当期利润的损失包括罚款支出、出纳短款、结算赔款支出、抵债资产折价支出、固定资产盘亏、处置固定资产净损失、出售无形资产净损失、非常损失、公益救济性捐赠支出、违法经营缴纳罚款、被没收财产、证券交易差错损失等。

本节对损失的核算针对计入当期利润的损失。

（二）损失的核算

商业银行应设置"营业外支出"科目核算计入当期利润的损失，可按营业外支出项目进行明细核算。商业银行在经营过程中，若发生营业外支出，应根据支出项目按实际发生数进行账务处理。会计分录为：

借：营业外支出—××户
　　贷：待处理财产损溢——××户
　　　　（或：固定资产清理——××项目户）
　　　　（或：××科目——××户）

【例8-5】某银行在财产清查中发现出纳短款2 000元，经核定出纳负主要责任，应赔偿1 500元，其余损失由该银行承担，经批准转入营业外支出。该银行根据有关凭证进行如下账务处理：

（1）发生出纳短款时。

借：待处理财产损溢——出纳短款户　　　　　　　　　　　　　　　　2 000
　　贷：库存现金——××机构业务现金户　　　　　　　　　　　　　　　2 000

（2）经批准处理时。

借：其他应收款——××出纳　　　　　　　　　　　　　　　　　　　1 500
　　营业外支出——出纳短款　　　　　　　　　　　　　　　　　　　　500
　　贷：待处理财产损溢——出纳短款户　　　　　　　　　　　　　　　2 000

三、利得与损失期末的核算

金融企业计入"营业外收入"科目和"营业外支出"科目的利得和损失虽然与金融企业生产经营活动无直接因果关系，但也是金融企业利润总额的构成项目。因此，"营业外收入"科目和"营业外支出"科目期末应转入"本年利润"科目，增加或减少当期的利润总额。

"营业外收入"科目的结转的会计处理如下：

借：营业外收入

贷：本年利润

"营业外支出"科目的结转的会计处理如下：

借：本年利润

　　贷：营业外支出

第四节　利润及利润分配的核算

一、利润的概念

利润是商业银行在一定时期内的经营成果，包括营业利润、利润总额和净利润。利润属于所有者权益范畴，是衡量经营管理水平的重要综合指标。利润反映了金融企业在一定会计期间的经营业绩和获利能力，反映了金融企业的投入产出效率和经济效益，有助于金融企业投资者和债权人据此进行盈利预测，评价金融企业经营绩效，做出正确的决策。

利润相关的计算公式如下：

$$营业利润＝营业收入－营业支出$$

其中：营业收入＝利息净收入＋手续费及佣金净收入＋投资收益（损失则减去）＋公允价值变动收益（损失则减去）＋汇兑收益（损失则减去）＋其他业务收入

$$营业支出＝税金及附加＋业务及管理费＋资产减值损失＋其他业务成本$$

$$利润总额＝营业利润＋营业外收入－营业外支出$$

$$净利润＝利润总额－所得税费用$$

二、利润形成的核算

每个会计年度终了时，金融企业都要结转利润，将损益类各科目余额转入"本年利润"科目的借方，收入类各科目余额转入"本年利润"科目的贷方，支出类各科目余额转入"本年利润"科目的借方，从而结清各收入、支出科目。

损益类各科目的余额在全部转入"本年利润"科目后，"本年利润"科目借、贷方发生额相抵后的余额即为利润总额，即会计利润。"本年利润"科目如为贷方余额即为本年利润，如为借方余额即为本年亏损。

三、所得税费用的核算

（一）所得税费用

所得税费用是由利润总额根据税法的相关规定调整以后，按照适用税率计算得出的应从利润中扣除的金额。在我国，企业的会计核算和税收处理遵循不同的原则，由于会计准则和税法对收益、费用、资产、负债等的确认时间和范围存在差异，从而导致税前会计利润与应税所得之间产生差异。因此，在计算所得税费用时，需要按照税法规定进行纳税调整，将会计利润调整为应纳税所得额，以应纳税所得额乘以所得税税率即为所得税税额。

纳税调整主要是对税前会计利润与应税所得之间产生的差异进行调整，这些差异按其性质分为永久性差异和暂时性差异两种类型。

1. 永久性差异

永久性差异是指某一期间发生，以后各期不能转回或消除，即该项差异不影响其他会计期间。永久差异成因是由于会计准则或会计制度与税法在收入与费用确认和计量的口径上存在差异。

永久性差异有以下几种类型：

（1）按会计制度规定核算作为收益计入会计报表，在计算应纳税所得额时不确认为收益。例如，企业购买的国债利息收入不计入应纳税所得额，不缴纳所得税，但按照会计准则的规定，企业购买国债产生的利息收入，计入收益。

（2）按会计制度规定核算时不作为收益计入会计报表，在计算应纳税所得额时作为收益缴纳所得税。例如，企业以自己生产的产品用于工程项目，税法规定按该产品的售价与成本的差额计入应纳税所得额，但按会计制度规定则按成本转账，不产生利润，不计入当期损益。

（3）按会计制度规定核算时确认为费用或损失计入会计报表，在计算应纳税所得额时则不允许扣减。例如，各种赞助费，按会计制度规定计入当期利润表，减少当期利润，但在计算应纳税所得额时则不允许扣减。

（4）按会计制度规定核算时不确认为费用或损失，在计算应纳税所得额时则允许扣减。例如，按会计制度规定，企业在计算应纳税所得额时，应将税前会计利润调整为应税所得。

2. 暂时性差异

暂时性差异是指资产或负债的账面价值与其计税基础之间的差额。未作为资产和负债确认的项目，按照税法规定可以确定其计税基础的，该计税基础与其账面价值之间的差额也属于暂时性差异。

按照暂时性差异对未来期间应税金额的影响，分为应纳税暂时性差异和可抵扣暂时性差异两类。

应纳税暂时性差异是指在确定未来收回资产或清偿负债期间的应纳税所得额时，将导致产生应税金额的暂时性差异，即"递延所得税负债"项目。

可抵扣暂时性差异是指在确定未来收回资产或清偿负债期间的应纳税所得额时，将导致产生可抵扣金额的暂时性差异，即"递延所得税资产"项目。

（二）计税基础

企业在取得资产、负债时，应当确定其计税基础。资产、负债的账面价值与其计税基础存在差异的，应当按照会计准则的规定确认所产生的递延所得税资产或递延所得税负债。

1. 资产的计税基础

资产的计税基础是指企业收回资产账面价值过程中，计算应纳税所得额时按照税法的规定可以从应税经济利益中抵扣的金额。

$$资产的计税基础＝未来可税前列支的金额$$

【例8-6】某项环保设备原价为1 000万元，使用年限为10年，会计处理时按照直线法计提折旧，税收处理允许加速折旧，企业在计税时对该项资产按双倍余额递减法计提折旧，净残值为 0 元。计提了 2 年的折旧后，会计期末企业对该项固定资产计提了 80 万元的固定资产减值准备。账面价值与计税基础清算如下：

账面价值＝1 000－100－100－80＝720（万元）

计税基础＝1 000－200－160＝640（万元）

2. 负债的计税基础

负债的计税基础是指负债的账面价值减去未来期间计算应纳税所得额时，按照税法的规定可予以抵扣的金额。

负债的计税基础＝账面价值－未来可税前列支的金额

负债的确认与偿还一般不会影响企业的损益，也不会影响应纳税所得额，如企业的短期借款、应付账款等，其计税基础即为账面价值。但是某些情况下，负债的确认可能会影响企业的损益，进而影响企业不同期间的应纳税所得额，使得企业的计税基础与账面价值之间产生差额。

【例8-7】企业因销售商品提供售后服务等原因于当期确认了 100 万元的预计负债。根据税法的规定，有关产品售后服务等与取得经营收入直接相关的费用于实际发生时允许税前列支。假定企业在确认预计负债的当期未发生售后服务费用。

账面价值＝100（万元）

计税基础＝账面价值－可从未来经济利益中扣除的金额＝0（元）

（三）所得税费用的相关会计科目

1. "所得税费用"

"所得税费用"该科目核算企业根据会计准则确认的应从当期利润总额中扣除的所得税费用。"所得税费用"科目应当按照"当期所得税费用""递延所得税费用"进行明细核算。

资产负债表日企业按照税法的规定计算确定的当期应缴纳所得税金额进行会计处理：

借：所得税费用——当期所得税费用

　　贷：应交税费——应交所得税

会计期末，应将"所得税费用"科目的余额转入"本年利润"科目，结转后"所得税费用"科目应无余额。

2. "递延所得税资产"

"递延所得税资产"科目核算企业根据会计准则确认的可抵扣暂时性差异产生的所得税资产。

资产负债表日企业根据会计准则应予确认的递延所得税资产进行会计处理：

借：递延所得税资产

　　贷：所得税费用——递延所得税费用

本期还应确认的递延所得税资产的应有余额大于其账面余额的，应按其差额确认进行会计处理：

借：递延所得税资产

　　贷：所得税费用——递延所得税费用

本期应确认的递延所得税资产的应有余额小于其账面余额的，则编制相反的会计分录。

"递延所得税资产"科目期末借方余额反映企业已确认的递延所得税资产的余额。

3. "递延所得税负债"

"递延所得税负债"科目核算企业根据会计准则确认的应纳税暂时性差异产生的所得税负债。"递延所得税负债"科目应当按照应纳税暂时性差异项目进行明细核算。

资产负债表日企业根据"递延所得税负债"准则应予确认的递延所得税负债进行会计处理：

借：所得税费用——递延所得税费用

　　贷：递延所得税负债

本期还应予以确认的递延所得税负债的应有余额大于其账面余额的，应按其差额确认进行会计处理：

借：所得税费用——递延所得税费用

　　贷：递延所得税负债

应予确认的递延所得税负债的应有余额小于其账面余额的，则编制相反的会计分录。

"递延所得税负责"科目期末贷方余额，反映企业已确认的递延所得税负债的余额。

（四）所得税费用核算的账务处理

如前所述，金融企业按照《企业会计准则》计算出永久性差异和暂时性差异。对于永久性差异，应于发生当期进行调整；对于暂时性差异，则要根据《企业会计准则》的规定，应当采用资产负债表债务法进行处理。

资产负债表债务法是指企业在取得资产、负债时，应当确定其计税基础，资产负债的账面价值与其计税基础存在差异，应当确认所产生的递延所得税资产或递延所得税负债的一种方法。

【例8-8】某商业银行2017年年底有关所得税资料如下：

（1）该企业所得税采用资产负债表债务法核算，2018年所得税税率为25%，年初递延所得税资产为49.5万元，年初递延所得税负债为0元。

（2）本年度实现利润总额500万元，其中取得国债利息收入20万元，因发生违法经营被罚款10万元，因违反合同支付违约金30万元（可在税前抵扣），工资及相关附加超过计税标准60万元。上述收入或支出已全部用现金结算完毕。

（3）年末计提固定资产减值准备50万元（年初减值准备为0元），使固定资产账面价值比其计税基础小50万元；转回存货跌价准备70万元，使存货可抵扣暂时性差异由年初余额90万元减少到年末的20万元。根据税法的规定，计提的减值准备不得在税前抵扣。

（4）年末计提产品保修费用40万元，计入销售费用，预计负债余额为40万元。根据税法的规定，产品保修费在实际发生时可以在税前抵扣。

（5）截至2016年年底尚有60万元亏损没有弥补。

（6）假设除上述事项外，没有发生其他纳税调整事项，同时假设2018年所得税税率为25%。

该商业银行所得税费用会计处理如下：

（1）计算 2017 年应缴纳的所得税。

2013 年应缴纳的所得税=应纳税所得额×所得税率=［（利润总额-国债利息收入+违法经营罚款+工资超标+计提固定资产减值-转回存货跌价准备+计提保修费）-弥补亏损］×25%=（570-60）×25%=510×25%=127.5（万元）

（2）计算暂时性差异影响额，确认递延所得税资产和递延所得税负债。

① 固定资产项目的递延所得税资产年末余额=50×25%=12.5（万元）

② 存货项目的递延所得税资产年末余额=20×25%=5（万元）

③ 预计负债项目的递延所得税资产年末余额=40×25%=10（万元）

④ 弥补亏损项目的递延所得税资产年末余额=0×25%=0（元）

⑤ 2017 年年末递延所得税资产总余额=12.5+5+10+0=27.5（万元）

（3）计算 2017 年所得税费用。

2017 年所得税费用=当期所得税+递延所得税
       =应交所得税+（期末递延所得税负债-期初递延所得税负债）
       -（期末递延所得税资产-期初递延所得税资产）
       =127.5+（0-0）-（27.5-49.5）
       =127.5+0-（-22）=149.5（万元）

（4）编制会计分录。

借：所得税费用   1 495 000

  贷：应交税费——应交所得税   1 275 000

    递延所得税资产   220 000

四、期末损益账户的结转

期末损益账户的结转需通过设置"本年利润"科目进行。"本年利润"科目是用于核算企业当期实现的净利润（或发生的净亏损）。利润结转有两种方法：账结法和表结法。账结法是通过将各损益类科目余额转入"本年利润"科目，结出当期的利润，如该科目余额在贷方，表示利润；反之，则表示亏损。一般金融企业在平时不结转各项损益类科目的余额，而是通过利润表结出当期损益结果，称为表结法。待到年末，再按账结法将各损益类科目的全年余额转入"本年利润"科目，结出当年利润总额。年度终了，应将本年收入和支出相抵后结出的本年实现的净利润，转入"利润分配"科目，借记"本年利润"科目，贷记"利润分配——未分配利润"科目，如为净亏损，则编制相反的会计分录。结转后"本年利润"科目应无余额。

（一）期末结转各项收益时，编制的会计分录

借：利息收入——各明细账户

  手续费及佣金收入——各明细账户

  公允价值变动损益——各明细账户

  汇兑损益——各明细账户

  其他业务收入——各明细账户

  营业外收入——各明细账户

　　投资收益——各明细账户

　　贷：本年利润

（二）期末结转各项成本费用时，编制的会计分录

借：本年利润

　　贷：利息支出——各明细账户

　　　　手续费及佣金支出——各明细账户

　　　　业务及管理费——各明细账户

　　　　汇兑损益——各明细账户

　　　　公允价值变动损益——各明细账户

　　　　投资收益——各明细账户

　　　　税金及附加——各明细账户

　　　　营业外支出——各明细账户

　　　　资产减值损失——各明细账户

　　　　所得税费用——各明细账户

　　　　其他业务成本——各明细账户

（三）年末结转本年利润时，编制的会计分录

借：本年利润

　　贷：利润分配——未分配利润

如为净亏损，则编制相反的会计分录。

五、利润分配的核算

（一）利润分配的顺序

利润分配是将金融企业所实现的利润总额，按照有关法规和投资协议所确认的比例，在国家、金融企业、投资者之间进行分配。金融企业实现的利润总额，首先要依法缴纳所得税，税后利润才能按规定的分配顺序进行。

第一，弥补亏损。根据我国有关法规的规定，一般企业和股份有限公司每期实现的净利润，首先要弥补以前年度尚未弥补的亏损。如果企业年度中发生亏损，允许用缴纳所得税前的利润弥补，但弥补期不得超过5年，5年内未能连续弥补完的亏损，只能用缴纳所得税后的利润弥补。

第二，提取各类准备金。

从事存贷款业务的金融企业，按规定提取的一般风险准备也应作为利润分配处理。

从事证券业务的金融企业，应按本年实现净利润的一定比例提取一般风险准备，用于弥补亏损，不得用于分红、转增资本。

从事信托业务的金融企业，应按本年实现净利润的一定比例提取信托赔偿准备，用于弥补亏损，不得用于分红、转增资本。

第三，提取法定盈余公积金。法定盈余公积金按照企业税后利润的10%提取，当企业法定盈余公积金累计额达到其注册资本的50%以上时可以不再提取。法定盈余公积可以用于转增资本，但根据《中华人民共和国公司法》的规定，用法定盈余公积转增资本时，转增资本后所留存的该项公积金不得少于转增前公司注册资本的25%。

第四，应付优先股股利。

第五，提取任意盈余公积金。提取任意盈余公积金是指企业根据自身情况提取的任意盈余公积。对是否提取任意盈余公积、任意盈余公积的提取比例以及用任意盈余公积转增资本的规定，在法律上没有限制。

第六，应付普通股股利。

第七，转作资本（或股本）的普通股股利。

（二）利润分配的核算

为了加强利润分配的核算，商业银行应设置"利润分配"科目。"利润分配"科目用于核算金融企业按规定分配的利润或应弥补的亏损和历年分配（或补亏）后的结存额。"利润分配"科目借方反映各种利润分配事项，贷方反映抵减利润分配的事项。年度终了，金融企业将"本年利润"科目转入余额"利润分配——未分配利润"科目，同时，将"利润分配"科目其他明细科目的余额均转入"未分配利润"明细科目。结转后，"利润分配"科目下除"未分配利润"明细科目外，其他明细科目均无余额。"利润分配——未分配利润"科目年末借方余额表示历年累计未弥补的亏损总额，贷方余额表示历年累计未分配利润总额。"利润分配"科目应按照利润分配的项目设置明细科目进行核算。

（1）年末，结转本年利润，会计分录为：

借：本年利润

　　贷：利润分配——未分配利润

如为净亏损，则编制与上述相反的会计分录。

（2）提取一般风险准备，会计分录为：

借：利润分配——提取一般风险准备

　　贷：一般风险准备

（3）提取法定盈余公积金、任意盈余公积金，会计分录为：

借：利润分配——提取法定盈余公积

　　　　　　　——提取任意盈余公积

　　贷：盈余公积——法定盈余公积

　　　　　　　——任意盈余公积

（4）分配给股东或投资者利润，会计分录为：

借：利润分配——应付现金股利或利润

　　贷：应付股利（或应付利润）

（5）转增资本，会计分录为：

借：利润分配——转做股本的股利

　　贷：股本等

（6）用盈余公积弥补亏损，会计分录为：

借：盈余公积——法定盈余公积

　　　　　　　——任意盈余公积

　　贷：利润分配——盈余公积补亏

（7）一般风险准备弥补亏损，会计分录为：

借：一般风险准备

　　贷：利润分配——一般风险准备补亏

（8）年末，将"利润分配"科目除"未分配利润"明细科目以外的其他明细科目结清，会计分录为：

借：利润分配——未分配利润

　　贷：利润分配——提取一般风险准备

　　　　　　　　——提取法定盈余公积

　　　　　　　　——提取任意盈余公积

　　　　　　　　——应付现金股利或利润

　　　　　　　　——转做股本的股利

借：利润分配——盈余公积补亏

　　　　　　　　——一般风险准备补亏

　　贷：利润分配——未分配利润

第五节　所有者权益的核算

所有者权益是投资者对企业资产的剩余要求权，是企业资产总额减去负债总额的差额。所有者权益是企业资金来源的重要组成部分。银行计提的一般准备金也是所有者权益的组成部分。

一、所有者权益概述

（一）所有者权益的概念

在第 6 号财务会计概念公告《财务报表要素》中，美国财务会计准则委员会（FASB）将所有者权益（Stockholders' Equity）定义为：所有者权益或净资产是某个主体的资产减去负债后的剩余权益。

国际会计准则委员会（IASB）在《关于编制和提供财务报表的框架》第 49 条中指出，产权是指在企业的资产中扣除企业全部负债以后的剩余权益。

我国《企业会计准则——基本准则》关于所有者权益定义为：所有者权益是企业资产扣除负债后由所有者享有的剩余权益。所有者权益的来源包括所有者投入的资本（股本和股本溢价）、直接计入所有者权益的利得和损失（资本公积）、留存收益（盈余公积和未分配利润）等。

直接计入所有者权益的利得和损失是指不应计入当期损益，会导致所有者权益发生增减变动，与所有者投入资本或者向所有者分配利润无关的利得或损失。

利得是指由企业非日常活动所形成的、会导致所有者权益增加、与所有者投入资本无关的经济利益的流入。

损失是指由企业非日常活动所发生的、会导致所有者权益减少、与向所有者分配利润无关的经济利益的流出。

（二）所有者权益的特征

从所有者权益的概念中可以看出，所有者权益具有以下几个基本特征：

1. 所有者权益是一种剩余权益

企业的资产总额只有在满足了债权人的全部要求权后，剩余的才能归企业投资人所有。因此，所有者权益是投资者对企业剩余财产的一种要求权，是企业的剩余权益（Surplus Claims）。当企业进行清算（Liquidation）时，变现后的资产首先用于偿还负债，剩余资产才在投资者之间按出资比例或股份比例进行分配。

2. 所有者权益是一种产权

所有者权益反映所有者与企业之间的产权（Equity）投资和被投资的关系，企业的所有者可以凭借对企业的所有权，享有管理或委托他人管理企业的权力、分配现金和财产的权力、企业清算时对剩余财产的要求权力以及出售或转让企业产权等方面的权力。

3. 所有者权益是一种权利

这种权利来自于投资将投入的可供企业长期使用的资源。投资者投入的资本在企业生产经营期间内，一般不得抽回，因此投资者投入的资本构成了企业长期性的资本来源。

4. 所有者权益是所有者的投入资本和资本增值

从构成上看，所有者权益包括所有者的原始投资和资本的经营增值。所有者的投资不但是企业实收资本（股本）的唯一来源，而且是企业资本公积的主要来源。在企业资本额不变的情况下，所有者权益的增长主要依靠企业的有效经营。企业获利时，净资产增加，投资者权益也随之增加；企业亏损和向投资者分配利润时，所有者权益也就相应减少。

（三）所有者权益的内容

不同组织形式的企业，其所有者权益的具体结构内容有所不同，一般而言，所有者权益的内容都应包括实收资本（股本）、资本公积、盈余公积和未分配利润。所有者的投资包括实收资本（股本）和资本公积。盈余公积和未分配利润是由企业在生产经营过程中所实现的利润（增值）留存在企业所形成的，又称为留存收益。

二、实收资本

（一）实收资本的概念

实收资本是指投资者按照商业银行的章程或合同、协议的约定，实际投入商业银行运营中的各种资产的价值。所有者投入的资本，一般情况下无需偿还，可以长期周转使用。实收资本是商业银行最原始的资金来源，是商业银行设立和生存的前提。

（二）实收资本核算的基本要求

一般来说，投资者可以采取现金、实物、无形资产或者发行股票等方式向商业银行进行投资。

1. 股份制商业银行实收资本的入账规定

（1）股份制商业银行的股本应当在核定的股本总额及核定的股份总额的范围内发行股票或股东出资取得。股本以发行的股票面值入账，超过面值发行股票取得的收入，其超过面值的部分，作为股本溢价，计入"资本公积"科目。

（2）境外上市商业银行以及在境内发行外资股的上市商业银行，其股本是按确定的人民币股票入账面值和核定的股份总额的乘积计算出的金额，以收到股款当日的汇率折合的人民币金额与按人民币计算的股票面值总额的差额，作为资本公积处理。

2. 非股份制商业银行实收资本的入账规定

（1）投资者以现金投入的资本，应当以实际收到的金额作为实收资本入账。实际收到的金额超过其在该商业银行注册资本中所占份额的部分，作为资本公积处理。

（2）投资者以实物、无形资产等非现金资产投入的资本，应以投资各方确认的价值作为实收资本入账。首次发行股票而接受投资者投入的无形资产，应以该项无形资产在投资方的账面价值入账。

（3）投资者投入的外币，合同没有约定汇率的，按收到出资额当日的汇率折算；合同约定汇率的，按合同约定的汇率折算。合同汇率与出资当日汇率不同而产生的差额，作为资本公积处理。

3. 实收资本的管理

为了确保商业银行经营活动的顺利进行，保障所有者的权益，必须贯彻资本保全原则。商业银行筹集的资本金，在经营期间投资者除依法转让外，不得以任何方式抽走。

符合增资条件并经有关部门批准增资的，在实际取得股东的出资时，增加实收资本（或股本）。商业银行按法定程序报经批准减少注册资本的，在实际返还投资时，减少实收资本（或股本）。

（三）实收资本的核算

1. 接受现金投入资本的核算

收到投资者以现金投入的资本时，应以实际收到的金额作为实收资本入账，借记"库存现金""银行存款"科目，贷记"实收资本"科目。对于实际收到的金额超过投资者在企业注册资本中所占份额的部分，应计入资本公积。

【例8-9】W商业银行收到投资者投入资本3 500万元，其中实收资本为2 000万元，超过实收资本的投入资本为1 500万元。款已收到并存入银行，编制会计分录如下：

借：银行存款 35 000 000
　贷：实收资本 20 000 000
　　　资本公积 15 000 000

2. 接受固定资产、无形资产等非现金资产投资的核算

企业收到投资者以非现金资产投入的资本时，应按投资双方的合同或协议方确认的价值作为实收资本入账，在办理完有关产权转移手续后，借记"固定资产""原材料""库存商品"等科目，贷记"实收资本"科目。对于投资双方确认的资产价值超过其在注册资本中所占份额的部分，应计入资本公积，贷记"资本公积"科目。

【例8-10】W商业银行接受甲投资者以固定资产（假设其增值税不允许抵扣）一批作为投资，协议作价120万元，其中80万元作为实收资本入账；接受乙投资者以一块土地使用权作为投资，协议作价240万元，其中180万元作为实收资本入账。W商业银行已办完了各实物的产权转移手续。

借：固定资产 1 200 000

无形资产	2 400 000
贷：实收资本——甲	800 000
——乙	1 800 000
资本公积——资本溢价	1 000 000

3. 接受外币资本投资的核算

接受外币资本投资主要是针对外商投资企业而言的。外商投资企业在接受外币资本投资时，一方面，应将实际收到的外币款项等资产作为资产入账，按收到外币当日的汇率折合的人民币金额，借记"银行存款"等科目；另一方面，应将接受的外币资产作为实收资本入账，但在具体折算时，则应区别情况，按照投资合同中是否约定汇率而定。

（1）如果投资合同中约定汇率的，应按收到外币当日的汇率折合的人民币金额，借记"银行存款"科目，按合同约定汇率折合的人民币金额，贷记"实收资本"科目，将外币资本按约定汇率折算的人民币金额与按收到外币当日汇率折合的人民币金额之间的差额，计入资本公积，借记或贷记"资本公积——外币资本折算差额"科目。

【例8-11】A商业银行接受丁外商投资100万美元，合同汇率为1美元折合人民币7.2元，A商业银行收到丁外商的投资当日的市场汇率为1美元折合人民币7.25元。A商业银行编制会计分录如下：

借：银行存款——美元（1 000 000×7.25）	7 250 000
贷：实收资本——丁外商	7 200 000
资本公积——外币资本折算差额	50 000

（2）如果投资合同没有约定汇率的，应以接收到出资额当日的汇率折合的人民币金额，借记"银行存款"科目，贷记"实收资本"科目，不形成资本公积。

【例8-12】A商业银行接受某外商投资100万美元，没有规定合同汇率，A商业银行收到该外商的投资当日的市场汇率为1美元折合人民币7.25元。A商业银行编制会计分录如下：

借：银行存款——美元（1 000 000×7.25）	7 250 000
贷：实收资本——外商	7 250 000

三、资本公积

（一）资本公积的概念

资本公积是指由投资者投入但不构成实收资本或股本，或从其他来源取得，由所有者共同享有的资金。资本公积与盈余公积不同，盈余公积是从净利润中提取的，而资本公积的形成有其特定的来源，与企业的净利润无关。资本公积与实收资本或股本也有区别。实收资本是投资者对企业的投入，并通过资本的投入谋求一定的经济利益，是分配股利的依据；资本公积有特定的来源，某些来源的资本公积并不由投资者投入，也不一定需要谋求投资报酬。

（二）资本公积的内容

资本公积主要包括资本（或股本）溢价、接受捐赠资产、股权投资准备、外币资本折算差额、关联交易差价、其他资本公积等。

资本（或股本）溢价是投资者投入的资金超过其在注册资本中所占份额的部分。

接受捐赠非现金资产是指商业银行因接受非现金资产捐赠而增加的资本公积。

接受现金捐赠资产是指商业银行因接受现金资产捐赠而增加的资本公积。

股权投资准备是在商业银行对被投资单位的长期股权投资采用权益法核算时，因被投资单位接受捐赠等原因增加了资本公积，商业银行按其持股比例计算而增加的资本公积。

外币资本折算差额是指商业银行接受外币投资时，因所采用的汇率不同而产生的资本折算差额。

关联交易差价是指上市的商业银行与其关联方之间的交易，由于显失公允的交易价格而形成的资本公积。关联交易差价不能用于转增资本或弥补亏损。

其他资本公积是指上述各项资本公积以外形成的资本公积金以及从资本公积准备项目转入的金额。债权人对按政策规定豁免的债务人的债务部分，也计入资本公积。

资本公积既可用于弥补亏损，也可用于转增资本。但接受捐赠的非现金资产，按规定计入"资本公积准备"科目，资本公积准备项目不能转增资本，需处置接受捐赠的非现金资产时，将"资本公积准备"科目转入"其他资本公积"科目后，可与其他资本公积合并转增资本。

（三）资本公积的会计处理

1. 股本溢价

溢价发行是指股票或债券按超过面值的价格发售。股份有限公司按高于面值的价格发行股票时，其实际收到的超过股票面值的数额，称为股本溢价。当股份有限公司以溢价方式发行股票时，在收到现金等资产时，按实际收到的金额，借记"库存现金""银行存款"等科目，按股票面值和核定的股份总额的乘积计算的金额，贷记"股本"科目，按溢价部分，贷记"资本公积——股本溢价"科目。

借：银行存款等科目
　　贷：实收资本（或股本）
　　　　资本公积——资本溢价

2. 股权投资准备的核算

商业银行对被投资单位的长期股权投资采用权益法核算时，因被投资单位除净利润以外增加所有者权益（资本公积），投资企业按其持股比例计算应增加资本公积。

【例 8-13】W 银行拥有 M 公司 30%具有表决权资本，对 M 公司的投资采用权益法核算。M 公司因某一原因本年增加资本公积 500 万元，W 银行应按 500 万元的 30%增加长期股权投资和资本公积。

W 银行编制会计分录如下：

借：长期股权投资——其他股权投资　　　　　　　　　　　1 500 000
　　贷：资本公积——股权投资准备　　　　　　　　　　　　　1 500 000

四、留存收益

（一）留存收益的内容

留存收益是商业银行通过其生产经营活动而创造积累、尚未分配给股东的净收益

（即净利润）。留存收益主要包括盈余公积和未分配利润。

1. 盈余公积

根据《中华人民共和国公司法》的规定，公司分配当年税后利润时，应当提取利润的 10%列入公司法定公积金。公司法定公积金累计额为公司注册资本的 50%以上的，可以不再提取。公司法定公积金不足以弥补以前年度亏损的，在提取法定公积金之前，应当先用当年利润弥补亏损。公司从税后利润中提取法定公积金后，经股东会或者股东大会决议，还可以从税后利润中提取任意公积金。

公司弥补亏损和提取法定公积金后所余税后利润，有限责任公司按股东实缴的出资比例分配红利；股份有限公司按股东持有的股份比例分配红利，但股份有限公司章程规定不按持股比例分配的除外。

股东会、股东大会或者董事会违反规定，在公司弥补亏损和提取法定公积金之前向股东分配利润的，股东必须将违反规定分配的利润退还公司。

公积金可以用于弥补公司的亏损、扩大生产经营或者转为公司资本或股本，但是资本公积金不得用于弥补公司亏损。法定公积金转为资本时，所留存的该项公积金不得少于转增前公司注册资本的 25%。

法定盈余公积和任意盈余公积的主要区别在于各自计提的依据不同。前者是依据《中华人民共和国公司法》提取的，具有明显的强制性；后者则由公司自行决定提取。两者的用途相同，主要用于弥补亏损和转增股本。

2. 未分配利润

未分配利润是商业银行留待以后年度进行分配的结存利润，是所有者权益的组成部分。未分配利润包括两层含义：一层含义是这部分利润没有分给投资者；另一层含义是这部分利润未指定用途。公司对未分配利润的使用分配与所有者权益的其他部分相比有较大的自主权。从数量上来说，未分配利润是期初未分配利润，加上本年实现的税后利润，减去提取的各种盈余公积和分配给股东的利润后的剩余金额。

（二）留存收益的会计处理

1. 盈余公积的会计处理

为了反映公司盈余公积的提取和使用等增减变动情况，商业银行应设置"盈余公积"科目。商业银行按规定提取的法定盈余公积和任意盈余公积，记入"盈余公积"科目的贷方，商业银行将盈余公积用于弥补亏损、转增股本而减少的盈余公积，记入"盈余公积"科目的借方，"盈余公积"科目的贷方余额表示商业银行提取的盈余公积余额。"盈余公积"科目下应设置"法定盈余公积""任意盈余公积"等明细账。

【例 8-14】W 商业银行 2018 年度实现的税后利润为 2 000 000 元。股东大会通过的利润分配方案中，决定提取 10%的税后利润作为法定盈余公积金，8%的税后利润作为任意盈余公积。W 商业银行提取法定盈余公积和任意盈余公积的会计处理如下：

借：利润分配——提取法定盈余公积金　　　　　　　　　　　　　　　200 000
　　　　　　——提取任意盈余公积金　　　　　　　　　　　　　　　160 000
　　贷：盈余公积——法定盈余公积　　　　　　　　　　　　　　　　　　200 000
　　　　　　　　——任意盈余公积　　　　　　　　　　　　　　　　　　160 000

【例 8-15】2018 年 6 月 30 日 W 商业银行经股东决议，将提取的法定盈余公积中的 100 000 元、任意盈余公积中的 200 000 元用于转增股本。

W 商业银行以盈余公积转增股本的会计处理如下：

借：盈余公积——法定盈余公积 100 000

　　　　——任意盈余公积 200 000

　贷：股本 300 000

【例 8-16】W 商业银行用任意盈余公积弥补当年亏损 250 000 元。会计处理如下：

借：盈余公积——任意盈余公积 250 000

　贷：利润分配——盈余公积弥补亏损 250 000

2. 未分配利润的会计处理

年度终了，商业银行应将全年实现的净利润，从"本年利润"科目转入"利润分配——未分配利润"科目。如果当年实现盈利，则借记"本年利润"科目，贷记"利润分配——未分配利润"科目；如果当年为亏损，则借记"利润分配——未分配利润"科目，贷记"本年利润"科目。然后将"利润分配"科目下的其他明细账的余额（即应付股利、提取法定盈余公积、提取任意盈余公积、盈余公积补亏等科目）转入"未分配利润"明细科目。结转后，"未分配利润"科目的贷方余额，就是未分配利润的数额。如出现借方余额，则表示未弥补亏损的数额。

【例 8-17】W 商业银行 2018 年"本年利润"年末贷方余额为 3 500 000 元，本年已提取法定盈余公积为 350 000 元，已提取任意盈余公积为 200 000 元，应付股利为 2 500 000 元。"利润分配——未分配利润"科目的期初贷方余额为 100 000 元。W 商业银行的会计处理如下：

（1）结转全年利润：

借：本年利润 3 500 000

　贷：利润分配——未分配利润 3 500 000

（2）结转利润分配的其他明细科目。

借：利润分配——未分配利润 3 050 000

　贷：利润分配——提取法定盈余公积 350 000

　　　　——提取任意盈余公积 200 000

　　　　——应付股利 2 500 000

根据上述核算的结果可知，W 商业银行 2018 年"利润分配——未分配利润"科目的期末贷方余额为 550 000 元（100 000+3 500 000-3 050 000），表示公司尚未分配的利润。

银行如果发生了亏损，如同实现净利润一样，均从"本年利润"科目转入"利润分配"科目。结转后，上年未分配的利润自然抵补了亏损。如上年未分配的利润不够补亏，则"利润分配"科目仍然有借方余额，表示未弥补的亏损，第二年实现了净利润，用同样的方法自"本年利润"科目转入"利润分配"科目。结转后，自然抵减了上年转来的借方余额，即弥补了亏损，无需编制专门用利润弥补亏损的会计分录。

练习题

一、复习思考题

1. 商业银行的营业收入包括哪些内容?

2. 商业银行的费用包括哪些内容?

3. 商业银行的利得与损失包括哪些内容?

4. 怎样计算商业银行的利润总额和净利润?

5. 商业银行利润分配的次序是什么?

二、业务练习题

1. 中国银行某支行发生了以下经济业务:

(1) 以现金支付电脑小修理费用 200 元。

(2) 发放本月职工工资 200 000 元。

(3) 向企业收取结算业务手续费 800 元。

(4) 支付给企业单位存款利息 98 000 元。

(5) 支付重要银行同业存款利息 180 000 元。

(6) 确认贷款利息收入 78 000 元。

(7) 收到中国人民银行发来的收款通知,系中国人民银行支付给本行代办业务的手续费 9 000 元。

(8) 因办理外汇兑换和汇率变动,发生净收益 60 000 元。

(9) 收到中国人民银行发来的收款通知,系存款准备金的利息收入 1 400 000 元。

要求:对上述发生的经济业务编制会计分录。

2. 年度终了,某银行各项收支科目的余额如下:

利息收入 9 000 万元,公允价值变动损益 3 400 万元,手续费及佣金收入 2 000 万元,汇兑收益 650 万元,其他业务收入 700 万元,投资收益 500 万元,营业外收入 84 万元;利息支出 6 200 万元,资产减值损失 2 300 万元,手续费支出 35 万元,业务及管理费 180 万元,其他业务成本 28 万元,税金及附加 986 万元,营业外支出 30 万元。

按规定从税前利润弥补亏损 18 万元。

要求:根据下列要求进行相应会计处理。

(1) 将各项收入、费用支出结转"本年利润"账户。

(2) 按照 25% 的税率计算所得税并结转(假设不需要做纳税调整)。

(3) 结转本年利润。

(4) 按照净利润的 10% 提取法定盈余公积。

(5) 提取一般风险准备 350 万。

(6) 将利润分配各有关明细账户余额结转"利润分配——未分配利润"账户。

第九章

金融企业财务报告

　　本章主要讲述了金融企业财务报表的内容和结构以及金融企业财务报表的编制。金融企业财务报表主要包括资产负债表、利润表、现金流量表和所有者权益变动表。资产负债表是反映金融企业某一特定日期财务状况的会计报表。利润表是反映金融企业一定期间经营成果的会计报表。现金流量表是综合反映金融企业在一定期间内现金的流入和流出，表明企业获取现金和现金等价物能力的财务报表。所有者权益变动表则是反映了构成所有者权益的各个组成部分当期的增减变动情况的报表。本章共六节内容，分别讲述了这四张报表及附注的内容和结构以及如何填制。通过本章的学习，应能够编制金融企业的财务报表，了解每个报表的作用及报表中各个项目的意义、报表与账户之间的钩稽关系等。

第一节　金融企业财务报告概述

一、财务会计报告概述

　　与其他企业一样，金融企业要定期或不定期向投资者、债权人、金融监管当局等提供财务会计信息，使其了解金融企业经营成果和财务状况、现金流量等财务信息，作为信息使用者投资决策或监管的依据。同时，金融企业财务报告也是企业自身加强和完善经营管理的重要依据。

　　会计的目标是向用户提供有用的财务信息。会计信息的用户主要包括投资人、债权人、财税机关及其他政府部门等外部使用者和企业管理当局、企业职工等内部使用者。不同的用户对财务报告的需求不同，因而对财务报告使用的着眼点不同，财务报告所起的作用也不同。

　　企业现有和潜在的投资者需要利用财务报告信息了解企业管理层受托责任履行情况，以便做出合理的投资决策。在市场经济的条件下，企业的资源是由投资人和债权人提供的。由于所有权和经营权的分离，投资者不参与企业的经营和管理，所以会计信息就成为他们了解企业经营情况的主要来源。投资者需要利用财务报告信息来分析评价企业的资产状况、盈利能力和产品的市场竞争能力及其所处行业的发展前景等，以便做出是否投资的决策。债权人需要利用财务报告信息分析与估计贷款的风险、报酬，以及企业资产的流动状况、偿债能力和资本结构等，为信贷决策寻求科学依据。政府部门对企业的财务报告信息，通过综合、加工、汇总和分析，借以考核国民经济总体运行情况，从中发现存在的问题，从而对宏观经济运行做出准确的决策，为国民经济的宏观调控提供依据，有效地实现社会资源在各部门的合理配置，促进经济的良性循环。企业管理当局借助于财务报告信息，可以评价其经营业绩，从中发现问题，找出差距，以便加强管理，提高经济效益。

二、财务报告的编制要求

金融企业编制财务报告的目的是向会计信息使用者提供反映企业财务状况、经营成果和现金流量等方面的信息。为了实现财务报告的编制目的，单位编制的财务报告应当真实可靠、全面完整、编报及时、便于理解，符合国家统一的会计制度和会计准则的有关规定。

（一）真实可靠

要使会计信息有用，首先会计信息必须真实可靠。如果财务报告所提供的会计信息不可靠，就会对使用者产生误导，从而导致使用者产生损失。因此，金融企业应当以实际发生的交易或者事项为依据进行确认、计量，将符合会计要素定义及其确认条件的资产、负债、所有者权益、收入、费用和利润等如实反映在财务报告中，不得根据虚构的、没有发生的或者尚未发生的交易或者事项进行确认、计量和报告，也不得故意歪曲经济业务的实质，扭曲财务报告所反映的事实。

（二）全面完整

金融企业应当按照有关规定编报财务报告，不得漏编漏报，更不得有意隐瞒，力求保证相关信息全面、完整，充分披露。

（三）编报及时

金融企业对于已经发生的交易或者事项，应当及时进行确认、计量和报告，以提高信息的时效性，帮助财务报告使用者及时决策。为了保证编报及时，单位平时就应按照规定的时间做好记账、算账和对账工作，做到日清月结，按照规定的期限编制完成财务报告并对外报出，不得延迟，但也不能为赶编财务报告而提前结账。

（四）便于理解

金融企业提供的会计信息应当清晰明了，便于财务报告使用者理解和使用。对于某些复杂的信息，如交易本身较为复杂或者会计处理较为复杂，但与使用者决策相关的，还应当在财务报告中予以充分说明。

三、财务报告的组成

企业财务报告由财务报表和财务报表附注两部分内容组成。财务报表以统一的表格形式提供企业的财务状况、经营成果和现金流量的信息；财务报表附注以文字的形式对报表的某些项目做进一步的补充说明，并对企业的会计政策和重大事项等予以披露。

金融企业财务报表主要包括资产负债表、利润表、现金流量表和所有者权益变动表。资产负债表是反映金融企业某一特定日期财务状况的会计报表。利润表是反映金融企业一定期间经营成果的会计报表。现金流量表是综合反映金融企业在一定期间内现金的流入和流出，表明企业获得现金和现金等价物能力的财务报表。所有者权益变动表则是反映了构成所有者权益的各个组成部分当期的增减变动情况的报表。

第二节　资产负债表

一、资产负债表概述

资产负债表是反映企业某一特定日期财务状况的会计报表，是根据资产、负债和所有者权益（或股东权益，下同）之间的相互关系，按照一定的分类标准和一定的顺序，对企业一定日期的资产、负债和所有者权益各项目予以适当排列，并对日常工作中形成的大量数据进行高度浓缩整理后编制而成的。金融企业资产负债表表明了金融企业在某一特定日期所拥有或控制的经济资源、所承担的现时义务和所有者对净资产的要求权，揭示和反映了金融企业一定时点的理财结构。

资产负债表是主要财务报表之一，也是最重要的财务报表，其提供的信息对国家、投资人、债权人及其他报表使用者有着重要的作用。通过资产负债表，有关方面可以了解金融企业以下几个方面情况：金融企业掌握的经济资源及其构成；金融企业的负债渠道及其构成；金融企业所有者权益的构成；金融企业未来财务状况的变化趋势。

二、资产负债表的格式

资产负债表各类项目在表中的排列结构，就形成了各种各样的资产负债表格式。资产负债表一般有两种格式：账户式（Account Form）和报告式（Report Form）。

（一）报告式资产负债表

报告式或直列式资产负债表也是根据"资产＝负债＋所有者权益"这一平衡原理编制的。报告式资产负债表将资产、负债和所有者权益三大要素的项目上下排列，即先列资产，后列负债，最后列所有者权益。报告式资产负债表便于编制比较资产负债表，可在一张表中平行列示若干期资产负债表数字。但是报告式资产负债表的不足是资产、负债及所有者权益之间的平衡关系不够一目了然，并且因资产、负债及所有者权益的项目太多，使报表上下太长而不便于编制，也不便于报表的使用。

（二）账户式资产负债表

账户式资产负债表又称为平衡式资产负债表，是依据"资产＝负债＋所有者权益"的会计平衡式，利用账户形式（左右对照式）来编制的。由于资产负债表是反映企业某一时点上的资产、负债及所有者权益分布状况的静态情况的，而账户的期末余额提供的就是各会计要素的静态指标，所以账户式资产负债表的格式类似于账户的格式，并且是根据账户的期末余额填列的。因为资产账户的期末余额一般在账户的借方（左方），资产负债表的左方填列资产类的全部项目；负债和所有者权益账户的余额一般在账户的贷方（右方），资产负债表右方填列负债和所有者权益的全部项目。资产负债表中资产、负债均按其流动性强弱先后排列，流动性强的排在前面，流动性弱的排在后面。负债偿还期短的排在前面，偿还期长的排在后面。所有者权益按形成来源分类后，按其留在企业的永久程度先后排列。

账户式资产负债表能使资产、负债及所有者权益的平衡关系一目了然，尤其易于比较流动资产和流动负债的数额和关系，但不便于编制几年的比较资产负债表。

我国商业银行的资产负债表要求采用账户式结构，其格式如表 9-1 所示。

表 9-1　　　　　　　　　　　　**商业银行资产负债表**

编制单位：　　　　　　　　　____年__月__日　　　　　　　　　商银 01 表

单位：元

资产	期末余额	期初余额	负债和所有者权益	期末余额	期初余额
资产：			负债：		
现金及存放中央银行款项			向中央银行借款		
存放同业款项			同业及其他金融机构存放款项		
贵金属			拆入资金		
拆出资金			交易性金融负债		
交易性金融资产			衍生金融负债		
衍生金融资产			卖出回购金融资产款		
买入返售金融资产			吸收存款		
应收利息			应付职工薪酬		
发放贷款和垫款			应交税费		
可供出售金融资产			应付利息		
持有至到期投资			预计负债		
长期股权投资			应付债券		
投资性房地产			递延所得税负债		
固定资产			其他负债		
无形资产			负债合计		
递延所得税资产			所有者权益（或股东权益）：		
其他资产			实收资本（或股本）		
			资本公积		
			减：库存股		
			盈余公积		
			一般风险准备		
			未分配利润		
			所有者权益（或股东权益）合计		
资产总计			负债和所有者权益（或股东权益）总计		

三、资产负债表的编制

资产负债表是一种静态的会计报表，资产负债表的编制主要是根据有关科目总账和分户账的期末余额直接或汇总填列。有些项目根据总账和（或）分户账余额计算填列；有些项目不能直接根据有关科目的期末余额填列，必须对有关账户资料进行分析调整计算后填列。

资产负债表中，"期初余额"栏内各项数字，应根据上年年末资产负债表"期末余额"栏内所列数字填列。如果本年度资产负债表规定的各个项目的名称和内容与上年度有所不同，应对上年年末资产负债表各项目的名称和数字，按照本年度的规定进行调整后，填入本表"期初余额"栏内。

以商业银行为例，资产负债表各项目的内容和填列方法如下：

（一）资产项目

1. "现金及存放中央银行款项"项目

该项目反映银行货币资金的情况。它根据"库存现金""存放中央银行款项"账户的期末余额合计填列。

2. "存放同业款项"项目

该项目反映银行与同业之间资金往来业务而存放于同业的资金。它根据"存放同业"账户的期末余额填列。

3. "贵金属"项目

该项目反映银行在国家允许的范围内买入的黄金、白银等贵重金属按成本与可变现净值孰低计量的价值。它根据"贵金属"账户的期末余额填列。

4. "拆出资金"项目

该项目反映银行拆借给境内、境外其他金融机构的款项。它根据"拆出资金"账户的期末余额，减去"贷款损失准备"账户所属相关明细科目的期末余额后分析填列。

5. "交易性金融资产"项目

该项目反映银行企业为交易目的所持有的债券投资、股票投资、基金投资等。它根据"交易性金融资产"账户的期末余额填列。

6. "衍生金融资产"项目

该项目反映银行企业期末持有的衍生工具、套期工具、被套期项目中属于衍生金融资产的金额。它根据"衍生工具""套期工具""被套期工具"等账户的期末借方余额分析填列。

7. "买入返售金融资产"项目

该项目反映银行企业期末持有的买入返售金融资产价值。它根据"买入返售金融资产"账户的期末余额填列。买入返售金融资产计提了坏账准备的，还要减去"坏账准备"所属相关明细账户的期末余额。

8. "应收利息"项目

该项目反映银行因经营业务发生的各种应收利息。它根据"应收利息"等账户的期末余额填列。

9. "发放贷款和垫款"项目

该项目反映银行企业发放的贷款和贴现资产扣减贷款损失准备后的金额。它根据"贷款""贴现资产"等账户的期末借方余额合计，减去"贷款损失准备"所属相关明细账户的期末余额后分析填列。

10. "可供出售金融资产"项目

该项目反映银行企业持有的按公允价值计量的可供出售的股票投资、债券投资等金融资产。它根据"可供出售金融资产"账户的期末余额，减去"可供出售金融资产减值准备"账户的期末余额后的金额填列。

11. "持有至到期投资"项目

该项目反映银行企业持有的以摊余成本计量的"持有至到期投资"。它根据"持有至到期投资"账户的期末余额，减去"持有至到期投资减值准备"账户的期末余额后的金额填列。

12. "长期股权投资"项目

该项目反映银行企业持有的对子公司、联营企业、合营企业的长期股权投资。它根据"长期股权投资"账户的期末余额，减去"长期股权投资减值准备"账户的期末余额后的金额填列。

13. "投资性房地产"项目

该项目反映银行企业持有的投资性房地产。企业采用成本模式计量的，该项目根据"投资性房地产"账户的期末余额，减去"投资性房地产累计折旧"和"投资性房地产减值准备"账户的期末余额后的金额填列；企业采用公允价值模式计量的，该项目根据"投资性房地产"账户的期末余额填列。

14. "固定资产"项目

该项目反映银行企业自有和融资性租入固定资产的净值。该项目根据"固定资产"账户的期末余额，减去"累计折旧"和"固定资产减值准备"账户的期末余额后的金额填列。

15. "无形资产"项目

该项目反映银行企业持有的各项无形资产的价值。它根据"无形资产"账户的期末余额，减去"累计摊销"和"无形资产减值准备"账户的期末余额后的金额填列。

16. "递延所得税资产"项目

该项目反映银行企业确认的可抵扣暂时性差异的递延所得税资产。它根据"递延所得税资产"账户的期末余额填列。

17. "其他资产"项目

该项目反映银行除以上资产以外的其他资产，如存出保证金、应收股利、其他应收款等的账面余额。它根据有关账户的期末余额填列。已计提减值准备的，还应扣减相应的减值准备。

长期应收款账面余额扣减累计减值准备和未实现融资收益后的净额、抵债资产账面余额扣减累计跌价准备后的净额、"代理兑付证券"减去"代理兑付证券款"后的借方余额，也在这一项目反映。

（二）负债项目

1."向中央银行借款"项目

该项目反映银行从中央银行借入的款项。它根据"向中央银行借款"账户的期末余额填列。

2."同业及其他金融机构存放款项"项目

该项目反映银行与同业进行资金往来而发生的同业存放于本银行的款项。它根据"同业存放"等账户的期末余额填列。

3."拆入资金"项目

该项目反映从其他银行或其他金融公司借入的短期资金。它根据"拆入资金"账户的期末余额填列。

4."交易性金融负债"项目

该项目反映银行企业为交易目的购买债券、股票、基金等而形成的负债。它根据"交易性金融负债"账户的期末余额填列。

5."衍生金融负债"项目

该项目反映银行企业衍生工具、套期项目、被套期项目中属于衍生金融负债的金额。它根据"衍生工具""套期项目""被套期工具"等账户的期末贷方余额分析填列。

6."卖出回购金融资产款"项目

该项目反映银行企业卖出回购证券业务所形成的负债。它根据"卖出回购金融资产款"账户的期末余额填列。

7."吸收存款"项目

该项目反映银行企业吸收存款业务所形成的负债。它根据"吸收存款"账户的期末余额填列。

8."应付职工薪酬"项目

该项目反映银行企业根据有关规定应付给职工的工资、职工福利、社会保险费、住房公积金、工会经费、职工教育经费、非货币性福利、辞退福利等各种薪酬。它根据"应付职工薪酬"账户的期末余额填列。

9."应交税费"项目

该项目反映银行应交未交的各种税费。它根据"应交税费"账户的期末余额填列，如"应交税费"账户为借方余额，应以"-"号填列。

10."应付利息"项目

该项目反映银行吸收的各种存款及各种借款当期应付未付的利息。它根据"应付利息"账户的期末余额填列。

11."预计负债"项目

该项目反映银行的预计负债，它根据"预计负债"账户的期末余额填列。

12."应付债券"项目

该项目反映银行为筹集长期资金而发行的债券本金和利息。它根据"应付债券"账户的期末余额填列。

13."递延所得税负债"项目

该项目反映银行确认的应纳税暂时性差异产生的所得税负债。它根据"递延所得税负债"账户的期末余额填列。

14."其他负债"项目

该项目反映银行除以上负债以外的其他负债，如存入保证金、应付股利、其他应付款、递延收益等负债。它根据"存入保证金""应付股利""其他应付款""递延收益"账户的期末余额填列。

长期应付款账面余额扣减未确认融资费用后的净额、"代理兑付证券"减去"代理兑付证券款"后的贷方余额，也在这一项目反映。

（三）所有者权益项目

1."实收资本（或股本）"项目

该项目反映银行实际收到的资本（或股本）总额。它根据"实收资本"或"股本"账户的期末余额填列。

2."资本公积"项目

该项目反映银行资本公积的情况。它根据"资本公积"账户的期末余额填列。

3."库存股"项目

该项目反映银行企业持有的尚未转让或注销的本公司股份金额。它根据"库存股"账户的期末余额填列。

4."盈余公积"项目

该项目反映银行企业盈余公积的情况。它根据"盈余公积"账户的期末余额填列。

5."一般风险准备"项目

该项目反映银行按一定比例从净利润中提取的一般风险准备。它根据"一般准备"账户的期末余额填列。

6."未分配利润"项目

该项目反映银行盈利尚未分配部分。它根据"本年利润"账户和"利润分配"账户的"未分配利润"明细账的期末余额分析填列。未弥补的亏损在本项目用"-"号填列。

第三节　利润表

一、利润表概述

利润表是反映金融企业一定期间经营成果的会计报表。利润表是将金融企业一定期间的营业收入与其同一会计期间相关的营业费用进行配比，以计算出金融企业一定时期的净利润（或净亏损）的报表。通过利润表反映的收入、费用等情况，能够反映金融企业经营收益和成本耗费情况，表明企业经营成果；同时，通过利润表提供的不同时期的比较数字（本期金额、上期金额），可以分析企业今后利润的发展趋势及获利能力。由于利润是企业经营业绩的综合体现，又是进行利润分配的主要依据，因此利润表是会计报表中的主要报表。

利润表是根据"收入-费用＝利润"这一会计等式所体现的动态要素之间的内在联系来设计和编制的。

二、利润表的格式

利润表是通过一定表格来反映企业经营成果的，其编制方法有单步式和多步式两种。

（一）单步式利润表

单步式（Single-step Form）利润表是指利润数据只需根据全部收入和全部费用的关系简单计算，不提供诸如主营业务利润、营业利润、利润总额等中间性收益指标及其构成项目，用所有收入减去所有成本费用及损失项目之和得出净利润指标。采用单步式的理由是，这些中间性的利润信息对信息使用者没有多大的实用价值，反而可能会引起误解。采用单步式能直接计算和报告本期内实现的净收益，以表明经营者在一定时期内的经营业绩和资产增值情况。根据这一特点，单步式利润表的格式相对简单。单步式利润表的优点是所提供信息如何剖析、解释，可任用户视其需要灵活掌握；单步式利润表的不足之处是一些有实际意义的中间性信息不能直接反映出来，不利于直观分析金融企业的收益构成、收益质量及预测金融企业的未来获利能力。

（二）多步式利润表

多步式（Multiples-step Form）利润表是将利润表的内容进行多项分类，并产生一些中间性收益信息的损益表。由于从营业收入到净收益，要进行多步计算，可以得出几种收益信息，故称多步式。多步式利润表可以更全面地反映企业关于收益及其构成项目的形成情况，提供更多的信息，有利于报表使用者了解金融企业经营成果的不同来源，有利于对金融企业经营情况进行分析，有利于利润表的纵向和横向比较。

我国商业银行的利润表规定采用多步式结构，其格式如表9-2所示。

表 9-2　　　　　　　　　　　　　商业银行利润表

编制单位：　　　　　　　　　　___年___月___日　　　　　　　　　　商银 02 表

单位：元

项目	本期金额	上期金额
一、营业收入		
利息净收入		
利息收入		
利息支出		
手续费及佣金净收入		
手续费及佣金收入		
手续费及佣金支出		
投资收益（损失以"-"号填列）		
其中：对联营企业和合营企业的投资收益		
公允价值变动损益（损失以"-"号填列）		
汇兑损益（损失以"-"号填列）		

表9-2(续)

项目	本期金额	上期金额
其他业务收入		
二、营业支出		
税金及附加		
业务及管理费		
资产减值损失		
其他业务成本		
三、营业利润（亏损以"-"号填列）		
加：营业外收入		
减：营业外支出		
四、利润总额（亏损以"-"号填列）		
减：所得税费用		
五、净利润（净亏损以"-"号填列）		
六、每股收益：		
（一）基本每股收益		
（二）稀释每股收益		

三、利润表的编制方法

利润表的编制主要是根据有关损益类账户的发生额分析填列。

利润表中，"上期金额"栏内各项数字，应根据上年该期利润表"本期金额"栏内所列数字填列。如果本年该期利润表规定的各个项目的名称和内容与上年该期有所不同，应对上年该期利润表各项目的名称和数字按照本期的规定进行调整后，填入本表"上期金额"栏内。利润表"本期金额"栏内各项数字应根据损益类账户的发生额分析填列。

以商业银行为例，利润表各项目的内容和填列方法如下：

（一）"营业收入"项目

该项目反映银行经营业务各种收入的总额。它根据"利息净收入""手续费及佣金净收入""投资收益""公允价值变动收益""汇兑收益""其他业务收入"等项目的金额合计填列。

（二）"利息净收入"项目

该项目根据"利息收入"项目金额减去"利息支出"项目金额后的差额填列。

（三）"手续费及佣金净收入"项目

该项目根据"手续费及佣金收入"项目金额减去"手续费及佣金支出"项目金额后的差额填列。

（四）"投资收益"项目

该项目反映银行对外投资获取的投资利润、股票股利和债券利息收入。它根据"投资收益"账户的借贷发生额的差额填列。

（五）"汇兑收益"项目

该项目反映银行进行外汇买卖或外币兑换等业务而发生的汇兑收益。它根据"汇兑收益"账户发生额分析填列。如为净损失，用"-"号填列。

（六）"其他业务收入"项目

该项目反映银行除存款、贷款、投资、政府债券买卖和代理业务、结算业务以及金融机构往来以外获取的收入。它根据"其他业务收入"账户的发生额填列。

（七）"营业支出"项目

该项目反映银行各项营业支出的总额。它根据"税金及附加""业务及管理费""资产减值损失""其他业务成本"等项目的金额合计填列。

（八）"业务及管理费"项目

该项目反映银行企业在经营和管理过程中发生的电子设备运转费、安全防范费、物业管理费等费用。它根据"业务及管理费"账户的发生额填列。

（九）"营业利润"项目

该项目反映银行实现的经营利润。它根据"营业收入"项目减去"营业支出"项目的金额填列。

（十）"利润总额"项目

该项目反映银行当期收入、费用事项所形成的全部利润或亏损。它根据"营业利润"项目，加上"营业外收入"项目，减去"营业外支出"项目的金额填列。

（十一）"净利润"项目

该项目反映银行扣除所得税后，当期获得的净收益。它根据"利润总额"减去"所得税费用"项目后填列。

第四节　现金流量表

一、现金流量表概述

现金流量表是综合反映银行在一定期间内现金及现金等价物的流入和流出，表明企业获得现金和现金等价物能力的财务报表。现金流量表中的现金，是指银行库存现金以及可以随时用于支付的各种存款，包括库存现金、存放中央银行款项、存放同业款项、存放系统内存款、拆放同业款项等。现金等价物是银行持有的期限短、流动性强、易于转换为已知金额现金、价值变动风险很小的投资，比如 3 个月内到期的债券投资或商业票据。

依据现金流量表，会计报表使用者可以了解金融企业获取现金的能力，预测其未来现金流量，评价金融企业经营业绩，衡量金融企业财务资源和财务风险并预测其未来前景，从而做出正确的投资决策。

二、现金流量表的编制基础

现金流量表以现金及现金等价物为基础编制，划分为经营活动、投资活动和筹资活动，按照收付实现制原则编制，将权责发生制下的盈利信息调整为收付实现制下的现金流量信息。

三、现金流量的分类及列示

根据企业业务活动的性质和现金流量的来源，《企业会计准则第 31 号——现金流量表》将企业一定期间产生的现金流量分为三类：经营活动现金流量、投资活动现金流量和筹资活动现金流量。

（一）经营活动

经营活动是指企业投资活动和筹资活动以外的所有交易和事项。各类企业由于行业特点不同，对经营活动的认定存在一定差异。对于工商企业而言，经营活动主要包括销售商品、提供劳务、购买商品、接受劳务、支付税费等。对于商业银行而言，经营活动主要包括吸收存款、发放贷款、同业存放、同业拆借等。对于保险公司而言，经营活动主要包括原保险业务和再保险业务等。对于证券公司而言，经营活动主要包括自营证券、代理承销证券、代理兑付证券、代理买卖证券等。

（二）投资活动

投资活动是指企业长期资产的购建和不包括在现金等价物范围内的投资及其处置活动。长期资产是指固定资产、无形资产、在建工程、其他资产等持有期限在一年或一个营业周期以上的资产。这里所讲的投资活动，既包括实物资产投资，也包括金融资产投资。这里之所以将"包括在现金等价物范围内的投资"排除在外，是因为已经将包括在现金等价物范围内的投资视同现金。不同企业由于行业特点不同，对投资活动的认定也存在差异。例如，交易性金融资产所产生的现金流量，对于工商业企业而言，属于投资活动现金流量，而对于证券公司而言，属于经营活动现金流量。

（三）筹资活动

筹资活动是指导致企业资本及债务规模和构成发生变化的活动。这里所说的资本，既包括实收资本（股本），也包括资本溢价（股本溢价）；这里所说的债务，是指对外举债，包括向银行借款、发行债券以及偿还债务等。通常情况下，应付账款、应付票据等属于经营活动，不属于筹资活动。

对于企业日常活动之外特殊的、不经常发生的特殊项目，如自然灾害损失、保险赔款、捐赠等，应当归并到相关类别中，并单独反映。例如，对于自然灾害损失和保险赔款，如果能够确知属于流动资产损失，应当列入经营活动产生的现金流量；属于固定资产损失，应当列入投资活动产生的现金流量。如果不能确知，则可以列入经营活动产生的现金流量。捐赠收入和支出，可以列入经营活动。如果特殊项目的现金流量金额不大，则可以列入现金流量类别下的"其他"项目，不单列项目。

四、现金流量表的结构和内容

商业银行现金流量表的结构和内容如表 9-3 所示。

现金流量表由主表和补充资料两部分组成。其中，主表按照现金流量的分类，分为经营活动产生的现金流量、投资活动产生的现金流量和筹资活动产生的现金流量三部分，从现金流入和流出两个方面列报有关现金收付项目和现金流量净额，这种列表方法称为直接法。

补充资料则是从另一个角度，即以净利润为起点，通过调整不涉及现金的收入、费用、营业外收支等有关项目的增减变动，据以计算出经营活动产生的现金流量，是经营活动现金流量的又一种列表方法，与直接法相区别，称为间接法。

表 9-3　　　　　　　　　　**商业银行现金流量表**

编制单位：　　　　　　　　　　___年__月__日　　　　　　　　　商银 03 表

单位：元

项目	本期余额	上期余额
一、经营活动产生的现金流量：		
客户存款和同业存放款项净增加额		
向中央银行借款净增加额		
向其他金融机构拆入资金净增加额		
收取利息、手续费及佣金的现金		
收到其他与经营活动有关的现金		
经营活动现金流入小计		
客户贷款及垫款净增加额		
存放中央银行和同业款项净增加额		
支付手续费及佣金的现金		
支付给员工以及为员工支付的现金		
支付的各项税费		
支付其他与经营活动有关的现金		
经营活动现金流出小计		
经营活动产生的现金流量净额		
二、投资活动产生的现金流量：		
收回投资收到的现金		
取得投资收益收到的现金		
收到其他与投资收益活动有关的现金		
投资活动现金流入小计		
投资支付的现金		
购建固定资产、无形资产和其他长期资产支付的现金		
支付其他与投资活动有关的现金		

表9-3(续)

项目	本期余额	上期余额
投资活动现金流出小计		
投资活动产生的现金流量净额		
三、筹资活动产生的现金流量		
吸收投资收到的现金		
发行债券收到的现金		
收到其他与筹资活动有关的现金		
筹资活动现金流入小计		
偿还债务支付的现金		
分配股利、利润或偿付利息支付的现金		
支付的其他与筹资活动有关的现金		
筹资活动现金流出小计		
筹资活动产生的现金流量净额		
四、汇率变动对现金及现金等价物的影响		
五、现金及现金等价物净增加额		
加：期初现金及现金等价物余额		
六、期末现金及现金等价物余额		

五、商业银行现金流量表各要素的填列方法

（一）经营活动产生的现金流量

企业应当采用直接法列示经营活动产生的现金流量。经营活动是指企业投资活动和筹资活动以外的所有交易和事项。直接法是指通过现金收入和现金支出的主要类别列示经营活动的现金流量。金融企业经营活动产生的现金流量至少应当单独列示，反映下列信息的项目：

1. "客户存款和同业存放款项净增加额"项目

本项目反映商业银行本期吸收的境内外金融机构以及非同业存放款项以外的各种存款的净增加额。本项目可以根据"吸收存款""同业存放"等科目的记录分析填列。商业银行可以根据需要增加项目。例如，本项目可以分解成"吸收活期存款净增加额""吸收活期存款以外的其他存款""支付活期存款以外的其他存款""同业存放净增加额"等项目。

2. "向中央银行借款净增加额"项目

本项目反映商业银行本期向中央银行借入款项的净增加额。本项目可以根据"向中央银行借款"科目的记录分析填列。

3. "向其他金融机构拆入资金净增加额"项目

本项目反映商业银行本期从境内外金融机构拆入款项所取得的现金，减去拆借给境内外金融机构款项而支付的现金后的净额。本项目可以根据"拆入资金"和"拆出资金"等科目的记录分析填列。本项目如为负数，应在经营活动现金流出类中单独列示。

4. "收取利息、手续费及佣金的现金"项目

本项目反映商业银行本期收到的利息、手续费及佣金，减去支付的利息、手续费及佣金的净额。本项目可以根据"利息收入""利息支出""手续费及佣金收入""应收利息"等科目的记录分析填列。

5. "收到其他与经营活动有关的现金"项目

本项目反映商业银行除上述项目以外，与经营活动有关的其他现金流入。其他现金流入如金额较大，应单列项目反映。

6. "客户贷款及垫款净增加额"项目

本项目反映商业银行本期发放的各种客户贷款以及办理商业票据贴现、转贴现融出及融入资金等业务的款项的净增加额。本项目可以根据"贷款""贴现资产""贴现负债"等科目的记录分析填列。商业银行可以根据需要增加项目。例如，本项目可以分解成"收回中长期贷款""发放中期贷款""发放短期贷款净增加额""垫款净增加额"等项目。

7. "存放中央银行和同业款项净增加额"项目

本项目反映商业银行本期存放于中央银行以及境内外金融机构的款项的净增加额。本项目可以根据"存放中央银行款项""存放同业"等科目的记录分析填列。

8. "支付手续费及佣金的现金"项目

本项目反映商业银行本期支付的利息、手续费及佣金。本项目可以根据"手续费及佣金支出"等科目的记录分析填列。

9. "支付给职工以及为职工支付的现金"项目

本项目反映企业本期实际支付给职工的现金以及为职工支付的现金，包括企业为获得职工提供的服务，本期实际给予各种形式的报酬以及其他相关支出，如支付给职工的工资、奖金、各种津贴和补贴等以及为职工支付的其他费用，不包括支付给在建工程人员的工资。支付在建工程人员的工资，在"购建固定资产、无形资产和其他长期资产所支付的现金"项目中反映。

企业为职工支付的医疗、保险、失业、工伤、生育等社会保险基金、补充养老保险、住房公积金，企业为职工缴纳的商业保险金，因解除与职工劳动关系给予的补偿，现金结算的股份支付以及企业支付给职工或为职工支付的其他福利费用等，应根据职工的工作性质和服务对象，分别在"购建固定资产、无形资产和其他长期资产所支付的现金"和"支付给职工以及为职工支付的现金"项目中反映。本项目可以根据"库存现金""银行存款""应付职工薪酬"等科目的记录分析填列。

10. "支付的各项税费"项目

本项目反映企业按规定支付的各项税费，包括本期发生并支付的税费以及本期支付以前各期发生的税费和预交的税金，如支付的教育费附加、印花税、房产税、土地

增值税、车船使用税、所得税等。本项目可以根据"应交税费""库存现金""银行存款"等科目分析填列。

11. "支付的其他与经营活动有关的现金"项目

本项目反映企业除上述各项目外，支付的其他与经营活动有关的现金，如罚款支出、支付的差旅费、业务招待费、保险费、经营租赁支付的现金等。其他与经营活动有关的现金，如果金额较大，应单列项目反映。本项目可以根据有关科目的记录分析填列。

（二）投资活动产生的现金流量

1. "收回投资收到的现金"项目

本项目反映企业出售、转让或到期收回现金等价物以外的交易性金融资产、持有至到期投资、可供出售金融资产、长期股权投资、投资性房地产而收到的现金。不包括债权性投资收回的利息、收回的非现金资产以及处置子公司及其他营业单位收到的现金净额。债权性投资收回的本金，在本项目反映，债权性投资收回的利息，不在本项目中反映，而在"取得投资收益收到的现金"项目中反映。处置子公司及其他营业单位收到的现金净额单设项目反映。本项目可以根据"交易性金融资产""持有至到期投资""可供出售金融资产""长期股权投资""投资性房地产""库存现金""银行存款"等科目的记录分析填列。

2. "取得投资收益收到的现金"项目

本项目反映企业因股权性投资而分得的现金股利，从子公司、联营企业或合营企业分回利润而收到的现金，因债权性投资而取得的现金利息收入。股票股利不在本项目中反映，包括在现金等价物范围内的债券性投资、其利息收入在本项目中反映。本项目可以根据"应收股利""应收利息""投资收益""库存现金""银行存款"等科目的记录分析填列。

3. "收到其他与投资活动有关的现金"项目

本项目反映企业除上述各项目外，收到的其他与投资活动有关的现金。其他与投资活动有关的现金，如果价值较大的，应单列项目反映。本项目可以根据有关科目的记录分析填列。

4. "投资支付的现金"项目

本项目反映企业进行权益性投资和债权性投资所支付的现金，包括企业取得的除现金等价物以外的交易性金融资产、持有至到期投资、可供出售金融资产而支付的现金以及支付的佣金、手续费等交易费用。企业购买优惠证券的价款中含有债券利息的以及溢价或折价购入的，均按实际支付的金额反映。

企业购买股票和债券时，实际支付的价款中包含的已宣告但尚未领取的现金股利或已到付息期但尚未领取的债券利息，应在"支付其他与投资活动有关的现金"项目中反映；收回购买股票和债券时支付的已宣告但尚未领取的现金股利或已到付息期但尚未领取的债券利息，应在"收到其他与投资活动有关的现金"项目中反映。

5. "购建固定资产、无形资产和其他长期资产支付的现金"项目

本项目反映企业购买、建造固定资产、取得无形资产和其他长期资产所支付的现金及增值税款、支付的应由在建工程和无形资产负担的职工薪酬现金支出。不包括为购建固定资产而发生的借款利息资本化的部分以及融资租入固定资产支付的租赁费。

资本化的借款利息和融资租赁租入的固定资产支付的租赁费，在筹资活动产生的现金流量中单独反映。

6."支付其他与投资活动有关的现金"项目

本项目反映企业除上述各项目外，支付的其他与投资活动有关的现金。其他与投资活动有关的现金，如果价值较大的，应单列项目反映。本项目可以根据有关科目的记录分析填列。

（三）筹资活动产生的现金流量。

1."吸收投资收到的现金"项目

本项目反映企业以发行股票、债券等方式筹集资金实际收到的款项净额（发行收入减去支付的佣金等发行费用后的净额）。以发行股票等方式筹集资金而由企业直接支付的审计、咨询等费用，不在本项目中反映，而在"支付其他与筹资活动有关的现金"项目中反映；由金融企业直接支付的手续费、宣传费、咨询费、印刷费等费用，从发行股票、债券取得的现金收入中扣除，以净额列示。本项目可以根据"实收资本（或股本）""资本公积""库存现金""银行存款"等科目的记录分析填列。

2."发行债券收到的现金"项目

本项目反映商业银行发行债券收到的现金。本项目可以根据"应付债券"等科目的记录分析填列。

3."收到的其他与筹资活动有关的现金"项目

本项目反映企业除上述各项目外，收到的其他与筹资活动有关的现金。其他与筹资活动有关的现金，如果价值较大，应单列项目反映。本项目可根据有关科目的记录分析填列。

4."偿还债务支付的现金"项目

本项目反映企业以现金偿还债务的本金，包括归还向中央银行的借款本金、偿付到期的债券本金等。企业偿还的借款利息、债券利息，在"分配股利、利润或偿付利息支付的现金"项目中反映，不在本项目中反映。本项目可以根据"向中央银行借款""交易性金融负债""应付债券""库存现金""银行存款"等科目的记录分析填列。

5."分配股利、利润或偿付利息支付的现金"项目

本项目反映企业实际支付的现金股利、支付给其他投资单位的利润或用现金支付的借款利息、债券利息。不同用途的借款，其利息的开支渠道不一样，如在建工程、财务费用等，均在本项目中反映。本项目可以根据"应付股利""应付利息""利润分配""财务费用""在建工程""制造费用""研发支出""库存现金""银行存款"等科目的记录分析填列。

6."支付的其他与筹资活动有关的现金"项目

本项目反映企业除上述各项目外，支付的其他与筹资活动有关的现金，如以发行股票、债券等方式筹集资金而由企业直接支付的审计、咨询等费用，融资租赁所支付的现金，以分期付款方式构建固定资产以后各项支付的现金等。其他与筹资活动有关的现金，如果价值较大的，应单列项目反映。本项目可以根据有关科目的记录分析填列。

（四）汇率变动对现金及现金等价物的影响

编制现金流量表时，应当将企业外币现金流量以及境外子公司的现金流量折算成

记账本位币。根据《企业会计准则第 31 号——现金流量表》的规定，外币现金流量以及境外子公司的现金流量，应当采用现金流量发生日的即期汇率或按照系统合理的方法确定的、与现金流量发生日即期汇率近似的汇率折算。汇率变动对现金的影响额应当作为调节项目，在现金流量表中单独列报。

汇率变动对现金的影响指企业外币现金流量及境外子公司的现金流量折算成记账本位币时，所采用的是现金流量发生日的汇率或按照系统合理的方法确定的、与现金流量发生日即期汇率近似的汇率。现金流量表"现金及现金等价物净增加额"项目中外币现金净增加额是按资产负债表日的即期汇率折算。这两者的差额即为汇率变动对现金的影响。

六、现金流量表的补充资料格式、内容及填列方法

（一）现金流量表的补充资料格式和内容

现金流量表的补充资料格式和内容如表 9-4 所示。现金流量表附注适用于一般企业、商业银行、保险公司、证券公司等各类企业。

表 9-4　　　　　　　　　　　　　现金流量表的补充资料

补充资料	行次	金额
1. 将净利润调节为经营活动现金流量：		
净利润		
加：计提的资产减值准备		
固定资产折旧、油气资产折耗、生产性生物资产折旧		
无形资产摊销		
长期待摊费用摊销		
处置固定资产、无形资产和其他长期资产的损失（减收益）		
固定资产报废损失		
公允价值变动损失		
财务费用（减：收益）		
投资损失（减：收益）		
递延所得税资产减少（减：增加）		
递延所得税负债增加（减：减少）		
存货的减少（减：增加）		
经营性应收项目的减少（减：增加）		
经营性应付项目的增加（减：减少）		
其他		
经营活动产生的现金流量净额		
2. 不涉及现金收支的重大投资和筹资活动：		
债务转为资本		
一年内到期的可转换公司债券		
融资租入固定资产		
3. 现金及现金等价物净增加情况：		
现金的期末余额		
减：现金的期初余额		
加：现金等价物的期末余额		
减：现金等价物的期初余额		
现金及现金等价物净增加额		

（二）现金流量表的补充资料的填列方法

企业应当采用间接法在现金流量补充资料中披露将净利润调节为经营活动现金流量的信息。现金流量表的补充资料包括将净利润调节为经营活动现金流量、不涉及现金收支的重大投资和筹资活动、现金及现金等价物净变动情况等项目。

1. 将净利润调节为经营活动产生的现金流量

（1）"计提的资产减值准备"项目。本项目反映金融企业本期计提的各项资产的减值准备，包括坏账准备、投资性房地产减值准备、长期股权投资减值准备、持有至到期投资减值准备、固定资产减值准备、在建工程减值准备、工程物资减值准备、无形资产减值准备、商誉减值准备等。企业计提的各项资产减值准备，包括在利润表中，属于利润的减除项目，但没有发生现金流出，因此在将净利润调节为经营活动现金流量时，需要调增。本项目可根据"资产减值损失"科目的记录分析填列。

（2）"固定资产折旧、油气资产折耗、生产性生物资产折旧"项目。本项目反映金融企业本期计提的固定资产折旧。企业计提的固定资产折旧，并没有发生现金流出，在将净利润调节为经营活动现金流量时，需要予以调增。本项目可根据"累计折旧"科目的贷方发生额分析填列。

（3）"无形资产摊销"项目和"长期待摊费用摊销"项目。企业对使用寿命有限的无形资产计提摊销以及长期待摊费用摊销时，计入业务及管理费，不涉及现金收支，所以在此将净利润调节为经营活动现金流量时，需要调增。这个项目可根据"累计摊销""长期待摊费用"科目的贷方发生额分析填列。

（4）"处置固定资产、无形资产和其他长期资产的损失（减：收益）"项目。企业处置固定资产、无形资产和其他长期资产发生的损益，属于投资活动产生的损益，不属于经营活动产生的损益，因此在将净利润调节为经营活动现金流量时，需要予以剔除。如为损失，在将净利润调节为经营活动现金流量时，应当调增；如为收益，在将净利润调节为经营活动现金流量时，应当调减。本项目可根据"营业外收入""营业外支出"等科目所属有关明细科目的记录分析填列，如为净收益，以"-"号填列。

（5）"固定资产报废损失"项目。企业发生的固定资产报废损益，属于投资活动产生的损益，不属于经营活动产生的损益，因此在将净利润调节为经营活动现金流量时，需要予以剔除。同样，投资性房地产发生报废、毁损而产生的损失，也需要予以剔除。如为净损失，在将净利润调节为经营活动现金流量时，应当调增；如为净收益，在将净利润调节为经营活动现金流量时，应当调减。本项目可根据"营业外支出""营业外收入"等科目所属有关明细科目的记录分析填列。

（6）"公允价值变动损失"项目。公允价值变动损失反映企业交易性金融资产、投资性房地产等公允价值变动形成的应计入当期损益的利得或损失。企业发生的公允价值变动损益，通常与企业的投资活动或筹资活动有关，而且并不影响企业当期的现金流量。因此，应当将其从净利润中剔除。本项目可以根据"公允价值变动损益"科目的发生额分析填列。如为持有损失，在将净利润调节为经营活动现金流量时，应当调增；如有持有利得，在将净利润调节为经营活动现金流量时，应当调减。

（7）"财务费用（减：收益）"项目。企业发生的财务费用中不属于经营活动的部分，应当在将净利润调节为经营活动现金流量时将其加回。本项目可根据"利息支出"

科目的本期借方发生额分析填列，如为收益，以"-"号填列。

（8）"投资损失（减：收益）"项目。企业发生的投资损益，属于投资活动产生的损益，不属于经营活动产生的损益，所以在将净利润调节为经营活动现金流量时，需要予以剔除。如为净损失，在将净利润调节为经营活动现金流量时，应当调增；如为净收益，在将净利润调节为经营活动现金流量时，应当调减。本项目可根据利润表中"投资收益"项目的数字填列，如为投资收益，以"-"号填列。

（9）"递延所得税资产减少（减：增加）"项目。递延所得税资产减少使计入所得税费用的金额大于当期应交的所得税金额，其差额没有发生现金流出，但在计算净利润时已经扣除，在将净利润调节为经营活动现金流量时，应当调增。递延所得税资产增加使计入所得税费用的金额小于当期应交的所得税金额，二者之间的差额并没有发生现金流入，但在计算利润时已经包括在内，在将净利润调节为经营活动现金流量时，应当调减。本项目可以根据资产负债表"递延所得税资产"项目期初、期末余额分析填列。

（10）"递延所得税负债增加（减：减少）"项目。递延所得税负债增加使计入所得税费用的金额大于当期应交的所得税金额，其差额没有发生现金流出，但在计算净利润时已经扣除，在将净利润调节为经营活动现金流量时，应当调增。如果递延所得税负债减少使计入当期所得税费用的金额小于当期应交的所得税金额，其差额并没有发生现金流入，但在计算净利润时已经包括在内，在将净利润调节为经营活动现金流量时，应当调减。本项目可以根据资产负债表"递延所得税负债"项目期初、期末余额分析填列。

（11）"存货的减少（减：增加）"项目。金融企业不存在存货，故不考虑此项的调整。

（12）"经营性应收项目的减少（减：增加）"项目。经营性应收项目包括应收票据、应收账款、预付账款、长期应收款和其他应收款中与经营活动有关的部分以及应收的增值税销项税额等。经营性应收项目期末余额小于经营性应收项目期初余额，说明本期收回的现金大于利润表中所确认的销售收入，因此在将净利润调节为经营活动现金流量时，需要调增。经营性应收项目期末余额大于经营性应收项目期初余额，说明本期销售收入中有一部分没有收回现金，但是在计算净利润时这部分销售收入已包括在内，在将净利润调节为经营活动现金流量时，需要调减。本项目应当根据有关科目的期初、期末余额分析填列，如为增加，以"-"号填列。

（13）"经营性应付项目的增加（减：减少）"项目。经营性应付项目包括应付票据、应付账款、预收账款、应付职工薪酬、应交税费、应付利息、长期应付款、其他应付款中与经营活动有关的部分以及应付的增值税进项税额等。经营性应付项目期末余额大于经营性应付项目期初余额，说明本期购入的存货中有一部分没有支付现金，但是在计算净利润时却通过销售成本包括在内，在将净利润调节为经营活动现金流量时，需要调增。经营性应付项目期末余额小于经营性应付项目期初余额，说明本期支付的现金大于利润表中确认的销售成本，在将净利润调节为经营活动产生的现金流量时，需要调减。本项目应当根据有关科目的期初、期末余额分析填列，如为减少，以"-"号填列。

2. 不涉及现金收支的重大投资和筹资活动

不涉及现金收支的重大投资和筹资活动反映企业一定期间内影响资产或负债但不形成该期现金收支的所有投资和筹资活动的信息。这些投资和筹资活动虽然不涉及当期现金收支，但对以后各期的现金流量有重大影响。例如，企业融资租入设备，将形成的负债计入"长期应付款"账户，当期并不支付设备款及租金，但以后各期必须为此支付现金，从而在一定期间内形成了一项固定的现金支出。

因此，《企业会计准则第 31 号——现金流量表》规定，企业应当在附注中披露不涉及当期现金收支，但影响企业财务状况或在未来可能影响企业现金流量的重大投资和筹资活动，主要包括以下内容：

（1）债务转为资本，反映企业本期转为资本的债务金额；

（2）一年内到期的可转换公司债券，反映企业一年内到期的可转换公司债券的本息；

（3）融资租入固定资产，反映企业本期融资租入的固定资产。

3. 现金及现金等价物净变动情况

该项目应当与现金流量表中的"现金及现金等价物净增加额"项目的金额相等。

（三）企业应当披露的当期取得或处置子公司及其他营业单位的有关信息

《企业会计准则第 31 号——流量表准则》应用指南列示了企业当期取得或处置其他营业单位有关信息的披露格式。

（四）企业应当披露的现金和现金等价物的有关信息

企业应按下列格式在附注中披露现金和现金等价物的构成、现金和现金等价物在资产负债表中列报项目的相应金额以及企业持有但不能由其母公司或集团内其他子公司使用的大额现金和现金等价物的金额（见表 9-5）。例如，国外经营的子公司受当地外汇管制等限制而不能由集团内母公司或其他子公司正常使用的现金和现金等物等。

表 9-5　　　　　　　　　　　现金及现金等价物披露表　　　　　　　　单位：元

项目	本期金额	上期金额
一、现金		
其中：库存现金		
可随时用于支付的银行存款		
可用于支付的存放中央银行款项		
存放同业款项		
拆放同业款项		
二、现金等价物		
其中：3 个月内到期的债券投资		
三、期末现金及现金等价物余额		
其中：母公司或集团内子公司使用受限制的现金和现金等价物		

第五节　所有者权益变动表

一、所有者权益变动表的概念和作用

所有者权益变动表是反映构成所有者权益的各组成部分当期的增减变动情况的报表。当期损益、直接计入所有者权益的利得和损失以及与所有者（或股东，下同）的资本交易导致的所有者权益的变动，应当分别列示。所有者权益变动表应当全面反映一定时期所有者权益变动的情况，不仅包括所有者权益总量的增减变动，还包括所有者权益增减变动的重要结构性信息，特别是要反映直接计入所有者权益的利得和损失，让报表使用者准确理解所有者权益增减变动的根源。

所有者权益变动表全面反映了企业所有者权益在年度的变化情况，便于会计信息使用者深入分析企业所有者权益的增减变动情况，并进而对企业的资本保值增值情况做出正确判断，从而提供对决策有用的信息。

二、所有者权益变动表的内容和结构

政策性银行、信托投资公司、租赁公司、财务公司、典当公司应当执行商业银行所有者权益变动表格式和附注的规定；担保公司应当执行保险公司所有者权益变动表格式和附注的规定；资产管理公司、基金公司、期货公司应当执行证券公司所有者权益变动表格式和附注的规定。如有特别需要，可以结合本企业的实际情况，进行必要的调整和补充。

（一）所有者权益变动表的内容

在所有者权益变动表中，企业至少应当单独列示反映下列信息项目：

（1）净利润；

（2）直接计入所有者权益的利得和损失项目及其总额；

（3）会计政策变更和差错更正的累积影响金额；

（4）所有者投入资本和向所有者分配利润等；

（5）提取的盈余公积；

（6）实收资本或股本、资本公积、盈余公积、未分配利润期初和期末余额及其调节情况。

（二）所有者权益变动表的结构

为了清楚地表明构成所有者权益的各组成部分当期的增减变动情况，所有者权益变动表应当以矩阵的形式列示。一方面，列示导致所有者权益变动的交易或事项，改变了以往仅仅按照所有者权益的各组成部分反映所有者权益变动的情况，而是从所有者权益变动的来源对一定时期所有者权益变动情况进行全面反映；另一方面，按照所有者权益各组成部分（包括实收资本、资本公积、盈余公积、未分配利润和库存股）及其总额列示交易或事项对所有者权益的影响。

此外，企业还需要提供比较所有者权益变动表，因此所有者权益变动表还就各项目再分为"本期金额"和"上期金额"两栏，分别填列。所有者权益变动表的具体结构如表9-6所示。

表 9-6

商业银行所有者权益变动表

编制单位：＿＿＿＿＿＿＿＿　　　　＿＿＿＿年度　　　　　　　　　　　　　　　　　　　　　商银 04 表

单位：元

项目	本期金额							上期金额						
	实收资本（或股本）	资本公积	减:库存股	盈余公积	一般风险准备	未分配利润	所有者权益合计	实收资本（或股本）	资本公积	减:库存股	盈余公积	一般风险准备	未分配利润	所有者权益合计
一、上期期末余额														
加：会计政策变更														
前期差错更正														
二、本期期初余额														
三、本年增减变动金额（减少以"-"号填列）														
（一）净利润														
（二）直接计入所有者权益的利得和损失														
1. 可供出售金融资产公允价值变动净额														
（1）计入所有者权益的金额														
（2）转入当期损益的金额														
2. 现金流量套期工具公允价值变动净额														
（1）计入所有者权益的金额														
（2）转入当期损益的金额														
（3）被套期项目初始确认金额中的金额														
3. 权益法下被投资单位其他所有者权益变动的影响														
4. 与计入所有者权益项目相关的所得税影响														

表 9-6（续）

项目	本期金额								上期金额							
	实收资本（或股本）	资本公积	减：库存股	盈余公积	一般风险准备	未分配利润	所有者权益合计	实收资本（或股本）	资本公积	减：库存股	盈余公积	一般风险准备	未分配利润	所有者权益合计
5. 其他														
上述（一）和（二）小计														
（三）所有者投入和减少资本														
1. 所有者投入资本														
2. 股份支付计入所有者权益的金额														
3. 其他														
（四）利润分配														
1. 提取盈余公积														
2. 提取一般风险准备														
3. 对所有者（股东）的分配														
4. 其他														
（五）所有者权益内部结转														
1. 资本公积转增资本（或股本）														
2. 盈余公积转增资本（或股本）														
3. 盈余公积弥补亏损														
4. 一般风险准备弥补亏损														
5. 其他														
四、本期期末余额														

三、所有者权益变动表的填列方法

所有者权益变动表的填列方法较简单，可直接根据企业的"实收资本""资本公积""盈余公积""一般风险准备""未分配利润""库存股""以前年度损益调整"等账户进行分析填列。金融企业所有者权益变动表中数字的填列方法与其他一般企业基本类似，在此我们不做过多阐述，只要注意下面几点即可：

第一，所有者权益变动表反映企业年末所有者权益（或股东权益）变动的情况。所有者权益变动表应在一定程度上体现金融企业综合收益的特点，除列示直接计入所有者权益的利得和损失外，同时包含最终属于所有者权益变动的净利润，从而构成企业的综合收益。

第二，所有者权益变动表各项目应当根据当期净利润、直接计入所有者权益的利得和损失项目、所有者投入资本和向所有者分配利润、提取盈余公积等情况分析填列。

第三，在所有者权益变动表中，直接计入当期损益的利得和损失，主要包括可供出售金融资产公允价值变动净额、现金流量套期工具公允价值变动净额等，应单列项目反映。值得注意的是，保险公司和证券公司的所有者权益变动表，比照商业银行格式，在此不进行专门阐述。

第六节　会计报表附注

一、会计报表附注的概念和作用

附注是财务报表不可或缺的组成部分，是对在资产负债表、利润表、现金流量表和所有者权益变动表等报表中列示项目的文字描述或明细资料以及对未能在这些报表中列示项目的说明等。

在会计报表中，无论是主表还是附表，由于受固定格式和规定内容的限制，只能对外提供定量的财务会计信息，从而影响会计报表使用者对会计报表内容的理解。因此，企业除了编制和提供会计报表外，还应编制和对外提供会计报表附注。通过附注，使报表使用者能够了解企业所采用的是什么样的会计政策，这样会计报表使用者看到的不同时期、不同企业的会计报表存在差异，除了外界环境和企业经营管理的原因之外，很大程度上是因为企业采用了不同的会计政策的缘故。除此之外，附注还详细地说明了影响企业财务状况和经营成果的特殊事项，这些特殊事项对未来可能产生较大影响，这些事项所带来的财务结果是正常交易情况下所不可能产生的，需要特别说明，否则会对会计报表使用者产生不利影响。企业的重大事项也需在报表附注中加以说明，这样可以帮助报表使用者了解哪些是应当引起注意的重要信息，从而满足他们的需要。另外，财务报表附注还能够补充说明财务报表本身无法表达的情况，可以弥补财务报表本身表达方式的不足。因为会计报表附注具有上述重大作用，所以越来越受到各国的重视，纷纷要求企业详尽编写，其内容发展越来越多，其重要性甚至有超过会计报表的趋势。

二、会计报表附注披露的基本要求

第一，附注披露的信息应是定量、定性信息的结合，从而能从量和质两个角度对企业经营事项完整地进行反映，才能满足信息使用者的决策需求。

第二，附注应当按照一定的结构进行系统合理的排列和分类，有顺序地披露信息。由于附注的内容繁多，因此更应按逻辑顺序排列，分类披露，条理清晰，具有一定的组织结构，以便于报表使用者理解和掌握，也更好地实现财务报表的可比性。

第三，附注相关信息应当与资产负债表、利润表、现金流量表和所有者权益变动表等报表中列示的项目相互参照，以有助于报表使用者联系相关联的信息，并由此从整体上更好地理解财务报表。

三、会计报表附注的一般内容

附注是会计报表的重要组成部分。附注应当按照如下顺序披露有关内容：企业的基本情况；财务报表的编制基础；遵循《企业会计准则》的声明；重要会计政策和会计估计；会计政策和会计估计变更以及差错更正的说明；重要报表项目的说明；其他需要说明的重要事项。

四、商业银行会计报表附注的具体内容

（一）商业银行的基本情况

（1）企业注册地、组织形式和总部地址；

（2）企业的业务性质和主要经营活动，如企业所处的行业、所提供的主要产品或服务、客户的性质、销售策略、监管环境的性质等；

（3）母公司以及集团最终母公司的名称；

（4）财务报告的批准报出者和财务报告批准报出日。

（二）财务报表的编制基础

（1）会计年度；

（2）记账本位币；

（3）会计计量所运用的计量基础；

（4）现金及现金等价物的构成。

（三）遵循《企业会计准则》的声明

应当明确说明编制的财务报表符合《企业会计准则》体系的要求，真实、公允地反映了企业的财务状况、经营成果和现金流量等有关信息。如果企业编制的财务报表只是部分地遵循了《企业会计准则》，附注中不得做出这种表述。

（四）重要会计政策和会计估计

根据《企业会计准则第 30 号——财务报表列报》的规定，企业应当披露采用的重要会计政策和会计估计，不重要的会计政策和会计估计可以不披露。判断会计政策和会计估计是否重要，应当考虑与会计政策或会计估计相关项目的性质和金额。商业银行除了披露一般企业需要披露的如会计政策的确定依据、会计估计中所采用的关键假设和不确定因素的确定依据外，还应根据商业银行的特殊性，进行如下内容的披露：

（1）贷款的种类和范畴；

（2）计提贷款损失准备的范围和方法；

（3）各种公允价值的确定；

（4）各项收入和费用支出确认所采用的会计政策；

（5）提取一般风险准备金所采用的会计政策和依据；

（6）合并会计报表的编制方法等。

（五）会计政策和会计估计变更以及差错更正的说明

企业应当按照《企业会计准则第 28 号——会计政策、会计估计变更和差错更正》及其应用指南的规定，披露会计政策和会计估计变更以及差错更正的有关情况。具体内容如下：

（1）会计政策变更的性质、内容和原因；

（2）当期和各个列报前期财务报表中受影响的项目名称和调整金额；

（3）无法进行追溯调整的，说明该事实和原因以及开始应用变更后的会计政策的时点、具体应用情况；

（4）会计估计变更的内容和原因；

（5）会计估计变更对当期和未来期间的影响数；

（6）会计估计变更的影响数不能确定的，披露这一事实和原因；

（7）前期差错的性质；

（8）各个列报前期财务报表中受影响的项目名称和更正金额；

（9）无法进行追溯重述的，说明该事实和原因以及对前期差错开始进行更正的时点、具体更正情况。

（六）报表重要项目的说明

企业应当以文字和数字描述相结合，尽可能以列表形式披露报表重要项目的构成或当期增减变动情况，并且报表重要项目的明细金额合计，应当与报表项目金额相衔接。在披露顺序上，一般应当按照资产负债表、利润表、现金流量表、所有者权益变动表的顺序及其项目列示的顺序。

商业银行报表重要项目的说明主要包括以下内容：

（1）现金及存放中央银行款项的构成及期初、期末账面余额等信息。

（2）拆出资金的期初、期末账面余额等信息。

（3）交易性金融资产（不含衍生金融资产）的构成及期初、期末公允价值等信息。

（4）衍生金融工具的构成及期初、期末账面价值等信息。

（5）买入返售金融资产的构成及期初、期末账面余额等信息。

（6）发放贷款及垫款情况，包括贷款及垫款的各种分布情况、逾期贷款的情况及期初、期末账面余额、贷款损失准备的计提与转出情况等。

（7）可供出售金融资产的构成及期初与期末的公允价值等信息。

（8）持有至到期投资的构成及期初与期末账面余额和期末公允价值等信息。

（9）其他资产（存出保证金、应收股利、其他应收款、抵债资产）期初、期末账面价值等信息。

（10）企业应当分别借入中央银行款项、国家外汇存款等披露期末账面余额和年初账面余额。

（11）企业应当分别同业、其他金融机构存放款项披露期末账面余额和年初账面余额。

（12）企业应当分别银行拆入、非银行金融机构拆入披露期末账面余额和年初账面余额。

（13）交易性金融负债（不含衍生金融负债）的期初、期末公允价值。

（14）卖出回购金融资产款的构成及其期初、期末账面余额等信息。

（15）吸收存款的构成及其期初、期末账面余额。

（16）应付债券的发行情况及其期初、期末账面余额。

（17）其他负债（存入保证金、应付股利、其他应付款）期初、期末账面余额。

（18）披露一般风险准备的期末、年初余额及计提比例。

（19）利息收入与利息支出的构成及其本期、上期发生额等信息。

（20）手续费及佣金收入与支出的构成及其本期、上期发生额等信息。

（21）投资收益的构成及其本期、上期发生额等信息。

（22）公允价值变动收益的构成及其本期、上期发生额等信息。

（23）业务及管理费的构成及其本期、上期发生额等信息。

（24）分部报告。以业务分部（或地区分部）为主要报告形式，在主要报告形式的基础上，对于次要报告形式，企业还应披露对外交易收入、分部资产总额。

另外，在主要报告形式的基础上，对于次要报告形式，企业还应披露对外交易收入、分部资产总额。

（25）担保物。按照《企业会计准则第 37 号——金融工具列报》的相关规定进行披露。

（26）金融资产转移（含资产证券化）。按照《企业会计准则第 37 号——金融工具列报》的相关规定进行披露。

（七）或有事项和承诺事项的说明

（1）预计负债的种类、形成原因以及经济利益流出不确定性的说明。

（2）各类预计负债的期初、期末余额和本期变动情况。

（3）与预计负债有关的预期补偿金额和本期已确认的预期补偿金额。

（4）或有负债的种类及其形成原因，包括已贴现商业承兑汇票、未决诉讼、未决仲裁、对外提供担保等形成的或有负债。

（5）经济利益流出不确定性的说明。

（6）或有负债预计产生的财务影响以及获得补偿的可能性；无法预计的，应当说明原因。

（7）信贷承诺的披露。

（8）存在经营租赁承诺、资本支出承诺、证券承销及债券承兑承诺的，还应披露有关情况。

（八）资产负债表日后事项的说明

（1）每项重要的资产负债表日后非调整事项的性质、内容及其对财务状况和经营成果的影响，无法做出估计的，应当说明原因。

（2）资产负债表日后，企业利润分配方案中拟分配的以及经审议批准宣告发放的股利或利润。

（九）关联方关系及其交易

（1）母公司和子公司的名称。母公司不是该企业最终控制方的，还应当披露最终控制方名称。母公司和最终控制方均不对外提供财务报表的，还应当披露母公司之上与其最相近的对外提供财务报表的母公司名称。

（2）母公司和子公司的业务性质、注册地、注册资本（或实收资本、股本）及其变化。

（3）母公司对该企业或者该企业对子公司的持股比例和表决权比例。

（4）关联方交易的金额。

（5）未结算项目的金额、条款和条件以及有关提供或取得担保的信息。

（6）未结算应收项目的坏账准备金额。

（7）定价政策。

（十）风险管理

商业银行应主要对其信用风险、流动风险、外汇风险、套期保值等信息进行披露。

练习题

1. 简述财务报告的作用及构成。
2. 简述金融企业资产负债表的结构和排列顺序。
3. 简述金融企业利润表的结构。
4. 简述金融企业现金流量表的特点和作用。
5. 金融企业现金流量表的编制方法有哪两种？各有什么特点？
6. 简述金融企业所有者权益变动表的作用和结构。
7. 金融企业附注主要包括哪些内容？报表附注有什么作用？

第十章

保险会计与保险业务核算

从保险业的发展历史来看，保险诞生于人们在生产生活过程中对风险管理的需求。从保险业诞生之日起，保险业就开始服务经济社会发展。本章介绍保险会计的基本概念、原保险合同和再保险合同的会计核算以及保险公司财务会计报表的编制。

第一节　保险会计概述

在我国，保险作为国民经济活动中必不可少的环节而存在，是我国经济补偿制度的重要组成部分。随着经济社会的不断进步，人们在风险管理、资金融通等方面的需求不断扩展，推动保险业的服务领域和行业功能不断扩展，并开始越来越多地参与到社会管理当中，成为市场经济的基础性制度和风险管理的基本手段，在保障社会稳定运行和国民经济协调发展方面发挥着重要作用。保险是现代经济的重要产业和风险管理的基本手段，是社会文明水平、经济发达程度、社会治理能力的重要标志。

一、保险的基本概念

《中华人民共和国保险法》（以下简称《保险法》）第二条规定："本法所称保险，是指投保人根据合同约定，向保险人支付保险费，保险人对于合同约定的可能发生的事故因其发生所造成的财产损失承担赔偿保险金责任，或者当被保险人死亡、伤残、疾病或者达到合同约定的年龄、期限等条件时承担给付保险金责任的商业保险行为。"

保险合同是指保险人与投保人约定保险权利义务关系，并承担源于被保险人保险风险的协议。投保人是指与保险人订立保险合同，并按照合同约定负有支付保险费义务的人；保险人是指与投保人订立保险合同，并按照合同约定承担赔偿或者给付保险金责任的保险公司；被保险人是指其财产或者人身受保险合同保障，享有保险金请求权的人，投保人可以为被保险人。

二、保险合同的基本分类

保险以互助共济、求得经济生活的安定为目的，随着社会的不断进步，保险在不同领域体现了不同的作用。按照一定的标准，保险可以分为以下不同的类型：

（一）按照保险立法分类

按照《企业会计准则》的规定，保险合同分为原保险合同和再保险合同，这也是按照保险合同保障的业务对象来划分的。

1. 原保险合同

根据《企业会计准则第 25 号——原保险合同》的规定，原保险合同是指保险人向投保人收取保费，对约定的可能发生的事故因其发生所造成的财产损失承担赔偿保险金责任，或者当被保险人死亡、伤残、疾病或者达到约定的年龄、期限时承担给付保险金责任的保险合同。保险人应当根据在原保险合同延长期内是否承担赔付保险金责任，将原保险合同分为寿险原保险合同和非寿险原保险合同。在原保险合同延长期内承担赔付保险金责任的，应当确定为寿险原保险合同；在原保险合同延长期内不承担赔付保险金责任的，应当确定为非寿险原保险合同。原保险合同延长期是指投保人自上一期保费到期日未缴纳保费，保险人仍承担赔付保险金责任的期间。

2. 再保险合同

根据《企业会计准则第 26 号——再保险合同》的规定，再保险合同是指一个保险人（再保险分出人）分出一定的保费给另一个保险人（再保险接受人），再保险接受人对再保险分出人由原保险合同所引起的赔付成本及其他相关费用进行补偿的保险合同。再保险合同是指原保险人与再保险人订立的保险合同，即原保险人直接承保了业务后，为把自己承担的承保责任一部分转让给再保险人承担而与其订立的保险合同。原保险合同与再保险合同是两个相互独立的合同，原保险合同的被保险人、受益人对再保险人无索赔请求权；再保险人无权向原保险合同的投保人请求保险费的给付；原保险人不得以再保险人不履行保险金给付义务为理由，拒绝履行或延迟履行对被保险人的赔偿或给付保险金的义务。

（二）按照保险标的分类

按照保险合同标的不同，保险合同可分为财产保险合同和人身保险合同。

1. 财产保险合同

财产保险合同是指以财产及其相关利益为保险标的的保险，是一类以有形或无形财产及其相关利益为保险标的的一类补偿性保险，内容包括财产保险、责任保险、信用保险、保证保险、运输保险、农业保险等。财产保险以补偿被保险人的财产利益的损失为目的，被保险人在保险事故发生时，必须对保险标的具有保险利益。该财产利益损失不仅可因被保险人的财物或无形利益直接受到损害而发生，也可因被保险人对第三者负有的损害赔偿责任而发生。财产保险的目的在于满足被保险人因损害发生而产生的需要，因此也被称为"损害保险"或"损失补偿保险"。保险利益是指投保人或者被保险人对保险标的具有的法律上承认的利益。

2. 人身保险合同

人身保险合同是以人的寿命和身体为保险标的的保险，分为人寿保险、年金保险、健康保险、意外伤害保险。当人们遭受不幸事故或因疾病、年老以致丧失工作能力、伤残、死亡或年老退休时，根据保险合同的约定，保险人对被保险人或受益人给付保险金或年金，以解决其因病、残、老、死所造成的经济困难。人身保险的目的是在被保险人生命、身体的完整性受到侵害或损失时，对其损失以金钱方式予以弥补，如人寿保险、健康保险或意外伤害保险等。人身保险合同的投保人在保险合同订立时，对被保险人应当具有保险利益。基于生命、身体的无价性，除医疗费用保险及丧葬费用保险等就具体性损失投保的保险合同外，绝大多数人身保险合同的当事人可自由约定保险金额，在保险事故发生时，直接以保险合同约定的金额作为赔偿额加以支付。因此，人身保险又被称为"定额保险"或"定额给付性保险"。

（三）其他分类

1. 按照保险的宏观性分类

按照保险的宏观性不同，保险可以分为社会保险、政策保险和商业保险。

2. 按照保险的经营性质分类

（1）以保险的经营主体为标准，保险可分为公营保险和民营保险。

（2）以保险的经营性质为标准，保险可分为营利保险与非营利保险。非营利保险如社会保险、政策保险、相互保险、交互保险、合作保险。

3. 按照保险的技术特征分类

（1）以计算技术为标准，保险可分为人寿保险和非人寿保险。

（2）以风险转嫁方式为标准，保险可分为足额保险、不足额保险和超额保险。足额保险是指保险价值全部投保而订立保险合同的保险。不足额保险又称部分保险，是指保险合同中约定保险金额小于保险价值的一种保险。超额保险是指保险合同中约定的保险金额大于保险价值的一种保险。

（3）以承办方式为标准，保险可分为原保险、再保险、重复保险和共同保险。

三、保险会计的特点

保险会计是以货币为主要计量单位，以凭证为依据，通过记录、计算、检查和分析，对保险企业经营过程及其结果，进行连续、系统、全面、综合地核算和监督、分析和考核的专业会计。保险企业是经营风险的特殊企业，与一般企业相比，具有显著的行业特色，主要表现如下：

（一）未到期责任准备金的提存

保险业务实行按会计年度结算损益和按业务年度结算损益两种办法。按会计年度结算损益，即实行一年期结算损益，保险业务的各项收支，不分业务年度，均按权责发生制原则确认为当期的收入和费用，并确认当期损益。按业务年度结算损益，即实行多年期结算损益，年限根据业务性质确定。非结算年度的收支差额，全额作为长期责任准备金提存，不确认利润，并于次年转回滚存到结算年度终了时结算损益。

保险企业保单的有效期与会计年度往往不一致。保险企业对于会计年度末尚未到期的保单应承担的责任称为未了责任或未到期责任。由于保费收入是在签订保单时入账的，而保险责任要延续到保险期终，按照权责发生制原则的要求，为了正确计算各个会计年度的经营成果，要把不属于当年收益的保费以未到期责任准备金的形式，从当年收益中剔除，作为下一年收入；同理，应将上年度提存的未到期责任准备金作为本年收入。这种未了责任准备金的提存是保险企业会计核算的一个重要特点。

（二）利润构成的特殊性

保险会计利润构成的特殊性，表现在以下三个方面：

1. 保险企业的利润表由三张表构成

由于各类保险企业的保费收入确认方法、费用构成、准备金的构成和提取方法各不相同，因此影响其承保利润的因素也不同。如果只设置一张利润表，不能清晰地反映保险企业的承保利润构成情况，也不便于保险企业进行财务分析。因此，保险企业的利润表由三张表构成，即财产保险企业利润表、人寿保险企业利润表和再保险企业利润表。

2. 保险企业利润的计算与一般企业不同

保险企业利润表的承保利润由保险业务收入减保险业务支出和准备金提转差后得出。与其他企业的主营业务成本比较，保险业务支出的范围更大。保险业务支出既包括保险赔款或给付，也包括税金及附加，发生的与保险业务有关的手续费、佣金和营业费用和按规定提取的保险保障基金。在计算承保利润时，还应扣除各项准备金提转差，即提存数减转回数的差额，这正是保险企业核算损益的一个重要特点。

3. 保险企业年度之间的利润可比性较差

一般企业只要经营管理上没有大的变化，各年的利润就会保持相对稳定。而在保险企业，由于保险费是按概率论和大数法则计算的各年灾害损失的平均数收取的，而赔款支出是按当年的实际损失支付的，灾害事故的发生率各年很不平衡，从而使保费收入与赔款支出在年度间相差很大。因此，保险企业各年的保险利润只有相对的可比性。

（三）年终决算的重点不同

年终决算时，一般企业（如工商企业）的重点在于核算资产，特别是各种可实地盘存的资产，需要核实其实存数。保险企业年终决算的重点是正确估算负债，即未到期责任准备金与未决赔款准备金。这是因为保险企业的资产大部分是以货币资金形态存在，年末无须核定。另有一部分投资，由于其投资收益在年终时已基本确定，因此不必作为决算时的重点。

保险企业为履行未来赔付责任从其所收取的保费中提存的各种准备金，是保险企业独有的负债，也是保险企业主要的负债类型。其中，未决赔款的估算比较困难，特别是涉及责任范围、损害程度的比例存在争议或最后由法庭判决等情况时，往往要经过时间，因此负债数额的估算存在较大的不确定性。负债估计的不确定，也会影响保险企业营业利润的水平，因此保险企业对各项准备金的估算，是年终决算的重点。

四、保险会计的要素

与一般企业会计要素的分类一致，保险企业会计的要素也分为六大类。但保险业是一种特殊行业，既不同于从事采购、生产和销售产品的工业企业，也不同于从事商品购销的商业企业。保险企业没有货物实体的买卖，销售的只是一纸对投保人未来可能的损失予以赔偿的信用承诺。与一般企业会计相比较，保险企业会计的会计要素的具体组成内容与特征有所不同。

（一）资产

保险企业与一般企业的业务性质不同，在资产方面主要表现为流动资产的内容和比重不同。

工商企业的流动资产中存货的比重较大，主要内容有原材料、在产品、产成品、在途商品、库存商品等。保险只是对投保人未来可能的损失予以赔偿的信用承诺，保险企业除有少量低值耗易耗品和公杂用品外，没有其他存货。保险企业的流动资产主要是收取保费所形成的银行存款、应收账款、投资等，因此金融资产占的比重很大。

从投资方面来看，我国保险企业的投资主要包括政府债券、同业拆借市场的各种债券、上市的证券投资基金、保户质押贷款等。由于我国对保险资金投资有一些限制性规定，目前保险资金运用结构主要为银行存款、债券、投资基金等。与一般企业相比较，保险企业货币资金和投资的比重较大。随看我国加入世界贸易组织以及金融市场的逐步完善，保险资金的运用形式必将呈现多元化，如直接进入股票市场、不动产投资、衍生金融工具投资等，货币资金的比重将逐渐减少，投资的比重将逐渐增加，以避免通货膨胀带来的贬值，提高保险企业的偿付能力和竞争能力。

（二）负债

一般企业的负债是指债权债务引起的现实负债，债务人及债务金额和偿还时间都是确定的，对极少数或有负债，企业只需在资产负债表的附注中披露即可。保险企业负债的主要项目是各种责任准备金。各种责任准备金所占比重较大，如人寿保险的责任准备金一般占负债总额的 80%、资产总额的 70% 以上，并且具体的债务人和债务金额以及偿还时间都不确定。在保险期内，无法预知保险业务事故是否发生和可能造成损失的大小，使保险负债具有或有性和金额上的不确定性。责任准备金是指保险企业为了承担因承诺保险业务而引起的将来的负债或已有的负债而提取的基金，是建立在大数法则和精算方法上的，不同的会计方法对其计量结果影响较大。责任准备金包括未决赔款准备金、寿险责任准备金、长期健康责任准备金等。

（三）所有者权益

一般企业按照《中华人民共和国公司法》的规定，有限责任公司（生产经营为主）的注册资本不得少于人民币 3 万元；股份有限公司注册资本最低限额为 500 万元。由于保险业经营的广泛社会性和风险性，按照《保险法》的规定，保险公司的注册资本最低限额为人民币 2 亿元，自有资本金的数额较大。从保险企业所有者权益的内容来看，除实收资本、资本公积、盈余公积及未分配利润等与一般企业相同外，由于保险经营的风险较大，为防范巨额风险保障投保人的利益，所有者权益中还包括从税后利润中提取的一般风险准备金和农业大灾准备金。所有者权益中的准备金是保险企业为发生周期较长、后果难以预料的巨灾和巨额危险从税后利润中提取的，在资产负债表中单独列示。

（四）收入

一般企业的收入分为三类：营业收入、投资收入和营业外收入。保险企业收入也分为三大类，其与一般企业的主要区别在营业收入和投资收入两方面。一方面，营业收入是保险企业的经营所得，包括保费收入，保费收入与一般企业收入的性质不同，保费收入介于收入与负债之间，因为收取保费时保险服务尚未开始，这时属于保险企业的负债而非收入，承保后继续提供服务保险费由负债转为收入，这就是保险企业计提和转回责任准备金的原因。另一方面，保险企业投资收入金额较多、地位非常重要，构成营业收入的一部分。因为保险企业收到保费后，形成各种责任准备金，数额巨大，为使其保险资金保值、增值，需要进行资金运作，投资收入是保险资金运作的结果。

从确认条件来看，保险收入与一般企业收入也有一定的区别。一般企业收入确认要求"相关的收入和成本能够可靠地计量"，而保费收入确认要求"与保险合同相关的收入能够可靠地计量"，其保费收入的确认不需要具备与保险合同相关的成本能够可靠地计量这一条件。因为采取预提责任准备金形成的成本费用为估计数，这正是保险会计成本费用区别于一般企业会计的一个重要特点。

（五）成本费用

一般企业的成本费用分为营业成本、投资损失、营业外支出三部分，如工业企业的生产成本中的料、工、费一样，保险企业有保险赔款、保险营销员佣金及保险间接费用等。除此之外，保险企业还有一项区别于一般企业的特殊成本费用项目，即提取各种保险责任准备金形成的成本费用。

从确定条件来看，一般企业会计成本费用的确认是在成本费用实际发生时确认，保险会计成本费用中保险赔款也是在实际发生时即决赔时确认，但各种责任准备金却是预计的。保险企业的收入发生在前，成本发生在后，成本受收入的影响较大；而制造企业的成本发生在前，收入发生在后，成本受收入的影响较小。

（六）利润

一般企业利润由营业利润、投资利润及营业外收支净额三部分组成，主营业务利润等于主营业务收入减主营业务成本和主营业务税金及附加后的余额。保险企业利润由营业利润和营业外收支净额两部分组成，营业利润由承保利润和投资利润以及利息收支等构成。保险企业利润与一般企业利润的区别主要表现在两方面：一方面，保险企业主营业务利润为承保利润，等于保险业务收入减保险业务支出，再减准备金提转差。准备金提转差是指当期提存的准备金减去上期转回的准备金，这就是保险利润最大的特点，各种责任准备金的估计影响承保利润的形成。另一方面，投资利润作为营业利润的组成部分是因为保险费收入产生资金，运用资金产生孳息，孳息回馈业务。因此，保险经营和资金运作是相辅相成的，投资利润在营业利润中占有比较重要的地位。

第二节 原保险合同的会计核算

一、原保险合同概述

（一）原保险合同的确认

原保险合同是指保险人向投保人收取保费，对约定的可能发生的事故因其发生所造成的财产损失承担赔偿保险金责任，或者当被保险人死亡、伤残、疾病或者达到约定的年龄、期限时承担给付保险金责任的保险合同。

保险人与投保人签订的合同是否属于原保险合同，应当在单项合同的基础上，根据合同条款判断保险人是否承担了保险风险。发生保险事故可能导致保险人承担赔付保险金责任的，应当确定保险人承担了保险风险。保险事故是指保险合同约定的保险责任范围内的事故。保险风险是指除缺乏商业实质的情形外，保单约定的保险事故发生可能导致保险人支付重大保险附加利益。其中，缺乏商业实质是指保单签发对交易双方不产生可辨认的经济影响。保险附加利益是指保险人在保险事故发生情景下比保险事故不发生情景下多支付的金额。财产保险公司持有的原保险合同均为非寿险原保险合同。

（二）保险混合合同分拆

保险人与投保人签订的合同，使保险人既承担保险风险又承担其他风险的，应当分别按照下列情况进行处理：

第一，保险风险部分和其他风险部分能够区分，并且能够单独计量的，可以将保险风险部分和其他风险部分进行分拆。保险风险部分，确定为原保险合同；其他风险部分，不确定为原保险合同。

第二，保险风险部分和其他风险部分不能够区分，或者虽能够区分但不能够单独计量的，如果保险风险重大，应当将整个合同确定为原保险合同；如果保险风险不重大，不应当将整个合同确定为保险合同。

（三）原保险合同收入

保费收入是指根据原保险合同的约定向投保人收取的保险费，是保险公司主要的收入项目，也是保险公司的物质基础。保险公司通过向投保人收取保费来建立保险基金，当投保人遭受约定的保险事故时，保险人就通过该基金支付赔款或者给付金，从而实现保险的基本职能。

保费收入的高低，反映了保险公司经营收入的水平，也反映了保险公司承保业务的广度和深度以及保险责任的大小。当保险公司收到的款项同时满足下列条件的，保费收入才能予以确认：

（1）原保险合同成立并承担相应保险责任；

（2）与原保险合同相关的经济利益很可能流入；

（3）与原保险合同相关的收入能够可靠地计量。

保险人应当按照下列规定计算确定保费收入金额：

（1）对于非寿险原保险合同，应当根据原保险合同约定的保费总额确定。

（2）对于寿险原保险合同，分期收取保费的，应当根据当期应收取的保费确定；一次性收取保费的，应当根据一次性应收取的保费确定。

原保险合同提前解除的，保险人应当按照原保险合同约定计算确定应退还投保人的金额，作为退保费，计入当期损益。

（四）原保险合同准备金

原保险合同准备金包括未到期责任准备金、未决赔款准备金、寿险责任准备金和长期健康险责任准备金。

未到期责任准备金也称未满期责任准备金或未了责任准备金，是指保险人在核算日期为尚未终止的非寿险保险责任提取的准备金。保险公司一年以内的财产险、意外伤害险、健康险业务，按规定从本期保险责任尚未到期，应属于下一年度的部分保险费中提取出来形成的准备金。

未决赔款准备金是指保险人为非寿险保险事故已发生尚未结案的赔案提取的准备金，包括已发生已报案未决赔款准备金、已发生未报案未决赔款准备金和理赔费用准备金。

寿险责任准备金是指保险人为尚未终止的人寿保险责任提取的准备金，按照保险法的规定，应当按照有效的人寿保险单的全部净值提取。一般情况下，寿险公司80%～90%的负债都为寿险责任准备金负债，而这些准备金大小在精算假设上的轻微变化或在准备金评估方法上的变化都会对某个时期的收入和公司的价值产生极大的影响。

长期健康险责任准备金是指保险人为尚未终止的长期健康保险责任提取的准备金，应于期末按保险精算结果入账。

（五）原保险合同成本

原保险合同成本是指原保险合同发生的，会导致所有者权益减少的，与向所有者分配利润无关的经济利益的总流出。原保险合同成本主要包括发生的手续费或佣金支出、赔付成本，以及提取的未决赔款准备金、寿险责任准备金、长期健康险责任准备金等。

赔付成本包括保险人支付的赔款、给付，以及在理赔过程中发生的律师费、诉讼费、损失检验费、相关理赔人员薪酬等理赔费用。保险人承担赔偿保险金责任取得的损余物资，应当按照同类或类似资产的市场价格计算确定的金额确认为资产，并冲减当期赔付成本。

保险人承担赔付保险金责任应收取的代位追偿款，同时满足下列条件的，应当确认为应收代位追偿款，并冲减当期赔付成本：

（1）与该代位追偿款有关的经济利益很可能流入；

（2）该代位追偿款的金额能够可靠地计量。

二、原保险合同下非寿险业务的核算

（一）非寿险保费收入

《保险法》第九十五条规定："保险人不得兼营人身保险业务和财产保险业务。但是，经营财产保险业务的保险公司经国务院保险监督管理机构批准，可以经营短期健康保险业务和意外伤害保险业务。"

根据在原保险合同延长期内，保险公司是否承担赔付责任，可以将原保险合同分为寿险原保险合同和非寿险原保险合同。其中，寿险业务在延长期内承担保险责任。

保费收入是指保险公司根据原保险合同的约定向投保人收取的保险费，是保险公司建立保险基金的重要来源。保费收入按原保险合同约定的保费总额进行确认，直接计入各险种。

1. 保费收入的相关概念

（1）毛保费。毛保费是保险人从各个途径收取到的保费金额，是按照保险金额乘以保险费率计算出来的。毛保费是相对净保费而言的，是指未扣除分保费及附加费用项目的保险费，也称入账保费。

（2）净保费。净保费是指毛保费扣除分保费及附加费用后的保费收入。

（3）已赚保费。已赚保费是由于保险业务年度与会计年度不一致，会计年度进行期末核算时，根据权责发生制剔除各类准备金后的保费收入。已赚保费也指某一年度中已经负了相关保险责任，或已终止契约的那一部分保费收入。已赚保费的计算公式如下：

已赚保费＝保费收入＋分入保费－分出保费－未到期责任准备金提转差

（4）应收保费。应收保费是保险公司向投保人签发保险单后尚未收取的保险费。应收保费是保险公司普遍存在的一种流动资产，产生于商业竞争和收款的时间差。同时，作为一种债权，一定的应收保费是保险公司生存的基础和发展的需要，应收保费附带的风险影响收益质量。

2. 保费收入的会计科目设置

为了反映和监督保费收入增减变动等情况，应设置"保费收入"科目、"预收保费"科目、"应收保费"科目等，并按照险类和渠道进行明细核算。

（1）"保费收入"科目。"保费收入"科目核算根据原保险合同准则确认的原保险合同保费收入。保险业务以储金利息收入作为保费收入的，也在"保费收入"科目核算。

确认保费收入时，借记"银行存款""应收保费""预收保费""利息支出（保险储金业务）""投资收益（非预定收益型投资保险业务）"等科目，贷记"保费收入"科目；退保或批减保费时，借记"保费收入"科目，贷记"银行存款"等科目；原保险合同提前解除的，按原保险合同约定计算确定的应退还投保人的金额，借记"保费收入"科目，贷记"银行存款"等科目。

"保费收入"科目为损益类科目，借方反映退保费、续保折扣等情况下减少的保费金额，贷方反映确认增加的保费收入金额。期末，应将"保费收入"科目的余额转入"本年利润"科目，结转后"保费收入"科目应无余额。

（2）"预收保费"科目。"预收保费"科目核算在保险合同成立并开始承担保险责任前投保人缴纳的，未满足保费收入确认条件下的保险费。

发生预收保费时，借记"银行存款"等科目，贷记"预收保费"科目；保险责任生效确认保费收入实现时，借记"预收保费"科目，贷记"保费收入"科目。

"预收保费"科目为一般总账负债类科目，一般设"有保单"和"无保单"（一般指保险卡业务）明细科目。其中，"有保单"明细科目应当按照险类进行明细核算。"预收保费"科目借方反映保费收入实现时结转冲减的金额，贷方反映实际收到的预收保费金额。期末为贷方余额，反映保险公司向投保人预收的保险费。

（3）"应收保费"科目。"应收保费"科目核算按照原保险合同约定应向投保人收取但尚未收到的保险费。

发生应收保费，借记"应收保费"科目，贷记"保费收入"科目；收回应收保费，借记"银行存款"等科目，贷记"应收保费"科目；经确认为坏账的应收保费核销时，借记"坏账准备"科目，贷记"应收保费"科目；已确认坏账并核销的应收保费，以后期间又收回的，按收回的金额，借记"应收保费"科目，贷记"坏账准备"科目，同时借记"银行存款"等科目，贷记"应收保费"科目。

"应收保费"科目为一般总账资产类科目，借方反映保险公司应收未收的保费金额或已确认坏账并转销的应收保费又收回，贷方反映收回的应收金额及确认为坏账而冲销的应收金额。期末为借方余额，反映保险公司尚未收回的保险费。

3. 保费收入的确认原则

对于非寿险保险企业，应当按照原保险合同约定的保费总额确认保费收入；对于符合保费收入确认条件但尚未收到的保费，作为应收保费入账，以后期间实际收到保费时予以冲销。

（1）一次性收取保费的保险合同，应当自承担保险责任日始，按照合同确定的应收金额确认保费收入，将所有应收但尚未收到的保费收入全额确认为应收保费。

（2）分期收取保费的保险合同，按照合同确定的各期应收总额确认保费收入。保户每期缴纳保费后，冲减相应的应收保费。

（3）长期险业务的保险合同，应当在合同成立之初将合同总额一次确认为保费收入。

（4）保险合同成立并开始承担保险责任前，投保人缴纳的保险费，作为预收保费入账，保险合同生效时转为保费收入。分年签发的保险合同，一次性收取所有年份的保费，当年签发的保险合同生效时确认为保费收入，未签发年份的保险合同收取的保险费作为预收保费入账。

（5）保险合同成立并开始承担保险责任后，若发生保户加保、减保，应对已确认的保费收入进行相应的调整；若发生保户退保，应按实际退保金额，作为退保费冲减当期已确认保费收入。

（6）代表第三方从投保人收到的款项或费用，应确认为负债，不能计入保费收入。

【例10-1】A企业向甲保险公司投保财产保险基本险，2018年1月1日开始起保，保费共计30 000元，经协商分3次缴清，每次支付三分之一。支付时间点为2017年12月1日、2018年1月1日和2018年2月1日，A企业如期缴纳。2018年4月开始，由于A企业业绩不佳，投保财产的规模减小，因此申请减保退回保费10 000元，甲保险公司于2018年4月确认A企业符合退保条件，并于当月退费到A企业的账户。

甲保险公司的会计处理如下：

（1）2017年12月1日收到投保款项。

借：银行存款　　　　　　　　　　　　　　　　　　　　10 000
　　贷：预收保费　　　　　　　　　　　　　　　　　　　　　　10 000

（2）2018年1月1日保单生效。

借：银行存款　　　　　　　　　　　　　　　　　　　　10 000
　　应收保费　　　　　　　　　　　　　　　　　　　　10 000
　　预收保费　　　　　　　　　　　　　　　　　　　　10 000
　　贷：保费收入　　　　　　　　　　　　　　　　　　　　　　30 000

（3）2018年2月1日收到第3批保费。

借：银行存款　　　　　　　　　　　　　　　　　　　　10 000
　　贷：应收保费　　　　　　　　　　　　　　　　　　　　　　10 000

（4）2018年4月确认支付退保费。

借：保费收入　　　　　　　　　　　　　　　　　　　　10 000
　　贷：银行存款　　　　　　　　　　　　　　　　　　　　　　10 000

（二）非寿险准备金

保险公司准备金是保险公司的一种资金积累，非寿险原保险合同准备金主要包括未到期责任准备金、未决赔款准备金和农业保险大灾准备金。

1. 未到期责任准备金

（1）未到期责任准备金的相关规定。未到期责任准备金是指保险人为尚未终止的非寿险保险责任提取的准备金。从性质上讲，未到期责任准备金属于未赚取的保费收入，确认未到期责任准备金就是确认未赚取的保费收入。随着时间的推移，保险风险在逐渐减少，未赚取的保费收入也随之转化为已赚取的保费收入。

根据《企业会计准则》的规定，保险人应当在确认非寿险保费收入的当期，按照保险精算确定的金额，提取未到期责任准备金，作为当期保费收入的调整，并确认未到期责任准备金负债。保险人应当在资产负债表日，按照保险精算重新计算确定的未到期责任准备金金额与已提取的未到期责任准备金余额的差额，调整未到期责任准备金余额。

（2）未到期责任准备金的计算。未到期责任准备金采用未赚保费法计提时，计算公式如下：

未到期责任准备金=［（总保费-首日费用)×未到期比例］+充足性测试所需保费不足准备金

首日费用，即保单获取成本，是指签发保险合同所发生的增量成本（即销售、承保和保单合同成立时发生的费用）。保单获取成本包括手续费支出、税金及附加、保险保障基金、监管费、交强险救助基金、分保费用支出、摊回分保费用和相关人员工资等。

充足性测试是用未赚保费法评估得到的未到期责任准备金与未来净现金流出和对应的风险边际之和进行比较。如果后者大于前者，则将其差额作为保费不足准备金增加未到期责任准备金，用于充足性测试未来净现金流出，包括预期未来发生的赔款、理赔及保单维护等费用。

未到期比例原则上目前主要采用1/2法、1/8法、1/24法和1/365法，如果特殊险种的风险分布明显不符合均匀分布，则按照风险分布的规律进行未赚保费的计算。

（3）未到期责任准备金的会计科目设置。为反映非寿险业务未到期准备金的情况，应设置"未到期责任准备金"科目和"提取未到期责任准备金"科目，并按照险种和渠道等进行明细核算。

①"未到期责任准备金"科目和"提取未到期责任准备金"科目核算非寿险公司提取的原保险合同未到期责任准备金。再保险接受人按规定提取的未到期责任准备金也在这两个科目核算。

②未到期责任准备金的账务核算包括计提、转销、资产负债表日处理等。

在确认非寿险保费收入的当期，按照保险精算确定的金额，借记"提取未到期责任准备金"科目，贷记"未到期责任准备金"科目。

期末，按照保险精算重新计算确定的未到期责任准备金金额与已提取的未到期责任准备金余额的差额，调整未到期责任准备金余额，贷记"提取未到期责任准备金"科目，借记"未到期责任准备金"科目。

原保险合同提前解除的，保险人应当按照账面未到期责任准备金的余额转销，贷记"提取未到期责任准备金"科目，借记"未到期责任准备金"科目。

年末资产负债表日保险公司进行充足性测试，当测试结果显示未到期责任准备金小于未来净现金流出和对应的风险边际之和时，差额部分确认为保费不足准备金，借记"提取未到期责任准备金"科目，贷记"未到期责任准备金"科目。

③"未到期责任准备金"科目为一般总账负债类科目，借方反映按规定冲减的准

备金金额，贷方反映按规定提取的准备金金额。期末贷方余额，反映保险公司提取的未到期责任准备金。

"提取未到期责任准备金"科目为损益类科目，借方反映按规定提取的准备金金额，贷方反映按规定冲减的准备金金额。期末，应将"提取未到期责任准备金"科目余额转入"本年利润"科目，结转后"提取未到期责任准备金"科目无余额。

【例10-2】承【例10-1】，对于 A 企业的财产保险基本险，甲保险公司精算部计算2018 年 1 月的应提取的未到期准备金为 27 000 元。那么在 2018 年 1 月 1 日保单生效后，甲保险公司应于当月提取未到期责任准备金。甲保险公司的会计处理如下：

借：提取未到期责任准备金　　　　　　　　　　　　　　　　27 000

　　贷：未到期责任准备金　　　　　　　　　　　　　　　　　　27 000

2. 未决赔款准备金

（1）未决赔款准备金的相关规定。未决赔款准备金是指保险人为非寿险保险事故已发生尚未结案的赔案提取的准备金，包括已发生已报案未决赔款准备金、已发生未报案未决赔款准备金和理赔费用准备金。按照费用的发生是否与某一特定赔案直接相关、是否能够直接确定到该赔案，可将理赔费用区分为直接理赔费用和间接理赔费用。直接理赔费用是指其发生与某一特定赔案直接相关，能够直接确定到该赔案的费用。

保险人与投保人签订原保险合同，向投保人收取保费，同时承担了在保险事故发生时向受益人赔付保险金的责任。对于非寿险原保险合同，在保险事故发生之前，保险人承担的向受益人赔付保险金的责任是一种潜在义务，不满足负债的确认条件，不应当确认为负债。保险事故一旦发生，保险人承担的向受益人赔付保险金的责任变成一种现时义务，满足负债的确认条件，应当确认为负债。因此，保险人应当在非寿险保险事故发生的当期，按照保险精算确定的未决赔款准备金金额，提取未决赔款准备金，并确认未决赔款准备金负债。

（2）未决赔款准备金的计算原则。根据《企业会计准则》的规定，保险人应当在非寿险保险事故发生的当期，按照保险精算确定的金额，提取未决赔款准备金，并确认未决赔款准备金负债。未决赔款准备金包括已发生已报案未决赔款准备金、已发生未报案未决赔款准备金和理赔费用准备金。未决赔款准备金的评估在现金流的基础上考虑边际因素和货币时间价值。

保险公司至少应当于每年年度终了，对未决赔款准备金、寿险责任准备金、长期健康险责任准备金进行充足性测试。保险人按照保险精算重新计算确定的相关准备金金额超过充足性测试日已提取的相关准备金余额的，应当按照其差额补提相关准备金；保险人按照保险精算重新计算确定的相关准备金金额小于充足性测试日已提取的相关准备金余额的，不调整相关准备金。保险人应当在确定支付赔付款项金额的当期，按照确定支付的赔付款项金额，计入当期损益；同时，冲减相应的未决赔款准备金、寿险责任准备金、长期健康险责任准备金余额。

已发生已报案未决赔款准备金是指非寿险保险事故已发生并已向保险人提出索赔而尚未结案的赔案提取的准备金。已发生已报案未决赔款准备金主要基于理赔系统中估损数据计提。已发生未报案未决赔款准备金是指非寿险保险事故已发生而尚未向保险人提出索赔的赔案提取的准备金。已发生未报案未决赔款准备金主要依据精算计算结果得到。保险公司应当根据保险风险的性质和分布、赔款发展模式等，采用逐案估损法、案均赔款法等，以最终赔付的合理估计为基础，计量已发生未决赔款准备金的金额。理赔费用准备金是指保险人为非寿险保险事故已发生尚未结案的赔案可能发生的律师费、诉讼费、损失检验费、相关理赔人员薪酬等费用提取的准备金。理赔费用准备金包括直接理赔费用准备金和间接理赔费用准备金。

（2）未决赔款准备金的会计科目设置。为核算未到期准备金的情况，应设置"未决赔款准备金"科目和"提取未决赔款准备金"科目，并按照险种和渠道等进行明细核算。

①"未决赔款准备金"科目和"提取未决赔款准备金"科目核算发生保险事故后，按规定应当提取的原保险合同未决赔款准备金。再保险接受人的未决赔款准备金也在这两个科目进行核算。

②未决赔款的账务处理包括计提、冲减、充足性测试等内容。

在保险事故发生的当期，按照保险精算确定的金额，借记"提取未决赔款准备金"科目，贷记"未决赔款准备金"科目。

在确定支付赔付款项金额的当期，冲减相应的未决赔款准备金，借记"未决赔款准备金"科目，贷记"提取未决赔款准备金"科目。

年末资产负债表日，保险公司进行充足性测试，当测试结果显示未决赔款责任准备金小于未来净现金流出和对应的风险边际之和时，差额部分确认为保费不足准备金，借记"提取未决赔款准备金"科目，贷记"未决赔款准备金"科目。

③"未决赔款准备金"为一般总账负债类科目，借方反映按规定冲减的准备金金额，贷方反映按规定提取的准备金金额。期末贷方余额，反映保险公司提取的未决赔款准备金。

"提取未决赔款准备金"为损益类科目，借方反映按规定提取的准备金金额，贷方反映按规定冲减的准备金金额。期末应将"提取未决赔款准备金"科目余额转入"本年利润"科目，结转后"提取未决赔款准备金"科目无余额。

【例10-3】承【例10-1】，A企业2018年7月意外失火，造成大量财产损失。甲保险公司接到报案后派查勘人员到现场查勘，发生损失检验费1 000元，分摊进入该保单的查勘人员工资500元，预计最终应赔付的金额为80 000元。

2018年7月当期，保险公司就应提取相应的未决赔款准备金，会计处理如下：

借：提取未决赔款准备金（已发生已报案未决赔款）　　　　　　80 000
　　提取未决赔款准备金（直接理赔费用）　　　　　　　　　　 1 000
　　提取未决赔款准备金（间接理赔费用）　　　　　　　　　　　 500
　贷：未决赔款准备金（已发生已报案未决赔款）　　　　　　　80 000
　　　未决赔款准备金（直接理赔费用）　　　　　　　　　　　 1 000
　　　未决赔款准备金（间接理赔费用）　　　　　　　　　　　　 500

3. 农业保险大灾准备金

（1）农业保险大灾准备金的相关规定。农业保险大灾准备金是指农业保险经办机构（以下简称保险机构）根据有关法律法规，在从事各级财政按规定给予保费补贴的种植业、养殖业、林业等农业保险业务（以下简称农业保险）过程中，为增强风险抵御能力、应对农业大灾风险专门计提的准备金。应按种植业、养殖业、森林等大类险种进行明细核算。

大灾准备金包括保费准备金和利润准备金。保费准备金应当按照各类农业保险当期实现的自留保费（即保险业务收入减去分出保费的净额）和规定的保费准备金计提比例计算提取。保费准备金的计提比例应按照"农业保险大灾风险准备金计提比例表"规定的区间范围，在听取省级财政等有关部门意见的基础上，结合农业灾害风险水平、风险损失数据、农业保险经营状况等因素合理确定。利润准备金是指保险机构总部在依法提取法定公积金、一般风险准备金后，按规定从年度净利润中提取的利润准备金。

（2）农业保险大灾准备金的会计科目设置。为核算农业保险大灾准备金的情况，应设置"保费准备金"科目、"提取保费准备金"科目、"利润分配——提取利润准备"科目和"大灾风险利润准备"科目。

①"保费准备金"科目和"提取保费准备金"科目核算保险机构按规定当期从农业保险保费收入中提取的保费准备金；"利润分配——提取利润准备"科目和"大灾风险利润准备"科目，核算保险机构从净利润中提取，并按规定使用和转回的利润准备金。

②期末，保险机构按照各类农业保险当期实现的自留保费（即保险业务收入减去分出保费的净额）和规定的保费准备金计提比例计算应提取的保费准备金，借记"提取保费准备金"科目，贷记"保费准备金"科目；保险机构总部在依法提取法定公积金、一般风险准备金后，按规定从年度净利润中提取的利润准备金，借记"利润分配——提取利润准备"科目，贷记"大灾风险利润准备"科目。

保险机构在确定支付赔付款项金额或实际发生理赔费用的当期，按规定以大灾准备金用于弥补农业大灾风险损失时，按弥补的金额依次冲减"保费准备金"科目、"大灾风险利润准备"科目，借记"保费准备金"科目、"大灾风险利润准备"科目，贷记"提取保费准备金"科目、"利润分配——提取利润准备"科目。

保险机构不再经营农业保险的，将以前年度计提的保费准备金的余额逐年转回损益时，按转回的金额，借记"保费准备金"科目，贷记"提取保费准备金"科目；将利润准备金的余额转入一般风险准备时，按转回的金额，借记"大灾风险利润准备"科目，贷记"一般风险准备"科目。

③"保费准备金"为一般总账负债类科目，应当按照种植业、养殖业、森林等大类险种进行明细核算。借方反映减少的准备金金额。贷方反映增加提取的准备金金额；期末贷方余额，反映保险公司提取的农业大灾准备金。

"提取保费准备金"为损益类科目，应当按照种植业、养殖业、森林等大类险种进行明细核算。借方反映增加提取的准备金金额，贷方反映减少的准备金金额。期末，应将"提取保费准备金"科目余额转入"本年利润"科目，结转后"提取保费准备金"科目无余额。

"利润分配——提取利润准备"科目为一般总账权益类科目，核算保险机构按规定从当期净利润中提取的利润准备金。借方反映实际提取的准备金金额，贷方反映减少或转回的准备金金额。月末借方余额，反映保险公司提取的农业大灾准备金结余。年末，应将"利润分配——提取利润准备"科目余额转入"利润分配——未分配利润"

科目，结转后"利润分配——提取利润准备"科目无余额。

"大灾风险利润准备"为一般总账权益类科目，核算保险机构按规定从净利润中提取，并按规定使用和转回的利润准备金，以及大灾准备金资金运用形成的收益。借方反映减少或转回的准备金金额，贷方反映反映实际提取的准备金金额。月末贷方金额，反映保险公司提取的农业大灾准备金结余。年末，应将"大灾风险利润准备"科目余额转入"利润分配——未分配利润"科目，结转后"大灾风险利润准备"科目无余额。

（三）非寿险合同成本

非寿险合同成本主要包括发生的手续费或佣金支出、赔付成本，以及提取的未决赔款准备金等。赔付成本包括保险人支付的赔款、给付，以及在理赔过程中发生的律师费、诉讼费、损失检验费、相关理赔人员薪酬等理赔费用。

1. 手续费或佣金支出

手续费支出是指保险公司支付给具备代理资质、接受保险公司委托，并在授权范围内代为办理保险业务的保险代理人或保险经纪人的手续费。手续费支出应当在保费收入确认当期直接计入相关险种损益。实际收到保费后，按照保费的支付比例，将相应的手续费直接支付给代理人或经纪人。

为反映手续费支出的情况，应设置"手续费支出"科目和"应付手续费"科目，并按险种、渠道、经纪公司等进行明细核算。

（1）"手续费支出"科目和"应付手续费"科目，核算保险公司需要支付给保险代理人、经纪人的手续费。

（2）保单起保当期，按签单保费及约定的手续费率计算应付手续费，借记"手续费支出"科目，贷记"应付手续费"科目。实际收取保费后，按照收取保费的比例进行手续费支付，借记"应付手续费"科目，按应代扣代缴的税金，贷记"应交税费"科目，按其差额，贷记"银行存款"等科目。

（3）"手续费支出"为损益类科目，借方反映按规定计提的手续费用，贷方反映由于退保等原因冲减的手续费费用。期末，应将"手续费支出"科目余额转入"本年利润"科目，结转后"手续费支出"科目无余额。

"应付手续费"科目为一般总账负债类科目，借方反映实际支付的手续费或者由于退保等原因减提的手续费，贷方反映计提的手续费。期末贷方余额，核算保险公司应付未付的手续费。

【例10-4】某保险公司2018年1月确认某公司的工程险合同保险保费收入为10 000元，是由A代理人划付过来的，需要支付A代理人5%的手续费。

2018年1月确认保费收入时，应该确认手续费支出，会计处理如下：

借：手续费支出　　　　　　　　　　　　　　　　　　　　　　　　500

　　贷：应付手续费　　　　　　　　　　　　　　　　　　　　　　　　500

实际支出时，会计处理如下：

借：应付手续费　　　　　　　　　　　　　　　　　　　　　　　　500

　　贷：银行存款　　　　　　　　　　　　　　　　　　　　　　　　500

2. 赔付成本

赔付成本包括保险人支付的赔款、给付，以及在理赔过程中发生的律师费、诉讼费、损失检验费、相关理赔人员薪酬等理赔费用。根据《财产保险公司理赔费用管理办法》的规定，保险公司应在"赔付支出"科目下分别设置"直接赔付支出""直接理赔费用""间接理赔费用"等科目，各个科目之间不得相互串用。保险公司计算赔付率时须全额计入理赔费用（含直接理赔费用、间接理赔费用）。

（1）赔付成本相关要素。

①直接赔款。直接赔款是指根据保险合同约定支付给被保险人或受益人的赔款。由于赔款的计算和审核是一项较为复杂的工作，往往需要较长一段时间。因此，对于一些重大的保险事故，保险公司为了使被保险人及时恢复生产，会在赔款确定前，预先支付一定的赔款，待损失核定后再补足差额。

②直接理赔费用。直接理赔费用是指保险事故发生后，保险人为了承担赔付责任，经过一系列的调查核实过程中发生的，某一特定赔案直接相关，能够直接确定到该赔案的费用。主要包括如下内容：

第一，专家费，即因案件的定责和定损需要聘请专家或专业机构出具权威意见而产生的相关费用，包括支付给专家或专业机构的劳务费、咨询费、调查费，以及专家参与案件处理发生的需要由保险公司承担的差旅费、交通费等。

第二，律师费与诉讼费。律师费是指以公司名义聘请律师直接参与保险事故处理（包括事故调查、诉前保全、诉讼、仲裁等），根据委托合同应由保险公司支付或分摊的律师费；诉讼费是指因保险事故发生诉讼或仲裁，法院或仲裁庭裁定应由保险公司支付的费用。本项费用中还包括执行费。

第三，损失检验费，即发生灾害及事故后，聘请第三方机构（特殊情况下还包括被保险人所属的专业部门）参与损失检验或事故处理，因此发生的服务费、手续费及有关人员的差旅费，包括水险中的海外代理人代理费、专业检验人检验费、船级社检验费、海损理算费等。

第四，公估费，发生灾害及事故后因聘请公估机构参与理赔工作，包括现场查勘、损因鉴定、保险责任认定、损失鉴定、估损、理算等产生的费用。

第五，差旅费用，即理赔查勘过程中发生于某一特定赔案上的差旅费用，包括理赔查勘人员的交通费、食宿费、出差补助和理赔服务车的过路过桥费等可明确辨认出差时间、地点、金额的费用。

第六，追偿成本，即因对某一特定赔案进行代位追偿而发生的专家费、律师费与诉讼费、损失检验鉴定费、物资处置费、外部奖励费、内部奖励费用，以及相关的调查取证费、差旅费、住宿费等追偿过程中产生的费用。这也包括追偿不成功发生的追偿成本。

第七，其他费用，包括侦查费、外部奖励、身份信息查询费、配件价格查询费、救助担保手续费等内容。

③间接理赔费用。间接理赔费用是指其发生与保险理赔业务相关，但无法具体归属到某一特定赔案的费用，包括查勘费用、理赔人员人工费用、资产使用费、外部监管费用及税费、理赔办公费用和其他费用。

间接理赔费用能够直接计入险种的，直接计入相关险种成本；不能直接计入险种的，应当按照合理的方法，分摊计入相关险种的成本。间接理赔费用无法从再保险人处摊回。

④代位追偿款。代位追偿款是指保险公司承担赔偿保险金责任后，依法从被保险人取得代位追偿权向第三者责任人索赔而取得的款项。代位追偿款实质上是对保险公司承担赔付支出的补偿，因此不应该确认为收入，而应当在确认时作为赔付支出的减项，单设资产类科目"应收代位追偿款"科目进行核算。

根据《企业会计准则第25号——原保险合同》第二十一条的规定，保险人承担赔付保险金责任应收取的代位追偿款，同时满足下列条件的，应当确认为应收代位追偿款，并冲减当期赔付成本：

第一，与该代位追偿款有关的经济利益很可能流入；

第二，该代位追偿款的金额能够可靠地计量。

保险公司直接向造成保险事故的第三方责任人、致害人进行代位追偿时，追偿人员应当根据以往的经验、第三者责任人的财务状况和法律诉讼进展情况等相关信息判断款项收回可能性。如果有充分证据表明代位追偿款收回概率很高，且该代位追偿款的金额能够可靠计量，符合一定确认条件时，才能借记"应收代位追偿款"科目，同时贷记"赔付支出"科目。充分证据，如责任对方出具了经过公证的履行债务承诺书的；经过司法机关、仲裁机构的判决书、调解书、裁决等生效法律文书确定责任对方应履行赔付义务；其他业务人员掌握确定证据的情况。

⑤收回损余物资。保险公司承担赔偿保险金责任后收回的受损物资，在取得证明所有权的具有法律效力的相关凭据后，应当按照同类或类似资产的市场价格计算确定的金额确认为资产，并冲减当期赔付成本。借记"损余物资"科目，贷记"赔付支出"科目。同类或类似资产，通常是指与损余物资的性质相同、功能相近的资产。

⑥收回赔款。根据《保险法》的规定，对于下列三种行为之一，致使保险人支付保险金或者支出费用的，被保险人应当退回或者赔偿，保险公司作为收回赔款处理：

第一，未发生保险事故，被保险人或者受益人谎称发生了保险事故，向保险人提出赔偿或者给付保险金请求的；

第二，投保人、被保险人故意制造保险事故的；

第三，保险事故发生后，投保人、被保险人或者受益人以伪造、变造的有关证明、资料或者其他证据，编造虚假的事故原因或者夸大损失程度的。

（2）赔付成本的会计科目设置。为了反映保险公司赔款支出的增减变动情况，主要设置"赔付支出"科目、"应付赔付款"科目、"预付赔付款"科目、"损余物资"科目、"应收代位追偿款"科目等，并按险种和渠道等进行明细核算。

①"赔付支出"科目和"应付赔付款"科目。"赔付支出"科目和"应付赔付款"科目核算保险公司按照合同约定支付的直接赔款以及发生的理赔查勘等费用。

保险公司在确定支付赔付款项金额或实际发生理赔费用的当期，借记"赔付支出"科目，贷记"应付赔付款"科目；实际支付赔款时，借记"应付赔付款"科目，贷记"银行存款""库存现金"等科目，同时冲减相应的未决赔款准备金余额；如果赔案清晰当场结案，可直接借记"赔付支出"科目，贷记"银行存款""库存现金"等科目。

由于第三方责任原因，保险公司在确认能够收到代位追偿款时，借记"应收代位追偿款"科目，贷记"赔付支出"科目；保险公司收回之前因骗赔、错赔支付的赔款或者客户放弃索赔时，借记"银行存款"等科目，贷记"赔付支出"科目；保险公司在赔偿客户后收回损余物资的，借记"损余物资"科目，贷记"赔付支出"科目；在代位追偿、收回赔款或处置损余物资的过程中发生的成本，借记"赔付支出"科目，贷记"银行存款"等科目。

"赔付支出"科目为损益类科目，借方反映保险公司发生的直接赔款、预付赔款转销金额、间接理赔费用及理赔过程中发生的费用，贷方反映代位追偿、收回损余物资、收回赔款、客户放弃索赔等冲减的费用。期末，应将"赔付支出"科目余额转入"本年利润"科目，结转后"赔付支出"科目无余额。

"应付赔付款"科目为一般总账负债类科目，借方反映保险公司实际支付的赔付款，贷方确认应付的赔付款。期末贷方余额，反映保险公司应付未付的赔款。

②"预付赔付款"科目。"预付赔付款"科目核算保险公司在处理理赔案件时，按照保险合同的规定，预先支付的赔付款。

保险事故发生后，保险公司按照合同规定预付赔付款时，借记"预付赔付款"科目，贷记"银行存款"等科目；转销预付的赔付款，借记"赔付支出"等科目，贷记"预付赔付款"科目，差额部分贷记"银行存款"等科目。

"预付赔付款"科目为一般总账资产类科目，借方反映预先支付的赔付款，贷方反映结案后转销的赔付款。期末借方余额，反映保险公司实际支付的预付款项。

③"损余物资"科目。"损余物资"科目核算保险公司按照原保险合同约定承担赔偿保险金责任取得的损余物资价值。收回的代位追偿物资在处置之前，也在"损余物资"科目进行核算。

保险公司赔偿客户后收回损余物资，借记"损余物资"科目，贷记"赔付支出"科目；保险公司赔付后又追偿回损余物资，按评估价值借记"损余物资"科目，贷记"赔付支出"科目。

处置损余物资后按照实际收到的款项借记"银行存款"科目，贷记"损余物资"科目，差额借记或者贷记"赔付支出"科目；如损余物资转为自用，按照评估价值确认资产价值，借记相关资产科目，贷记"损余物资"科目。

科目为一般总账资产类科目，应当按照损余物资种类进行明细核算。借方反映保险公司承担保险责任后取得的损余物资，贷方反映损余物资的处置转出。期末借方余额，反映保险公司承担赔偿保险金责任取得的损余物资的价值。

④"应收代位追偿款"科目。"应收代位追偿款"科目核算保险公司按照原保险合同约定承担赔付保险金责任后，确认的应收代位追偿款。

保险公司当有充分证据表明代位追偿款收回概率很高，且该代位追偿的金额能够可靠计量时，应当确认应收代位追偿款，按照估计的金额，借记"应收代位追偿款"科目，贷记"赔付支出"科目。

实际收回应收代位追偿款时，按收到的金额，借记"库存现金""银行存款"等科目，已计提坏账准备的，借记"坏账准备"科目；按应收代位追偿款的账面余额贷记"应收代位追偿款"科目；按其差额，借记或贷记"赔付支出"科目。如果保险公司实际收到的是第三方责任人交来的实物资产，原则上应按评估价值入账，借记"损余物资"科目，贷记"应收代位追偿款"科目。

"应收代位追偿款"科目为资产类科目,借方反映保险公司承担责任后确认的应收代位追偿款,贷方反映实际收到追偿款时转销的追偿款金额。期末借方余额,反映保险公司已确认但尚未收回的应收代位追偿款。

【例10-5】某保险公司2018年8月向A公司支付甲项目直接赔款300 000元,支付相关直接理赔费用5 000元,同时收回损余物资10 000元。账面上该项目未决赔款准备金的金额为300 000元。2018年11月,保险公司确认应向A公司项目负责人收追偿款100 000元。

该保险公司的会计处理如下:

①2018年8月支付赔款时。

借:赔付支出(直接赔款)	290 000
损余物资	10 000
赔付支出(直接理赔费用)	5 000
贷:银行存款	305 000

同时,转回未决赔款准备金余额。

借:未决赔款准备金——甲项目	300 000
贷:提取未决赔款准备金——甲项目	300 000

②2018年11月确认应收回的代位追偿款时。

借:应收代位追偿款	100 000
贷:赔付支出	100 000

（四）非寿险特殊保险业务的会计处理

1. "保险卡"业务的会计处理

"保险卡"作为一种特殊的保险凭证,具有确定的面值和保险金额,客户可以根据自身需要,通过网络、电话、柜台等多种渠道自主完成保险产品选择和保险合同签订。"保险卡"既可以每一张卡对应一款具体产品,保险责任、保额、保费相对固定,又可以每一张卡对应多款保险产品,可以进行产品组合,购买所涉及产品库中任何一种或多种产品。

销售"保险卡"时,按销售金额计入"预收保费"科目;"保险卡"注册成功,保险合同生效时,按销售金额确认"保险卡"业务的"保费收入",同时冲减"预收保费"。

2. 储金类保险业务的会计处理

储金类保险业务是指保险公司以储金本金增值作为保费收入的保险业务,具有保险和储蓄双重性质。保险期满,无论投保人是否获得保险赔偿,均可得到返还的储金。

为了反映保险公司储金类业务的增减变动情况,单独设置"保户储金"科目来进行核算。"保户储金"科目为一般总账负债类科目,核算保险公司收到投保人以储金本金增值作为保险收入时的储金。"保户储金"科目借方反映向投保人支付的储金本金,贷方反映收到投保人交来的储金本金。期末贷方余额,反映保险公司应付未付投保人的储金或投资本金。

储金类保险业务的会计处理如下:

（1）收到储金时,借记"库存现金""银行存款"等科目,贷记"保户储金"

科目。

（2）每年按保户储金及银行一年定期存款利率计算当年应计保费，借记"应收利息"科目，贷记"保费收入"科目。

（3）返还储金时，借记"保户储金"科目，贷记"银行存款"等科目。

3. 联保、共保业务的会计处理

联保、共保业务是指保险公司与其他保险公司共同承保同一保险标的、共同承担风险的保险业务。

联保、共保业务根据各保险机构承担的份额不同，可区分为主承保方和非主承保方，主承保方即负责签发保单的一方。主承保方和非主承保方共同承担风险的联保、共保业务，按保险合同确定的总保费及承担风险的份额计算自身承担份额的保费，计入保费收入。

（1）主承保方业务的会计处理。符合保费收入确认条件，但尚未收到保费时，主承保方按照自身承担份额，借记"应收保费"科目，贷记"保费收入"科目。实际收取保费时按照自身承担份额确认冲销"应收保费"科目，借记"库存现金""银行存款"科目，贷记"应收保费"科目；对收取的应支付给其他共保方的保费资金，主承保方借记"银行存款"科目，贷记"应付保费"科目，实际支付代收保费时冲减"应付保费"科目。

根据约定支付手续费时，主承保方按照自身承担份额，借记"手续费支出"科目，贷记"应付手续费"科目。实际支付手续费时，按照自身承担份额确认冲销"应付手续费"科目，借记"应付手续费"科目，贷记"银行存款"科目，代其他共保方支付的手续费，主承保方借记"代付手续费"科目，贷记"银行存款"科目，实际收到代付手续费时冲减"代付手续费"科目。

根据保险合同约定支付赔款时，主承保方按照自身承担份额，借记"赔付支出"科目，贷记"应付赔付款"科目。实际支付赔款时，按照自身承担份额确认冲销"应付赔款"科目，借记"应付赔付款"科目，贷记"银行存款"科目，代其他共保方支付的赔款，主承保方借记"代付赔付款"科目，贷记"银行存款"科目，实际收到代付赔付款时冲减"代付赔付款"科目。

（2）非主承保方业务的会计处理。非主承保方的会计处理与自身承接原保险合同一致，这里不再赘述。

三、原保险合同下寿险业务的核算

（一）寿险原保险合同核算概述

人寿保险是指以被保险人在某一期间内生存或死亡为保险事故，给付约定保险金的保险。人寿保险包括生存保险、死亡保险、两全保险、年金保险等，有保险金的定额给付性、保险期限的长期性、生命风险的相对稳定性、寿险保单的储蓄性等特征。生存保险是以被保险人在约定的保险期满时依然生存为给付条件的保险；死亡保险是指以被保险人在保单有效期内的死亡为给付条件的保险；两全保险是指被保险人不论在保险期限内死亡，还是生存至保险期满，保险人都给付保险金的一种综合保险；年金保险通常又被称为养老金保险，是指保险人在约定的保险期间内以被保险人的生存为给付条件，有规则地、定期地向被保险人给付保险金的保险。

人寿保险公司的责任准备金是其对保险单所有人的负债。人寿保险单可以使用一次缴清保险费方式购买，也可以使用分期缴付均衡保险费方式购买。在保险早期，一次缴清保险费中的很大份额是由保险公司提存作为准备金，以应付将来的负债；对于早期缴付的均衡保险费中多于早期保险成本的部分，也是保险公司对保单所有人的负债。保险公司必须逐年提存责任准备金并加以运用，取得投资收入，以保证履行将来给付保险金的义务。

（二）寿险原保险合同核算的特点

1. 会计核算强调保险精算的重要性

在收支相等原则下，各险种的保费收入以及给付各种保险金、退保金、年金应如何计算确定？为保障寿险业务的偿还能力，责任准备金如何提存？需要多少相应的营业费用？这一切问题都有赖于以保险数学为基础的"保险精算"来回答。保险精算是寿险所特有的，虽然是在寿险会计核算体系之外独立进行的，但是两者是相互依存、紧密联系着的。保险精算离开寿险会计核算便失去其意义。而寿险会计核算必须配备精算师，并只有依靠保险精算才使损益计算成为可能。

2. 责任准备金核算占有重要地位

寿险责任准备金具有责任准备金和偿付准备金两重性质，是根据保险契约为支付将来的保险给付而设置的积累金，属于保险公司对投保人的一种负债。寿险责任准备金的数额与同期全部有效保单价值相等。寿险责任准备金积累时间长、金额大，其核算的准确度如何，直接关系到公司的偿付能力和损益计算的准确性。另外核算责任准备金能否较快增值、达到一定的收益率，以及安全程度（不致产生利差损）等是寿险核算非常重要的内容。因此，责任准备金在某种程度上控制着利润的实现过程，这也是寿险的一大特色。

3. 关心远期比关心近期更重要

寿险原保险合同经营的业务具有保险期限长的特点，绝大部分是期限达10年、20年甚至30年以上的长期性负债，在收入补偿与发生成本之间存在较长的时间差。因此，对于寿险业务关心远期比关心近期更重要，财务比率中流动比率、现金比率等对寿险业务并不重要，资产负债表分析更应关注远期偿付能力。由于寿险原保险合同经营的产品与人的身体、生命有着直接密切的关系，能否保证在未来具有充足的偿付能力是事关公司生存的重大问题。因此，与非寿险原保险合同相比，寿险原保险合同偿付能力的重要性尤为突出。

4. 盈利计算有其特殊性

寿险原保险合同在确定保险费时，是建立在收支相等原则上，即以保费收入的现值与给付利益的现值相等为条件的。在保费计算中，预定死亡率、预定利率、预定费用率与实际的死亡率、资金收益率、费用率出现差额，这种差额形成了寿险盈利的"三差"，即"死差""利差"和"费差"，其实质是保户多缴纳的那部分保费。保险公司要将其大部分作为红利返还给投保人，因此分配上也与非寿险利润分配不同。

5. 保险合同延长期内责任不同

原保险合同延长期是指投保人自上一期保费到期日未缴纳保费，保险人仍承担赔付保险金责任的期间。如果保险人在原保险合同延长期内承担赔付保险金责任，该原保险合同为寿险原保险合同；如果保险人在原保险合同延长期内不承担赔付保险金责任，该原保险合同为非寿险原保险合同。通常情况下，定期寿险、终身寿险、两全保险、年金保险、长期健康保险等均属于寿险原保险合同。

（三）寿险核算与非寿险核算的区别

寿险业务主要包括保费收入的核算、保险金给付的核算、退保业务的核算、寿险准备金的核算等内容。寿险基本业务与非寿险业务大致相同，主要区别如下：

1. 保费收入

寿险保费是按照"保险合同双方权利和义务对等"的原则确认的，直接计入各险种。寿险保费与非寿险保费核算的区别如下：

（1）收入确认原则不一致。寿险原保险合同，分期收取保费的，在合同约定的应收日按当期应收金额确认保费收入，借记"应收保费"；如在宽限期结束后，投保人未及时缴纳续期保费造成保险合同效力中止，则应在效力中止日，按已确认的当期应收金额，冲减当期保费收入和应收保费，即借记"保费收入"科目，贷记"应收保费"科目。

对于寿险投保人的一次性趸缴保费不在"预收保费"科目核算，而是一次性支付计入"保费收入"科目。

（2）退保核算科目不一致。寿险业务由于是长期业务，在这个较长的时间内，由于种种原因，往往会发生保户要求退保的情况。退保是指保单承保后至保险合同完全履行前，经投保人向被保险人申请，保险人同意解除保险合同的行为。

退保分犹豫退期撤保、保险公司解除合同、部分退保、退保等。其中，在犹豫期撤保时，保险公司应按照保险合同的约定退还客户保费，并冲减当期保费收入；除犹豫期退保之外其他情况，均不在"保费收入"科目下核算，而是单设损益类科目"退保金"科目进行核算。

根据《企业会计准则第25号——原保险合同》的规定，原保险合同提前解除的，保险人应当按照原保险合同约定计算确定应退还投保人的金额，作为退保费，计入当期损益。

①"退保金"科目核算寿险原保险合同提前解除时，按照约定应当退还投保人的保单现金价值。寿险原保险合同犹豫期内退保，以及非寿险原保险合同提前解除时应当退还投保人的款项，在"保费收入"科目核算。

②保险合同提前解除的，应当按原保险合同约定计算确定的应退还投保人的金额，借记"退保金"科目，贷记"银行存款"等其他有关科目。

③"退保金"科目为损益类科目，应当按照险种和销售渠道进行明细核算。"退保金"科目借方反映寿险原保险合同提前解除按照约定应当退还给投保人的保单现金价值，贷方反映期末转入"本年利润"的金额。期末，应将"退保金"科目的余额转入"本年利润"科目，结转后"退保金"科目应无余额。

【例10-6】某长期健康险保户，由于特殊情况提出退保申请，经保险公司审核同意退保5 000元。保险公司会计处理如下：

借：退保金　　　　　　　　　　　　　　　　　　　　　5 000

贷：银行存款　　　　　　　　　　　　　　　　　　　　　　5 000

2. 保险准备金

寿险原保险合同准备金主要包括寿险责任准备金和长期健康险责任准备金。根据《企业会计准则第25号——原保险合同》的规定，保险人应当在确认寿险保费收入的当期，按照保险精算确定的金额，提取寿险责任准备金、长期健康险责任准备金，并确认寿险责任准备金、长期健康险责任准备金负债。保险人至少应当于每年年度终了，对寿险责任准备金、长期健康险责任准备金进行充足性测试；保险人按照保险精算重新计算确定的相关准备金金额超过充足性测试日已提取的相关准备金余额的，应当按照其差额补提相关准备金；保险人按照保险精算重新计算确定的相关准备金金额小于充足性测试日已提取的相关准备金余额的，不调整相关准备金。原保险合同提前解除的，保险人应当转销相关寿险责任准备金、长期健康险责任准备金余额，计入当期损益。

（1）寿险责任准备金。寿险责任准备金是指保险公司为将来要发生的保险责任而提存的资金，寿险公司80%~90%的负债都为寿险责任准备金负债，而这些准备金大小在精算假设上的轻微变化或在准备金评估方法上的变化都会对某个时期的收入和公司的价值产生极大的影响。

随着财务报告使用目的不同，通常会使用以下三类寿险责任准备金：

①法定准备金，用于保险监管人员估计保险公司的财务状况而使用的准备金。一般情况下，由于保险监管机关比较重视保险公司的偿付能力问题，因此法定准备金比较保守，产生较高的负债额。

②盈余准备金，即保险公司希望得到最佳经营状况估计而使用的准备金。这是在运用最佳的精算假设基础上评估出来的，比较真实地反映了保险公司的负债状况。在美国的公认会计准则（GAAP）评估报告中一般都使用这种准备金，比较真实地反映了保险公司的经营状况，为保险公司的内部经营管理提供有力的基础。

③税收准备金，即税务部门为了确定保险公司的税收而使用的准备金。税收准备金以保险公司的法定评估准备金为基础，在某些项目上进行调整。通常税收准备金比盈余准备金保守，而比法定准备金要激进。

为了反映和监督寿险责任准备金的增减变动情况，应设置"寿险责任准备金"科目和"提取寿险责任准备金"科目，并按险种和渠道等进行明细核算。

①"寿险责任准备金"科目和"提取寿险责任准备金"科目，核算寿险公司为尚未终止的寿险责任提取的责任准备金。再保险接受人按规定提取的寿险责任准备金也在这两个科目核算。

②寿险责任准备金的账务核算一般包括计提、转销、资产负债表日处理等。

在确认寿险保费收入的当期，按照保险精算确定的金额，借记"提取寿险责任准备金"科目，贷记"寿险责任准备金"科目。

在确定支付赔付款项金额或实际发生理赔费用的当期，冲减相应的未决赔款准备金，借记"寿险责任准备金"科目，贷记"提取寿险责任准备金"科目。

原保险合同提前解除的，保险人应当按照账面寿险责任准备金的余额转销，借记"寿险责任准备金"科目，贷记"提取寿险责任准备金"科目。

年末资产负债表日，保险公司进行充足性测试，当测试结果显示寿险责任准备金小于未来净现金流出和对应的风险边际之和时，差额部分确认为保费不足准备金，借记"提取寿险责任准备金"科目，贷记"寿险责任准备金"科目。

③"寿险责任准备金"科目为一般总账负债类科目，借方反映按规定冲减准备金金额，贷方反映按规定提取、补提的准备金金额。期末贷方余额，反映保险公司提取的寿险责任准备金。

"提取寿险责任准备金"科目为损益类科目，借方反映按规定提取、补提的准备金金额，贷方反映按规定冲减准备金金额。期末应将"提取寿险责任准备金"科目转入"本年利润"科目，结转后"提取寿险责任准备金"科目应无余额。

（2）长期健康险责任准备金。长期健康险保险是指保险期间超过一年或者保险期间虽不超过一年但含有保证续保条款的健康保险。长期健康险责任准备金是指保险公司对长期性健康保险业务为承担未来保险责任而按规定提存的准备金，是介于短期健康险与普通寿险之间的一类业务，其责任准备金有类似于寿险责任准备金的性质，期末按保险精算结果入账。

为了反映和监督长期健康险责任准备金的增减变动情况，应设置"长期健康险责任准备金"科目和"提取长期健康险责任准备金"科目，并按照险种和渠道等进行明细核算。

①"长期健康险责任准备金"科目和"提取长期健康险责任准备金"科目，核算寿险公司为尚未终止的长期健康险责任提取的责任准备金。再保险接受人按规定提取的长期健康险责任准备金也在这两个科目核算。

②长期健康险责任准备金的账务核算一样包括计提、转销、资产负债表日处理等。

在确认长期健康险保费收入的当期，按照保险精算确定的金额，借记"提取长期健康险责任准备金"科目，贷记"长期健康险责任准备金"科目。

在确定支付赔付款项金额或实际发生理赔费用的当期，冲减相应的长期健康险准备金，借记"长期健康险责任准备金"科目，贷记"提取长期健康险责任准备金"科目。

原保险合同提前解除的，保险人应当按照账面长期健康险责任准备金的余额转销，借记"长期健康险责任准备金"科目，贷记"提取长期健康险责任准备金"科目。

年末资产负债表日，保险公司进行充足性测试，当测试结果显示长期健康险责任准备金小于未来净现金流出和对应的风险边际之和时，差额部分确认为保费不足准备金，借记"提取长期健康险责任准备金"科目，贷记"长期健康险责任准备金"科目。

③"长期健康险责任准备金"为一般总账负债类科目，借方反映按规定冲减准备金金额，贷方反映按规定提取、补提的准备金金额。期末贷方余额，反映保险公司提取的长期健康险责任准备金。

"提取长期健康险责任准备金"为损益类科目，借方反映按规定提取、补提的准备金金额，贷方反映按规定冲减准备金金额。期末应将"提取长期健康险责任准备金"科目转入"本年利润"科目，结转后"提取长期健康险责任准备金"科目应无余额。

寿险业务涉及的这两类责任准备金，都是寿险企业对于保险业务承担未来保险责任而按规定提存的准备金，应于期末按保险精算结果入账。企业可单设"寿险责任准备金""长期健康险责任准备金""提取寿险责任准备金""提取长期健康险责任准备金"等科目进行核算，也可合并设置"保险责任准备金""提取保险责任准备金"进行核算。

3. 保险合同成本

与非寿险合同相同，寿险保险合同成本也主要包括发生的手续费或佣金支出、赔付成本，以及提取的未决赔款准备金等。

（1）寿险保险的赔付成本除了设置"赔付支出"科目，还可单设"满期给付""死伤医疗给付""年金给付"等科目进行核算。"满期给付"科目是指被保险人生存到保险期满时，保险公司给付的保险金；"死伤医疗给付"科目是指被保险人因保险事故死亡、永久性丧失全部劳动能力、进行医疗时，保险公司给付的保险金；"年金给付"科目是指被保险人生存至规定的年龄，保险公司按照合同的规定支付给被保险人的金额。

（2）损余物资一般是指非寿险保险事故发生后，保险人取得的受损原保险标的，因此寿险保险不存在损余物资。

【例10-7】2018年6月，某保险公司确认应付给 A 被保险人死亡保险款项 80 万元，款项尚未支付。该保险公司会计处理如下：

借：赔付支出（或死伤医疗给付）	800 000	
贷：应付赔付款		800 000
借：寿险责任准备金	800 000	
贷：提取寿险责任准备金		800 000

4. 特殊保险业务

与非寿险保险相比，寿险保险合同的特殊保险业务包括以下方面：

（1）保户质押贷款。保户质押贷款是指寿险保险合同中，投保人把所持有的保单直接抵押给保险公司，按照保单现金价值的一定比例获得资金的一种融资方式。若借款人到期不能履行债务，当贷款本息积累到退保现金价值时，保险公司有权终止保险合同效力。

寿险业务中的多数险种具有储蓄性，即保单经过一段时期后将积累一定量的现金价值。如果投保人有临时性的经济困难，可以向保险公司申请保单贷款，贷款金额以不超过保单当时现金价值的一定比例为限。贷款本息超过或等于保单的现金价值时，投保人应在保险公司发出通知后的一个月内，还清借款本息，否则保单失效。

保单质押贷款的根本作用在于能够满足保险单的流动性和变现要求。金融理论认为，流动性是金融资产的基本属性，几乎所有的金融资产都需要有流动性和变现能力，保险单作为一种金融资产也不例外。一般金融资产的流动变现能力是依靠二级市场的资产交易得以实现的。但人寿保险保单具有长期性的特征，同时它不能通过建立二级市场和保单交易来实现其流动性变现要求。因此，为赋予保险单一定的流动和变现能力，寿险公司设计出各种保单质押贷款。除了保户质押贷款，保险公司不得进行其他类型的贷款业务。

为反映保险公司根据寿险合同的规定对保户提供的保户质押贷款，应设置"保户质押贷款"科目，并按贷款单位进行明细核算。

①"保户质押贷款"科目核算保险公司按规定对保户提供的质押贷款。

②保险公司发放保户质押贷款时，借记"保户质押贷款"科目，贷记"银行存款"等科目；每期计算贷款应收利息时，借记"应收利息"科目，贷记"利息收入"科目；收回保户质押贷款本息时，按本息合计借记"银行存款"等科目，按本金数贷记"保户质押贷款"科目，按应收利息数贷记"应收利息"，按本期利息数贷记"利息收入"。

③"保户质押贷款"科目为一般总账资产类科目，借方反映按照规定发放给贷款人的质押贷款，贷方反映收回的质押贷款。期末借方余额，反映保险公司按规定发放尚未收回的保户质押贷款摊余成本。

（2）寿险业务转移。寿险业务下，被保险人因工作调动或迁居外省市，如投保的险种允许业务转移，且迁入地的同系统的保险公司也开办此类险种，投保人或被保险人可以要求将其保险关系转移。业务转移时，不仅要转出保费，还要转出寿险责任准备金。

①转出业务的保险公司的会计处理如下：

借：保费收入

　　保险责任准备金

　贷：银行存款

②转入业务的保险公司的会计处理如下：

借：银行存款

　贷：保费收入

　　　保险责任准备金

（3）保单复效。寿险保单因投保人没有按期支付保费而失效后，投保人可以保留一定时期申请复效的权利，一般申请复效的时间为两年。复效时，投保人要补缴保单失效期间未缴的保费及其相应的利息。保险公司的会计处理如下：

借：银行存款

　贷：保费收入

　　　利息收入

第三节　再保险合同的会计核算

一、再保险合同概述

再保险又叫分保，是指保险人为了分散自己承保的风险，通过签订合同的方式，将其所承担的风险和责任的一部分转移给其他保险公司或再保险公司的一种行为。

再保险合同是指一个保险人（再保险分出人）分出一定的保费给另一个保险人（再保险接受人），再保险接受人对再保险分出人由原保险合同所引起的赔付成本及其他相关费用进行补偿的保险合同。保险公司再保险业务包括分出业务和分入业务，与原保险合同相比，主要有以下三个特征：

（一）合同主体不同

再保险合同是保险人与保险人之间签订的合同，一方为再保险分出人，另一方为再保险接受人。原保险合同的主体是投保人和保险人，再保险合同的主体都是保险人，即分出人和分入人。

（二）合同的标的不同

原保险合同的标的或是财产、或是人身，再保险合同的标的则是承保的保险业务，即分出人将原保险合同的保险业务部分地转移给再保险人。

（三）合同的性质不同

原保险合同的性质或是补偿性、或是给付性，再保险合同因发生于保险人之间，其直接目的是要对原保险人承担的责任进行分摊，因此再保险合同的性质是责任分摊性，是补偿性合同。不论原保险合同是寿险合同还是非寿险合同，再保险合同的标的都是再保险分出人所承担的保险责任。再保险合同不具有直接对原保险合同标的进行赔偿或给付的性质，而是先由再保险分出人全额进行赔偿或给付，再将应由再保险接受人承担的部分摊回，由再保险接受人向再保险分出人进行补偿。

二、分出业务

所谓再保险分出业务，是指保险公司将其承担的保险业务，部分转移给其他保险公司承担的再保险业务。根据《企业会计准则第 26 号——再保险合同》的规定，再保险分出人不应当将再保险合同形成的资产与有关原保险合同形成的负债相互抵销，也不应当将再保险合同形成的收入或费用与有关原保险合同形成的费用或收入相互抵销。分出业务涉及分出保费、摊回分保费用、摊回保险责任准备金、摊回赔付成本等基本业务。

（一）分出业务相关会计科目设置

为了反映和监督保险公司在分出业务过程中的各项事务，需要设置"应收分保账款"科目、"应付分保账款"科目、"存入保证金"科目、"分出保费"科目、"应收分保合同准备金"科目、"摊回保险责任准备金"科目、"摊回赔付支出"科目、"摊回分保费用"科目等进行核算。

1．"应收分保账款"科目

"应收分保账款"科目为一般总账资产类科目，核算保险公司从事再保险业务应收取的款项。借方反映再保险业务发生的应收未收款项的增加，贷方反映收回再保险业务发生的应收款项。期末借方余额，反映再保险业务中应收未收的各类款项。

2．"应付分保账款"科目

"应付分保账款"科目为一般总账负债类科目，核算保险公司从事再保险业务应支付的款项。借方反映再保险业务发生的应付未付款项的减少，贷方反映再保险业务发生的应付未付款项的增加。期末贷方余额，反映再保险业务中应付未付的各类款项。

3．"存入保证金"科目

"存入保证金"科目为一般总账负债类科目，核算保险公司从事再保险分出业务，按照合同约定扣除再保险接受方一定比例的保费形成的保证金。借方反映返还上期的分保保证金，贷方反映本期扣存的分保保证金。期末贷方余额，反映再保险分出方扣存的尚未返还的分保保证金。

4. "分出保费" 科目

"分出保费" 科目为损益类科目, 核算保险公司从事再保险分出业务向再保险接受人分出的保费。借方反映分出的保费, 贷方反映调整减少的分出保费。期末, 应将 "分出保费" 科目转入 "本年利润" 科目, 结转后 "分出保费" 科目无余额。

5. "应收合同分保准备金" 科目

"应收合同分保准备金" 科目为一般总账资产类科目, 核算保险公司从事再保险业务应确认的应收分保未到期责任准备金, 以及需要向再保险接受人摊回的保险责任准备金。可单独设置 "应收分保未到期责任准备金" "应收分保未决赔款准备金" "应收分保寿险责任准备金" "应收分保长期健康险责任准备金" 等明细科目进行核算。

"应收合同分保准备金" 科目借方反映再保险业务发生的应收未到期准备金或应摊回的责任准备金, 贷方反映按规定调减及转销的应收金额。期末借方余额, 反映再保险业务中确认的应收准备金余额。

6. "摊回保险责任准备金" 科目

"摊回保险责任准备金" 科目为损益类科目, 核算保险公司从事再保险业务应摊回的准备金, 可以单独设置 "摊回未决赔款准备金" "摊回寿险责任准备金" "摊回长期健康险责任准备金" 等明细科目进行核算。贷方反映再保险业务发生的摊回准备金金额, 借方反映按规定调减及转销的金额。期末, 应将 "摊回保险责任准备金" 科目转入 "本年利润" 科目, 结转后 "摊回保险责任准备金" 科目无余额。

7. "摊回赔付支出" 科目

"摊回赔付支出" 科目为损益类科目, 核算再保险分出人向再保险接受人摊回的应由其承担的赔付成本, 可单独设置 "摊回赔付支出" "摊回年金给付" "摊回满期给付" "摊回死伤医疗给付" 等科目进行核算。贷方反映应摊回的赔付成本增加额, 借方反映按规定调减的摊回成本减少额。期末, 应将 "摊回赔付支出" 科目转入 "本年利润" 科目, 结转后 "摊回赔付支出" 科目无余额。

8. "摊回分保费用" 科目

"摊回分保费用" 科目为损益类科目, 核算再保险分出人向再保险接受人摊回的应由其承担的分保费用。贷方反映应摊回的分保费用增加额及按规定收取的纯益手续费, 借方反映按规定调减的摊回分保费用减少额。期末, 应将 "摊回分保费用" 科目转入 "本年利润" 科目, 结转后 "摊回分保费用" 科目无余额。

(二) 分出业务相关账务处理

1. 分出保费

再保险分出人应当在确认原保险合同保费收入的当期, 按照相关再保险合同的约定, 计算确定分出保费, 计入当期损益。账务处理如下:

借: 分出保费

　　贷: 应付分保账款

2. 分入分保保证金

(1) 再保险分出人向再保险接受人发出分出业务账单时, 按账单中列明的应归还上年同期账单扣存的分保保证金, 编制如下会计分录:

借：存入保证金

　　贷：应付分保账款

（2）按账单中列明的本期扣存分保接受公司的分保保证金，编制如下会计分录：

借：应付分保账款

　　贷：存入保证金

（3）根据相关再保险合同的规定，按期计算存入分保保证金的利息时，编制如下会计分录：

借：利息支出

　　贷：应付分保账款

3. 分保未到期责任准备金

在确认分出保费的同时，原保险合同为非寿险原保险合同的，再保险分出人还应当按照相关再保险合同的约定，计算确认相关的应收分保未到期责任准备金资产，并冲减提取未到期责任准备金。账务处理如下：

借：应收分保未到期责任准备金

　　贷：提取未到期责任准备金

再保险分出人应当在资产负债表日调整原保险合同未到期责任准备金余额时，相应调整应收分保未到期责任准备金余额。

4. 分保费用

保险公司在确认原保险合同保费收入的当期，根据相关再保险合同约定，计算确定应向再保险接受人摊回的分保费用，计入当期损益。账务处理如下：

借：应收分保账款

　　贷：摊回分保费用

分保费用包括原保险合同发生的手续费及佣金支出、营业费用、税金及附加等，此外还包括纯益手续费。

纯益手续费是指再保险接受人为鼓励再保险分出人谨慎地选择原保险合同所承保的业务，在其取得纯益基础上付给再保险分出人一定比例（即纯益手续费率）的报酬。"纯益"指某个业务年度的再保险分人业务获得的纯收益，即该年度分人业务收入项目合计减去支出项目合计的差额。

【例 10-8】某保户与 A 保险公司签订一份意外健康险保险合同，保险金额为 100 万元，合同于 2019 年 1 月 1 日生效，保险期间为 1 年。该保户属于 A 保险公司与 H 保险公司签订的再保险合同的范围。按再保险合同的约定，该保单下 A 保险公司需要支付 H 保险公司 70 万元保费，分保手续费率为 30%，同时收取 2% 的纯益手续费，双方协商一致。

A 保险公司的账务处理如下：

借：分出保费　　　　　　　　　　　　　　　　　　　700 000

　　贷：应付分保账款　　　　　　　　　　　　　　　　　　700 000

借：应收分保账款——分保手续费　　　　　　　　　　210 000

　　　应收分保账款——纯益手续费　　　　　　　　　　14 000

　　贷：摊回分保费用——分保手续费　　　　　　　　　　210 000

摊回分保费用——纯益手续费　　　　　　　　　　　　　　　　　　　14 000

5. 摊回保险责任准备金

再保险分出人应当在提取原保险合同未决赔款准备金、寿险责任准备金、长期健康险责任准备金的当期，按照相关再保险合同的约定，计算确定应向再保险接受人摊回的相应准备金，确认为相应的应收分保准备金资产。账务处理如下：

借：应收分保合同准备金

　　贷：摊回保险责任准备金

6. 摊回赔付成本

再保险分出人应当在确定支付赔付款项金额或实际发生理赔费用的当期，按相关再保险合同约定计算确定的应向再保险接受人摊回的赔付支出金额，冲减原保险合同相应准备金余额的当期，冲减相应的应收分保准备金余额。同时，按照相关再保险合同的约定，计算确定应向再保险接受人摊回的赔付成本，计入当期损益。账务处理如下：

借：摊回保险责任准备金

　　贷：应收分保合同准备金

借：应收分保账款

　　贷：摊回赔付支出

【例 10-9】承【例 10-8】，该保户在 2019 年 4 月发生保险事故，经确认应支付赔款 2 万元，其中 A 保险公司承担金额为 6 000 元。假设 A 保险公司和 H 公司对该保单提取的准备金都大于实际赔付的金额。

A 保险公司的账务处理如下：

（1）确认赔付支出。

借：赔付支出　　　　　　　　　　　　　　　　　　　　　　　　　　20 000

　　贷：应付赔付款　　　　　　　　　　　　　　　　　　　　　　　　　20 000

（2）冲减相应金额的未决赔款准备金。

借：未决赔款准备金　　　　　　　　　　　　　　　　　　　　　　　20 000

　　贷：提取未决赔款准备金　　　　　　　　　　　　　　　　　　　　　20 000

（3）冲减相应的应收分保准备金。

借：摊回保险责任准备金　　　　　　　　　　　　　　　　　　　　　14 000

　　贷：应收分保合同准备金　　　　　　　　　　　　　　　　　　　　　14 000

（4）确认应摊回的赔付支出。

借：应收分保账款　　　　　　　　　　　　　　　　　　　　　　　　14 000

　　贷：摊回赔付支出　　　　　　　　　　　　　　　　　　　　　　　　14 000

7. 分出业务调整

再保险分出公司对分出保费、摊回分保手续费、摊回赔付成本进行调整时，应将调整金额计入当期损益。主要有以下几种情况：

（1）在原保险合同提前解除的当期，按相关再保险合同约定计算确定摊回分保费用的调整金额，借记“摊回分保费用”科目，贷记“应收分保账款”科目。

（2）在因取得和处置损余物资、确认和收到应收代位追偿款等而调整原保险合同赔付成本的当期，按相关再保险合同约定计算确定的摊回赔付支出的调整金额，借记或贷记"摊回赔付支出"科目，贷记或借记"应收分保账款"科目。

（3）再保险分出人应当在资产负债表日调整原保险合同未到期责任准备金余额时，相应调整应收分保未到期责任准备金余额；应在对原保险合同未决赔款准备金、寿险责任准备金、长期健康险责任准备金做充足性测试补提时，相应调增准备金计入当期损益。

三、分入业务

再保险分入业务是指保险公司接受由其他保险公司分出的保险业务的再保险业务。再保险分入业务涉及分保费收入、分保费用、分保责任准备金、分保赔付成本等基本业务。

（一）分入业务相关会计科目设置

为了反映和监督保险公司在分入业务过程中的各项事务，需要设置"应收分保账款"科目、"应付分保账款"科目、"存出保证金"科目、"分保费用"科目等进行核算。

"应收分保账款"科目、"应付分保账款"科目和分出业务相同，此处不再赘述。

1. "存出保证金"科目

"存出保证金"科目为一般总账资产类科目，核算保险公司从事再保险分入业务，按分保合同约定准备承担未来责任而存入分出公司的资金。借方反映再保险业务支出的分保保证金，贷方反映再保险业务收回的分保保证金。期末借方余额，反映保险公司存出的分保保证金。

2. "分保费用"科目

"分保费用"科目为损益类科目，核算再保险接受人向再保险分出人支付的分保费用，应当按照分保类型、险类和销售渠道进行明细核算。借方反映再保险接受人按照再保险合同计算确定的费用金额及纯益手续费金额，贷方反映收到分保账单时对分保费用的调减金额。期末，应将"分保费用"科目转入"本年利润"科目，结转后"分保费用"科目无余额。

（二）分入业务相关账务处理

1. 分入保费

分保费收入的确认原则与原保险合同下保费收入的确认原则相同，当再保险接受人在收到分出保险公司发来的分保业务账单时，按照再保险合同的约定，计算确认分保费收入，计入当期损益。账务处理如下：

借：应收分保账款

　　贷：保费收入

当再保险人接到的分保业务账单与入账金额不符时，按账单标明的金额对分保费收入进行调整，账务处理如下：

借：应收分保账款

　　贷：保费收入

调整减少额则进行相反的账务处理

2. 存出保证金

（1）再保险接受人收到分保业务账单时，按账单标明的再保险分出人扣存本期分保保证金，账务处理如下：

借：存出保证金

　　贷：应收分保账款

（2）按账单标明的再保险分出人返还上期扣存分保保证金，账务处理如下：

借：应收分保账款

　　贷：存出保证金

（3）计算存出分保保证金利息时，账务处理如下：

借：应收分保账款

　　贷：利息收入

3. 分保费用

再保险接受人应当在确认分保费收入的当期，根据相关再保险合同的约定，计算确定分保费用，计入当期损益。同时，在能够计算确定应向再保险分出人支付的纯益手续费时，将该项纯益手续费作为分保费用，计入当期损益。账务处理如下：

借：分保费用

　　贷：应付分保账款

再保险接受人应当在收到分保业务账单时，按照账单标明的金额对相关分保费收入、分保费用进行调整，调整金额计入当期损益。

【例10-10】承【例10-8】，假设 H 保险公司收到分保账单时，显示应该支付的手续费为 220 000 元，其中分保手续费率为 210 000 元，纯益手续费为 10 000 元。

（1）确认支付手续费时，账务处理如下：

借：分保费用　　　　　　　　　　　　　　　　　　　　224 000

　　贷：应付分保账款　　　　　　　　　　　　　　　　224 000

（2）实际支付手续费时，账务处理如下：

借：应付分保账款　　　　　　　　　　　　　　　　　　224 000

　　贷：银行存款　　　　　　　　　　　　　　　　　　220 000

　　贷：分保费用　　　　　　　　　　　　　　　　　　　4 000

4. 分保准备金

再保险接受人提取分保未到期责任准备金、分保未决赔款准备金、分保寿险责任准备金、分保长期健康险责任准备金，以及进行相关分保准备金充足性测试，比照《企业会计准则第25号——原保险合同》的相关规定处理。但可以在科目上单独记入"分入准备金"和"提取分入准备金"明细科目进行核算。

5. 分保赔付成本

再保险接受人应当在收到分保业务账单的当期，按照账单标明的分保赔付款项金额，作为分保赔付成本，计入当期损益。同时，冲减相应的分保准备金余额。账务处理如下：

借：分保赔付支出

　　贷：应付赔付款

借：保险责任准备金

贷：提取保险责任准备金

第四节 保险公司财务报表

保险公司的财务报表是指保险公司对外提供的，反映其某一特定日期的整体财务状况和某一会计期间的经营成果及现金流量的信息资料。保险公司财务报表应包括资产负债表、利润表、现金流量表、所有者权益变动表和附注。

一、资产负债表

保险公司的资产负债表是反映保险公司在某一特定日期整体财务状况的会计报表，反映了保险公司一定日期全部资产、负债和所有者权益的情况。保险公司的资产负债表的结构和格式如表10-1所示。

表 10-1　　　　　　　　　　**××保险公司资产负债表**

编制单位：××保险公司　　　　　　　×年×月×日　　　　　　金额单位：元

资产	行次	年初数	期末数	负债及所有者权益	行次	年初数	期末数
资产：				负债：			
货币资金	1			短期借款	27		
拆出资金	2			拆入资金	28		
交易性金融资产	3			交易性金融负债	29		
衍生金融资产	4			衍生金融负债	30		
买入返售金融资产	5			卖出回购金融资产款	31		
应收利息	6			预收保费	32		
应收保费	7			应付手续费及佣金	33		
应收代位追偿款	8			应付分保账款	34		
应收分保账款	9			应付职工薪酬	35		
应收分保未到期责任准备金	10			应交税费	36		
应收分保未决赔款准备金	11			应付赔付款	37		
应收分保寿险责任准备金	12			应付保单红利	38		
应收分保长期健康险责任准备金	13			保户储金及投资款	39		
保户质押贷款	14			未到期责任准备金	40		
定期存款	15			未决赔款准备金	41		

表10-1(续)

资产	行次	年初数	期末数	负债及所有者权益	行次	年初数	期末数
可供出售金融资产	16			寿险责任准备金	42		
持有至到期投资	17			长期健康险责任准备金	43		
长期股权投资	18			保费准备金	44		
存出资本保证金	19			长期借款	45		
投资性房地产	20			应付债券	46		
固定资产	21			独立账户负债	47		
无形资产	22			递延所得税负债	48		
独立账户资产	23			其他负债	49		
递延所得税资产	24			负债合计	50		
其他资产	25			所有者权益：			
				实收资本（或股本）	51		
				资本公积	52		
				减：库存股	53		
				盈余公积	54		
				一般风险准备	55		
				大灾风险利润准备	56		
				未分配利润	57		
				所有者权益合计	58		
资产合计	26			负债与所有者权益合计	59		

（一）金融资产

金融资产是保险公司主要的资产类型，其中投资性资产是其重要组成部分。在现代保险市场上，将保险资金用于各种投资，已成为保险公司获取利润、扩大积累、增强偿付能力的重要途径，国家对保险公司投资性资产的规定如下：

1. 投资企业债券

保险公司购买的各种企业债券余额按成本价格计算不得超过保险公司上月末总资产的20%，保险公司同一期单品种企业债券持有量不得超过该期单品种企业债券发行额的15%或保险公司上月末总资产的2%，两者以低者为准。

2. 投资证券投资基金

保险公司投资基金的余额按成本价格计算不得超过保险公司上月末总资产的15%；保险公司投资于单一事金的余额按成本价格计算，不得超过上月末总资产的3%；保险公司投资于单一封闭式基金的份额，不得超过该基金份额的10%。

3. 投资股票

保险资金入市限于投资以下品种：人民币普通股票、可转换公司债券、中国保监会规定的其他投资品种。

保险资金禁止投资的品种包括：被交易所实行"特别处理""警示存在终止上市风险的特别处理"或者已终止上市的；价格在过去 12 个月中涨幅超过 100% 的；存在被人为操纵嫌疑的；其上市公司最近一年度内财务报表被会计师事务所出具拒绝表示意见或者保留意见的；其上市公司已披露业绩大幅下滑、严重亏损或者未来将出现严重亏损的；其上市公司已披露正在接受监管部门调查，或者最近 1 年内受到监管部门严重处罚的；中国保监会规定的其他类型股票。保险机构投资者持有一家上市公司的股票数量不得达到该上市公司人民币普通股票的 30%。

偿付能力方面对于直接投资股票的要求：偿付能力充足率达到 150% 以上的，可以按照规定，正常开展股票投资；偿付能力充足率连续四个季度处于 100%～150% 的，应当调整股票投资策略；偿付能力充足率连续两个季度低于 100% 的，不得增加股票投资，并及时报告市场风险，采取有效应对和控制措施。

4. 投资中央银行票据的规定

允许保险公司在银行间债券市场投资中央银行票据。中央银行票据符合认可资产的定义，应确认为认可资产。

5. 关于外汇投资的规定

保险公司的可投资总额，不得超过公司上年年末外汇资金余额的 80%；保险公司出现规定情形的，其可投资总额不得超过其上年年末外汇资金余额与增加资金合计的 80%。

（二）应收分保账款

应收分保账款是指保险公司开展分保业务而发生的各种应收款项，包括应收的分保费收入、应收的摊回分保费用、应收的摊回赔付支出、应收的纯益手续费等。

（三）固定资产

保险公司的固定资产与一般企业的类型大致相同，主要区别在于保险公司理赔车、理赔设备等相关数据较多。

（四）保单质押贷款

保单质押贷款是寿险公司所特有的，在投资资产组合中的作用越来越受重视。目前我国现行法规许可的保险资金运用中，保单质押贷款业务是保险公司唯一被许可的贷款发放业务，具有较强的安全性、较高的流动性和收益性。

（五）其他资产

其他资产是指资产负债表中未单独列示出来的资产，如"备用金""应收股利""应收票据""预付赔付款""存出分保保证金""存出保证金""代付手续费""代付赔付款""其他应收款""坏账准备""其他应收款""长期待摊费用""损余物资""损余物资减值准备""其他资产""其他资产减值准备""固定资产清理"等。

（六）保险准备金

各类保险准备金是保险公司主要的负债类型。保险准备金是指保险人为保证其如约履行保险赔偿或给付义务，根据政府有关法律规定或业务特定需要，从保费收入或盈余中提取的与其所承担的保险责任相对应的一定数量的基金。为了保证保险公司的正常经营，保护被保险人的利益，各国一般都以保险立法的形式规定保险公司应提存保险准备金，以确保保险公司具备与其保险业务规模相应的偿付能力。

根据规定，保险机构应当在附注中披露与保险合同准备金计量有关的下列信息：

（1）各项保险合同准备金的增减变动情况。

（2）考虑分出业务和不考虑分出业务的索赔进展情况。

（3）保险合同准备金的计量方法、计量单元及其确定方法。

（4）预期未来现金流入和流出金额的组成内容和计量方法。

（5）保险合同准备金包含的边际的计量方法和计入当期损益的方法。

（6）计量保险合同准备金使用的重大假设及其来源、重大假设的敏感性分析，以及不同假设之间的关系。

（7）对重大假设产生影响的不确定性事项及其影响程度，以及重大假设确定过程中如何考虑过去经验和当前情况的描述。

（8）计量保险合同准备金使用的重大假设与可观察到的市场参数或其他公开信息的符合程度及其原因。

（9）计量保险合同准备金使用的方法和重大假设发生变更的，应当披露变更的事实、原因及其影响。

（七）其他负债

其他负债是指资产负债表中未单独列示的负债项目，如"应付利息""应付保费"、"预计负债""存入分保保证金""存入保证金""应付股利""其他应付款""长期应付款""货币兑换"等。

（八）所有者权益

与一般企业相比，保险公司所有者权益项目中，多出了"一般风险准备"和"大灾风险利润准备"。这两类准备金都是从年度净利润中提取的准备金，是保险机构总部在依法提取了法定公积金之后，为弥补亏损和特大自然灾害、意外事故的赔偿等而提取的准备金。

保险公司实现净利润在弥补以前年度亏损后，应当按照提取法定盈余公积金、提取一般风险准备金、提取农险大灾准备金（财险）、提取任意公积金、向投资者分配利润的顺序，统一进行利润分配。

（九）资产负债表各项目的关系

（1）26行＝1行至25行之和。

（2）50行＝27行至49行之和。

（3）58行＝51行至57行之和。

（4）59行＝50行与58行之和。

二、利润表

保险公司的利润表是反映保险公司在一定会计期间经营成果的会计报表，可以反映保险公司在一定期间内利润（亏损）的实际情况。可以通过利润表中收入成本的匹配关系等情况，为考核保险公司的经营成果、分析利润增减变动提供相关信息。保险公司的利润表的结构和格式如表10-2所示。

表10-2   ××公司利润表

编制单位：××保险公司   ×年×月   金额单位：元

项目	行次	本期金额	上期金额
一、营业收入	1		
已赚保费	2		
保险业务收入	3		
其中：分保费收入	4		
减：分出保费	5		
提取未到期责任准备金	6		
投资收益（损失以"-"号填列）	7		
其中：对联营企业和合营企业的投资收益	8		
公允价值变动收益（损失以"-"号填列）	9		
汇兑收益（损失以"-"号填列）	10		
其他业务收入	11		
二、营业支出	12		
退保金	13		
赔付支出	14		
减：摊回赔付支出	15		
提取保险责任准备金	16		
减：摊回保险责任准备金	17		
提取保费准备金	18		
保单红利支出	19		
分保费用	20		
税金及附加	21		
手续费及佣金支出	22		
业务及管理费	23		
减：摊回分保费用	24		
利息支出	25		
其他业务成本	26		
资产减值损失	27		
三、营业利润（亏损以"-"号填列）	28		
加：营业外收入	29		

表10-2(续)

项目	行次	本期金额	上期金额
减：营业外支出	30		
四、利润总额（亏损总额以"-"号填列）	31		
减：所得税费用	32		
五、净利润（净亏损以"-"号填列）	33		
六、每股收益：	34		
（一）基本每股收益	35		
（二）稀释每股收益	36		

（一）保险公司利润表的计算步骤

目前，我国保险公司利润表是依据配比会计原则设计的，其基本结构是将主次经营业务收益划分区间详尽反映公司损益。利润表的内容按照计算损益的过程分为四个部分：

（1）以保险业务收入为基础，减去保险业务支出、准备金提转差，计算出承保利润。

（2）以承保利润为基础，加上投资收益、利息收入、其他收入和汇兑收益，减去利息支出和其他支出，计算出营业利润。

（3）以营业利润为基础，加上营业外收入，减去营业外支出，计算出利润总额。

（4）以利润总额为基础，减去所得税，计算出净利润（或亏损）。

（二）各保险项目构成说明

（1）"营业收入"项目，应根据"已赚保费""投资收益""公允价值变动收益""汇兑收益""其他业务收入"等项目的发生额之和分析填列，即1行=2行+7行+9行10行+11行。

（2）"已赚保费"项目，应根据"保险业务收入"减"分出保费"和"提取未到期责任准备金"科目的发生额分析填列，即2行=3行-5行-6行

（3）"提取未到期责任准备金"项目，应根据"提取未到期责任准备金"减"提取分保未到期责任准备金"科目的发生额分析填列。

（4）"投资收益（损失以'-'号填列）"项目，应根据"利息收入"加"投资收益"减"利息支出"加"利息支出保单红利支出"科目的发生额分析填列。

（5）"营业支出"项目，应根据"退保金"加"赔付支出"减"摊回赔付支出"加"提取保险责任准备金"减"摊回保险责任准备金"加"提取保费准备金"加"保单红利支出"加"分保费用"加"税金及附加"加"手续费及佣金支出"加"业务及管理费"减"摊回分保费用"加"利息支出"加"其他业务成本"加"资产减值损失"等项目的发生额分析填列，即12行=13行+14行-15行+16行-17行+18行+19行+20行+21行+22行+23行-24行+25行+26行+27行。

（6）"赔付支出"项目，应根据"赔付支出""分保赔付支出"和"理赔费用"科目的发生额之和分析填列。

（7）"提取保险责任准备金"项目，应根据"提取未决赔款责任准备金""提取寿险责任准备金"和"提取长期健康险责任准备金"科目的发生额之和分析填列。

（8）"摊回保险责任准备金"项目，应根据"摊回未决赔款责任准备金""摊回寿险责任准备金"和"摊回长期健康险责任准备金"科目的发生额之和分析填列。

（9）"业务及管理费"项目，应根据"业务及管理费""提取保险保障基金"和"提取交强险救助基金"科目的发生额之和分析填列。其中，保险保障基金是指按照保险法的要求，由保险公司缴纳，按照集中管理、统筹使用的原则，在保险公司被撤销、被宣告破产等情形下，用于救助保单持有人、保单受让公司或者处置保险业风险的行业互助性质的法定基金。交强险救助基金是指保险公司根据监管机构的有关规定，按照交强险保费收入的一定比例提取并缴纳当地政府部门，用于机动车交通事故第三者救助的专项基金。

三、现金流量表和所有者权益变动表

（一）现金流量表

保险公司的现金流量表是反映保险公司在一定会计期间内有关现金和现金等价物流入和流出情况的会计报表。现金流量表可以使会计报表使用者了解和评价保险公司获取现金和现金等价物的能力、未来偿还债务及支付股利的能力，并据以预测未来的现金流量。保险公司的现金流量表的结构和格式如表10-3所示。

表10-3　　　　　　　　　　××保险公司现金流量表

编制单位：××保险公司　　　　　　　×年×月×日　　　　　　　金额单位：元

项目	行次	本期金额	上期金额
一、经营活动产生的现金流量：	1		
收到原保险合同保费取得的现金	2		
收到再保业务现金净额	3		
保户储金及投资款净增加额	4		
收到的税收返还	5		
收到其他与经营活动有关的现金	6		
经营活动现金流入小计	7		
支付原保险合同赔付款项的现金	8		
支付再保业务现金净额	9		
保户储金及投资款净减少额	10		
支付手续费及佣金的现金	11		
支付保单红利的现金	12		
支付给职工以及为职工支付的现金	13		
支付的各项税费	14		
支付其他与经营活动有关的现金	15		

表10-3(续)

项目	行次	本期金额	上期金额
经营活动现金流出小计	16		
经营活动产生的现金流量净额	17		
二、投资活动产生的现金流量:	18		
收回投资收到的现金	19		
取得投资收益收到的现金	20		
处置合营企业收到的现金净额	21		
处置固定资产、无形资产和其他长期资产收到的现金净额	22		
收到其他与投资活动有关的现金	23		
投资活动现金流入小计	24		
投资支付的现金	25		
保户质押贷款净增加额	26		
收购子公司支付的现金净额	27		
购建固定资产、无形资产和其他长期资产支付的现金净额	28		
支付其他与投资活动有关的现金	29		
投资活动现金流出小计	30		
投资活动产生的现金流量净额	31		
三、筹资活动产生的现金流量:	32		
吸收投资收到的现金	33		
发行债券收到的现金	34		
收到其他与筹资活动有关的现金	35		
筹资活动现金流入小计	36		
偿还债务支付的现金	37		
分配股利、利润或偿付利息支付的现金	38		
支付其他与筹资活动有关的现金	39		
筹资活动现金流出小计	40		
筹资活动产生的现金流量净额	41		
四、汇率变动对现金及现金等价物的影响	42		
五、现金及现金等价物净增加额	43		
加:期初现金及现金等价物余额	44		
六、期末现金及现金等价物余额	45		

（二）所有者权益变动表

保险公司所有者权益变动表是反映构成保险公司所有者权益各组成部分当期增减变动的表格，其基本格式与一般商业银行的格式大致相同。

保险公司所有者权益变动表的结构和格式如表10-4所示。

表 10-4　　　　　　　　　　　　××保险公司所有者权益变动表

编制单位：××保险公司　　　　　　　　　×年×月×日　　　　　　　　　金额单位：元

项目	本年金额								上年金额
	实收资本（或股本）	资本公积	减：库存股	盈余公积	一般风险准备	大灾风险利润准备	未分配利润	所有者权益合计	与本年金额项目相同，略
一、上年年末余额									
二、本年年初余额									
三、本年增减变动金额（减少以"-"号填列）									
（一）净利润									
（二）直接计入所有者权益的利得和损失									
（三）所有者投入和减少资本									
（四）利润分配									
（五）所有者权益内部结转									
四、本年年末余额									

练习题

甲保险公司保险业务如下，请分别进行会计处理：

1. 2018年1月1日，甲保险公司收到A公司工程险合同保费收入10 000元，保单当日生效。

2. 2018年1月31日，甲保险公司精算部门计算出应对A公司工程险保单提取9 000元的未到期责任准备金。

3. 2018年2月28日，甲保险公司精算部门计算的未到期准备金余额为8 000元；3月31日，计算的未到期准备金余额为7 000元。

4. 2018年3月，A公司发生两起保险事故。其中，A公司甲项目向保险公司报案，乙项目未向保险公司报案。甲保险公司精算部门初步确认A公司甲项目应赔付300 000元，乙项目应赔付50 000元。

5. 2018年4月30日，甲保险公司精算部门根据充足性测试出A公司甲项目的未决赔款金额为280 000元，乙项目的未决赔款金额为60 000元。

6. 2019年2月，甲保险公司向A公司支付甲项目赔款280 000元，于2019年3月支付成功。

第十一章
证券公司业务核算

本章介绍了证券公司业务核算的基本内容，包括证券经纪业务、自营业务、承销业务的会计核算。通过本章的学习，应该了解证券公司的经营范围及主要业务；熟悉证券经纪业务的内容，掌握代理买卖证券、代理兑付证券的核算方法；熟悉证券自营业务的内容，掌握自营买卖证券、自营认购新股的核算方法；熟悉证券承销的三种方式，掌握全额承购包销、余额承购包销及代销的核算方法。

第一节　证券公司业务概述

一、证券

（一）证券的概念

证券是指各类记载并代表一定权利的法律凭证，用以证明持有人有权依其所持凭证记载的内容而取得应有的权益。从一般意义上来说，证券是指用以证明或设定权利所做成的书面凭证，表明证券持有人或第三者有权取得该证券拥有的特定权益。证券按其性质不同，可以分为凭证证券和有价证券。凭证证券又称为无价证券，是指证券本身不能给持有人或第三者取得一定收入的证券。本书所述证券均为有价证券。

证券的票面要素主要有四点：一是持有人；二是证券的标的物，也就是证券票面所载明的特定的具体内容；三是标的物的价值；四是持有人持有该证券的权利。

证券具备两个最基本的特征，一是法律特征，即反映的是某种法律行为的结果，同时包含的特定内容具有法律效力；二是书面特征，即必须采取书面形式或与书面形式有同等效力的形式，载明有关法律规定的全部必要事项。

（二）有价证券

1. 有价证券的概念

有价证券是指标明票面金额，证明持有人有权按期取得一定收入并可自由转让和买卖的所有权或债权凭证。有价证券本身没有价值，但由于其代表着一定量的财产权利，持有人可以凭借该证券直接取得一定量的商品、货币，或者是取得利息、股息等收入，因此可以在证券市场上流通，使得有价证券有了交易价格。有价证券是一种虚拟资本。虚拟资本是一种独立于实际资本之外的资本形式，是不能在生产过程中发挥作用的。

2. 有价证券的种类

广义的有价证券包括商品证券、货币证券、资本证券三类。

（1）商品证券是证明持有人有商品所有权或使用权的凭证，取得这种证券就等于拥有这种商品的所有权。持有人对这种证券所代表的商品所有权受法律保护。典型的商品证券有提货单、运货单等。

（2）货币证券是指本身能使持有人或第三者取得货币索取权的有价证券。货币证券包括两大类：一类是商业证券，比如商业汇票和商业本票；另一类是银行证券，比如银行汇票、银行本票和支票。

（3）资本证券是指由金融投资或与金融投资有直接联系的活动而产生的证券，资本证券的持有人有一定的收入请求权。资本证券是有价证券的主要形式，狭义的有价证券就是指资本证券，人们通常把资本证券直接称为有价证券或证券。

3. 有价证券的特征

有价证券主要有以下特征：

（1）期限性。债券一般有明确的还本付息期限，用来满足不同筹资者和投资者对融资期限以及与此相关的收益率的需求。债券的期限具有法律约束力，是对融资双方权益的保护，但股票一般没有期限性。

（2）收益性。持有有价证券本身可以获得一定数额的收益，这种收益相当于投资者转让资本使用权获得的回报。有价证券的收益表现为利息收入、股息收入和买卖证券的差价。收益的多少取决于资产数额增值程度和证券市场的供求状况。

（3）流通性。证券持有人可以按照自己的需要灵活地转让证券以换取现金。证券的期限性约束了投资者的灵活偏好，但证券的流通性以变通的方式满足了投资者对现金的随机需求。证券的流通是通过承兑、贴现或交易转让完成的。不同的证券对流通性的要求是不同的，其中股票对流通性的要求比债券更加迫切。另外，不同的投资者因其投资目的不同，对证券流通性的要求也有所差异。一般而言，以投资为目的的投资者购买证券是为了获得稳定投资收益，对流通性的要求相对较低；以投机为目的的投资者则要求证券有较强的流通性。

（4）风险性。证券的风险性是指证券持有者面临的预期投资收益不能实现，甚至可能损失本金的风险。这是由于未来经济状况的不确定所致。因此，投资者难以确定其所有持有的证券将来能够获得收益以及获得多少收益，从而使持有的证券具有风险。一般来说，证券的风险与收益成正比，预期收益越高的证券，风险越大；预期收益越低的证券，风险越小。

二、证券市场

（一）证券市场的概念

证券市场是股票、债券、投资基金等有价证券发行和交易的场所。从广义上讲，证券市场是指一切以证券为对象的交易关系的总和，通过自由竞争的方式，根据供求关系决定有价证券价格的一种交易机制。证券市场就是为解决资本的供求矛盾而产生的，是经济发展到一定阶段的产物，解决了投资需求和筹资需求的对接，从而有效地化解了资本的供求矛盾。

（二）证券市场的特征

证券市场具有以下三个显著特征：

1. 证券市场是价值直接交换的场所

有价证券都是价值的直接代表，本质上是价值的一种直接表现形式。虽然证券交易的对象都是各种各样的有价证券，但由于有价证券是价值的直接表现形式，所以证券市场在本质上是价值的直接交换场所。

2. 证券市场是财产权利直接交换的场所

证券市场上的交易对象是作为经济权益凭证的股票、债券、投资基金等有价证券，它们本身是一定量财产权利的代表，代表着对一定数额财产的所有权或债权以及相关的权益。

3. 证券市场是风险直接交换的场所

有价证券是一定收益权利的代表，收益总是与一定的风险相联系的。有价证券的交换在转让出一定收益权的同时，也把有价证券的风险转让出去。从风险的角度分析，证券市场也是风险的直接交换的场所。

三、证券公司业务

（一）证券公司的概念

根据《中华人民共和国证券法》（以下简称《证券法》）的规定，证券公司是指依照《中华人民共和国公司法》的规定，经国务院证券监督管理机构审查批准设立的从事证券经营业务的有限责任公司或者股份有限公司，承担着证券代理发行、证券代理买卖、资产管理以及证券咨询等重要职能。

（二）证券公司的功能

证券公司是完善的金融体系的重要组成部分，是证券市场重要的组织者、参与者，是连接证券市场资金供求双方的桥梁和纽带，并为资金供求双方提供恰当的金融工具，同时也为一国资源的有效配置和促进产业集中发挥重要作用。

（三）证券公司的主要业务

根据《证券法》的规定，国家对证券公司进行分类管理，分为综合类证券公司和经纪类证券公司。综合类证券公司的证券业务分为证券经纪业务、证券自营业务、证券承销业务和经国务院证券监督管理机构核定的其他证券业务；经纪类证券公司只允许专门从事证券经纪业务，即只能从事代理客户买卖股票、债券、基金、可转换企业债券、认股权证等。

证券公司应该根据经批准从事的业务范围，按照证券公司相关会计制度的规定，进行相关业务的会计核算。综合类证券公司的业务如下：

1. 承销业务

证券承销是指证券公司代理证券发行人发行证券的行为，是综合类证券公司的一项主要业务。证券的承销发行过程有以下三个步骤：

（1）证券公司就证券发行的种类、时间、条件等对发行公司提出建议。证券公司不仅要向证券发行人提出最佳发行条件，还应向发行人揭示该发行条件的利弊、风险状况和市场预测等信息。

（2）当证券发行人确定证券的种类和发行条件，并且报证券管理机关批准之后，证券公司与发行公司签订证券承销协议，明确双方的权利、义务和责任。承销方式主要有两种：包销和代销。包销是证券公司将发行人的证券按照协议全部购入然后再卖出，或者在承销期结束后将售后剩余证券全部自行购入的承销方式；代销是指证券公司代发行人发售证券，在发行期结束后，将未售出的证券全部退还给发行人或包销人的承销方式。包销方式下，承销机构要承担全部风险，适用于发行金额大、急需用款、效益和信誉都非常好的发行人。另外，如果证券发行的数量和金额较大，一家证券公司难以承担承销责任，可以若干家证券公司组成承销团。在承销团中，一家证券公司担任主承销商，其他证券公司担任副主承销商或分销商。

（3）上述步骤完成后，证券公司着手进行证券的销售工作。

2. 经纪业务

证券经纪业务又称代理买卖证券业务，是指证券公司接受客户委托代客买卖有价证券的行为。证券经纪业务是证券公司最基本的一项业务。证券公司作为中介人，代为办理证券买卖，只是根据委托人对证券品种、价格和交易数量的委托办理证券交易。这个委托办理的过程大致有办理股东账户、开户、委托和交割四个步骤。在代理买卖业务中，证券公司应遵循代理原则、效率原则和公开、公平、公正原则。

3. 自营业务

证券自营业务是证券公司为本公司买卖证券、赚取差价并承担相应风险的行为。证券公司在自营业务中，一方面是证券的买入者，以自有资金和自身账户买进证券；另一方面又充当证券卖出者，卖出属于自己所有的证券，并获取价差收益。由于证券市场的高收益性和高风险性，证券公司的自营业务具有一定的投机性，业务风险较大。证券公司的自营业务有利于活跃证券市场、维护交易的连续性，但是由于证券公司在交易成本、资金实力、获取信息以及交易的便利条件等方面都比投资大众占有优势，因此在自营活动中容易存在操纵市场和内幕交易等不正当行为。为此许多国家都对证券公司的自营业务制定了法律、法规，进行严格管理。

4. 投资咨询业务

综合类证券公司还可以为客户提供有关资产管理、负债管理、风险管理、流动性管理、投资组合设计、估价等多种服务。

5. 并购业务

证券公司作为公司的并购顾问，辅助客户物色目标公司，设计并购方案，代表客户接洽目标公司；证券公司也可以帮助目标公司设计防卫措施，抵御敌意收购。

6. 受托投资管理业务

证券公司根据有关法律、法规以及投资委托人的投资意愿，作为受托投资管理人，与委托人签订受托投资管理合同，以委托人委托的资产在证券市场上从事股票、债券等金融工具的组合投资，从而实现委托资产收益的最大化。在受托资产管理业务中，委托人委托管理的资产必须是货币资金或是在合法的证券托管登记系统中的证券。另外，证券公司从事受托资产管理业务，应当取得中国证券监督管理委员会批准的受托投资管理业务资格。

7. 基金管理业务

证券公司可以作为基金的发起人发起和设立基金；可以作为基金的管理者管理自己发行的基金；可以作为基金的承销人，帮助其他基金发行人向投资者发售基金收益凭证；可以接受基金发起人的委托作为基金的管理人，帮助管理基金，并据此获得一定的佣金收入。

以上七项都是证券公司从事的业务范围，但是尤以经纪业务、自营业务、承销业务为最主要的业务。这三类业务将在后面详细加以介绍。

第二节　证券经纪业务核算

证券经纪业务主要包括代理买卖证券业务和代理兑付证券业务。在证券经纪业务中，证券公司不垫付资金，不赚差价，只按规定收取一定的手续费及佣金。

一、代理买卖证券业务核算

代理买卖证券业务是指证券公司接受客户委托，代理客户买卖证券的业务。证券公司代理客户买卖证券收到的代理买卖证券款，必须全额存入指定的商业银行（存管银行）的资金专户，在"银行存款"科目下单设明细科目进行核算，不能与本公司的存款相混淆。同时，还应将收到的款项确认为一项对客户的负债。证券公司代理客户买卖证券所收取的手续费及佣金，应当在与客户办理买卖证券款项清算时确认为手续费及佣金收入。

（一）会计科目的设置

1. "代理买卖证券款"科目

该科目属于负债类科目，核算证券公司接受客户委托，代理客户买卖股票、债券和基金等有价证券而收到的款项。公司代理客户认购新股的款项、代理客户领取的现金股利和债券利息、代理客户向证券交易所支付的配股款等，也在该科目核算。该科目贷方反映客户存放在证券公司的代理买卖证券款项的增加；借方反映客户存放证券公司的代理买卖证券款项的减少；期末贷方余额，反映证券公司接受客户存放的代理买卖证券资金。该科目可按客户类别等进行明细核算。

2. "结算备付金"科目

该科目属于资产类科目，核算证券公司为证券交易的资金清算与交收而存入指定清算代理机构的款项。证券公司向客户收取的结算手续费、向证券公司交易所支付的结算手续费等也在该科目核算。该科目借方反映证券公司存放清算代理机构款项的增加；贷方反映证券公司存放清算机构款项的减少；期末借方余额反映证券公司存放在指定清算机构的款项。该科目可按清算代理机构，分别以"自有"和"客户"等进行明细核算。

（二）客户交易结算资金专户的核算

（1）收到客户交来的代理买卖证券款，在存管银行开设客户交易结算资金专用存款账户时，会计分录为：

借：银行存款——客户
　　贷：代理买卖证券款——××客户

客户日常存款时，会计分录同上，日常取款时则编制相反的会计分录。

（2）计提客户存款利息时，会计分录为：

借：利息支出

　　　　贷：应付利息

　　（3）按季向客户统一结计利息时，会计分录为：

　　借：应付利息　　　　　　　　　　　　　　　　（已提利息部分）

　　　　利息支出　　　　　　　　　　　　　　　　（未提利息部分）

　　　　贷：代理买卖证券款——××客户

　　（4）证券公司在指定清算代理机构（中国证券登记结算公司）开设用于证券交易资金清算与交收的清算备付金专用存款账户时，会计分录为：

　　借：结算备付金——××清算代理机构——客户（或自有）

　　　　贷：银行存款——客户（或有关科目）

　　清算备付金专户开立后，证券公司就可以办理自营及代理买卖证券交易业务。需要说明的是，这里的清算备付金专户其实是证券登记结算公司在结算银行开立的，用于存放证券公司清算备付金的账户。

　　（5）证券公司开出转账支票将客户交易结算资金从存管银行的客户交易结算资金专户划转到清算备付金专户时，会计分录为：

　　借：结算备付金——××清算代理机构——客户

　　　　贷：银行存款——客户

　　（三）代理买卖证券的核算

　　（1）证券公司接受客户委托，通过证券交易所代理买卖证券，与客户清算时，如果买入证券成交总额大于卖出证券成交总额，会计分录为：

　　借：代理买卖证券款——××客户

　　（买卖证券成交价的差额+代扣代交的相关税费+应向客户收取的佣金等）

　　　　贷：结算备付金——××清算代理机构——客户

　　借：手续费及佣金支出——代买卖证券手续费支出（公司应负担的交易费用）

　　　　结算备付金——××清算代理机构——自有

　　　　贷：手续费及佣金收入——代买卖证券手续费收入（应向客户收取的佣金等）

　　【例11-1】11月8日，A证券公司接受客户委托，通过上海证券交易所代理买卖股票，买入股票成交总额为1 600 000元，卖出股票成交总额为1 000 000元，代扣代缴的相关税费为1 000元，应向客户收取的佣金等费用为2 000元，证券公司应向交易所支付的结算手续费为500元。针对以上业务，A证券公司应根据资金清算凭证编制如下会计分录：

　　借：代理买卖证券款——××客户　　　　　　　　　　　603 000

　　　　贷：结算备付金——证券登记结算公司上海分公司——客户　　603 000

　　借：手续费及佣金支出——代买卖证券手续费支出　　　　　500

　　　　结算备付金——证券登记结算公司上海分公司——自有　　1 500

　　　　贷：手续费及佣金收入——代买卖证券手续费收入　　　　2 000

　　（2）证券公司接受客户委托，通过证券交易所代理买卖证券，与客户清算时，如果卖出证券成交总额大于买入证券成交总额，会计分录为：

　　借：结算备付金——××清算代理机构——客户

　　（买卖证券成交价的差额——代扣代缴的相关税费-应向客户收取的佣金等）

　贷：代理买卖证券款——××客户

借：手续费及佣金支出——代买卖证券手续费支出（公司应负担的交易费用）

　　结算备付金——××清算代理机构——自有

　贷：手续费及佣金收入——代买卖证券手续费收入（应向客户收取的佣金等）

【例11-2】12月5日，A证券公司接受客户委托，通过深圳证券交易所代理买卖股票，买入股票成交总额为1 000 000元，卖出股票成交总额为1 600 000元，代扣代缴的相关税费为800元，应向客户收取的佣金等费用为2 000元，证券公司应向交易所支付的结算手续费为500元。针对以上业务，A证券公司应根据资金清算凭证编制如下会计分录：

借：结算备付金——证券登记结算公司深圳分公司——客户　　597 200

　贷：代理买卖证券款——××客户　　597 200

借：手续费及佣金支出——代买卖证券手续费支出　　500

　　结算备付金——证券登记结算公司深圳分公司——自有　　1 500

　贷：手续费及佣金收入——代买卖证券手续费收入　　2 000

（四）代理认购新股的核算

（1）收到客户交来的认购款项时，会计分录为：

借：银行存款——客户

　贷：代理买卖证券款——××客户

（2）将款项划付证券登记结算公司时，会计分录为：

借：结算备付金——××清算代理机构——客户

　贷：银行存款

（3）客户办理申购手续，证券公司与证券交易所清算时，按实际支付的金额编制会计分录为：

借：代理买卖证券款——××客户

　贷：结算备付金——××清算代理机构——客户

（4）证券交易所完成中签认定工作，将未中签资金退给客户时，会计分录为：

借：结算备付金——××清算代理机构——客户

　贷：代理买卖证券款——××客户

（5）证券公司将未中签的款项划回时，会计分录为：

借：银行存款——客户

　贷：结算备付金——××清算代理机构——客户

6. 证券公司将未中签的款项退给客户时，会计分录为：

借：代理买卖证券款——××客户

　贷：银行存款——客户

（五）代理配股派息的核算

1. 代理配股的处理

（1）采用当日向证券交易所缴纳配股款的，在客户提出配股要求时，会计分录为：

借：代理买卖证券款——××客户

　贷：结算备付金——××清算代理机构——客户

（2）采用定期向证券交易所缴纳配股款的，在客户提出配股要求时，会计分录为：

借：代理买卖证券款——××客户

　　贷：其他应付款——应付客户配股款

（3）与证券交易所清算配股款时，按配股金额编制会计分录为：

借：其他应付款——应付客户配股款

　　贷：结算备付金——××清算代理机构——客户

2. 代理派息的处理

证券公司代理客户领取现金股利和利息时，会计分录为：

借：结算备付金——××清算代理机构——客户

　　贷：代理买卖证券款——××客户

二、代理兑付证券业务核算

代理兑付证券业务是指证券公司接受证券发行单位（委托单位）委托，代理兑付其发行的到期证券，并收取手续费的业务。

（一）会计科目的设置

1. "代理兑付证券"科目

该科目属于资产类科目，核算证券公司接受委托代理兑付到期的证券。该科目借方反映已兑付的证券；贷方反映向委托单位交回的已兑付证券；期末借方余额反映证券公司已兑付但尚未收到委托单位兑付资的证券金额。该科目可按委托单位和证券种类进行明细核算。

2. "代理兑换证券款"科目

该科目属于负债类科目，核算证券公司接受委托代理兑换证券而受到的兑换资金。该科目贷方反映收到委托单位的兑换资金；借方反映代理兑付的资金；期末贷方余额反映证券公司已收到但尚未兑付的代理兑付证券款项。该科目可按委托单位和证券种类进行明细核算。

（二）代理兑付无记名证券的核算

（1）收到委托单位划来的兑付资金时，会计分录为：

借：银行存款

　　贷：代理兑付证券款——××委托单位

（2）收到客户交来的实物券，按兑付金额（证券本息）予以兑付时，会计分录为：

借：代理兑付证券——××委托单位　　　　　　　　　　　　（本金+利息）

　　贷：库存现金（或银行存款）

（3）兑付期结束时，将已兑付的证券集中交给委托单位，并与委托单位办理结算时，会计分录为：

借：代理兑付证券款——××委托单位

　　贷：代理兑付证券——××委托单位

（4）证券公司代理兑付证券，若委托单位尚未拨付兑付资金而由公司垫付的，证券公司在收到客户交来的证券，按兑付金额予以兑付时，会计分录为：

借：代理兑付证券——××委托单位　　　　　　　　　　　　（本金+利息）

贷：银行存款（或有关科目）

（5）向委托单位交回已兑付的证券并收回垫付的资金时，会计分录为：

借：银行存款（或有关科目）

　　贷：代理兑付证券

（三）代理兑付记名证券的核算

（1）收到委托单位划来的兑付资金时，会计分录为：

借：银行存款

　　贷：代理兑付证券款——××委托单位

（2）收到客户交来的证券，按兑付金额（证券本息）予以兑付时，会计分录为：

借：代理兑付证券款——××委托单位　　　　　　　　　　　　（本金＋利息）

　　贷：库存现金（或银行存款）

（四）手续费收入的核算

（1）向委托单位单独收取兑付证券手续费的，按应收或已收取的手续费金额，编制会计分录为：

借：应收手续费及佣金或银行存款

　　贷：手续费及佣金收入——代兑付证券手续费收入

（2）手续费与兑付款一并汇入的，在收到款项时，会计分录为：

借：银行存款　　　　　　　　　　　　　　　　（实际收到的金额）

　　贷：代理兑付证券款——××委托单位　　　　　　（应兑付的金额）

　　　　其他应付款——预收代兑付证券手续费　　　　（手续费金额）

（3）兑付证券业务完成后，确认手续费收入，会计分录为：

借：其他应付款——预收代兑证券手续费

　　贷：手续费及佣金收入——代兑付证券手续费收入

【例11-3】A证券公司代理Y公司兑付到期的无记名证券（实物券），8月1日起收到Y公司的兑付资金6 000 000元，其中手续费26 000元，至8月底共兑付证券5 974 000元。A证券公司针对以上证券业务应编制会计分录如下：

（1）收到Y公司划来的兑付资金时，会计分录为：

借：银行存款　　　　　　　　　　　　　　　　6 000 000

　　贷：代理兑付证券款——Y公司　　　　　　　　5 974 000

　　　　其他应付款——预收代兑付证券手续费　　　　　26 000

（2）收到客户交来的实物券，予以兑付时，会计分录为：

借：代理兑付证券——Y公司　　　　　　　　　　5 974 000

　　贷：银行存款　　　　　　　　　　　　　　　5 974 000

（3）兑付期结束，向Y公司交回已兑付证券和办理结算时，会计分录为：

借：代理兑付证券款——Y公司　　　　　　　　　5 974 000

　　贷：代理兑付证券——Y公司　　　　　　　　　5 974 000

同时，确认手续费收入，会计分录为：

借：其他应付款——预收代兑付证券手续费　　　　　26 000

　　贷：手续费及佣金收入——代兑付证券手续费收入　　　26 000

第三节 证券自营业务核算

证券自营业务是指证券公司使用自有资金或者合法筹集的资金以自己的名义买卖证券，以获取收益并承担相应风险的业务。证券自营业务包括自营买入证券业务、自营卖出证券业务和自营认购新股业务等。

一、清算备付金专户的开立

证券公司进行自营买卖证券交易，应在指定清算代理机构（中国证券登记结算公司）开立用于证券交易资金清算与交收的清算备付金专用存款账户。

证券公司开出转账支票，将其自有资金划转指定清算代理机构开立清算备付金专户时，会计分录为：

借：结算备付金——××清算代理机构——自有

　　贷：银行存款

清算备付金专户开立后，证券公司就可以进行自营买卖证券交易。从清算代理机构划回资金则编制相反的会计分录。

二、自营买卖证券核算

证券公司自营买入证券，应根据《企业会计准则》的规定，将取得的证券在初始确认时划分为以公允价值计量且其变动计入当期损益的金融资产、持有至到期投资、可供出售金融资产和长期股权投资等。这里主要阐述以公允价值计量且其变动计入当期损益的金融资产、持有至到期投资和可供出售金融资产的核算。

（一）以公允价值计量且其变动计入当期损益的金融资产的核算

以公允价值计量且其变动计入当期损益的金融资产包括交易性金融资产和指定为以公允价值计量且其变动计入当期损益的金融资产。交易性金融资产主要是指证券公司为了近期内出售而持有的，在活跃市场上有公开报价、公允价值能够持续可靠获得的金融资产。例如，证券公司以赚取差价为目的从二级市场购入的股票、债券和基金等。指定为以公允价值计量且其变动计入当期损益的金融资产，通常是指某项金融资产不满足确认为交易性金融资产的条件，证券公司在其符合某些特定条件时，将其按公允价值计量，并将其公允价值变动计入当期损益。

1. 会计科目设置

（1）"交易性金融资产"科目。该科目属于资产类科目，核算证券公司为交易目的持有的债券投资、股票投资、基金投资等交易性金融资产以及指定为以公允价值计量且其变动计入当期损益的金融资产的公允价值。该科目可按该类金融资产的类别和品种，分别以"成本""公允价值变动"等进行明细核算。

（2）"公允价值变动损益"科目。该科目属于损益类科目，核算证券公司交易性金融资产、交易性金融负债、指定为以公允价值计量且其变动计入当期损益的金融资产和金融负债、衍生工具等公允价值变动形成的应计入当期损益的利得或损失。该科目可按"交易性金融资产""交易性金融负债""金融衍生工具"等进行明细核算。期末，应将该科目余额转入"本年利润"科目，结转后该科目无余额。

2. 账务处理

（1）证券公司取得以公允价值计量且其变动计入当期损益的金融资产，初始确认时，按公允价值计量，发生的相关交易费用计入当期损益；支付的价款中包含已宣告但尚未发放的现金股利或已到付息期但尚未领取的债券利息的，应单独确认为应收股利或应收利息；按实际支付的金额减少结算备付金。会计分录为：

借：交易性金融资产——成本　　　　　　　　　　　（公允价值）

　　投资收益　　　　　　　　　　　　　　　　　　（交易费用）

　　应收股利（或应收利息）

　　贷：结算备付金——××清算代理机构——自有　　　（实际支付的金额）

收到上述支付价款中包含的已宣告发放的现金股利或债券利息时，会计分录为：

借：结算备付金——××清算代理机构——自有

　　贷：应收股利（或应收利息）

（2）以公允价值计量且其变动计入当期损益的金融资产持有期间被投资单位宣告发放的现金股利，或在资产负债表日按分期付息、一次还本债券投资的票面利率计算的利息，应确认为投资收益。会计分录为：

借：应收股利（或应收利息）

　　贷：投资收益

收到宣告发放的现金股利或债券利息时，会计分录为：

借：结算备付金——××清算代理机构——自有

　　贷：应收股利（或应收利息）

（3）资产负债表日，应将以公允价值计量且其变动计入当期损益的金融资产公允价值变动形成的利得或损失，计入当期损益。

以公允价值计量且其变动计入当期损益的金融资产的公允价值高于其账面余额的，按其差额编制会计分录为：

借：交易性金融资产——公允价值变动

　　贷：公允价值变动损益

公允价值低于其账面余额的差额，编制相反的会计分录。

（4）证券公司出售以公允价值计量且其变动计入当期损益的金融资产时，应将实际收到的金额与该金融资产账面余额的差额，确认为投资收益；同时，将原计入该金融资产的公允价值变动损益转出，计入投资收益。会计分录为：

借：结算备付金——××清算代理机构——自有　　　（实际收到的金额）

借或贷：交易性金融资产——公允价值变动　　　（该明细科目的账面金额）

借或贷：投资收益　　　　　　　　　　　　　　　（借贷方差额）

　　贷：交易性金融资产——成本　　　　　　　　　　（取得成本）

借或贷：公允价值变动损益　　　　　　　　（原记录的公允价值变动损益）

贷或借：投资收益

【例11-4】5月13日，A证券公司从上海证券交易所购入Y上市公司股票100 000

股，每股价格 10.60 元（含已宣告但尚未发放的现金股利 0.60 元），另支付交易费用
1 000元。A 证券公司持有 Y 公司股票后对其无重大影响，并打算于近期出售所购入的
Y 公司股票。其他交易事项如下：

（1）5 月 23 日，收到 Y 公司发放的现金股利；

（2）6 月 30 日，Y 公司股票价格涨到每股 13 元；

（3）8 月 15 日，将持有的 Y 公司股票全部售出，每股售价 15 元。

假定不考虑其他因素，以上交易事项账务处理如下：

（1）5 月 13 日，购入 Y 公司股票时，会计分录为：

借：交易性金融资产——成本	1 000 000
应收股利	60 000
投资收益	1 000
贷：结算备付金——证券登记结算公司上海分公司——自有	1 061 000

（2）5 月 23 日，收到 Y 公司发放的现金股利时，会计分录为：

借：结算备付金——证券登记结算公司上海分公司——自有	60 000
贷：应收股利	60 000

（3）6 月 30 日，确认 Y 公司股票价格变动时，会计分录为：

借：交易性金融资产——公允价值变动	300 000
贷：公允价值变动损益	300 000

（4）8 月 15 日，出售 Y 公司股票时，会计分录为：

借：结算备付金——证券登记结算公司上海分公司——自有	1 500 000
贷：交易性金融资产——成本	1 000 000
交易性金融资产——公允价值变动	300 000
投资收益	200 000
借：公允价值变动损益	300 000
贷：投资收益	300 000

【例 11-5】20×2 年 1 月 1 日，A 证券公司从二级市场购入 B 公司债券，面值为
1 000 000元，剩余期限为 2 年，票面年利率为 4%，每半年付息一次。A 证券公司支付
价款 1 020 000 元（含已到付息期但尚未领取的利息 20 000 元），另支付交易费用
20 000元。A 证券公司将其购入的 B 公司债券划分为交易性金融资产。其他交易事项
如下：

（1）20×2 年 1 月 5 日，收到该债券 20×1 年下半年利息 20 000 元；

（2）20×2 年 6 月 30 日，该债券的公允价值为 1 150 000 元（不含利息）；

（3）20×2 年 7 月 5 日，收到该债券半年利息；

（4）20×2 年 12 月 31 日，该债券的公允价值为 1 100 000 元（不含利息）；

（5）20×3 年 1 月 5 日，收到该债券 20×2 年下半年利息；

（6）20×3 年 3 月 31 日，A 证券公司将该债券出售，取得价款 1 180 000 元（含一
季度利息 10 000 元）。

假定不考虑其他因素，以上 A 证券公司的业务的账务处理如下：

（1）20×2 年 1 月 1 日，购入债券时，会计分录为：

借：交易性金融资产——成本 1 000 000
　　应收利息 20 000
　　投资收益 20 000
　　贷：结算备付金——××清算代理机构——自有 1 040 000

（2）20×2 年 1 月 5 日，收到该债券 20×1 年下半年利息时，会计分录为：

借：结算备付金——××清算代理机构——自有 20 000
　　贷：应收利息 20 000

（3）20×2 年 6 月 30 日，确认债券公允价值变动和投资收益时，会计分录为：

借：交易性金融资产——公允价值变动 150 000
　　贷：公允价值变动损益 150 000

借：应收利息 20 000
　　贷：投资收益 20 000

（4）20×2 年 7 月 5 日，收到该债券半年利息时，会计分录为：

借：结算备付金——××清算代理机构——自有 20 000
　　贷：应收利息 20 000

（5）20×2 年 12 月 31 日，确认债券公允价值变动和投资收益时，会计分录为：

借：公允价值变动损益 50 000
　　贷：交易性金融资产——公允价值变动 50 000

（6）20×3 年 1 月 5 日，收到该债券 20×2 年下半年利息时，会计分录为：

借：结算备付金——××清算代理机构——自有 20 000
　　贷：应收利息 20 000

（7）20×3 年 3 月 31 日，出售该债券时，会计分录为：

借：应收利息 10 000
　　贷：投资收益 10 000

借：结算备付金——××清算代理机构——自有 1 170 000
　　公允价值变动损益 100 000
　　贷：交易性金融资产——成本 1 000 000
　　　　交易性金融资产——公允价值变动 100 000
　　　　投资收益 170 000

借：结算备付金——××清算代理机构——自有 10 000
　　贷：应收利息 10 000

（二）持有至到期投资的核算

持有至到期投资是指到期日固定、回收金额固定或可确定，且证券公司有明确意图和能力持有至到期的非衍生金融资产。通常情况下，证券公司持有的在活跃市场上有公开报价的国债、企业债券、金融债券等，可以划分为持有至到期投资。

1. 会计科目设置

（1）"持有至到期投资"科目。该科目属于资产类科目，核算证券公司持有至到期投资的摊余成本。该科目可按持有至到期投资的类别和品种，分别以"成本""利息调整""应计利息"等进行明细核算。期末余额在借方，反映证券公司持有至到期投资的摊余成本。

（2）"持有至到期投资减值准备"科目。该科目属于资产类科目，也是"持有至到期投资"科目的备抵科目，核算证券公司持有至到期投资的减值准备。该科目可按持有至到期投资的类别和品种进行明细核算。期末余额在贷方，反映证券公司已计提但尚未转销的持有至到期投资减值准备。

（3）"资产减值损失"科目。该科目属于损益类科目，核算证券公司计提各项资产减值准备所形成的损失。该科目可按资产减值损失的项目进行明细核算。期末，应将该科目余额转入"本年利润"科目，结转后该科目无余额。

2. 持有至到期投资的计量

初始确认时，按公允价值计量，发生的相关交易费用计入初始确认金额；实际支付的价款中包含的已到付息期但尚未领取的债券利息，单独确认为应收利息。在持有期间，于资产负债表日采用实际利率法，按摊余成本进行后续计量。

实际利率是指将持有至到期投资在预期存续期间或使用的更短期间内的未来现金流量，折现为该持有至到期投资当前账面价值所使用的利率。持有至到期投资的未来现金流量或存续期间无法可靠预计时，应当采用该持有至到期投资在整个合同期内的合同现金流量。

实际利率应当在取得持有至到期投资时（即初始确认时）确定，在该持有至到期投资预期存续期间或使用的更短期间内保持不变。

实际利率法是指按照持有至到期投资的实际利率计算其摊余成本及各期利息收入的方法。摊余成本是指该持有至到期投资的初始确认金额经下列调整后的结果：

（1）扣除已偿还的本金；

（2）加上或减去采用实际利率法将该初始确认金额与到期日金额之间的差额进行摊销形成的累计摊销额；

（3）扣除已发生的减值损失。

需要说明的是，若实际利率与票面利率差别较小，也可按票面利率计算各期利息收入，计入投资收益。

3. 账务处理

（1）证券公司取得持有至到期投资，初始确认时，按公允价值计量，发生的相关交易费用计入初始确认金额；实际支付的价款中包含的已到付息期但尚未领取的债券利息，单独确认为应收利息；按实际支付的金额减少结算备付金。会计分录为：

借：持有至到期投资——成本　　　　　　　　　　　　　（面值）
　　应收利息　　　　　　　　　　（已到付息期但尚未领取的利息）
借或贷：持有至到期投资——利息调整　　　　　　　（借贷方差额）
　　贷：结算备付金——××清算代理机构——自有　　（实际支付的金额）
收到上述支付价款中包含的债券利息时，会计分录为：
借：结算备付金——××清算代理机构——自有
　　贷：应收利息

（2）在持有期间，于资产负债表日，按实际利率计算持有至到期投资各期利息收入和摊余成本。

①持有至到期投资为分期付息、一次还本债券投资的，会计分录为：

借：应收利息　　　　　　　　　　（按票面利率计算的应收未收利息）

借或贷：持有至到期投资——利息调整　　　　　　　　　　（借贷方差额）

　　贷：投资收益　　　　　　　（按摊余成本和实际利率计算的利息收入）

收到债券利息时，会计分录为：

借：结算备付金——××清算代理机构——自有

　　贷：应收利息

②持有至到期投资为一次还本付息债券投资的，会计分录为：

借：持有至到期投资——应计利息　　　（按票面利率计算的应收未收利息）

借或贷：持有至到期投资——利息调整　　　　　　　　　　（借贷方差额）

　　贷：投资收益　　　　　　　（按摊余成本和实际利率计算的利息收入）

（3）资产负债表日，证券公司应对持有至到期投资的账面价值进行检查，有客观证据表明持有至到期投资已发生减值的，应当计提减值准备。计提减值准备时，应将持有至到期投资的账面价值减记至预计未来现金流量的现值，减记的金额确认为资产减值损失，计入当期损益。会计分录为：

借：资产减值损失　　　　　　（账面价值-预计未来现金流量现值）

　　贷：持有至到期投资减值准备

预计未来现金流量现值，一般按照取得持有至到期投资时（即初始确认时）确定的实际利率折现计算。

已计提减值准备的持有至到期投资减值以后又得以恢复的，应在原已计提的减值准备金额内，按恢复增加的金额将原确认的减值损失转回。会计分录为：

借：持有至到期投资减值准备

　　贷：资产减值损失

（4）将持有至到期投资重分类为可供出售金融资产时，会计分录为：

借：可供出售金融资产　　　　　　　　　　　（重分类日公允价值）

　　持有至到期投资减值准备　　　　　　　　　　　　（账面余额）

　　贷：持有至到期投资（成本、利息调整、应计利息）　　　（账面余额）

贷或借：资本公积——其他资本公积　　　　　　　　　　（借贷方差额）

（5）出售持有至到期投资时，应将所取得的价款与持有至到期投资账面价值的差额，计入投资收益。会计分录为：

借：结算备付金——××清算代理机构——自有　　　（实际收到的金额）

　　持有至到期投资减值准备　　　　　　　　　　　　（账面余额）

　　贷：持有至到期投资（成本、利息调整、应计利息）　　　（账面余额）

贷或借：投资收益　　　　　　　　　　　　　　　　（借贷方差额）

【例11-6】20×0年1月1日，A证券公司支付价款1 000元（含交易费用）从活跃市场上购入某公司5年期债券，面值为1 250元，票面利率为4.72%，按年支付利息（即每年59元），本金最后一次支付。合同约定，该债券的发行方在遇到特定情况时可以将债券赎回，且不需要为提前赎回支付额外款项。A证券公司在购买该债券时，预计发行方不会提前赎回，将购入的该债券划分为持有至到期投资。假设不考虑其他因素。

持有至到期投资初始确认金额为 1 000 元，设该债券的实际利率为 IRR，则 IRR =10%。

采用实际利率法计算持有至到期投资各期利息收入和摊余成本的数据如表 11-1 所示。

表 11-1　　　实际利率法计算持有至到期投资各期利息收入和摊余成本表

年份	期初摊余成本 ①	利息收入 （实际利率 10%） ②	现金流入 ③	期末摊余成本 ④=①+②-③
20×0	1 000	100	59	1 041
20×1	1 041	104*	59	1 086
20×2	1 086	109*	59	1 136
20×3	1 136	114*	59	1 191
20×4	1 191	118*	1 309	0

* 数字四舍五入取整。

根据上述数据，相应 A 证券公司业务的账务处理如下：

（1）20×0 年 1 月 1 日，购入债券时，会计分录为：

借：持有至到期投资——成本　　　　　　　　　　　　　　　　1 250

　　贷：结算备付金——××清算代理机构——自有　　　　　　　　　1 000

　　　　持有至到期投资——利息调整　　　　　　　　　　　　　　　250

（2）20×0 年 12 月 31 日，确认实际利息收入、收到票面利息时，会计分录为：

借：应收利息　　　　　　　　　　　　　　　　　　　　　　　　59

　　持有至到期投资——利息调整　　　　　　　　　　　　　　　　41

　　贷：投资收益　　　　　　　　　　　　　　　　　　　　　　　100

收到票面利息时，会计分录为：

借：结算备付金——××清算代理机构——自有　　　　　　　　　　59

　　贷：应收利息　　　　　　　　　　　　　　　　　　　　　　　　59

（3）20×1 年 12 月 31 日，确认实际利息收入、收到票面利息时，会计分录为：

借：应收利息　　　　　　　　　　　　　　　　　　　　　　　　59

　　持有至到期投资——利息调整　　　　　　　　　　　　　　　　45

　　贷：投资收益　　　　　　　　　　　　　　　　　　　　　　　104

收到票面利息时，会计分录为：

借：结算备付金——××清算代理机构——自有　　　　　　　　　　59

　　贷：应收利息　　　　　　　　　　　　　　　　　　　　　　　　59

（4）20×2 年 12 月 31 日，确认实际利息收入、收到票面利息时，会计分录为：

借：应收利息　　　　　　　　　　　　　　　　　　　　　　　　59

　　持有至到期投资——利息调整　　　　　　　　　　　　　　　　50

　　贷：投资收益　　　　　　　　　　　　　　　　　　　　　　　109

收到票面利息时，会计分录为：

借：结算备付金——××清算代理机构——自有　　　　　　59

　　贷：应收利息　　　　　　　　　　　　　　　　　　　　　59

（5）20×3 年 12 月 31 日，确认实际利息收入、收到票面利息时，会计分录为：

借：应收利息　　　　　　　　　　　　　　　　　　　　59

　　持有至到期投资——利息调整　　　　　　　　　　　55

　　贷：投资收益　　　　　　　　　　　　　　　　　　　　　114

收到票面利息时，会计分录为：

借：结算备付金——××清算代理机构——自有　　　　　　59

　　贷：应收利息　　　　　　　　　　　　　　　　　　　　　59

（6）20×4 年 12 月 31 日，确认实际利息收入、收到票面利息和本金时，会计分录为：

借：应收利息　　　　　　　　　　　　　　　　　　　　59

　　持有至到期投资——利息调整　　　　　　　　　　　59

　　贷：投资收益　　　　　　　　　　　　　　　　　　　　　118

收到票面利息时，会计分录为：

借：结算备付金——××清算代理机构——自有　　　　　　59

　　贷：应收利息　　　　　　　　　　　　　　　　　　　　　59

收到本金时，会计分录为：

借：结算备付金——××清算代理机构——自有　　　　1 250

　　贷：持有至到期投资——成本　　　　　　　　　　　　　1 250

（三）可供出售金融资产的核算

可供出售金融资产包括两类：一类是初始确认时即被指定为可供出售金融资产的非衍生金融资产，通常是指证券公司获得的在活跃市场上有公开报价的股票投资、债券投资等，因获取投资的意图不十分明确，而被直接指定为可供出售金融资产；另一类是证券公司全部金融资产中未划分为贷款和应收款项、持有至到期投资、以公允价值计量且其变动计入当期损益的金融资产的非衍生金融资产。

可供出售金融资产具有两个明显特征：一是在活跃市场上有公开报价、公允价值能够持续可靠获得和计量；二是持有意图不十分明确。

对于在活跃市场上有报价的金融资产，既可能划分为以公允价值计量且其变动计入当期损益的金融资产，也可能划分为可供出售金融资产。如果该金融资产属于有固定到期日、回收金额固定或可确定的金融资产，则还可能划分为持有至到期投资。某项金融资产具体应分为哪一类，主要取决于公司管理层的风险管理、投资决策等因素。金融资产的分类应是管理层意图的如实表述。

证券公司持有的集合理财产品以及对上市公司不具有控制、共同控制或重大影响的限售股权应当划分为可供出售金融资产；证券公司直接投资业务形成的投资，在被投资公司股票上市前，应当作为长期股权投资，在被投资公司股票上市后，如对被投资公司不具有控制、共同控制或重大影响，应当于被投资公司股票上市之日将该项投资转作可供出售金融资产。

1. 会计科目设置

证券公司应设置"可供出售金融资产""资产减值损失"等科目进行核算。"可供出售金融资产"属于资产类科目，核算证券公司持有的可供出售金融资产的公允价值，包括划分为可供出售的股票投资、债券投资等金融资产。该科目按可供出售金融资产的类别和品种，分别以"成本""利息调整""应计利息""公允价值变动"等进行明细核算。期末余额在借方，反映证券公司可供出售金融资产的公允价值。

2. 账务处理

（1）证券公司取得可供出售金融资产，初始确认时，按公允价值计量，发生的相关交易费用计入初始确认金额；实际支付的价款中包含的已到付息期但尚未领取的债券利息或已宣告但尚未发放的现金股利，单独确认为应收利息或应收股利；按实际支付的金额减少结算备付金。

①证券公司取得的可供出售金融资产为股票投资时，会计分录为：

借：可供出售金融资产——成本　　　　　　（公允价值与交易费用之和）
　　　应收股利　　　　　　　　　　（已宣告但尚未发放的现金股利）
　　贷：结算备付金——××清算代理机构——自有　　　（实际支付的金额）

②证券公司取得的可供出售金融资产为债券投资时，会计分录为：

借：可供出售金融资产——成本　　　　　　　　　　　　　　（面值）
　　　应收利息　　　　　　　　　　（已到付息期但尚未领取的利息）
借或贷：可供出售金融资产——利息调整　　　　　　　　（借贷方差额）
　　贷：结算备付金——××清算代理机构——自有　　　（实际支付的金额）

③收到上述支付价款中包含的已宣告发放的现金股利或债券利息时，会计分录为：

借：结算备付金——××清算代理机构——自有
　　贷：应收股利（或应收利息）

（2）在持有期间，证券公司对取得的可供出售债券投资，应于资产负债表日采用实际利率法计算利息，计入投资收益；对取得的可供出售权益工具投资，在被投资单位宣告发放现金股利时，按其应享有的份额，计入投资收益。

①可供出售债券为分期付息、一次还本债券投资的，会计分录为：

借：应收利息　　　　　　　　（按票面利率计算的应收未收利息）
借或贷：可供出售金融资产——利息调整　　　　　　（借贷方差额）
　　贷：投资收益　　　　　　（按摊余成本和实际利率计算的利息收入）

收到债券利息时，会计分录为：

借：结算备付金——××清算代理机构——自有
　　贷：应收利息

②可供出售债券为一次还本付息债券投资的，会计分录为：

借：可供出售金融资产——应计利息　（按票面利率计算的应收未收利息）
借或贷：可供出售金融资产——利息调整　　　　　　（借贷方差额）
　　贷：投资收益　　　　　　（按摊余成本和实际利率计算的利息收入）

③可供出售权益工具在被投资单位宣告发放现金股利时，会计分录为：

借：应收股利　　　　　　（被投资单位宣告发放的现金股利×持股比例）

贷：投资收益

（3）资产负债表日，应将可供出售金融资产公允价值变动形成的利得或损失，计入资本公积。

可供出售金融资产的公允价值高于其账面余额的，按其差额编制会计分录为：

借：可供出售金融资产——公允价值变动

贷：资本公积——其他资本公积

公允价值低于其账面余额的差额，编制相反的会计分录。

（4）可供出售金融资产的公允价值若发生较大幅度的非暂时性下降（下降幅度达到或超过 20%，公允价值持续低于成本达到或超过 6 个月），则可认定该可供出售金融资产已发生减值，应当确认减值损失。会计分录为：

借：资产减值损失　　　　　　　　　　　　　　　　（应减记的金额）

　　贷：资本公积——其他资本公积　　　　（原计入资本公积的累计损失金额）

　　　　可供出售金融资产——公允价值变动　　　　　　（借贷方差额）

已确认减值损失的可供出售金融资产，在随后的会计期间，原确认减值损失的事项好转，使已确认减值损失的可供出售金融资产的公允价值又上升时，应作资产价值恢复处理。

①可供出售权益工具价值恢复的处理。已确认减值损失的可供出售权益工具的价值回升时，只能通过权益（资本公积）转回。会计分录为：

借：可供出售金融资产——公允价值变动

　　贷：资本公积——其他资本公积

②可供出售债券价值恢复的处理。已确认减值损失的可供出售债券投资的价值回升时，应通过损益账户在已确认的减值数额内转回。如果公允价值上升额超过了原确认的资产减值损失金额，超出部分应作为资本公积处理。会计分录为：

借：可供出售金融资产——公允价值变动

　　贷：资产减值损失　　　　　　　　　　　　　　（原确认的减值损失）

　　　　资本公积——其他资本公积

（5）出售可供出售金融资产时，应将所取得的价款与可供出售金融资产账面价值的差额，计入投资收益；同时，将原计入资本公积的公允价值变动累计额转出，计入投资收益。会计分录为：

借：结算备付金——××清算代理机构——自有　　　（实际收到的金额）

　　贷：可供出售金融资产（成本、公允价值变动、利息调整、应计利息等账面余额）

贷或借：投资收益　　　　　　　　　　　　　　　　　（借贷方差额）

同时，

借或贷：资本公积——其他资本公积

　　贷：投资收益　　　　　　　　（原计入资本公积的公允价值变动累计额）

【例 11-7】20×0 年 7 月 13 日，A 证券公司从二级市场购入股票 1 000 000 股，每股市价 15 元，手续费为 30 000 元。初始确认时，该股票划分为可供出售金融资产。A 证券公司至 20×0 年 12 月 31 日仍持有该股票，该股票当时的市价为每股 16 元。20×1 年 2 月 1 日，A 证券公司将该股票售出，售价为每股 13 元，另支付交易费用 30 000

元。假设不考虑其他因素。以上证券业务 A 证券公司的账务处理如下：

（1）20×0 年 7 月 13 日，购入股票时，会计分录为：

借：可供出售金融资产——成本　　　　　　　　　　　　　　15 030 000
　　贷：结算备付金——××清算代理机构——自有　　　　　　　　15 030 000

（2）20×0 年 12 月 31 日，确认股票价格变动时，会计分录为：

借：可供出售金融资产——公允价值变动　　　　　　　　　　970 000
　　贷：资本公积——其他资本公积　　　　　　　　　　　　　　970 000

（3）20×1 年 2 月 1 日，出售股票时，会计分录为：

借：结算备付金——××清算代理机构——自有　　　　　　　12 970 000
　　投资收益　　　　　　　　　　　　　　　　　　　　　　3 030 000
　　贷：可供出售金融资产——成本　　　　　　　　　　　　　　15 030 000
　　　　可供出售金融资产——公允价值变动　　　　　　　　　　970 000

借：资本公积——其他资本公积　　　　　　　　　　　　　　970 000
　　贷：投资收益　　　　　　　　　　　　　　　　　　　　　　970 000

【例 11-8】20×0 年 1 月 1 日，A 证券公司支付价款 1 028.24 元购入某公司发行的 3 年期公司债券，该公司债券的票面总金额为 1 000 元，票面利率 4%，利息每年年末支付，本金到期支付。A 证券公司将该债券划分为可供出售金融资产。20×0 年 12 月 31 日，该债券的市场价格为 1 000.09 元。假设不考虑其他因素，可供出售金融资产初始确认金额为 1 028.24 元，设该债券的实际利率为 IRR。

$$1\ 028.24 = 1\ 000 \times 4\%(P/A, IRR, 3) + 1\ 000 \times (P/F, IRR, 3)$$

用 3% 进行测试，则：

$$1\ 000 \times 4\%(P/A, 3\%, 3) + 1\ 000 \times (P/F, 3\%, 3) = 40 \times 2.828\ 6 + 1\ 000 \times 0.915\ 1$$
$$= 1\ 028.24\ (元)$$

由此可得，IRR = 3%。

以上证券业务的账务处理如下：

（1）20×0 年 1 月 1 日，购入债券时，会计分录为：

借：可供出售金融资产——成本　　　　　　　　　　　　　　1 000
　　可供出售金融资产——利息调整　　　　　　　　　　　　28.24
　　贷：结算备付金——××清算代理机构——自有　　　　　　　1 028.24

（2）20×0 年 12 月 31 日，收到债券利息时，会计分录为：

实际利息 = 1 028.24 × 3% = 30.85（元）

年末摊余成本 = 1 028.24 + 30.85 - 40 = 1 019.09（元）

借：应收利息　　　　　　　　　　　　　　　　　　　　　　40
　　贷：投资收益　　　　　　　　　　　　　　　　　　　　　　30.85
　　　　可供出售金融资产——利息调整　　　　　　　　　　　　9.15

借：结算备付金——××清算代理机构——自有　　　　　　　40
　　贷：应收利息　　　　　　　　　　　　　　　　　　　　　　40

（3）20×0 年 12 月 31 日，确认公允价值变动时，会计分录为：

借：资本公积——其他资本公积　　　　　　　　　　　　　　19

　　贷：可供出售金融资产——公允价值变动　　　　　　　　　　　　　　　　19

　　20×0 年 12 月 31 日，该债券的市场价格为 1 000.09 元，账面价值为 1 019.09 元，公允价值下降了 19 元。

　　【例 11-9】20×0 年 1 月 1 日，A 证券公司按面值从债券二级市场购入 B 公司发行的债券 10 000 张，每张面值 100 元，票面利率为 3%，划分为可供出售金融资产。

　　其他有关资料如下：

　　（1）20×0 年 12 月 31 日，该债券的市场价格为每张 100 元。

　　（2）20×1 年，B 公司因投资决策失误，发生严重财务困难，但仍可支付该债券当年的票面利息。20×1 年 12 月 31 日，该债券的公允价值下降为每张 80 元。A 证券公司预计，如 B 公司不采取措施，该债券的公允价值预计会持续下跌。

　　（3）20×2 年，B 公司调整产品结构并整合其他资源，使得上年发生的财务困难大为好转。20×2 年 12 月 31 日，该债券的公允价值已上升至每张 95 元。

　　假定 A 证券公司初始确认该债券时计算确定的债券实际利率为 3%，且不考虑其他因素，以上证券业务账务处理如下：

　　（1）20×0 年 1 月 1 日，购入债券时，会计分录为：

　　借：可供出售金融资产——成本　　　　　　　　　　　　　　1 000 000

　　　　贷：结算备付金——××清算代理机构——自有　　　　　　　　　1 000 000

　　（2）20×0 年 12 月 31 日，确认利息、公允价值变动时，会计分录为：

　　借：应收利息　　　　　　　　　　　　　　　　　　　　　　30 000

　　　　贷：投资收益　　　　　　　　　　　　　　　　　　　　　　30 000

　　收到利息时，会计分录为：

　　借：结算备付金——××清算代理机构——自有　　　　　　　30 000

　　　　贷：应收利息　　　　　　　　　　　　　　　　　　　　　　30 000

　　债券的公允价值变动为零，故不进行账务处理。

　　（3）20×1 年 12 月 31 日，确认利息收入及减值损失时，会计分录为：

　　借：应收利息　　　　　　　　　　　　　　　　　　　　　　30 000

　　　　贷：投资收益　　　　　　　　　　　　　　　　　　　　　　30 000

　　收到利息时，会计分录为：

　　借：结算备付金——××清算代理机构——自有　　　　　　　30 000

　　　　贷：应收利息　　　　　　　　　　　　　　　　　　　　　　30 000

　　由于该债券的公允价值预计会持续下跌，应确认减值损失，会计分录为：

　　借：资产减值损失　　　　　　　　　　　　　　　　　　　　200 000

　　　　贷：可供出售金融资产——公允价值变动　　　　　　　　　　200 000

　　（4）20×2 年 12 月 31 日，确认利息收入及减值损失转回时，会计分录为：

　　应确认的利息收入=（期初摊余成本-发生的减值损失）×3%

　　　　　　　　　　=（1 000 000-200 000）×3%

　　　　　　　　　　=24 000（元）

　　借：应收利息　　　　　　　　　　　　　　　　　　　　　　30 000

　　　　贷：投资收益　　　　　　　　　　　　　　　　　　　　　　24 000

可供出售金融资产——利息调整	6 000

收到利息时，会计分录为：

借：结算备付金——××清算代理机构——自有　　　　　　　　30 000

　　贷：应收利息　　　　　　　　　　　　　　　　　　　　　　　30 000

减值损失转回前，该债券的摊余成本=1 000 000-200 000-6 000=794 000（元）

20×2 年 12 月 31 日，该债券的公允价值=950 000（元）

应转回的金额=950 000-794 000=156 000（元）

借：可供出售金融资产——公允价值变动　　　　　　　　　　156 000

　　贷：资产减值损失　　　　　　　　　　　　　　　　　　　　156 000

三、自营认购新股核算

证券公司办理申购手续，与证券交易所清算时，按实际支付的金额，编制如下会计分录：

借：其他货币资金——认购新股占用款

　　贷：结算备付金——××清算代理机构——自有

证券公司认购新股中签，编制如下会计分录：

借：交易性金融资产（或有关科目）

　　贷：其他货币资金——认购新股占用款

证券公司收到退回的未中签资金，编制如下会计分录：

借：结算备付金——××清算代理机构——自有

　　贷：其他货币资金——认购新股占用款

【例 11-10】3 月 16 日，A 证券公司通过网上自营认购新股 200 万股，新股发行价为 6.5 元，中签 4 万股。A 证券公司将中签的新股划分为交易性金融资产。

以上证券业务 A 证券公司账务处理如下：

（1）申购新股时，会计分录为：

借：其他货币资金——认购新股占用款　　　　　　　　　13 000 000

　　贷：结算备付金——××清算代理机构——自有　　　　　　13 000 000

（2）认购新股中签时，会计分录为：

借：交易性金融资产　　　　　　　　　　　　　　　　　　260 000

　　贷：其他货币资金——认购新股占用款　　　　　　　　　　260 000

（3）收到退回的未中签资金时，会计分录为：

借：结算备付金——××清算代理机构——自有　　　　　12 740 000

　　贷：其他货币资金——认购新股占用款　　　　　　　　12 740 000

四、自营证券卖出成本核算

出售自营证券需要结转成本，由于证券买卖频繁，采用实际成本结转时，应按一定方法计算确定售出证券的实际成本。证券公司可选择采用的计价方法有先进先出法、加权平均法和个别计价法。计价方法一经选定，不得随意变更。

【例 11-11】20×2 年 8 月，A 证券公司将自营买入的 K 股票作为交易性金融资产进行核算和管理。20×2 年 11 月，该股票期初结存数量为 25 万股，其成本户期初借方余额为 2 000 000 元，公允价值变动户期初借方余额为 100 000 元。20×2 年 11 月 10 日，A 证券公司又自营买入 K 股票 10 万股，实际支付价款 650 000 元；20×2 年 11 月 17 日，A 证券公司又自营买入 15 万股，实际支付价款 870 000 元；20×2 年 11 月 25 日，A 证券公司自营卖出 K 股票 30 万股，获得价款 2 250 000 元。A 证券公司采用加权平均法计算结转卖出证券的实际成本，假设不考虑其他因素。

20×2 年 11 月 25 日 K 股票的加权平均成本 =（2 000 000 + 650 000 + 870 000）÷（250 000 + 100 000 + 150 000）= 7.04（元/股）

20×2 年 11 月 25 日 A 证券公司自营卖出 K 股票应结转的成本 = 300 000×7.04

$$= 2\ 112\ 000（元）$$

20X2 年 11 月 25 日 A 证券公司自营卖出 K 股票应结转的公允价值变动 = 100 000×300 000÷（250 000 + 100 000 + 150 000）= 60 000（元）

20×2 年 11 月 25 日，A 证券公司自营卖出 K 股票时，会计分录为：

```
借：结算备付金——××清算代理机构——自有          2 250 000
    贷：交易性金融资产——成本                        2 112 000
        交易性金融资产——公允价值变动                   60 000
        投资收益                                     78 000
借：公允价值变动损益                        60 000
    贷：投资收益                                      60 000
```

第四节　证券承销业务核算

证券承销业务是指证券公司在一级市场接受发行单位的委托，代为办理发售各类证券的业务，如代国家发售国库券、国家重点建设债券，代企业发行集资债券、股票和基金等。证券公司办理承销业务，可采取全额承购包销、余额承购包销和代销三种方式。在代销、包销期内，证券公司对所代销、包销的证券应保证先行出售给认购人，而不得为本公司预留所代销的证券和预先购入并留存所包销的证券。

一、清算备付金专户的开立

证券公司承销证券应该通过清算代理机构进行资金清算，因此证券公司应在指定清算代理机构（中国证券登记结算公司）开立用于证券承销资金清算与交割的清算备付金专用存款账户。有关清算备付金专户开立的核算前已述及，不再赘述。

二、会计科目的设置

证券公司承销证券需设置"交易性金融资产""可供出售金融资产""代理承销证券款"等科目进行核算。"代理承销证券款"科目属于负债类科目，核算证券公司接受委托，采用承购包销方式或代销方式承销证券所形成的、应付证券发行人的承销资金。该科目可按委托单位和证券种类进行明细核算。期末余额在贷方，反映证券公司承销证券应付未付给委托单位的款项。

证券公司接受委托采用全额承购包销、余额承购包销方式承销的证券，应在收到证券时将其进行分类。划分为以公允价值计量且其变动计入当期损益的金融资产的，应在"交易性金融资产"科目核算；划分为可供出售金融资产的，应在"可供出售金融资产"科目核算。

三、全额承购包销的核算

全额承购包销是指证券公司与发行单位签订合同，由证券公司按合同确定的价格将证券从发行单位购进，并向发行单位支付全部款项，然后按一定价格在证券一级市场发售给投资者的方式。

在这种方式下，证券公司向发行单位承购证券的价格由双方在合同中确定，发售价格由证券公司确定，与发行单位无关，证券公司主要是从中赚取证券买卖的差价。承销期结束后，如有未售出的证券，应按自营证券进行核算与管理。

证券公司以全额承购包销方式承销证券的，应在按承购价格购入待发售证券时，确认为一项金融资产。证券公司按承购价认购证券，向发行单位支付全部价款时，会计分录为：

借：交易性金融资产或可供出售金融资产
　　贷：银行存款

证券公司将证券发售给投资者时，按发行价进行价款结算；同时，按承购价结转售出证券的实际成本，差额确认为投资收益。会计分录为：

借：银行存款或结算备付金——××清算代理机构——自有
　　贷：交易性金融资产或可供出售金融资产
　　　　投资收益

承销期结束后，将未售出的证券按自营证券进行管理，并按自营证券的有关规定进行核算。

【例11-12】A证券公司与L公司签订合同，采用全额承购包销方式代为发行股票1 800万股，每股面值1元。合同规定承购价为每股2.5元，承购价款于收到股票时一次付清。A证券公司通过深圳证券交易所发行股票，自定发售价为每股3.2元，发行期内共售出股票1 500万股。A证券公司收到股票时，将其划分为以公允价值计量且其变动计入当期损益的金融资产，假设不考虑其他因素。

A证券公司的账务处理如下：

（1）A证券公司按承销价购入代发售的股票，并支付全部价款时，会计分录为：

借：交易性金融资产　　　　　　　　　　　　　　　45 000 000
　　贷：银行存款　　　　　　　　　　　　　　　　　　45 000 000

（2）A证券公司将股票发售给投资者，按发售价进行价款结算时，会计分录为：

借：结算备付金——证券登记结算公司深圳分公司——自有　48 000 000
　　贷：交易性金融资产　　　　　　　　　　　　　　37 500 000
　　　　投资收益　　　　　　　　　　　　　　　　　10 500 000

A证券公司对未售出的300万股股票按自营证券进行管理和核算。

四、余额承购包销的核算

余额承购包销是指证券公司与发行单位签订合同，由证券公司代理发行证券，在发行期内未售出的证券由证券公司按合同确定的价格认购，并按约定时间向发行单位支付全部款项的方式。

（一）承销记名证券的核算

证券公司通过证券交易所上网发行的，在证券上网发行日，根据承销合同确认的证券发行总额，按承销价款，在备查簿中记录承销证券的情况。

证券公司与证券交易所交割清算时，按实际收到的金额，编制如下会计分录：

借：结算备付金——××清算代理机构——自有
　贷：代理承销证券款——××委托单位

承销期结束，如有未售出的证券，应由证券公司认购，会计分录为：

借：交易性金融资产或可供出售金融资产　　　　　　（承销价款）
　贷：代理承销证券款——××委托单位

承销期结束，将承销证券款项交付委托单位并收取承销手续费时，会计分录为：

借：代理承销证券款——××委托单位　　　　　　　（承销价款）
　贷：手续费及佣金收入——代承销证券手续费收入（应收取的承销手续费）
　　　银行存款　　　　　　　　　　　（实际支付给委托单位的金额）

同时，冲销备查簿中登记的承销证券。

（二）承销无记名证券的核算

证券公司收到委托单位委托发行的证券时，在备查簿中记录承销证券的情况。

证券公司在承销期内按承销价格发售证券，并按实际收到的金额，编制如下会计分录：

借：银行存款或库存现金
　贷：代理承销证券款——××委托单位

承销期结束，如有未售出的证券，应由证券公司认购，会计分录为：

借：交易性金融资产或可供出售金融资产　　　　　（承销价款）
　贷：代理承销证券款——××委托单位

承销期结束，将承销证券款项交付委托单位并收取承销手续费时，会计分录为：

借：代理承销证券款——××委托单位　　　　　　　（承销价款）
　贷：手续费及佣金收入——代承销证券手续费收入（应收取的承销手续费）
　　　银行存款　　　　　　　　　　　（实际支付给委托单位的金额）

同时，冲销备查簿中登记的承销证券。

【例11-13】A证券公司与B公司签订合同，采用余额承购包销方式代为发行股票1 000万股，每股面值1元。A证券公司通过深圳证券交易所上网发行股票，发行价定为每股2.8元，发行期内共售出股票800万股，共发生费用3万元，代发行手续费为2‰。承销期结束，A证券公司按发行价认购未售出的200万股股票，并将其划分为以公允价值计量且其变动计入当期损益的金融资产。

A证券公司的账务处理如下：

（1）A 证券公司在股票上网发行日，根据承销合同确认的股票发行总额，按承销价款，在备查簿中记录承销股票的情况。

（2）A 证券公司与证券交易所交割清算时，按实际收到的金额，编制如下会计分录：

借：结算备付金——证券登记结算公司深圳分公司——自有　　22 370 000
　　贷：代理承销证券款——B 公司　　　　　　　　　　　　　　　22 370 000

（3）承销期结束，A 证券公司认购未售出的 200 万股股票时，会计分录为：

借：交易性金融资产　　　　　　　　　　　　　　　　　　5 600 000
　　贷：代理承销证券款——B 公司　　　　　　　　　　　　　　　5 600 000

（4）承销期结束，A 证券公司将承销股票款项交付 B 公司并收取承销手续费时，会计分录为：

借：代理承销证券款——B 公司　　　　　　　　　　　　27 970 000
　　贷：手续费及佣金收入——代承销证券手续费收入　　　　　　　　55 940
　　　　银行存款　　　　　　　　　　　　　　　　　　　　　27 914 060

同时，冲销备查簿中登记的承销股票。

五、代销的核算

代销是指证券公司与发行单位签订合同，由证券公司代理发行证券，在发行期内未售出的证券由证券公司退还给发行单位的方式。证券公司以代销方式经办承销业务的，应在收到代发行人发售的证券时，按委托方约定的发行价格同时确认一项资产和一项负债。代发行证券的手续费收入，应于发行期结束后，与发行人结算发行价款时确认收入。采用代销方式代理发行证券（记名证券）的具体账务处理如下：

通过证券交易所上网发行的，在证券上网发行日根据承销合同确认的证券发行总额，按承销价款，在备查登记簿中记录承销证券的情况。

网上发行结束后，与证券交易所交割清算，按网上发行数量和发行价格计算的发行款项减去上网费用，会计分录为：

借：结算备付金——××清算代理机构——自有
　　应收款项——应收代垫委托单位上网费
　　贷：代理发行证券款

将发行证券交给委托单位，并收取发行手续费和代垫上网费用，会计分录为：

借：代理发行证券款
　　贷：应收款项——应收代垫委托单位上网费
　　　　手续费及佣金收入——代发行证券手续费收入

发行期结束，将未售出的代发行证券退还委托单位，销记备查登记簿。

【例 11-14】A 证券公司代客户发行企业债券 100 万元，发行期结束时全部售出，按合同规定收取手续费 2 万元，将所筹集资金交给客户。

A 证券公司收到客户交来的代发行证券时，登记备查登记簿。

发行期销售的会计分录为：

借：银行存款（或库存现金）　　　　　　　　　　　　　1 000 000

　　贷：代理发行证券款　　　　　　　　　　　　　　　　　　　　1 000 000

　　发行期结束后，从代发行证券款中扣取手续费 2 万元，将所筹集资金交给客户，会计分录为：

　　借：代理发行证券款　　　　　　　　　　　　　　　　　　　　1 000 000

　　　　贷：银行存款　　　　　　　　　　　　　　　　　　　　　　980 000

　　　　　　手续费及佣金收入——代发行证券手续费收入　　　　　　20 000

练习题

　　1. 证券公司的主要业务有哪些？

　　2. 证券公司在其经纪业务的核算中要确认哪些资产和负债，为什么？

　　3. 证券公司的自营业务，如果通过证券交易所网上交易，需要使用哪个资产类科目？

　　4. 证券公司代理兑付记名与不记名证券时，会计处理有何区别？

　　5. 证券公司的承销业务分为哪三种形式？这三种形式在收入核算方式有何不同？在资产和负债的确认方面有何不同？

第十二章

期货公司业务核算

期货公司主要从事国内商品期货的经纪业务，但从 2010 年 4 月 16 日开始，股指期货在中国金融期货交易所（中金所）正式上市交易，期货公司的金融股指期货的经纪业务迎来爆发式的增长。本章主要介绍期货公司业务的概念、流程，期货公司的相关会计制度；期货公司经纪业务的会计核算，包括与期货交易有关的业务、对客户业务的核算；商品期货的核算与管理以及金融期货等其他业务的核算。

第一节　期货公司业务概述

一、期货公司的概念

期货公司是指依法设立的，接受客户委托，按照客户的指令，以自己的名义为客户进行期货交易并收取交易手续费的企业法人或由企业法人设立的分支机构。根据国务院有关规定，我国对期货公司实行许可证制度，凡从事期货代理的机构必须经中国证监会严格审核并领取"期货经纪业务许可证"。申请设立期货公司，应该符合《中华人民共和国公司法》的规定。

期货公司是交易者与期货交易所之间的桥梁。期货公司的主要职能是：接受客户的委托，按照客户下达的指令代客户买卖期货合约，办理各种交易手续，按客户的要求提供期货服务；向客户收取保证金，向期货交易所保证客户的履约责任，并随时向客户报告合约的交易情况和保证金的变化情况；为客户提供市场行情，充当客户的交易顾问，为客户提供咨询服务或培训等；代理客户进行实物交割。

二、期货公司的结算制度

期货交易主要分为两个部分：一部分是期货公司与客户间的委托买卖关系，期货公司接受客户的买卖指令，然后将指令传送到期货交易所的交易场内，由其场内出市代表利用交易所提供的设施和服务进行交易。相应地，期货公司与客户之间发生一系列有关保证金、佣金和手续费的收取及支付业务。另一部分是期货交易所和期货公司之间发生的与期货交易有关的保证金和手续费的收取和支付业务。

（一）与期货相关的会计制度

1. 保证金制度

保证金是确保买卖双方履行期货合约的一种财力担保，期货交易所会计和期货公司会计都有内容相同的保证金制度，但它们却有着不同的性质，在会计核算上有着重要的对于期货的区别。对期货公司来说，保证金分为以下几种：

（1）基础保证金。期货公司要预先向期货交易所缴纳一笔巨额的基础保证金，在一般情况下，这笔保证金不得用做交易保证金或结算款项。在期货公司退出期货交易所时，这笔保证金也随之归还。

（2）交易保证金。作为期货交易的代理者，期货公司要向期货交易所缴纳持仓合约占用的保证金。这主要包括：第一，初始保证金。在新开仓时，期货公司要将一笔款项存入期货交易所，用以担保初始买卖的期货合约，其数额由期货交易所规定。第二，维持保证金。这是期货交易所规定交易者必须维持的最低保证金水平。一旦持仓合约价格变化，导致存入结算账户的资金余额低于维持保证金水平，期货公司必须补交保证金以达到期货交易所的初始保证金水平。第三，追加保证金。期货公司补交的保证金就是追加保证金。

2. 每日结算无负债制度

在每日收市时，期货交易所对每位会员进行交易结算，计算出各结算会员当日的盈亏。若期货公司代理的业务发生亏损，必须补交差额资金；反之，若为盈余，则期货交易所会将超过规定保证金水平的款项在第二日自动支付给各期货公司。

3. 违约处理制度

若期货公司破产或不能履约，期货交易所将根据违约处理制度来限制风险，保证履约。一般来说，期货公司会用交易保证金和结算准备金抵债，若仍不能完全弥补，则用期货公司的基本保证金补足差额。

（二）与客户相关的会计制度

1. 账户分立制度

期货公司必须为客户的保证金单独开设一个客户专用基金账户，然后再为每一个客户分别开立分账户。客户专用基金账户与期货公司自有资金分开，各客户的资金也不能相互挪用。

2. 保证金制度

期货公司要求客户为每一笔交易缴纳保证金，以保证合约履行。保证金的水平由期货公司自行决定，一般会比期货公司交给期货交易所的保证金比例略低。客户交给期货公司的交易保证金与期货公司交给期货交易所的保证金相对应，可分为三种，即初始保证金、维持保证金、追加保证金。

3. 每日结算制度

期货公司对客户的未平仓合约及财务状况应进行逐日盯市，每日计算。对于发生亏损且保证金数额低于维持保证金水平的客户，期货公司要在下一个交易日开市前，书面通知客户结算状况，限期缴纳追加保证金。

4. 强制平仓制度

客户持仓合约所需的交易保证金不足，而其又未能按照期货公司的通知及时追加相应保证金，且市场行情仍朝持仓不利的方向发展时，期货公司为避免损失扩大有权强行平掉客户部分或者全部仓位，将所得资金填补保证金缺口。

5. 手续费制度

客户在买卖期货时都必须缴纳一笔手续费，其金额由期货交易所规定，有的按成交额的比例收取，有的按合约张数收取。期货公司向客户收取的手续费即是期货公司的主要业务收入来源。

三、期货公司的会计核算内容

期货公司作为期货交易所与客户的桥梁，其主要的会计核算可以分为以下三类：

（一）与期货交易所有关的业务核算

期货公司与期货交易所有关的业务核算具体可以概括为两大类：一类是与会员席位有关的业务核算。期货公司为取得会员资格必须向期货交易所缴纳会员资格费。获得会员资格后，期货公司还需要缴纳年会费，以维持期货交易所的日常开支。当一个席位不能满足期货公司的交易需求时，则期货公司可另外申请席位，此时需缴纳席位占用费，在退回该席位时收回席位占用费。期货公司也可以转让其会员资格，转让时需核算其转让收益。另一类是与日常交易有关的业务核算。这主要包括期货公司将期货保证金存入期货交易所、保证金的划回及提取、客户平仓后代扣的手续费、当不能用货币资金补充保证金时提交质押物进行融资的业务、代客户对未平仓合约进行实物交割、交易盈亏的结转。

（二）与客户有关的业务核算

对客户业务的核算包括吸收客户期货保证金的核算、客户保证金清退的核算、平仓后从保证金中收取代理手续费的核算、对客户不能用货币资金追加保证金时接受保证金质押业务的核算、代理客户进行实物交割业务的核算、客户平仓盈亏的核算。

（三）其他业务核算

其他业务的核算包括期货公司按规定提取风险准备金及其支用的核算、由于各种原因形成错单的核算、对期货公司存在结算差异的核算、客户违约处罚的核算等。

第二节　商品期货业务核算

商品期货是指标的物为实物商品的期货合约。商品期货历史悠久，种类繁多，主要包括农副产品、金属产品、能源产品等几大类。商品期货合约是关于买卖双方在未来某个约定的日期以签约时约定的价格买卖某一数量的实物商品的标准化协议。

一、期货公司商品期货业务会计科目设置

根据中国期货协会 2007 年 6 月发布的《期货公司会计科目设置及核算指引》的要求，期货公司的主要会计科目如表 12-1 所示。

表 12-1　　　　　　　　　　　期货公司主要会计科目表

类别	名称	主要核算内容
资产类	期货保证金存款	核算期货公司收到客户或分级结算制度下全面结算会员收到非结算会员缴存的货币保证金以及期货公司存入期货保证金账户的款项。 本科目可按"银行存款"账户进行明细核算。 本科目期末借方余额，反映期货公司收到客户或分级结算制度下全面结算会员收到非结算会员缴存的货币保证金金额以及存入期货保证金账户的款项。
	应收货币保证金	核算期货公司向期货结算机构（指期货交易所或分级结算制度下的特别结算会员和全面结算会员，下同）划出的货币保证金，以及期货业务盈利形成的货币保证金。 本科目可按期货结算机构进行明细核算。 本科目期末借方余额，反映期货公司从期货结算机构尚未收回的货币保证金金额。
	应收质押保证金	核算期货公司代客户向期货交易所办理有价证券充抵保证金业务形成的可用于期货交易的保证金。 本科目可按期货结算机构进行明细核算。 本科目期末借方余额，反映期货公司尚未收回的有价证券充抵保证金业务形成的可用于期货交易的保证金。
	应收结算担保金	核算分级结算制度下结算会员（包括全面结算会员和交易结算会员，下同）按照规定向期货交易所缴纳的结算担保金。 本科目可按期货交易所进行明细核算。 本科目期末借方余额，反映结算会员尚未从期货交易所收回的结算担保金额。
	应收风险损失款	核算期货公司为客户垫付尚未收回的风险损失款。 本科目可按客户进行明细核算。 本科目期末借方余额，反映期货公司为客户垫付尚未收回的风险损失款。
	应收佣金	核算期货公司应收取的与其经营活动相关的佣金。 本科目可按佣金支付对象进行明细核算。 本科目期末借方余额，反映期货公司应收取的与其经营活动相关的佣金款项。
	期货会员资格投资	核算期货公司为取得会员制期货交易所会员资格以缴纳会员资格费形式对期货交易所的投资。 本科目可按期货交易所进行明细核算。 本科目期末借方余额，反映期货公司对会员制期货交易所的会员资格投资。

表12-1(续)

类别	名称	主要核算内容
负债类	应付货币保证金	核算期货公司收到客户或分级结算制度下全面结算会员收到非结算会员缴存的货币保证金，以及期货业务盈利形成的货币保证金。 本科目可按客户或分级结算制度下非结算会员进行明细核算。 本科目期末贷方余额，反映期货公司尚未支付的货币保证金金额。
	应付质押保证金	核算期货公司代客户向期货交易所办理有价证券充抵保证金业务形成的可用于期货交易的保证金。 本科目可按客户（或分级结算制度下非结算会员）和有价证券类别进行明细核算。 本科目期末贷方余额，反映期货公司代客户向期货交易所办理有价证券充抵保证金业务形成的可用于期货交易的保证金额。
	应付手续费	核算期货公司为期货结算机构代收尚未支付的手续费。 本科目可按期货结算机构进行明细核算。 本科目期末贷方余额，反映期货公司为期货结算机构代收尚未支付的手续费。
	应付佣金	核算期货公司应支付的与其经营活动相关的佣金。 本科目可按佣金支付对象进行明细核算。 本科目期末贷方余额，反映期货公司应付未付的佣金。
	期货风险准备金	核算期货公司按规定以手续费收入的一定比例提取的期货风险准备金。 本科目期末贷方余额，反映期货公司提取的期货风险准备金额。
	应付期货投资者保障基金	核算期货公司按规定提取的期货投资者保障基金。 本科目期末贷方余额，反映期货公司提取的期货投资者保障基金。
所有者权益类	一般风险准备	核算期货公司按规定以本年实现净利润的一定比例提取的一般风险准备。 本科目期末贷方余额，反映期货公司提取的一般风险准备。

表12-1(续)

类别	名称	主要核算内容
损益类	手续费收入	核算期货公司向客户收取的交易手续费、代理结算手续费、交割手续费和有价证券充抵保证金业务手续费收入，以及期货公司收到期货交易所返还、减收的手续费收入。 本科目可按交易手续费、代理结算手续费、交割手续费、有价证券充抵保证金业务手续费、交易所手续费返还、交易所手续费减免等类别进行明细核算。 期末，应将本科目的余额转入"本年利润"科目，结转后本科目无余额。
	佣金收入	核算期货公司确认的佣金收入。 本科目可按佣金收入类别进行明细核算。 期末，应将本科目的余额转入"本年利润"科目，结转后本科目无余额。
	佣金支出	核算期货公司发生的与其经营活动相关的佣金支出。 期末，应将本科目的余额转入"本年利润"科目，结转后本科目无余额。
	提取期货风险准备金	核算期货公司按规定以手续费收入的一定比例提取的期货风险准备金。 期末，应将本科目的余额转入"本年利润"科目，结转后本科目无余额。

二、会计核算

(一)"期货保证金存款"的主要账务处理

(1) 期货公司收到客户或分级结算制度下全面结算会员收到非结算会员缴存的货币保证金时，按缴存的货币保证金金额，借记"期货保证金存款"科目，贷记"应付货币保证金"科目。

(2) 期货公司向客户或分级结算制度下全面结算会员向非结算会员划出货币保证金时，按划出的货币保证金金额，借记"应付货币保证金"科目，贷记"期货保证金存款"科目。

(3) 期货公司向期货保证金账户存入资金时，按存入的资金金额，借记"期货保证金存款"科目，贷记"银行存款"科目。

(4) 期货公司从期货保证金账户划回资金时，按划回的资金金额，借记"银行存款"科目，贷记"期货保证金存款"科目。

(二)"应收货币保证金"的主要账务处理

(1) 期货公司向期货结算机构划出货币保证金时，按划出的货币保证金金额，借记"应收货币保证金"科目，贷记"期货保证金存款"科目。

(2) 期货公司从期货结算机构划回货币保证金时，按划回的货币保证金金额，借记"期货保证金存款"科目，贷记"应收货币保证金"科目。

(3) 期货公司收到期货结算机构划回的货币保证金利息时，按划回的利息金额，借记"应收货币保证金"科目，贷记"利息收入"科目。

(4) 客户或非结算会员期货合约实现盈利时，期货公司按结算单据列明的盈利金额，借记"应收货币保证金"科目，贷记"应付货币保证金"科目。

（5）客户或非结算会员期货合约发生亏损时，期货公司按期货结算机构结算单据列明的亏损金额，借记"应付货币保证金"科目，贷记"应收货币保证金"科目。

（6）期货公司代理买方客户进行期货实物交割的，按支付的交割货款金额（商品期货实物交割的金额含增值税额，下同），借记"应付货币保证金"科目，贷记"应收货币保证金"科目。

（7）期货公司代理卖方客户进行期货实物交割的，按收到的交割货款金额，借记"应收货币保证金"科目，贷记"应付货币保证金"科目。

（8）期货公司向期货结算机构支付代收的手续费时，按划转的手续费金额，借记"应付手续费"科目，贷记"应收货币保证金"科目。

（9）期货公司收到期货结算机构返还的手续费时，按收到返还的手续费金额，借记"应收货币保证金"科目，贷记"手续费收入"科目。

（10）期货公司向期货结算机构交纳杂项费用时，按支付的有关费用金额，借记"业务及管理费"科目，贷记"银行存款""应收货币保证金"等科目。

（三）"应收质押保证金"的主要账务处理

（1）全员结算制度下，期货公司代客户向期货交易所办理有价证券充抵保证金业务的，应当分以下情况进行账务处理：

①客户委托期货公司向期货交易所提交有价证券办理充抵保证金业务时，期货公司按期货交易所核定的充抵保证金金额，借记"应收质押保证金"科目，贷记"应付质押保证金"科目。

②有价证券价值发生增减变化，期货交易所相应调整核定的充抵保证金金额时，期货公司按调整增加数，借记"应收质押保证金"科目，贷记"应付质押保证金"科目；按调整减少数，借记"应付质押保证金"科目，贷记"应收质押保证金"科目。

③期货交易所将有价证券退还给客户时，期货公司按期货交易所核定的充抵保证金金额，借记"应付质押保证金"科目，贷记"应收质押保证金"科目。

④客户到期不能及时追加保证金，期货交易所处置有价证券时，期货公司按期货交易所核定的充抵保证金金额，借记"应付质押保证金"科目，贷记"应收质押保证金"科目。按处置有价证券所得款项金额，借记"应收货币保证金"科目，贷记"应付货币保证金"科目。

（2）分级结算制度下，全面结算会员和交易结算会员代客户直接向期货交易所办理有价证券充抵保证金业务的，会计处理参照前述规定。

非结算会员代客户向期货交易所办理有价证券充抵保证金业务的，应当分以下情况进行账务处理：

①非结算会员代客户通过特别结算会员或全面结算会员向期货交易所申请办理有价证券充抵保证金业务时，非结算会员按期货交易所核定的充抵保证金金额，借记"应收质押保证金"科目（特别结算会员或全面结算会员），贷记"应付质押保证金"科目。

全面结算会员按期货交易所核定的充抵保证金金额，借记"应收质押保证金"科目（期货交易所），贷记"应付质押保证金"科目。

②有价证券价值发生增减变化，期货交易所相应调整核定的充抵保证金金额时，非结算会员按调整增加数，借记"应收质押保证金"科目（特别结算会员或全面结算会员），贷记"应付质押保证金"科目；按调整减少数，借记"应付质押保证金"科目，贷记"应收质押保证金"科目（特别结算会员或全面结算会员）。

③期货交易所将有价证券退还给客户时，非结算会员按期货交易所核定的充抵保证金金额，借记"应付质押保证金"科目，贷记"应收质押保证金"科目（特别结算会员或全面结算会员）。

全面结算会员按期货交易所核定的充抵保证金金额，借记"应付质押保证金（非结算会员）"科目，贷记"应收质押保证金"科目（期货交易所）。

④客户到期不能及时追加保证金，期货交易所处置有价证券时，非结算会员按期货交易所核定的充抵保证金额，借记"应付质押保证金"科目，贷记"应收质押保证金"科目（特别结算会员或全面结算会员）。按处置有价证券所得款项金额，借记"应收货币保证金（特别结算会员或全面结算会员）"科目，贷记"应付货币保证金"科目。

全面结算会员按期货交易所核定的充抵保证金金额，借记"应付质押保证金"科目，贷记"应收质押保证金"科目（期货交易所）。按处置有价证券所得款项金额，借记"应收货币保证金"科目，贷记"应付货币保证金（非结算会员）"科目。

（四）"应收结算担保金"的主要账务处理

（1）结算会员向期货交易所划出结算担保金时，按划出的结算担保金额，借记"应收结算担保金"科目，贷记"银行存款"科目。

结算会员从期货交易所划回结算担保金时，按划回的结算担保金额，借记"银行存款"科目，贷记"应收结算担保金"科目。

结算会员收到期货交易所划回的结算担保金利息时，按期货交易所划回的利息金额，借记"银行存款"科目，贷记"利息收入"科目。

（2）结算会员的结算担保金被期货交易所动用抵御其他违约会员的风险时，结算会员按期货交易所分摊的金额，借记"其他应收款"科目，贷记"应收结算担保金"科目；同时结算会员应按向期货交易所追加的结算担保金额，借记"应收结算担保金"科目，贷记"银行存款"科目。

期货交易所向违约会员追索成功后，结算会员按收回金额中应享有的份额，借记"应收结算担保金"科目，贷记"其他应收款"科目。被动用的结算担保金最终确定无法收回时，结算会员应按确定无法收回的金额，借记"业务及管理费"科目，贷记"其他应收款"科目。

（3）结算会员划回多余的结算担保金，按划回的结算担保金额，借记"银行存款"科目，贷记"应收结算担保金"科目。

（五）"应收风险损失款"的主要账务处理

（1）期货公司代客户向期货结算机构垫付罚款时，按垫付的罚款金额，借记"应收风险损失款"科目，贷记"应收货币保证金"科目。

期货公司从客户货币保证金中划回垫付的罚款支出时，按划回的罚款金额，借记"应付货币保证金"科目，贷记"应收风险损失款"科目。

（2）客户因自身原因造成的风险损失，按客户货币保证金余额，借记"应付货币保证金"科目，按期货公司代为垫付的款项金额，借记"应收风险损失款"科目，贷记"应收货币保证金"科目。

（3）客户期货业务发生穿仓时，期货公司应首先全额冲销客户的保证金，在客户以货币保证金交易的情况下，按冲销的保证金金额，借记"应付货币保证金"科目，贷记"应收货币保证金"科目；在客户以质押保证金交易的情况下，借记"应付质押保证金"科目，贷记"应收质押保证金"科目；按期货公司代为垫付的款项金额，借记"应收风险损失款"科目，贷记"应收货币保证金""银行存款"等科目。

（4）期货公司向客户收回垫付的风险损失款时，按收回垫付的风险损失款金额，借记"银行存款"科目，贷记"应收风险损失款"科目。

期货公司按规定核销难以收回垫付的风险损失款时，按核销的风险损失款金额，借记"期货风险准备金"科目，贷记"应收风险损失款"科目。

（六）"应收佣金"的主要账务处理

（1）期货公司确认佣金收入的当期，按应收取的佣金金额，借记"应收佣金"科目，贷记"佣金收入"科目。

（2）实际收到佣金时，按收到的佣金金额，借记"银行存款"等科目，贷记"应收佣金"科目。

（七）"期货会员资格投资"的主要账务处理

（1）期货公司为取得会员制期货交易所会员资格缴纳会员资格费时，按缴纳的会员资格费金额，借记"期货会员资格投资"科目，贷记"银行存款"科目。

（2）期货公司转让或被取消上述会员资格，按收到的转让款项或期货交易所实际退还的会员资格费金额，借记"银行存款"科目，按期货公司会员资格投资的账面价值，贷记"期货会员资格投资"科目，按其差额，借记或贷记"投资收益"科目。

（八）"应付货币保证金"的主要账务处理

（1）期货公司收到客户或分级结算制度下全面结算会员收到非结算会员划入的货币保证金时，按划入的货币保证金金额，借记"期货保证金存款"科目，贷记"应付货币保证金"科目。

期货公司向客户或分级结算制度下全面结算会员向非结算会员划出货币保证金时，按划出的货币保证金金额，借记"应付货币保证金"科目，贷记"期货保证金存款"科目。

（2）客户期货合约实现盈利时，期货公司按期货结算机构结算单据列明的盈利金额，借记"应收货币保证金"科目，贷记"应付货币保证金"科目。

客户期货合约发生亏损时，期货公司按期货结算机构结算单据列明的亏损金额，借记"应付货币保证金"科目，贷记"应收货币保证金"科目。

（3）期货公司代理买方客户进行期货实物交割的，按支付的交割货款金额（商品期货实物交割金额含增值税额，下同），借记"应付货币保证金"科目，贷记"应收货币保证金"科目。

期货公司代理卖方客户进行期货实物交割的，按收到的交割货款金额，借记"应收货币保证金"科目，贷记"应付货币保证金"科目。

（4）期货公司因错单合约平仓产生的亏损，按结算单据列明的金额，借记"期货风险准备金"科目，贷记"应付货币保证金"科目。

期货公司因错单合约平仓实现的盈利，按结算单据列明的金额，借记"应付货币保证金"科目，贷记"营业外收入"科目。

（5）期货公司向客户或分级结算制度下全面结算会员向非结算会员收取手续费时，按收取的手续费金额，借记"应付货币保证金"科目，按期货结算机构享有的手续费金额，贷记"应付手续费"科目，按自身享有的手续费金额，贷记"手续费收入"科目。

（九）"应付质押保证金"的主要账务处理

（1）全员结算制度下，期货公司代客户向期货交易所办理有价证券充抵保证金业务的，应当分以下情况进行会计处理：

①客户委托期货公司向期货交易所提交有价证券办理充抵保证金业务时，期货公司按期货交易所核定的充抵保证金金额，借记"应收质押保证金"科目，贷记"应付质押保证金"科目。

②有价证券价值发生增减变化，期货交易所相应调整核定的充抵保证金金额时，期货公司按调整增加数，借记"应收质押保证金"科目，贷记"应付质押保证金"科目；按调整减少数，借记"应付质押保证金"科目，贷记"应收质押保证金"科目。

③期货交易所将有价证券退还给客户时，期货公司按期货交易所核定的充抵保证金金额，借记"应付质押保证金"科目，贷记"应收质押保证金"科目。

④客户到期不能及时追加保证金，期货交易所处置有价证券时，期货公司按期货交易所核定的充抵保证金金额，借记"应付质押保证金"科目，贷记"应收质押保证金"科目；按处置有价证券所得款项金额，借记"应收货币保证金"科目，按垫付的款项金额，借记"应收风险损失款"科目，贷记"应付货币保证金"科目。

（2）分级结算制度下，全面结算会员和交易结算会员代客户向期货交易所办理有价证券充抵保证金业务的，账务处理参照前述规定。

非结算会员代客户向期货交易所办理有价证券充抵保证金业务的，应当分以下情况进行处理：

①非结算会员代客户通过特别结算会员或全面结算会员向交易所申请办理有价证券充抵保证金业务时，非结算会员按期货交易所核定的充抵保证金金额，借记"应收质押保证金（特别结算会员或全面结算会员）"科目，贷记"应付质押保证金"科目。

全面结算会员按期货交易所核定的充抵保证金金额，借记"应收质押保证金（期货交易所）"科目，贷记"应付质押保证金"科目。

②有价证券价值发生增减变化，期货交易所相应调整核定的充抵保证金金额时，非结算会员按调整增加数，借记"应收质押保证金（特别结算会员或全面结算会员）"，贷记"应付质押保证金"科目；按调整减少数，借记"应付质押保证金"科目，贷记"应收质押保证金（特别结算会员或全面结算会员）"科目。

③期货交易所将有价证券退还给客户时，非结算会员按期货交易所核定的充抵保证金金额，借记"应付质押保证金"科目，贷记"应收质押保证金（特别结算会员或全面结算会员）"科目。

全面结算会员按期货交易所核定的充抵保证金金额，借记"应付质押保证金"科目（非结算会员），贷记"应收质押保证金（期货交易所）"科目。

④客户到期不能及时追加保证金，期货交易所处置有价证券时，非结算会员按期货交易所核定的充抵保证金金额，借记"应付质押保证金"科目，贷记"应收质押保证金（特别结算会员或全面结算会员）"，按处置有价证券所得款项金额，借记"应付质押保证金"科目（特别结算会员或全面结算会员），贷记"应付货币保证金"科目。

全面结算会员按期货交易所核定的充抵保证金金额，借记"应付质押保证金"科目，贷记"应收质押保证金（期货交易所）"科目，按处置有价证券所得款项金额，借记"应收货币保证金"科目，贷记"应付货币保证金（非结算会员）"科目。

（十）"应付手续费"的主要账务处理

（1）期货公司向客户或分级结算制度下全面结算会员向非结算会员收取手续费时，按收取的手续费金额，借记"应付货币保证金"科目，按期货结算机构享有的手续费金额，贷记"应付手续费"科目，按自身享有的手续费金额，贷记"手续费收入"科目。

（2）期货公司向期货结算机构支付代收的手续费时，按支付的手续费金额，借记"应付手续费"科目，贷记"应收货币保证金"科目。

（十一）"应付佣金"的主要账务处理

（1）期货公司应付佣金时，按应付佣金的金额，借记"佣金支出"科目，贷记"应付佣金"科目。

（2）实际支付佣金时，按支付佣金的金额，借记"应付佣金"科目，贷记"银行存款""库存现金"等科目。

（十二）"期货风险准备金"的主要账务处理

（1）期货公司按规定以手续费收入的一定比例提取期货风险准备金时，按提取的期货风险准备金额，借记"提取期货风险准备金"科目，贷记"期货风险准备金"科目。

（2）期货公司因自身原因造成的损失，按应由当事人负担的金额，借记"其他应收款"科目，按应由期货公司负担的金额，借记"期货风险准备金"科目，按应向期货结算机构或客户划转的金额，贷记"应收货币保证金""应付货币保证金"等科目。

（3）期货公司按规定核销难以收回垫付的风险损失款时，按核销的风险损失款金额，借记"期货风险准备金"科目，贷记"应收风险损失款"科目。

（十三）"应付期货投资者保障基金"的主要账务处理

（1）期货公司按规定提取期货投资者保障基金时，按提取的期货投资者保障基金额，借记"业务及管理费"科目，贷记"应付期货投资者保障基金"科目。

（2）实际缴纳期货投资者保障基金时，借记"应付期货投资者保障基金"科目，贷记"应收货币保证金"科目。

（十四）"一般风险准备"的主要账务处理

（1）期货公司按规定以本年实现净利润的一定比例提取一般风险准备时，按提取的一般风险准备额，借记"利润分配——提取一般风险准备"科目，贷记"一般风险准备"科目。

（2）期货公司发生风险损失，使用一般风险准备弥补的，借记"一般风险准备"科目，贷记"利润分配———一般风险准备补亏"科目。

（十五）"手续费收入"的主要账务处理

（1）期货公司向客户或分级结算制度下全面结算会员向非结算会员收取手续费时，按收取的手续费金额，借记"应付货币保证金"科目，按期货结算机构享有的手续费金额，贷记"应付手续费"科目，按自身享有的手续费金额，贷记"手续费收入"科目。

（2）期货公司收到期货结算机构返还的手续费时，按收到返还的手续费金额，借记"应收货币保证金"科目，贷记"手续费收入"科目。

（3）期货公司收到期货结算机构减收的手续费时，按减收的手续费金额，借记"应付手续费"科目，贷记"手续费收入"科目。

（十六）"佣金收入"的主要账务处理

（1）期货公司确认的佣金收入，借记"应收佣金"，贷记"佣金收入"科目。

（2）实际收到佣金时，借记"银行存款"等科目，贷记"应收佣金"科目。

（十七）"佣金支出"的主要账务处理

期货公司发生的与其经营活动相关的佣金支出，借记"佣金支出"科目，贷记"银行存款""库存现金""应付佣金"等科目。

（十八）"提取期货风险准备金"的主要账务处理

期货公司按规定以手续费收入的一定比例提取期货风险准备金时，按提取的期货风险准备金额，借记"提取期货风险准备金"科目，贷记"期货风险准备金"科目。

第三节　期货经纪业务核算

一、会员资格费的核算

期货公司进行期货代理业务，首先必须要向期货交易所认缴会员资格费以取得会员资格。这是期货公司进入期货交易所交易的资格，也就是取得经纪资格和营业权利的代价，是一笔建设性的投资。当期货公司退出期货交易所时，可以在市场上公开出售这一资格。根据我国会计准则中的有关规定，设置"期货会员资格投资"科目来核算与会员资格有关的业务。期货公司为取得会员制期货交易所会员资格缴纳会员资格费时，按缴纳的会员资格费金额，借记"期货会员资格投资"科目，贷记"银行存款"科目。期货公司转让或被取消上述会员资格，按收到的转让款项或期货交易所实际退还的会员资格费金额，借记"银行存款"科目，按期货公司会员资格投资的账面价值，贷记"期货会员资格投资"科目，按其差额，借记或贷记"投资收益"科目。

【例12-1】W期货公司在成立之初向S交易所交纳会员资格费200万元，用银行存款支付。W期货公司在进行一段时期的期货业务后，决定转让其在S交易所的会员资格。经批准后，W期货公司将其会员资格转让给了H期货公司，双方作价250万元，转让手续已办妥并已收取价款。

在取得会员资格时，W期货公司的会计分录为：

借：期货会员资格投资——S 交易所   2 000 000

 贷：银行存款   2 000 000

在转让会员资格时，W 期货公司的会计分录为：

借：银行存款   2 500 000

 贷：期货会员资格投资——S 交易所   2 000 000

  投资收益   500 000

二、席位占用费的核算

当期货公司在期货交易所取得了会员资格后，就取得了一个基本交易席位。如果期货公司业绩斐然，一个席位根本不能满足交易的需要，期货公司可以申请并缴纳席位占用费后获取更多的席位。对于期货公司支付的席位占用费，通过"业务及管理费——席位使用费"科目核算。当期货公司经营一段时间后，认为占用的交易席位过多，可以向交易所申请退还增加的交易席位费（基本交易席位不能转让，只能退还交易所）。此时，期货交易所应该全额退还原来向会员收取的席位占用费。期货公司取得基本席位以外的交易席位时，借记"业务及管理费——席位使用费"科目，贷记"银行存款"科目。退回席位时编制相反的会计分录。

【例 12-2】W 期货公司在 S 交易所获得基本席位之后，考虑到期经营业务的需要，又购买了几个交易席位，用银行存款支付了 500 000 的席位占用费。

在取得交易席位时，W 期货公司的会计分录为：

借：业务及管理费——席位使用费   500 000

 贷：银行存款   500 000

三、缴纳年会费的核算

期货公司如为期货交易所会员，应当按规定向期货交易所缴纳年会费。年会费每年按占用席位和期货交易所理事会审议通过的标准向会员收取，期货公司缴纳年会费通过"业务及管理费——年会费"科目核算，借记"业务及管理费——年会费"科目，贷记"银行存款"科目。

【例 12-3】W 期货公司按规定每年向 S 交易所缴纳年会费 100 000 元。

在缴纳年会费时，W 期货公司的会计分录为：

借：业务及管理费——年会费   100 000

 贷：银行存款   100 000

四、保证金的核算

期货公司的保证金往来涉及两个方面：一方面是期货公司与期货交易所相关的保证金业务。期货交易所对会员实行严格的保证金制度，要求每位会员必须存入保证金，为期货合约的买卖提供财力保证。期货公司向期货交易所存入的保证金可分为基本保证金和交易保证金。另一方面是期货公司与客户相关的保证金业务。期货公司要求客户缴纳一定的交易保证金作为其履约的财力担保。因此，期货公司收到的客户开户金实际上就是客户最初存入期货公司用于下单买卖合约的保证金。期货公司对客户的开户金额一般规定一个下限，客户根据自己将要进行交易的数量向期货公司存入一定数额的保证金。期货公司必须为每一位客户开设保证金账户，进行明细分类核算。

（一）期货公司与期货交易所的保证金核算

1. 结算准备金及其核算

结算准备金是期货公司在期货交易所存入的，为交易结算预先准备的款项，是尚未被合约占用的保证金。从资金管理角度可分为基础保证金和可用保证金。期货交易所要求会员在进行交易之前将基础保证金一次性存入保证金账户，会员单位在正常交易过程中一般不允许动用该笔保证金。可用保证金是期货公司拥有支配权的保证金，可以随时划回，但需经过交易所结算部门的批准。

期货公司可将结算准备金设一个账户进行管理，在这种情况下，交易所只在基础保证金中确定一个基本金额，在正常的交易中不动用该笔保证金。期货公司向期货保证金账户存入资金时，按存入的金额借记"期货保证金存款"科目，贷记"银行存款"科目。期货公司在向期货交易所划出保证金时，应该借记"应收货币保证金"科目，贷记"期货保证金存款"科目。期货公司从期货交易所划回货币保证金时则编制相反的会计分录。

【例12-4】W期货公司在S交易所交买卖合约前，向S交易所的保证金账户存入1 000 000元的保证金。S交易所要求会员存入的保证金中应保持500 000元不可动用，只有在追加保证金不足时才可动用。

存入保证金时，W期货公司的会计分录为：

借：期货保证金存款　　　　　　　　　　　　　　　　　1 000 000
　　贷：银行存款　　　　　　　　　　　　　　　　　　　　　1 000 000

2. 交易保证金及其核算

交易保证金是被合约占用的保证金，随着交易量及结算价的变动而变动。交易保证金的增加一般是由于期货公司新开仓或持仓合约发生异常变化，交易所要求增加保证金。交易保证金的减少是通过对冲平仓或实物交割了结期货交易，导致合约占用的保证金被退回保证金账户而实现的。交易保证金可分为初始保证金、维持保证金和追加保证金。

客户向期货公司下达开仓指令后，若开仓合约成交，则期货交易所结算部门会根据成交合约市价的一定比例，将准备金账户中的可动用保证金划转到交易保证金中。对于这部分被划转的保证金，期货公司失去了对其的使用权。新开仓的经济业务本身并不涉及期货公司的账务处理，只是交易所内部资金的划转，并不存在期货公司与期货交易所的资金运动，所以期货公司并不需要进行账务处理。

期货公司按客户的指令进行开仓买入或卖出合约后，尚未对冲平仓前的状态称为持仓。在持仓过程中，合约的市价处于不断变化中，形成浮动盈亏。当浮动亏损达到一定的程度，使得可动用的保证金低于结算准备金最低水平时，交易所会发出追加保证金通知，期货公司需追加保证金。追加保证金时，期货公司应借记"应收货币保证金"科目，贷记"银行存款"科目或"期货保证金存款"科目。

【例12-5】W期货公司在S交易所进行期货交易，某日持有的期货合约发生浮动亏损100万元，当日未发保证金存款即开仓和平仓业务，上一交易日的结算准备金余额为 130 万元，交易所要求的最低结算准备金余额为 50 万元。

W 期货公司当日的结算准备金余额为 300 000 元，应追加保证金 200 000 元。W 期货公司的会计分录为：

借：应收货币保证金　　　　　　　　　　　　　　　　　　　　　200 000
　　贷：银行存款（或期货保证金存款）　　　　　　　　　　　　　　200 000

3. 结算准备金存款利息的核算

期货公司存入交易所的结算准备金是尚未被期货合约占用的保证金。对于期货公司而言，这种准本金相当于存放在交易所的一笔存款，因此交易所应支付相应的存款利息。在一般情况下，交易所应按照同期银行活期存款利率向期货公司支付准备金的存款利息。该笔利息通过会员的保证金账户直接划转。期货公司在收到期货交易所划回的货币保证金利息时，按划回的利息金额，应该借记"应收货币保证金"科目，贷记"利息收入"科目。

【例 12-6】W 期货公司在 S 交易所存入的结算准备金余额为 500 000 元，该季度末期货公司收到交易所支付的利息费用为 1 000 元。

收到利息费用时，W 期货公司的会计分录为：

借：应收货币保证金　　　　　　　　　　　　　　　　　　　　　1 000
　　贷：利息收入　　　　　　　　　　　　　　　　　　　　　　　1 000

（二）期货公司与客户的保证金核算

客户向期货公司缴纳的保证金是其履约的财力担保。期货公司收到的客户的开户金额实际上就是客户最初存入期货公司用于下单买卖合约的保证金。期货公司对客户的开户金额一般规定一个下限，客户根据自己要进行的交易数量向期货公司存入一笔保证金。期货公司必须为每一位客户开设保证金账户，进行明细分类核算。期货公司在收到客户保证金时，应借记"期货保证金存款"科目，贷记"应付货币保证金"科目。客户划出保证金时编制相反的会计分录。

【例 12-7】W 期货公司收到 A 客户的开户保证金 500 000 元，将其设专户存入银行。

借：期货保证金存款　　　　　　　　　　　　　　　　　　　　　500 000
　　贷：应付货币保证金　　　　　　　　　　　　　　　　　　　　500 000

期货公司代客户下单后，将成交合约占用的一定比例的金额从客户缴存的保证金账户中划出，形成交易保证金。该笔保证金数额一般较交易所划转的交易保证金略有增加。这只是期货公司内部的划转，不存在期货公司与客户之间的资金运动，因此不需要进行账务处理。

随着交易的进行，期货公司将在每日收盘后，根据客户当日的盈亏情况调整客户的保证金账户，若盈利则增加保证金金额，若亏损则减少保证金金额。期货公司为了规避风险，一般对客户的保证金规定以一个最低余额，当客户的保证金账户余额低于最低水平时，该客户就必须在规定时间内再存入一笔款项，即追加保证金。客户在存入追加保证金时，期货公司应借记"期货保证金存款"科目，贷记"应付货币保证金"科目。

【例 12-8】接【例 12-7】，某日 W 期货公司按 A 客户的资料以 2 000 元/吨的价格开新仓卖出 10 个月到期的期货合约 20 手，每手 10 吨，共计 200 吨，期货合约按 5% 的比例收取保证金，当日的结算价与成交价相同，下一日的结算价为 1 000 元/吨。

开新仓时，合约占用的保证金为 400 000 元，由于当日的结算价与成交价相同，所以当日可用的保证金大于合同占用的保证金，故无需增加保证金，不进行账务处理。

下一日发生浮动亏损 200 000 元，保证金余额为 -100 000 元，期货公司要求客户追加保证金 200 000 元，W 期货公司收到保证金时的会计分录为：

借：期货保证金存款　　　　　　　　　　　　　　　　　　　　200 000
　　贷：应付货币保证金　　　　　　　　　　　　　　　　　　　　200 000

五、平仓盈亏的核算

通过买入或卖出而建仓的合约，以对冲平仓的形式予以了结是期货交易中最普遍的业务。持仓合约通过对冲可能出现以下三种情况：

第一，不亏不盈，即平仓价与开仓价相等，整个交易过程既无盈利也无亏损。此时，交易所对期货公司的结算业务只是将原合约占用的交易保证金划转为不被占用的结算准备金。因此，期货公司不需要进行账务处理，只需将结算单据作为资料备查即可。

第二，平仓盈利。在这种情况下，期货交易所对期货公司的结算业务包括两部分：一部分是将原合约占用的交易保证金划转为不被占用的结算准备金（不做账务处理）；另一部分是将平仓会员实现的盈利增加其结算准备金，此时期货公司应按照交易所结算单据载明的平仓盈利金额，借记"应收货币保证金"科目，贷记"应付货币保证金"科目。

第三，平仓亏损。在这种情况下，期货交易所对期货公司的结算业务也包括两部分：一部分是将原合约占用的交易保证金划转为不被占用的结算准备金（不做账务处理）；二部分是将平仓会员实现的亏损减少其结算准备金，此时期货公司应按照交易所结算单据载明的平仓亏损金额，借记"应付货币保证金"科目，贷记"应收货币保证金"科目。

【例 12-9】W 期货公司代理 A 客户在 S 交易所从事商品期货交易。某日，W 期货公司按 A 客户指令买入 10 月份到期的期货合约 50 手共 500 吨，成交价格为 2 000 元/吨。持仓到 10 月 27 日，客户下达平仓指令，商品期货的平仓成交价为 2 500 元/吨。

A 客户平仓盈利为 250 000 元，W 期货公司的会计分录为：

借：应收货币保证金　　　　　　　　　　　　　　　　　　　　250 000
　　贷：应付货币保证金　　　　　　　　　　　　　　　　　　　　250 000

【例 12-10】接【例 12-9】，若持仓到 10 月 27 日，客户下达平仓指令，商品期货的平仓成交价为 1 800 元/吨。

A 客户平仓亏损为 100 000 元，W 期货公司的会计分录为：

借：应付货币保证金　　　　　　　　　　　　　　　　　　　　100 000
　　贷：应收货币保证金　　　　　　　　　　　　　　　　　　　　100 000

六、结算差异的核算

结算差异是由于期货交易所与期货公司的平仓范围、顺序和结算方法不同而产生的差异，一般通过"结算差异"科目进行核算。当期货公司与交易所或客户办理结算时，对应收保证金和应付保证金之间的差异通过该科目进行核算。根据结算差异形成原因的不同，其会计核算分为以下两种情况：

第一，由于交易所是按时间顺序平仓，而期货交易公司是根据客户指定的交易价位进行平仓，导致两者平仓盈亏计算的不同。此原因形成的结算差异金额一般较小。

【例 12-11】W 期货公司 A 客户持有商品期货合约 100 手共计 1 000 吨，买入时间分别为 5 月 10 日和 5 月 15 日，买入价格分别为 1 200 元/吨和 1 250 元/吨，每次均购入 50 手。5 月 25 日，A 客户指示卖掉 5 月 15 日买入的合约，平仓价为 1 500 元/吨。

按交易所结算单计算的平仓盈利为 150 000 元，按 A 客户指令计算的平仓盈利为 125 000 元，两者的结算差异为 25 000 元。

不考虑因浮动盈亏产生的差异，W 期货公司的会计处理为：

借：应收货币保证金 150 000
  贷：应付期货保证金 125 000
    结算差异 25 000

第二，由于交易所与期货公司的结算方式不同而形成的差异。交易所与期货公司之间实行每日无负债结算和逐日盯市制度。交易所每天在交易结束后按当天的结算价格与上一日的结算价格逐日盯市，不再区分浮动盈亏和平仓盈亏，统一进行保证金的结算和划拨。期货公司对客户保证金的核算是按照客户的开仓价和平仓价计算平仓盈亏，对浮动盈亏不记账，月末仅对平仓盈亏入账，并调整保证金账户。这样交易所和期货公司计算出的保证金因对盈亏的计算口径不同而产生差异，这部分差异实质上就是浮动盈亏。

对于期货合约当日计算的盈利，期货公司应根据交易所结算单据列明的盈利金额（包括浮动盈利和平仓盈利），借记"应收货币保证金"科目；按照与客户结算的平仓盈利金额，贷记"应付货币保证金"科目；两者之差计入"结算差异"科目。

对于期货合约当日计算的亏损，期货公司应按照与客户结算的平仓盈利金额，借记"应付货币保证金"科目；根据交易所结算单据列明的亏损金额（包括浮动亏损和平仓亏损），贷记"应收货币保证金"科目；两者之差计入"结算差异"科目。

【例 12-12】W 期货公司在 S 交易所进行期货交易，12 月 15 日收到交易所的结算单据，显示当日的结算结果为盈利为 1 000 000 元，其中持仓合约的盈利为 500 000 元，当日的平仓盈利为 500 000 元；期货公司与客户结算结果为平仓盈利 500 000 元，对客户的浮动盈利不入账。

W 期货公司的会计分录为：

借：应收货币保证金 1 000 000
  贷：应付货币保证金 500 000
    结算差异 500 000

为了对期货公司整体的持仓风险情况做出反应，期货公司应在资产负债表日按结算价格计算出全体客户持仓合约所形成的浮动盈亏金额，在会计报表附注中进行披露。

七、手续费的核算

期货交易中手续费是由提供期货交易服务的一方向接受服务的一方收取的服务报

酬。期货交易所按成交情况向其会员收取手续费，期货公司也按成交情况向其客户收取手续费。在我国期货交易中，手续费是单边收取，不管交易者是买入还是卖出，是开新仓还是对冲平仓，只要合约成交都必须按一定的标准缴纳手续费。按现行制度的规定，期货交易所向会员收取的是手续费不能超过成交合约金额的万分之五。期货公司向客户收取的手续费一般不应低于其向交易所缴纳的部分。在实物中，交易所对不同期货品种收取的手续费标准不同，不同期货公司向客户收取手续费的标准也不一样。

　　期货公司向客户收取的手续费除去向交易所上缴的部分后便是期货公司的营业收入。手续费的具体收取方法有多种，有的是规定每张合约有一个绝对的手续费金额，手续费总额依成交手数的多少确定；有的则按成交合约交易金额的一定比例收取。由于期货公司向客户收取的手续费并非全部归期货公司所有，所以进行账务处理时应区别对待。

　　期货公司向客户收取手续费时，按实际划转的款项，借记"应付货币保证金"科目；按实际划转的款项中属于期货公司收入的部分，贷记"手续费收入"科目；属于为交易所代收代付的部分，贷记"应付手续费"科目。

　　【例 12-13】W 期货公司代 A 客户在 S 交易所从事期货交易，某日一次成交 100 手共计 1 000 吨，买入成交价为 3 000 元/吨，S 交易所收取的手续费为 5 元/手，W 期货公司向 A 客户收取的手续费为 10 元/手。

　　W 期货公司从 A 客户保证金账户中划转的手续费为 1 000 元，其中为 S 交易所代收代缴的为 500 元，属于期货公司的为 500 元。W 期货公司的会计分录为：

借：应付货币保证金　　　　　　　　　　　　　　　　　1 000
　　贷：应付手续费　　　　　　　　　　　　　　　　　　　　500
　　　　手续费收入　　　　　　　　　　　　　　　　　　　　500

八、实物交割的核算

　　期货实物交割指期货合约到期时，交易双方通过该期货合约所载商品所有权的转移，了结到期未平仓合约的过程。当然，大部分期货交易是通过对冲平仓了结合约的，实物交割只占全部期货交易的很小一部分，由于期货交易是标准化合约的交易，所以作为交割的货物必须符合合约规定的商品标准和数量标准。

　　实物交割是期货交易和现货交易的交叉点，完整的实物交割分为两步：第一步，实物交割双方先按最后交易日的交割结算价格将合约对冲平仓，完成期货交易过程；第二步，实物交割双方按最后交易日的实物结算价格进行实物商品的现货交易。实物交割过程可分为以下三个时间段：

　　第一个时间段：第一通知日。第一通知日是进入交割月份的第一营业日，期货公司收到交易所发出的准备交割通知单。从第一通知日起，期货的卖方也可能开始准备实物交割，并向交易所提交交货通知单。交易所按照买方合约持仓时间长短、交割量的大小、交割地点等因素，由计算机按优化和节约的原则自动撮合配对。第一通知日后，交易所一般会将保证金水平逐步提高，以保证合约的正常履行，降低交易风险。

　　第二个时间段：最后交易日。最后交易日是交割月份的某一天，是未平仓合约可以对冲平仓的最后一个交易日，过了这个期限的未平仓合约，必须进行实物交割。

第三个时间段：最后交割日。最后交割日是交割期的最后一个工作日，实物交割必须在最后交割日之前完成。第一通知日后的第一个工作日到最后交割日前的一段时间为交割期，在此期间的任何一个工作日都可以进行实物交割。

由于市场的逐日盯市制度，结算价变动引起的盈亏在每日的期货交易账户中已经反映，所以在最后交易日结束后、买卖双方发生实物交割时，均按最后交易日的结算价作为双方应收或应付的货款。对于以实物交割了结的合约，应按交割结算价先进行对冲平仓处理。

代理买方客户进行实物交割的，依据交易所提供的交割单据，按实际划转支付的交割货款金额（含增值税，下同），借记"应付货币保证金"科目，贷记"应收货币保证金"科目。代理卖方客户进行实物交割的，依据交易所的交割单据，按实际划转收到的交割货款金额，借记"应收货币保证金"科目，贷记"应付货币保证金"科目。

实物交割中出现以下情况时，构成交割违约：

第一，在规定交割期限内卖方未交付有效标准仓单的；

第二，在规定交割期限内买方未解付货款的或解付不足的；

第三，卖方交付的商品不符合规定标准的。

对于在期货合约实物交割中发生违约行为，交易所对违约方处以交易金额一定比例的违约金、赔偿金等处罚。

期货公司在代理客户进行实物交割时发生的违约罚款，对于代理客户向交易所缴纳的违约罚款支出，借记"应收风险损失款——客户罚款"科目，贷记"应收货币保证金"科目；对于实际从客户保证金中划转的违约罚款支出，借记"应收货币保证金"科目，贷记"应收风险损失款——客户罚款"科目。

【例 12-14】W 期货公司代 A 客户在 S 交易所从事期货的套期保值，某日买入 12 月到期合约 100 手共 1 000 吨，成交价为 2 000 元/吨，保证金率为 5%。进入交割月份后，A 客户准备进行实物交割，有关资料如下：

（1）第一通知日后，交易所保证金为 40%。第一通知日前的保证金累计金额为 60 万元。

（2）第一通知日的结算价为 2 000 元/吨，最后交易日的结算价为 2 400 元/吨，前一交易日的结算价为 2 350 元/吨。

（3）交易所要求的交割手续费为 20 元/手。

（4）A 客户未能按时将交割款汇入交易所，按规定被处以交易额 1%的罚款。

第一通知日后，按交易所规定追加交割保证金为 200 000 元，W 期货公司会计分录为：

借：应收货币保证金   200 000
　　贷：银行存款   200 000

按最后交易日的交割结算价将合约做对冲平仓处理，对客户而言，平仓盈利为 400 000元；由于交易所与期货公司之间实行每日盯市制度，其结算的平仓盈利为 50 000元。W 期货公司的会计分录为：

借：应收货币保证金   50 000
　　结算差异   350 000

　　贷：应付货币保证金　　　　　　　　　　　　　　　　　　　　400 000

　　实际应向交易所支付的交割货款为 2 400 000 元，W 期货公司代 A 客户存在交易所结算账户中的保证金总额为 800 000 元，尚需追加 1 600 000 元。W 期货公司的会计分录为：

　　借：银行存款　　　　　　　　　　　　　　　　　　　　　　1 600 000
　　　　贷：应付货币存款保证金　　　　　　　　　　　　　　　　1 600 000
　　借：应付货币存款保证金　　　　　　　　　　　　　　　　　　1 600 000
　　　　贷：应收货币存款保证金　　　　　　　　　　　　　　　　1 600 000

　　W 期货公司未能按时将交割款汇入交易所被处以罚款，交易所先从其结算准备金账户中扣除，此时 W 期货公司的会计分录为：

　　借：应收风险损失款——客户付款　　　　　　　　　　　　　　160 000
　　　　贷：应收货币保证金　　　　　　　　　　　　　　　　　　　160 000

　　收到客户缴纳的交割违约款，W 期货公司的会计分录为：

　　借：应付货币保证金　　　　　　　　　　　　　　　　　　　　160 000
　　　　贷：应收风险损失款——客户付款　　　　　　　　　　　　　160 000

九、提取和使用期货风险准备的核算

　　风险准备金是交易所为了防止出现交易风险造成会员亏损（非交易所责任的）而设立的补偿基金，提取标准是交易所收取手续费的 20%，这是《期货交易所管理办法》中规定的。当风险准备金达到交易所注册资本 10 倍时，可不再提取。风险准备金必须单独核算，专户存储，除用于弥补风险损失外，不得挪作他用。风险准备金的动用必须经交易所理事会批准，报中国证监会备案后按规定的用途和程序进行。

　　与交易所类似，国家也允许期货公司提取风险准备金，来应付随时可能出现的风险。按现行规定，期货公司应按向客户收取手续费收入的 20% 的比例提取。期货公司按实际提取的金额，借记"提取期货风险准备金"科目，贷记"期货风险准备金"科目。

　　期货公司代客户进行期货交易时，可能会发生错单的事情，如下单员在输入客户指令时输错了方向，将买单下成了卖单，以及输错数量、价格等。按现行财务制度的规定，错单合约平仓产生的盈利，按结算单据列明的金额，借记"应付货币保证金"科目，贷记"期货风险准备金"科目；错单平仓实现的亏损，编制相反的会计分录。

　　期货公司出现了风险事故，首先应分清责任。如果是期货公司自身的责任，则应按照相关规定追究相关当事人的责任，按当事人负担的金额，借记"其他应收款"科目；按期货公司负担的部分，借记"期货风险准备金"科目；按实际向客户或交易所划转的金额，贷记"应付货币保证金"或"应收货币保证金"科目。如果是客户的责任，需要期货公司代客户垫付时，按实际向交易所划转的金额，借记"应收风险损失款——客户垫付"科目，贷记"应收货币保证金"科目。收回为客户垫付的风险损失款时，借记"应付货币保证金"科目，贷记"应收风险损失款——客户垫付"科目；对于难以收回的垫付风险损失款，应予以核销，借记"期货风险准备金"科目，贷记"应收风险损失款——客户垫付"科目。

当客户有违约、违规等行为时，期货公司可以对其实施罚款，在客户支付罚款前，期货公司应按规定的罚款金额，借记"应收风险损失款——客户罚款"科目，贷记"营业外收入"科目。实际收到罚款时，借记"银行存款"科目，贷记"应收风险损失款——客户罚款"科目。

期货公司也应该按照规定，以自身本年实现净利润的一定比例提取一般风险准备。按照提取的一般风险准备的金额，借记"利润分配——提取一般风险准备"科目，贷记"一般风险准备"科目。期货公司发生风险损失时，可以使用一般风险准备弥补，借记"一般风险准备"科目，贷记"利润分配——一般风险准备补亏"科目。

【例12-15】W期货公司依据A客户下达的指令，在S交易所买进12月份的商品期货100手共计1 000吨。指定价为2 000元/吨。由于下单员错写为2 200元/吨，这笔错单在当天收市后发现。期货公司在第二天开市后立即对其进行了对冲平仓，平仓成交价为2 100元/吨。错单交易造成的损失经批准后，由下单员承担80%，其余部分用风险准备金弥补。

错单合约共造成的亏损为100 000元，对此W期货公司的会计分录为：

借：应付货币保证金　　　　　　　　　　　　　　　　100 000
　　贷：应收货币保证金　　　　　　　　　　　　　　　　　　100 000

对于经批准后的弥补方式，W期货公司的会计分录为：

借：其他应收款　　　　　　　　　　　　　　　　　　 80 000
　　期货风险准备金　　　　　　　　　　　　　　　　 20 000
　　贷：应付货币保证金　　　　　　　　　　　　　　　　　　100 000

十、质押保证金的核算

（一）与交易所的质押保证金业务

根据交易所的规定，会员单位也可以采用质押的方式取得保证金。质押是指会员单位提出申请并经交易所批准，将持有的权利凭证移交交易所，作为会员履约的保证金债务的担保行为。质押只可用于会员保证金的担保，会员发生的交易亏损、费用、税金等，只能用货币结算。

可用于质押的权利凭证仅限于国债和交易所注册的标准仓单。质押价的确定方法有以下几种：

第一，以国债质押的，按同日（或验券缴存日前一交易日）该品种上海证券交易所和深圳证券交易所收盘价中较低价为基准价。

第二，以标准仓单质押的，质押价不得高于基准价的80%。

用作质押的可上市流通的国债或标准仓单存入交易所后，其所有权并未发生转移，仍归期货公司所有，一旦有了足够的货币资金作为保证金，期货公司就可赎回质押品。

对于质押品的核算，可以不单独设置一级科目，而是作为报表补充资料予以披露。对于质押品完整的业务过程，可以通过质押品备查登记簿做出全面、完整的反映。对于获取的质押品额度通过结算部门来掌握，不进行单独的会计核算。

（二）与客户的质押保证金业务

期货公司也可代客户向交易所办理有价证券冲抵保证金业务。期货公司应按交易所核定的充抵保证金金额，借记"应收质押保证金"科目，贷记"应付质押保证金"科目。当有价证券的价值发生变化时，交易所应相应地调整核定的充抵保证金金额。对于调增的增加额，借记"应收质押保证金"科目，贷记"应付质押保证金"科目；对于调减的减少额，应编制相反的会计分录。交易所将有价证券退还给客户时，期货公司按交易所核定的充抵保证金金额，借记"应付质押保证金"科目，贷记"应收质押保证金"科目。

客户到期不能及时追加保证金，交易所处置有价证券时，期货公司应根据交易所核定的充抵保证金金额借记"应付质押保证金"科目，贷记"应收质押保证金"科目。按处置所得款项金额，借记"应收质押保证金"科目，贷记"应付质押保证金"科目。

第四节　金融期货业务核算

金融期货产生于20世纪70年代的美国市场，目前，金融期货在许多方面已经走在商品期货的前面，占整个期货市场交易量的80%，成为西方金融创新成功的例证。本节参照发达国家对金融期货和其他期货业务的处理进行介绍。

一、金融期货概述

金融期货是指交易双方在金融市场上，以约定的时间和价格，买卖某种金融工具的具有约束力的标准化合约。金融期货作为期货中的一种，具有期货的一般特点，但与商品期货相比较，其合约标的物不是实物商品，而是传统的金融商品，如证券、货币、利率等。

与金融相关联的期货合约品种很多，目前已经开发出来的品种主要有以下几大类：

（一）利率期货

利率期货是指以债券类证券为标的物的期货合约，可以回避银行利率波动所引起的证券价格变动的风险。利率期货主要包括以长期国债为标的物的长期利率期货和以短期存款利率为标的物的短期利率期货。

（二）外汇期货

外汇期货又称货币期货，是一种在最终交易日按照当时的汇率将一种货币兑换成另外一种货币的期货合约。目前国际上货币期货合约交易涉及的货币主要有英镑、美元、欧元、日元、加拿大元、澳大利亚元等。

（三）股票指数期货

股票指数期货简称股指期货，是将某一股票指数视为一特定的、独立的交易品种，开设其对应的标准期货合约，并在保证金交易（或杠杆交易）体制下，进行买空、卖空交易，股指期货通常都使用现金交割。

（四）国债期货

国债期货是指通过有组织的交易场所预先确定买卖价格并于未来特定时间内进行钱券交割的国债派生交易方式。国债期货属于金融期货的一种，是一种高级的金融衍生工具。国债期货是在 20 世纪 70 年代美国金融市场不稳定的背景下，为满足投资者规避利率风险的需求而产生的。美国国债期货是全球成交最活跃的金融期货品种之一。2013 年 9 月 6 日，国债期货正式在中国金融期货交易所上市交易。

二、金融期货业务核算

根据《企业会计准则第 22 号——金融工具确认和计量》的规定，对于金融期货交易，在初始时按照合约约定的价格确定金融资产和金融负债，同时应该确定缴纳的保证金。当期货合同的公允价值发生变动时，应该相应调整其账面价值，变动带来的利得或损失应计入当期损益，并且补交或退回保证金。当期货合约的交易参与者在合约到期前转手或合约到期时进行实物交割时，应将此时期货合同公允价值变动带来的利得和损失计入当期损益，并结算保证金。

为了科学地进行金融期货会计核算，企业应该增设以下会计科目：在资产类科目中设"衍生金融工具——金融期货"和"金融期货保证金"科目，两者均按照债券、外汇、股指等设明细科目。在负债类科目中设"应付金融期货款"科目，也按照债券、外汇、股指等设明细科目。

【例 12-15】某日，W 期货公司与 S 交易所签订了一份 3 个月到期的债券期货合约，合约规定为购入债券期货 1 000 000 元，S 交易所规定的保证金缴存比例为 10%，每个月月末根据期货价格的变动补交或退回保证金。当月月末该项债券期货的市场价格为 1 200 000 元，下月中旬 W 期货公司以 1 250 000 元的价格转手，并支付交易费 10 000元。

对该期货合约进行初始确认时，W 期货公司的会计分录为：

借：衍生金融工具——金融期货　　　　　　　　　　　1 000 000
　　贷：应付金融期货——债券　　　　　　　　　　　　　　1 000 000

同时，对于缴纳的保证金，W 期货公司的会计分录为：

借：金融期货保证金——债券　　　　　　　　　　　　100 000
　　贷：银行存款　　　　　　　　　　　　　　　　　　　100 000

当月月末该债券期货的市价为 1 200 000 元，公允价值增加了 200 000 元，W 期货公司的会计分录为：

借：衍生金融工具——金融期货　　　　　　　　　　　200 000
　　贷：公允价值变动损益　　　　　　　　　　　　　　　200 000

对于补交的保证金 20 000 元，W 期货公司的会计分录为：

借：金融期货保证金——债券　　　　　　　　　　　　20 000
　　贷：银行存款　　　　　　　　　　　　　　　　　　　20 000

转让该期货债券时，此项期货合约的公允价值增加了 50 000 元，W 期货公司的会计分录为：

借：衍生金融工具——金融期货　　　　　　　　　　　50 000
　　贷：公允价值变动损益　　　　　　　　　　　　　　　50 000

支付的交易费应当作为当期损益处理，对期货合约进行终止确认，通过保证金进行差额核算，能收回的银行存款 = 1 250 000 − 1 000 000 − 10 000 + 120 000 = 360 000

（元）。W 期货公司的会计分录为：

借：应付金融期货——债券		1 000 000
银行存款		360 000
投资收益		10 000
贷：衍生金融工具——金融期货		1 250 000
金融期货保证金——债券		120 000

练习题

1. 某期货公司在交易所下单买卖合约前，存入 80 万元到交易所的保证金账户。交易所要求会员单位的基础保证金为 20 万元，某日该期货公司交易所保证金账户仅有 40 万元，应追加保证金 10 万元。

（1）完成向交易所存入保证金时的账务处理。

（2）完成追加保证金时的账务处理。

2. 期货公司收到甲客户的开户保证金 200 万元，将其设专户存入银行时如何进行账务处理。

3. 接上例，甲客户在进行一段时间的交易后，因需要资金向期货公司申请将未被占用的保证金 100 万元划出，对此期货公司如何进行的账务处理。

4. 某期货公司代客户在大连商品交易所进行大豆期货交易，一次成交 100 手共计 1 000 吨，买入成交价为 2 000 元/吨，交易所收取的合约手续费为 5 元/手，期货公司向客户收取的手续费为 10 元/手。

（1）完成期货公司从客户保证金账户中划转手续费时进行的账务处理。

（2）完成交易所从期货公司的结算准备金账户划转手续费时的账务处理。

5. 某期货公司 12 月份代理期货业务得到的手续费净收入为 10 万元，按 5% 的比例提取风险准备金。期货公司应如何进行账务处理。

6. 某期货公司代理客户在上海期货交易所进行期货交易，因客户对市场变化判断失误，导致损失 50 万元，由期货公司先为客户垫付。

（1）完成为客户垫付交易损失款时进行的账务处理。

（2）完成为客户垫付款确认无法收回予以核销时进行的账务处理。

第十三章

基金公司业务核算

投资基金起源于1868年的英国，是在18世纪末、19世纪初产业革命的推动后产生的，而后兴盛于美国，现在已风靡全世界。在不同的国家，投资基金的称谓有所区别，英国称之为"单位信托投资基金"，美国称之为"共同基金"，日本称之为"证券投资信托基金"。这些不同的称谓在内涵和运作上并无太大区别。投资基金在西方国家早已成为一种重要的融资、投资手段，并在当代得到了进一步发展。

在我国，随着金融市场的发展，在20世纪80年代末出现了投资基金形式，并从20世纪90年代以后得到了较快的发展，这不仅支持了我国经济建设和改革开放事业，而且也为广大投资者提供了一种新型的金融投资选择，活跃了金融市场，丰富了金融市场的内容，促进了金融市场的发展和完善。

第一节 基金公司业务概述

一、证券投资基金的概念

证券投资基金是指通过公开发售基金份额募集资金，由基金托管人托管，由基金管理人管理和运作资金，为基金份额持有人的利益，以资产组合方式进行证券投资的一种利益共享、风险共担的集合投资方式。

证券投资基金包括四方面的当事人，即基金发起人、基金持有人、基金管理人和基金托管人。基金发起人通常由经过中国证券监督管理委员会审查批准的证券公司、信托投资公司、基金管理公司担任。基金持有人指持有基金份额的投资人。基金管理人由基金发起人直接或控股成立，在基金设立后，根据法律、法规及基金契约的规定，凭借专业知识和经验，通过科学的投资组合决策，对基金资产进行管理和运用，使基金持有人能够通过基金资产的不断增值而受益。在我国，基金管理人通常以基金管理公司的形式出现，其管理和运用基金资产的水平直接决定了基金的收益水平。基金托管人是指依据"管理与保管分开"的原则对基金资产进行托管的商业银行。

二、证券投资基金的分类

证券投资基金种类繁多，根据不同的角度主要有以下几种分类：

（一）按基金的组织方式的不同分类

1. 契约型基金

契约型基金又称单位信托基金，是指把投资者、管理人、托管人三者作为基金的当事人，通过签订基金契约的形式，发行受益凭证而设立的一种基金。

2. 公司型基金

公司型基金是按照公司法以公司形态组成的，该基金公司以发行股份的方式募集资金，一般投资者则为认购基金而购买该公司的股份，也就成为该公司的股东，凭其持有的股份依法享有投资收益。这种基金要设立董事会，重大事项由董事会讨论决定。

（二）按基金运作方式不同分类

1. 封闭式基金

封闭式基金又称固定型投资基金，是指基金的发起人在设立基金时，限定了基金单位的发行总额，筹集到这个总额后，基金即宣告成立，并进行封闭，在一定时期内不再接受新的投资。

2. 开放式基金

开放式基金是指基金管理公司在设立基金时，发行基金单位的总份额不固定，可视投资者的需求追加发行。

（三）按投资目标的不同分类

1. 成长型基金

成长型基金是基金中最常见的一种，追求的是基金资产的长期增值。基金管理人通常将基金资产投资于信誉度较高、有长期成长前景或长期盈余的所谓成长公司型的股票

2. 收入型基金

收入型基金主要投资于可带来现金收入的有价证券，以获取当期的最大收入为目的。收入型基金资产成长的潜力较小，损失本金的风险相对也较低。

3. 平衡型基金

平衡型基金是指将资产分别投资于两种不同特性的证券上，并在以取得收入为目的的债券及优先股和以资本增值为目的的普通股之间进行平衡。

（四）按投资标的的不同分类

1. 债券基金

债券基金以债券为主要投资对象，债券比例须在80%以上。由于债券的年利率固定，因此这类基金的风险较低，适合于稳健型投资者。

2. 股票基金

股票基金以股票为主要投资对象，股票比例须在60%以上。股票基金的投资目标侧重于追求资本利得和长期资本增值。基金管理人拟定投资组合，将资金投放到一个或几个国家，甚至是全球的股票市场，以达到分散投资、降低风险的目的。

3. 货币市场基金

货币市场基金是以货币市场工具为投资对象的一种基金。货币市场基金通常被认为是无风险或低风险的投资。其投资对象一般期限在一年内，包括银行短期存款、国库券、公司债券、银行承兑票据及商业票据等。

4. 混合基金

混合基金是指股票和债券投资比率介于以上股票基金和债券基金之间并可以灵活调控的一种基金。

三、证券投资基金会计概述

（一）证券投资基金会计核算的特点

证券基金管理公司主要从事的业务包括：按照基金契约的规定投资并管理基金资产；及时、足额向基金持有人支付基金收益；保存基金的会计账册、记录 15 年以上；编制基金财务报告，及时公告，并向中国证监会报告；计算并公告基金资产净值及每一基金单位资产净值；开放式基金的管理人还应当按照国家有关规定和基金契约的规定，及时、准确地办理基金的申购和赎回等内容。证券投资基金会计采用公允价值计价，会计核算有以下几个特点：

1. 建立独立的会计核算体系

由于基金管理人可能是专门从事基金运作或兼营基金的金融企业，必须将自有资产负债与受托经营基金的资产负债分开，独立设账，分别核算。同时，由于每支基金的权益由不同基金持有人所拥有，基金管理人还要保证不同的基金之间在名册登记、账户设置、资金划拨、账簿记录等方面相互独立，为基金投资人买卖基金提供可靠数据。

2. 计算和公告基金单位净值

证券投资基金会计核算的目的是反映证券投资基金的财务状况和基金管理公司的运作业绩，为投资者提供投资决策依据。反映基金业务经营业绩的最终指标是基金单位净值及其增长速度。因此，基金管理公司应于估值日计算基金净值和基金单位净值，并予以公告。

3. 收益与分配的特殊性

证券投资基金的收益构成与一般公司不大相同。基金收入主要来源于利息收入、股票、债券等投资收益以及公允价值变动损益等方面。其中，利息收入包括存款、债券、资产支持证券的利息收入及买入返售金融资产收入。基金管理成本的构成也具有深刻的行业特点，包括管理人报酬、托管费、销售服务费、交易费用、利息支出（含卖出回购金融资产支出）等项目。基金收益分配也有特别的规定，如应当采用现金形式，每年至少 1 次，分配比例不得低于基金净收益的 90%。

（二）证券投资基金的会计科目设置

证券投资基金会计由于业务上的特殊性，在会计科目设置上也具有其特点（见表 13-1）。

表 13-1 证券投资基金会计科目

名称	主要核算内容
一、资产类	
结算备付金	核算为证券交易的资金结算而存入证券登记结算机构的款项。 本科目可按不同证券登记结算机构进行明细核算。 本科目期末借方余额，反映实际存入证券登记结算机构尚未用于结算的款项。

表13-1(续)

名称	主要核算内容
存出保证金	核算因办理业务需要存出或缴纳的各种保证金款项，包括日常存出保证金、远期存出保证金、权证存出保证金等。 本科目可按保证金的类别以及存放单位或交易场所进行明细核算。 本科目期末借方余额，反映实际存出或缴纳的各种保证金余额。
股票投资	核算股票投资的实际成本和价值变动（估值增值或减值）。 本科目可按股票的种类，分别按"成本"和"估值增值"进行明细核算。 本科目期末借方余额，反映基金持有的各类股票的公允价值。
债券投资	核算债券投资的实际成本和价值变动（估值增值或减值）。 对货币市场基金或中国证监会规定的特定基金品种，本科目核算实际利率摊余成本估算的公允价值。 对非货币市场基金，本科目可按债券的种类，分别按"成本"和"估值增值"进行明细核算；对货币市场基金，本科目可按债券的种类，分别按"面值"和"折溢价"进行明细核算。 本科目期末借方余额，反映持有各项债券的公允价值。
资产支持证券投资	对非货币市场基金，本科目核算资产支持证券投资的实际成本和价值变动（估值增值或减值）；对货币市场基金或中国证监会规定的特定基金品种，本科目核算实际利率摊余成本估算的公允价值。 对非货币市场基金，本科目可按资产支持证券投资的种类，分别按"成本"和"估值增值"进行明细核算；对货币市场基金，本科目可按资产支持证券投资的种类，分别按"面值"和"折溢价"进行明细核算。 本科目期末借方余额，反映持有各项资产支持证券投资的公允价值。
基金投资	核算基金投资的实际成本和价值变动（估值增值或减值）。 本科目可按基金的种类，分别按"成本"和"估值增值"进行明细核算。 本科目期末借方余额，反映持有各类基金的公允价值。
权证投资	核算权证投资的实际成本和价值变动（估值增值或减值）。 本科目可按权证的种类，分别按"成本"和"估值增值"进行明细核算。 本科目期末借方余额，反映持有权证的公允价值。
买入返售金融资产	核算按照返售协议约定先买入再按固定价格返售的证券等金融资产所融出的资金。 本科目可按买入返售金融资产的类别，分别按"质押式"和"买断式"进行明细核算。 本科目期末借方余额，反映基金融出资金的账面价值。
应收申购款	核算应向办理申购业务的机构收取的申购款项和转换转入款项（不含申购费和转换费）。 本科目期末借方余额，反映尚未收回的有效申购款和转换转入款。

表 13-1（续）

名称	主要核算内容
二、负债类	
卖出回购金融资产款	核算基金按照回购协议先卖出再按固定价格买入的票据、证券等金融资产所融入的资金。 本科目可按卖出回购证券的类别，分别按"质押式"和"买断式"进行明细核算。 本科目期末贷方余额，反映卖出到期的卖出回购金融资产款。
应付赎回款	核算按规定应付基金份额持有人的赎回款和转换转出款。 本科目期末贷方余额，反映尚未支付的基金赎回款或转换转出款。
应付赎回费	核算按规定计算的，应付给办理赎回业务或转换业务的机构的赎回费或转换转出费。 本科目期末贷方余额，反映尚未支付的基金赎回费用或转换转出费用。
应付管理人报酬	核算按规定计提的，应付给管理人的报酬。 本科目期末贷方余额，反映尚未支付给管理人的报酬。
应付托管费	核算按规定计提的，应支付给托管人的托管费。 本科目期末贷方余额，反映尚未支付给托管人的托管费。
应付销售服务费	核算按规定计提的，应支付的销售服务费。 本科目期末贷方余额，反映尚未支付的销售服务费。
应付交易费用	核算因证券交易而应支付的交易费用。 本科目可按支付对象进行明细核算。 本科目期末贷方余额，反映尚未支付的交易费用。
应付利润	核算应付基金份额持有人的利润。 本科目期末贷方余额，反映尚未支付给基金份额持有人的利润。
三、共同类	
证券清算款	核算因买卖证券、回购证券、申购新股、配售股票、交易型开放式指数基金现金替代等业务而发生的，应与证券登记结算机构或证券交易对手方办理资金结算的款项。 本科目可按不同证券登记结算机构或证券交易对手方等进行明细核算。
远期投资	核算约定于到期日结算证券等标的物的合约的公允价值。本科目应在远期合约的交易日开始按其公允价值进行初始确认，在远期合约有效期内对其进行估值、后续计量，在远期合约到期结算时终止确认。 本科目可按远期合约的种类进行明细核算。 本科目所属明细科目的期末借方余额，反映远期买入证券的远期合约的估值增值或远期卖出证券的远期合约的估值减值；本科目所属明细科目的期末贷方余额，反映远期买入证券的远期合约的估值减值或远期卖出证券的远期合约的估值增值。
其他衍生工具	核算除权证投资、远期投资以外的其他衍生金融资产或衍生金融负债的公允价值。 本科目可按衍生工具类别进行明细核算。 本科目期末借方余额，反映除权证投资、远期投资以外的其他衍生金融资产的公允价值；本科目期末贷方余额，反映除远期投资以外的其他衍生金融负债的公允价值。

表13-1(续)

名称	主要核算内容
套期工具	核算基金开展套期保值业务（如公允价值套期）中套期工具公允价值变动形成的资产或负债。 本科目可按套期工具类别进行明细核算。 本科目期末借方余额，反映基金套期工具形成资产的公允价值；本科目期末贷方余额，反映基金套期工具形成负债的公允价值。
被套期项目	核算基金开展的套期业务中被套期项目公允价值变动形成的资产或负债。 本科目可按被套期项目的类别进行明细核算。 本科目期末借方余额，反映基金被套期项目形成资产的公允价值；本科目期末贷方余额，反映基金被套期项目形成负债的公允价值。
四、所有者权益类	
实收基金	核算对外发行基金份额所募集的总金额在扣除平准金分摊部分后的余额。 对分级（类）基金等特定基金品种，本科目可按不同级（类）基金等设置明细账，进行明细核算。 本科目期末贷方余额，反映对外发行基金份额所对应的金额。
损益平准金	核算非利润转化而形成的损益平准项目，如申购、转换转入、赎回、转换转出款中所含的未分配利润和公允价值变动损益。 本科目可按损益平准金的种类进行明细核算，分别按"已实现"和"未实现"进行明细核算。 期末，应将本科目已实现和未实现余额分别转入"利润分配（未分配利润）"相应明细科目，结转后本科目应无余额。
五、损益类	
管理人报酬	核算按规定计提的基金管理人报酬，包括管理费和业绩报酬。 本科目可分别按"管理费"和"业绩报酬"进行明细核算。 期末，应将本科目借方余额转入"本年利润"，期末无余额。
托管费	核算按规定计提的托管费。 期末，应将本科目借方余额转入"本年利润"，期末无余额。
交易费用	核算进行股票、债券、资产支付证券、基金、权证等交易过程中发生的交易费用。交易费用指可直接归属于取得或处置某项基金资产或承担某项基金负责的新增外部成本，包括支付给交易代理机构的规费、佣金、代征的税费及其他必要的可以正确估算的支出。回购的交易费用和货币市场基金采用摊余成本法核算的投资交易所发生的交易费用应作为取得成本，计入相关基金资产或基金负责的价值。 期末，应将本科目借方余额转入"本年利润"，期末无余额。

（三）证券投资基金会计报表

证券投资基金会计报表包括资产负债表、利润表、基金收益分配表和基金净值变动表。

第二节 基金发行与赎回业务核算

一、证券投资基金发行的概念及相关规定

证券投资基金的发行也叫基金的募集,是指基金发起人在发起设立或扩募基金的申请获得中国证监会批准后,向投资者推销基金单位,募集资金的行为。

《中华人民共和国证券投资基金法》(以下简称《证券投资基金法》)对证券投资基金的发行的主要规定如下:

(一)发售程序

基金管理人依照《证券投资基金法》发售基金份额,募集基金,应当向国务院证券监督管理机构提交法定的文件,并经国务院证券监督管理机构核准。基金募集申请经核准后,方可发售基金份额。基金管理人应当在基金份额发售的 3 日前公布招募说明书、基金合同及其他有关文件。

(二)证券投资基金的发售

基金管理人应当自收到核准文件之日起 6 个月内进行基金募集。超过 6 个月开始募集,原核准的事项未发生实质性变化的,应当报国务院证券监督管理机构备案;发生实质性变化的,应当向国务院证券监督管理机构重新提交申请。

基金募集不得超过国务院证券监督管理机构核准的基金募集期限。

基金募集期限届满,封闭式基金募集的基金份额总额达到核准规模的 80% 以上,开放式基金募集的基金份额总额超过核准的最低募集份额总额,并且基金份额持有人人数符合国务院证券监督管理机构规定的,基金管理人应当自募集期限届满之日起 10 日内聘请法定验资机构验资,自收到验资报告之日起 10 日内向国务院证券监督管理机构提交验资报告,办理基金备案手续,并予以公告。

投资人缴纳认购的基金份额的款项时,基金合同成立;基金管理人按照上述规定向国务院证券监督管理机构办理基金备案手续,基金合同生效。

(三)发售失败基金管理人的责任

基金募集期限届满,不能满足《证券投资基金法》第五十九条规定的条件的,基金管理人应当承担下列责任:

第一,以其固有财产承担因募集行为而产生的债务和费用。

第二,在基金募集期限届满后 30 日内返还投资人已缴纳的款项,并加计银行同期存款利息。

二、证券投资基金发行的会计核算

(一)封闭式基金发行的会计核算

封闭式基金的设立申请被批准后开始向社会募集资金,募集期限为 3 个月,只有当募集的资金超过该基金批准规模的 80%,该基金方可成立。封闭式基金的存续时间不得少于 5 年,最低募集数额不得少于 2 亿元。由于封闭式基金的发行总额是事先确定的,在封闭期内基金单位总数不变,因而基金成立时,按实际收到的基金单位发行

总额借记"银行存款"科目，贷记"实收基金"科目。基金发行费收入扣除相关费用（如承销费、律师费、会计师费等费用）后的结余，作为其他收入处理。

【例13-1】W基金管理公司发行10亿份基金单位，基金单位发行价为1元，共计1 000 000 000元，基金发行费收入在扣除相关费用后的余额为1 000 000元。

W基金管理公司的会计分录为：

借：银行存款　　　　　　　　　　　　　　　　　　1 001 000 000
　　贷：实收基金　　　　　　　　　　　　　　　　　1 000 000 000
　　　　其他收入——基金发行收入　　　　　　　　　　　1 000 000

（二）开放式基金发行的会计核算

开放式基金的购买分为认购期和申请期。

投资者在设立募集期内向基金管理人或经中国证监会和中国人民银行审查批准的商业银行或其他机构购买基金的行为称为"认购"。通常开放式基金自批准之日（即招募说明书公告之日）起3个月内净销售额超过2亿元的，最低认购户数达到100人，该基金方可成立。

投资者在基金成立后购买基金称为"申购"。申购开放式基金单位的份额和赎回基金单位的金额，依据申购赎回日基金单位资产净值加、减有关费用计算。基金管理人应当于每个开放日的第二天公告基金单位资产净值。

开放式基金的投资者在进行申购时，是按购买金额提出申请，而不是按购买份额，所以开放式基金的申购金额里包含了申购费用和净申购金额。申购费率不得超过申购金额的5%，不纳入基金会计核算范围，可在基金申购时由办理申购业务的机构直接向投资者收取，或在赎回款中扣除。具体的计算公式为：

申购费用＝申购金额×申购费率
净申购金额＝申购金额－申购费用
申购份数＝净申购金额÷申购当日基金单位资产净值

基金管理公司应当在接受基金投资人有效申请起3日内收回申购款，尚未收到款项之前，在基金申购确认日按基金申购款，借记"应收申购款"科目；按基金申购款中含有的实收基金，贷记"实收基金"科目；按基金申购款中含有的未实现利得，贷记"损益平准金（未实现）"；按其差额，即未分配收益，贷记"损益平准金（已实现）"科目。在收到有效收购款时，借记"银行存款"科目，贷记"应收申购款"科目。

【例13-2】某日，投资者申购A开放式基金100 000元，当日该基金资产的单位净值为1.25元，申购费率为1%。按照基金契约规定，高于基金单位1元的部分在扣除费用后，2/3作为未实现利得，1/3作为未分配收益。第二日收到申购款。

申购费用＝申购金额×申购费率＝1 000 000×1%＝10 000（元）
净申购金额＝申购金额－申购费用＝1 000 000－10 000＝990 000（元）
申购份数＝净申购金额÷申购当日基金单位资产净值＝990 000÷1.25＝792 000（份）
损益平准金（未实现）＝（1.25－1）×792 000×2/3＝132 000（元）
损益平准金（已实现）＝（1.25－1）×792 000×1/3＝66 000（元）

收到申购款之前，会计分录为：

借：应收申购款 990 000
　　贷：实收基金 792 000
　　　　损益平准金（未实现） 132 000
　　　　损益平准金（已实现） 66 000

收到申购款时，会计分录为：

借：银行存款 990 000
　　贷：应收申购款 990 000

（三）开放式基金赎回的会计核算

开放式基金的赎回是指投资人将已经持有的开放式基金单位份额出售给基金管理人，收回资金的行为。基金的赎回是按份额提出申请的，而不是按金额提出。基金管理人应当自接受基金投资人有效赎回申请之日起 7 个工作日内，支付赎回款项。国务院证券监督管理机构规定基金财产中应当保持适当比例的现金或者政府债券，以备支付基金份额持有人的赎回款项。同时，基金管理人可以根据基金管理运作的实际需要，向投资人收取不超过赎回金额的3%的赎回费率。具体的计算公式为：

$$赎回总额 = 赎回份数 × 赎回当日基金单位净值$$

$$赎回费用 = 赎回总额 × 赎回费率$$

$$赎回金额 = 赎回总额 - 赎回费用$$

基金公司在接受投资人有效赎回申请但尚未支付之前，在基金赎回确认日按基金赎回款中含有的实收基金，借记"实收基金"科目；按基金赎回款中含有的未实现利得，借记"损益平准金（未实现）"科目；按基金赎回款中含有的未分配收益，借记"损益平准金（已实现）"科目；按应付投资人赎回款，贷记"应付赎回款"科目；按规定收取的赎回费，其中基本手续费部分归办理赎回业务的机构所有，赎回费中基本手续费部分，贷记"应付赎回费"科目；按赎回费扣除基本手续费后的余额部分，贷记"其他收入——赎回费"科目。在实际支付赎回款时，借记"应付赎回款"科目，贷记"银行存款"科目。

【例 13-3】接【例 13-2】，一个月后，投资者申请赎回 A 开放式基金 50 万份，当日该基金资产的单位净值为 1.25 元，赎回费率为 1%，应付给代办赎回业务的银行 200 元，同时按照基金契约规定，结转未实现利得和未分配收益。

赎回总额 = 赎回份数 × 赎回当日基金单位净值 = 500 000 × 1.25 = 625 000（元）

赎回费用 = 赎回总额 × 赎回费率 = 625 000 × 1% = 6 250（元）

赎回金额 = 赎回总额 - 赎回费用 = 625 000 - 6 250 = 618 750（元）

结转损益平准金（未实现）= 132 000 × 50 000 ÷ 792 000 = 83 333.33（元）

结转损益平准金（已实现）= 66 000 × 50 000 ÷ 792 000 = 41 666.67（元）

确定赎回时，会计分录为：

借：实收基金 500 000
　　损益平准金（未实现） 83 333.33
　　损益平准金（已实现） 41 666.67
　　贷：应付赎回款 618 750
　　　　其他收入——赎回费 6 050

　　　　应付赎回费　　　　　　　　　　　　　　　　　　　　200
　　支付赎回款时，会计分录为：
　　借：应付赎回款　　　　　　　　　　　　　　　　　618 750
　　　　贷：银行存款　　　　　　　　　　　　　　　　　618 750

第三节　基金投资业务核算

　　证券投资基金成立以后，根据基金契约及招募说明书的规定运用基金财产以适当的资产组合方式和投资比例进行证券投资。

　　基金财产不得用于下列投资或者活动：承销证券；向他人贷款或者提供担保；从事承担无限责任的投资；买卖其他基金份额，但是国务院另有规定的除外；向其基金管理人、基金托管人出资或者买卖其基金管理人、基金托管人发行的股票或者债券；买卖与其基金管理人、基金托管人有控股关系的股东或者与其基金管理人、基金托管人有其他重大利害关系的公司发行的证券或者承销期内承销的证券；从事内幕交易、操纵证券交易价格及其他不正当的证券交易活动等。

一、股票投资业务核算

　　证券投资基金要在证券登记结算机构进行证券买卖交易，必须在证券登记结算机构存入一定数额的款项，以备进行证券交易时的资产交割与交付。将款项存入证券登记结算机构时，借记"结算备付金"科目，贷记"银行存款"科目。从证券登记结算机构收回该笔款项时，编制相反的会计分录。

　　（一）购入股票的核算

　　购入股票可以是买入已有的股票，也可以是买入新股。

　　买入已有股票，在交易日按股票的公允价值，借记"股票投资（成本）"科目，按应付的相关费用，借记"交易费用"科目；按应支付的证券清算款，贷记"证券清算款"科目；按应付的交易费用，贷记"应付交易费用"科目。资金交收日，按实际交收的证券清算款，借记"证券清算款"科目，贷记"银行存款"科目或"结算备付金"科目。

　　买入新股，股票如果是通过交易所网上申购的，按实际交收的申购款，借记"证券清算款"科目，贷记"银行存款"科目或"结算备付金"科目；申购新股中签时，按确认的中签金额，借记"股票投资（成本）"科目，贷记"证券清算款"科目；收到退回余额（未中签部分），借记"结算备付金"科目，贷记"证券清算款"科目。

　　买入新股，股票如果是通过网下申购的，按实际预缴的申购款，借记"证券清算款"科目，贷记"银行存款"科目；申购新股确认日，按实际确认的申购新股金额，借记"股票投资（成本）"科目，贷记"证券清算款"科目；如果实际确认的申购新股金额小于已经预交的申购款的，在收到退回余额时，按退回的金额借记"银行存款"科目，贷记"证券清算款"科目；如果实际确认的申购新股金额大于已经预交的申购款的，在补付申购款时，按支付的金额，借记"证券清算款"科目，贷记"银行存款"科目。通过市值配售的，确认日按确认的中签金额，借记"股票投资（成本）"科目，贷记"证券清算款"科目。

【例13-4】某日，A基金公司在S证券中央登记结算公司购入100万股B股票，购入价格为10元/股，应付佣金为10 000元，其他各项费用2 000元，印花税税率为0.1%。款项在次日交付。

股票的投资成本=10 000 000（元）

交易费用=10 000+2 000+10 000 000×0.1%=22 000（元）

A基金公司的会计分录为：

借：股票投资　　　　　　　　　　　　　　　　　　　　　10 000 000
　　交易费用　　　　　　　　　　　　　　　　　　　　　　　 22 000
　　贷：证券清算款　　　　　　　　　　　　　　　　　　　　10 000 000
　　　　应付交易费用　　　　　　　　　　　　　　　　　　　　 22 000

交付款项时，会计分录为：

借：证券清算款　　　　　　　　　　　　　　　　　　　　10 000 000
　　贷：银行存款　　　　　　　　　　　　　　　　　　　　　10 000 000

（二）卖出股票的核算

卖出股票，在交易日按照应收取的证券清算款，借记"证券清算款"科目，按应付的相关费用，借记"交易费用"科目；按结转的股票投资成本、估值增值或减值，贷记"股票投资（成本）"科目，贷记或借记"股票投资（估值增值）"科目；按应付的交易费用，贷记"应付交易费用"科目；按其差额，贷记或借记"投资收益（股票投资收益）"科目。同时，将原计入该卖出股票的公允价值变动损益转出，借记或贷记"公允价值变动损益"科目，借记或贷记"投资收益（股票投资收益）"科目。

资金交收日，按实际交收的证券清算款，借记"银行存款"或"结算备付金"等科目，贷记"证券清算款"科目。卖出股票的成本按移动加权平均法逐日结转。

【例13-5】接【例13-4】，一月后，A基金公司以15元/股的价格卖出B股票50万股，应支付的佣金为5 000元，其他费用1 000元，印花税税率为0.1%。款项在次日交收。

应收取的证券清算款为7 500 000元，结转的成本为5 000 000元，交易费用为13 500元。

A基金公司的会计分录为：

借：证券清算款　　　　　　　　　　　　　　　　　　　　 7 500 000
　　交易费用　　　　　　　　　　　　　　　　　　　　　　　 13 500
　　贷：股票投资　　　　　　　　　　　　　　　　　　　　　 5 000 000
　　　　应付交易费用　　　　　　　　　　　　　　　　　　　　 13 500
　　　　投资收益——股票投资收益　　　　　　　　　　　　　　2 500 000

收到款项时的会计分录为：

借：结算备付金　　　　　　　　　　　　　　　　　　　　 7 500 000
　　贷：证券清算款　　　　　　　　　　　　　　　　　　　　 7 500 000

（三）持股期间股利分派的核算

1. 股票股利的核算

持有股票期间获得股票股利（包括送红股和公积金转增股本），应于除权除息日，按股权登记日持有的股数及送股或转增比例，计算确定增加的股票数量，在股票投资账户"数量"栏进行记录。

2. 现金股利的核算

持有股票期间上市公司宣告发放现金股利，应于除权除息日，借记"应收股利""银行存款"或"结算备付金"科目，贷记"投资收益（股利收益）"科目。

二、债券投资业务核算

（一）买入债券的核算

买入债券，在交易日按债券的公允价值（不含支付价款中所包含的应收股利），借记"债券投资（成本）"科目，按应付的相关费用，借记"交易费用"科目，按支付价款中包含的应收利息（若有），借记"应收利息"科目；按应支付的金额，贷记"证券清算款"科目；按实际支付的金额，贷记"银行存款"科目；按应支付的交易费用，贷记"应付交易费用"科目。

资金交收日，按实际交收的金额，借记"证券清算款"科目，贷记"银行存款"科目或"结算备付金"科目。

【例13-6】某日，A基金公司在S交易所购入B债券10万张，含息价款为105元/张，每张含息5元，支付各种手续费1 000元。

A基金公司在交易日的会计分录为：

借：债券投资　　　　　　　　　　　　　　　　　　　10 000 000
　　应收利息　　　　　　　　　　　　　　　　　　　　　500 000
　　交易费用　　　　　　　　　　　　　　　　　　　　　　1 000
　　贷：证券清算款　　　　　　　　　　　　　　　　　10 500 000
　　　　应付交易费用　　　　　　　　　　　　　　　　　　　1 000

（二）卖出债券的核算

卖出债券，在交易日按应收或实收的金额，借记"证券清算款"科目或"银行存款"科目，按应付的相关费用，借记"交易费用"科目，按结转的债券投资成本、估值增值或减值，贷记"债券投资（成本）"科目，贷记或借记"债券投资（估值增值）"科目；按应收或实收价款中包含的应收利息（若有），贷记"应收利息"科目；按应付的交易费用，贷记"应付交易费用"科目；按其差额，贷记或借记"投资收益（债券投资收益）"科目。同时，将原计入该卖出股票的公允价值变动损益转出，借记或贷记"公允价值变动损益"科目，借记或贷记"投资收益（债券投资收益）"科目。

资金交收日，按实际交收的证券清算款，借记"银行存款"科目或"结算备付金"科目，贷记"证券清算款"科目。卖出债券的成本按移动加权平均法逐日结转。

【例13-7】接【例13-6】，一个月后，A基金公司以含息价115元/张的价格卖出B债券5万张，每张含息5元，支付手续费500元。

卖出债券时，结转债券投资成本为5 000 000元，A基金公司的会计分录为：

借：证券清算款 5 750 000
　　交易费用 500
　　贷：债券投资 5 000 000
　　　　应收利息 250 000
　　　　应付交易费用 500
　　　　投资收益——债券投资收益 500 000

（三）债券持有期间利息收入的核算

债券持有期间，每日确认利息收入，按债券投资的票面利率计算的利息，借记"应收利息"科目，贷记"利息收入（债券利息收入）"科目。如票面利率与实际利率出现重大差异，应按实际利率计算利息收入。债券派息日，按应收利息，借记"证券清算款"科目，贷记"应收利息"科目；资金交收日，按收到的金额，借记"银行存款"科目或"结算备付金"科目，贷记"证券清算款"科目。

三、对证券投资估值增值的核算

基金公司募集到的资金被投资于各类金融资产后，基价值随着证券市场的波动每天都在波动。为了能客观准确地反映基金资产是否增值，同时也能更好地计算基金单位资产净值以方便基金单位在市场上的交易，基金公司就必须对基金资产进行适时的估值。大部分基金的估值日是每个开放日。

估值日对持有的股票、债券估值时，如为估值增值，按当日与上一日估值增值的差额，借记"股票投资（估值增值）"科目或"债券投资（估值增值）"科目，贷记"公允价值变动损益"科目；如为估值减值，编制相反的会计分录。

【例13-8】接【例13-4】，当日 B 股票的收盘价为 10 元/股，次日 B 股票的收盘价为 10.5 元/股。

B 股票的估值增值为 50 万元，A 基金公司的会计分录为：
借：股票投资——估值增值 500 000
　　贷：公允价值变动损益 500 000

四、买入返售金融资产和卖出回购金融资产款的核算

（一）买入返售金融资产的核算

基金公司可以在国家规定的固定场所按照返售协议约定先买入票据、证券等金融资产，再按固定价格返售来实现资金的融出。这类业务可按金融资产的类别，分"质押式"和"买断式"进行明细核算。本书只介绍"质押式"的业务核算。

当基金公司根据返售协议买入证券等金融资产时，按应付或实际支付的金额（相关交易费用计入初始成本，于返售日按账面余额结转），借记"买入返售金融资产"科目，贷记"证券清算款"科目或"银行存款"科目；资金交收日，按实际交收金额，借记"证券清算款"科目，贷记"银行存款"科目或"结算备付金"科目。

返售前，按实际利率逐日计提收到的金额，借记"应收利息"科目，贷记"利息收入（买入返售金融资产）"科目。合同利率与实际利率差异较小的，也可采用合同利率来计算确定利息收入。

返售日，应按应收或实际收到的金额，借记"证券清算款"科目或"银行存款"科目，按其账面余额，贷记"买入返售金融资产"科目和"应收利息"科目，按其差额，贷记"利息收入（买入返售金融资产）"科目。资金交收日，按实际交收金额，借记"银行存款"科目或"结算备付金"科目，贷记"证券清算款"科目。

【例13-9】某日，A基金公司买入返售金融资产10 000 000元，手续费为500元，5日后返售，利息费用为20 000元。

当日A基金公司的会计分录为：

借：买入返售金融资产——5日返售证券　　　　　　　　　　　10 000 500
　　贷：证券清算款　　　　　　　　　　　　　　　　　　　　　10 000 500

买入日至返售日按日计提应收利息，每日的会计分录为：

借：应收利息　　　　　　　　　　　　　　　　　　　　　　　4 000
　　贷：利息收入——买入返售金融资产　　　　　　　　　　　　4 000

返售日的会计分录为：

借：证券清算款　　　　　　　　　　　　　　　　　　　　　　10 020 500
　　贷：买入返售金融资产——5日返售证券　　　　　　　　　　10 000 500
　　　　应收利息　　　　　　　　　　　　　　　　　　　　　　500

（二）卖出回购金融资产款的核算

基金公司可以在国家规定的固定场所按照回购协议约定先卖出票据、证券等金融资产，再按固定价格买入来实现资金的融入。这类业务可按金融资产的类别，分"质押式"和"买断式"进行明细核算。本书只介绍"质押式"的业务核算。

基金公司根据回购协议卖出证券，按应收或实收的金额，借记"证券清算款"科目或"银行存款"科目，贷记"卖出回购金融资产款"科目。

融资期限内，采用实际利率逐日计提融资利息支出，借记"利息支出"科目，贷记"应付利息"科目。合同利率与实际利率差异较小的，也可采用合同利率来计算确定利息收入。

到期回购时，按账面余额，借记"卖出回购金融资产款"科目；按已提未付利息，借记"应付利息"科目；按应付或实际支付的金额，贷记"证券清算款"科目或"银行存款"科目；按其差额，借记"利息支出"科目。

第四节　基金业务损益核算

一、基金收入的核算

基金业务收入是指基金公司运作基金过程中实现的收入，主要包括利息收入、股利收入、股票、债券投资收益、公允价值变动损益和其他业务收入等。

（一）利息收入

基金业务的利息收入主要有以下三类：

1. 债券投资持有期间的利息收入

持有债券期间，每日确认利息收入，按债券投资的票面利率计算的利息，借记

"应收利息"科目，贷记"利息收入（债券利息收入）"科目。

【例13-10】A基金公司用200万元从证券市场购入2018年1月1日发行的3年期债券，该债券面值为2 000 000元，票面利率为3%，每半年付息一次，付息日为7月10日和次年1月10日。

A基金公司每月计提利息为5 000元，会计分录为：

借：应收利息　　　　　　　　　　　　　　　　　　　　　　5 000

　　贷：利息收入——债券利息收入　　　　　　　　　　　　　　　5 000

2. 存款利息收入

基金公司将货币资金存入银行或将结算备付金存入交易所就会产生利息收入。按中国证监会的相关规定，对存于相关账户（如以基金管理人名义开立的账户）的申购款，在注册登记业务规则规定的份额确认日（含）至划入托管账户日（不含）期间孳生的利息归入基金资产。对以上利息收入，应按已确认的相关资金乘以在正常情况及流程下停留于相关账户的天数，再乘以适用利率（账户间存在不同利率的，从低适用利率，并按该原则于每个付息周期确认实收利息）按期计提，借记"应收利息"科目，贷记"利息收入"科目。

【例13-11】A基金公司将5 000 000元存入交易所以备进行交易，存款利息率为每年3%，利息到年末划转。

A基金公司每月应计提利息12 500元，会计分录为：

借：应收利息　　　　　　　　　　　　　　　　　　　　　　12 500

　　贷：利息收入　　　　　　　　　　　　　　　　　　　　　　12 500

3. 买入返售金融资产的利息收入

买入返售金融资产会给金融企业带来两方面的利息收入：一方面是金融资产本身产生的利息；另一方面是金融资产返售时，由于资产差价带来的收益也通过利息收入进行核算。返售前，按实际利率逐日计提收到的金额，借记"应收利息"科目，贷记"利息收入（买入返售金融资产）"科目。返售日，应按应收或实际收到的金额，借记"证券清算款"科目或"银行存款"科目，按其账面余额，贷记"买入返售金融资产"科目和"应收利息"科目，按其差额，贷记"利息收入（买入返售金融资产）"科目（见【例13-9】）。

（二）股利收入

股利收入是指上市公司分红派息而确认的收入。股利收入应于除息日确认，并按上市公司宣告的分红派息比例计算的金额，借记"应收股利"科目，贷记"投资收益"科目。

【例13-12】A基金公司购入的100万股B公司股票，B公司宣布每股发放现金股利0.1元。

A基金公司可获得的现金股利为100 000元，会计分录为：

借：应收股利　　　　　　　　　　　　　　　　　　　　　100 000

　　贷：投资收益　　　　　　　　　　　　　　　　　　　　　100 000

（三）股票、债券投资收益

股票、债券的投资收益主要是股票投资和债券投资的买卖差价收益。在出售股票、债券投资时，按照应收取的证券清算款，借记"证券清算款"科目；按结转的股票、债券投资成本、估值增值或减值，贷记"股票/债券投资（成本）"科目，贷记或借记"股票/债券投资（估值增值）"科目；按其差额，贷记或借记"投资收益（股票/债券投资收益）"科目。

【例13-13】某日，A 基金公司在 S 交易所购入 B 债券 10 万张，价款为 100 元/张，3 个月后，将该债券卖出，交易价格为 110 元/张。

卖出时 A 基金公司的会计分录为：

借：证券清算		11 000 000
贷：债券投资		10 000 000
投资收益		1 000 000

（四）公允价值变动损益

公允价值变动损益主要是在估值日对持有的股票、债券估值时，如为估值增值，按当日与上一日估值增值的差额，借记"股票投资（估值增值）"科目或"债券投资（估值增值)"科目，贷记"公允价值变动损益"科目；如为估值减值，编制相反的会计分录。在出售股票、债券投资时，应将其对应的"公允价值变动损益"科目转入"投资收益"科目。

【例13-14】某日，A 基金公司在 S 交易所购入 B 股票 10 万股，每股 10 元，次日该股票的每股价值变为 10.5 元。

由于公允价值变动，A 基金公司的会计分录为：

借：股票投资——估值增值		50 000
贷：公允价值变动损益		50 000

（五）其他业务收入

除上述收入以外，在基金运作过程中还会发生一些其他收入项目，包括赎回费扣除基本手续费后的余额、手续费返还，以及基金管理人等机构为弥补基金财产损失而支付给基金的赔偿款项等。发生其他收入时，借记有关科目，贷记"其他业务收入"科目。

二、基金费用和税收的核算

（一）基金费用

基金费用包括管理人报酬、基金托管费、卖出回购证券支出、利息支出和其他费用。

1. 管理人报酬

管理人报酬是指按基金契约和招募说明书的规定计提的基金管理人报酬，包括管理费和业绩报酬。管理费是支付给直接管理基金资产的基金管理人的费用，一般按照基金资产的一定比例定期提取。在美国，每年的管理费不超过基金净资产的 1%，一般为0.7%左右。目前我国证券投资基金的管理费用按基金资产净值的 2.5%的年费率计提。

管理人报酬应按照基金契约和招募说明书规定的方法和标准计提，并按计提的金额入账。计提基金管理费和业绩报酬时，借记"管理人报酬"科目，贷记"应付管理人报酬"科目；支付基金管理人报酬时，借记"应付管理人报酬"科目，贷记"银行存款"科目。

【例 13-15】 A 基金公司的基金净资产为 1 000 000 000 元，按规定每年应支付给基金管理人的费用为净资产的 0.5%，在下一年的 1 月 10 日付款。

A 基金公司在 12 月 31 日应计提的管理人报酬为 5 000 000 元，会计分录为：

借：管理人报酬　　　　　　　　　　　　　　　　　　　5 000 000

　　贷：应付管理人报酬　　　　　　　　　　　　　　　　　　5 000 000

2. 基金托管费

基金托管费是基金支付给基金托管人的费用，按照基金净资产值的一定比例定期从基金资产中支付。在美国，基金托管费的费用率一般为 0.2%左右。我国的证券投资基金的托管费提取比例为基金净资产的 0.25%。

基金托管费应按照基金契约和招募说明书规定的方法和标准计提，并按计提的金额入账。计提基金托管费时，借记"基金托管费"科目，贷记"应付托管费"科目；支付基金托管费时，借记"应付托管费"科目，贷记"银行存款"科目。

【例 13-16】 A 基金公司的基金净资产为 100 000 000 元，将其委托给基金托管人管理，按规定每年支付托管费 250 000 元，于次年 1 月月末支付。

A 基金公司在 12 月 31 日计提基金托管费的会计分录为：

借：基金托管费　　　　　　　　　　　　　　　　　　　250 000

　　贷：应付托管费　　　　　　　　　　　　　　　　　　　250 000

3. 卖出回购证券支出

基金卖出回购证券支出应在该证券持有期内采用直线法逐日计提，并按计提的金额入账。卖出回购证券在融资期限内逐日计提的利息支出，借记"卖出回购证券支出"科目，贷记"应付利息"科目。

4. 利息支出

利息支出是指基金运作过程中发生的利息支出，如银行借款利息支出。利息支出应在借款期内逐日计提，并按借款本金与适用的利率计提的金额入账。计提利息支出时，借记"利息支出"科目，贷记"应付利息"科目。

【例 13-17】 A 基金公司在运作过程中向银行借款 1 000 000 元，银行年利率为 3.65%，利息于年底支付。

A 基金公司应每日计提利息 100 元，会计分录为：

借：利息支出　　　　　　　　　　　　　　　　　　　　100

　　贷：应付利息　　　　　　　　　　　　　　　　　　　　100

5. 其他费用

其他费用是指除上述费用以外的其他各项费用，包括注册登记费、上市年费、信息披露费、审计费用、律师费用等。发生的其他费用如果影响基金单位净值小数点后第五位的，即发生的其他费用大于基金净值十万分之一，应采用待摊或预提的方法，待摊或预提计入基金损益。发生的其他费用如果不影响基金单位净值小数点后第五位的，即发生的其他费用小于基金净值十万分之一，应于发生时直接计入基金损益。

发生的其他费用，如不影响估值日基金单位净值小数点后第五位，发生时直接记入基金损益，借记"其他费用"科目，贷记"银行存款"科目。已经发生的其他费用，如影响估值日基金单位净值小数点后第五位，采用待摊方法的，发生时，借记

"待摊费用"科目,贷记"银行存款"科目;摊销时,借记"其他费用"科目,贷记"待摊费用"科目。采用预提方法的,预提时,借记"其他费用"科目,贷记"预提费用"科目;实际支付费用时,借记"预提费用"科目,贷记"银行存款"科目。

(二)基金税收

1. 增值税

增值纳税人划分为一般纳税人和小规模纳税人。对基金取得的收入超过 500 万元即为一般纳税人,反之则为小规模纳税人。一般纳税人适用税率为 6%,小规模纳税人适用税率为 3%。

2. 印花税

根据财政部、国家税务总局的规定,从 2008 年 9 月 19 日起,基金卖出股票时按照1‰的税率征收证券(股票)交易印花税,而对买入交易不再征收印花税。

3. 所得税

对证券投资基金从证券市中取得的收入,包括买卖股票、债券的差价收入,股票的股息、红利收入,债券的利息收入及其他收入,暂不征收企业所得税。对基金取得的股利收入、债券的利息收入、储蓄存款利息收入,由上市公司、发行债券的企业和银行在向基金支付上述收入时代扣代缴 20% 的个人所得税。根据财政部、国家税务总局《关于股息红利个人所得税有关政策的通知》(财税〔2005〕102 号)和《关于股息红利有关个人所得税政策的补充通知》(财税〔2005〕107 号)的规定,对证券投资基金从上市公司分配取得的股息红利所得,扣缴义务人在代扣代缴个人所得税时按 50% 计算应纳税所得额。

三、基金收益与分配的核算

(一)基金净收益

基金净收益是指基金收益减去按照国家有关规定,可以在基金收益中扣除的费用后的余额。本期实现的基金净收益通过"本期利润"科目核算,期末将基金收入结转到"本期利润"的贷方,将基金费用结转到"本期利润"的借方。期末将本期实现的净损益转入"利润分配——未分配利润"科目。

(二)收益分配

基金收益分配是指将本基金的净收益根据持有基金单位的数量按比例向基金持有人进行分配。若基金上一年度亏损,当年收益应先用于弥补上年亏损,在基金亏损完全弥补后尚有剩余的,方能进行当年收益分配。基金当年发生亏损,无净收益的,不进行收益分配。

基金的收益分配形式有支付现金和增加基金单位。根据规定,开放式基金的收益分配,应当根据基金契约及招募说明书的规定进行。基金收益分配应当采用现金形式,每年至少 1 次。基金收益分配比例,不得低于基金净收益的 90%。

在除权日,根据基金收益分配方案,借记"利润分配——应付利润"科目,贷记"应付利润"科目。基金持有人用分配的红利再投资时,借记"应付利润"科目,贷记"实收基金""损益平准金(已实现)""损益平准金(未实现)"等科目。期末,应将本期实现的净损益由"本期利润"科目转入"利润分配"科目。将"损益平准金"

科目余额转入"利润分配"科目。

【例 13-18】A 基金公司本年实现净利润 5 000 000 元，公司决定向所有基金持有人分配红利 500 000 元。

A 基金公司会计分录为：

借：利润分配——应付利润 500 000

　　贷：应付利润 500 000

（三）以前年度损益调整

本年度发生的调整以前年度损益的事项，以及本年度资产负债表日至财务会计报告批准报出日之间发生的需要调整报告年度损益的事项，均通过"以前年度损益调整"科目核算。

调整增加以前年度利润或减少以前年度亏损，借记有关科目，贷记"以前年度损益调整"科目；调整减少以前年度利润或增加以前年度亏损编制相反的会计分录。

由于以前年度损益调整增加的所得税费用，借记"以前年度损益调整"科目，贷记"应交税费——应交所得税"等科目；由于以前年度损益调整减少的所得税费用编制相反的会计分录。

经上述调整后，应将"以前年度损益调查"科目的余额转入"利润分配——未分配利润"科目。"以前年度损益调整"科目如为贷方余额，借记"以前年度损益调整"科目，贷记"利润分配——未分配利润"科目；如为借方余额，编制相反的会计分录。

练习题

1. 2019 年 1 月 1 日某基金公司购买了一项债券，面值为 100 万元，票面利率为 3%。取得时，基金公司支付价款为 105 万元（含已宣告但未发放的利息 5 万元），另外支付交易费用 2 000 元。

（1）购买该债券时的账务处理。

（2）收到宣告但未发放利息时的账务处理。

（3）2019 年 1 月 31 日，该债券计提利息的账务处理。

（4）处置该债券，售价为 120 万元，进行账务处理。

2. 2018 年 7 月 1 日，某基金公司用银行存款 200 万元购买某公司股票 10 万股，每股 20 元，另外支付交易费用 5 000 元。2018 年 12 月 31 日，该公司股票价格涨为每股 25 元。2019 年 6 月 30 日，该基金公司将所持股票中的 5 万股进行出售，实际取得价款 150 万元。

（1）购买该股票时的账务处理。

（2）12 月 31 日，确认公允价值变动时的账务处理。

（3）2019 年 6 月 30 日，出售 5 万股股票时的账务处理。

参考书目

［1］中华人民共和国财政部. 企业会计准则应用指南［M］. 上海：立信会计出版社，2018.

［2］企业会计准则编审委员会. 企业会计准则案例讲解［M］. 上海：立信会计出版社，2018.

［3］中国人民银行支付结算司. 中国支付体系发展报告［M］. 北京：中国金融出版社，2017.

［5］郭晓，张晓川，李伶俐，等. 银行会计［M］. 北京：清华大学出版社，2014.

［6］志学红. 银行会计［M］. 3 版. 北京：中国人民大学出版社，2015.

［7］施晓春，周江银. 商业银行会计［M］. 北京：中国财政经济出版社，2014.

［8］侯旭华，申钰希. 金融企业会计［M］. 上海：复旦大学出版社，2014.

［9］关新红，李晓梅. 金融企业会计［M］. 北京：中国人民大学出版社，2012.

［10］李燕. 金融企业会计［M］. 大连：东北财经大学出版社，2013.

［11］章颖薇. 金融企业会计［M］. 3 版. 成都：西南财经大学出版社，2017.

［12］方萍. 金融企业会计［M］. 2 版. 成都：西南财经大学出版社，2016.

［13］孟艳琼. 金融企业会计［M］. 北京：中国人民大学出版社，2012.

［14］于卫兵. 金融企业会计［M］. 大连：东北财经大学出版社，2014.